中华人民共和国民法典释论丛书

中国民法典

人格权编释论

杨振宏　张小余　著

法律出版社
LAW PRESS·CHINA
北京

图书在版编目(CIP)数据

中国民法典. 人格权编释论 / 杨振宏, 张小余著
. -- 北京 : 法律出版社, 2022
(中华人民共和国民法典释论丛书 / 杨震主编)
ISBN 978 -7 -5197 -7083 -9

Ⅰ. ①中… Ⅱ. ①杨… ②张… Ⅲ. ①民法－法典－法律解释－中国②人格－权利－法律解释－中国 Ⅳ. ①D923.05

中国版本图书馆 CIP 数据核字(2022)第 169221 号

中国民法典·人格权编释论
ZHONGGUO MINFADIAN·
RENGEQUANBIAN SHILUN

杨振宏 张小余 著

策划编辑 徐 菲
责任编辑 徐 菲
装帧设计 汪奇峰

出版发行 法律出版社
编辑统筹 法律出版社
责任校对 王 丰 李景美
责任印制 胡晓雅
经 销 新华书店

开本 710 毫米×1000 毫米 1/16
印张 20.75 字数 314 千
版本 2022 年 10 月第 1 版
印次 2022 年 10 月第 1 次印刷
印刷 天津嘉恒印务有限公司

地址:北京市丰台区莲花池西里 7 号(100073)
网址:www.lawpress.com.cn
投稿邮箱:info@lawpress.com.cn
举报盗版邮箱:jbwq@lawpress.com.cn

销售电话:010 - 83938349
客服电话:010 - 83938350
咨询电话:010 - 63939796

书号:ISBN 978 - 7 - 5197 - 7083 - 9
定价:96.00 元
凡购买本社图书,如有印装错误,我社负责退换。电话:010 - 83938349

作者简介

杨振宏

黑龙江省绥化人，黑龙江省委民法典讲师团成员。法学博士，黑龙江大学法学院副教授，硕士研究生导师，执业律师。曾在黑龙江省高级人民法院民三庭挂职副庭长。黑龙江省知识产权法研究会副会长，哈尔滨市监察委专家顾问。主要研究领域：民商法、知识产权法。主持《走出传统法学教育误区—创建多层次多样性法学教育新模式》《〈个人信息保护法〉与〈民法典〉中个人信息保护的比较分析》等研究项目多项，主要代表性论文：《〈民法典〉总则增加家事代理制度的立法建议》《旅游法上惩罚性赔偿的正当性分析》《旅游合同违约的损害赔偿项目研究——兼论时间浪费赔偿请求权的参考价值》等。担任多家行政机关及国有公司法律顾问。

张小余

现为广东警官学院法律系讲师，黑龙江省法学会婚姻法学研究会理事。主讲课程包括民法学、婚姻法学、继承法学、知识产权法学等。在《思想战线》《河北法学》《哈尔滨工业大学学报（社会科学版）》等期刊中发表多篇论文，参与出版图书三部。主要代表论文：《生育利益私法保护的权利基础与规制范式》《“错误出生”的侵权样态与法律规制》《全国首例“暗刷流量”案的规范刍议与实践指引》等。

总　序

2020 年 5 月 28 日，令人难以忘怀。《中华人民共和国民法典》（以下简称《民法典》）由第十三届全国人民代表大会第三次会议通过并公布，自 2021 年 1 月 1 日起施行。《民法典》是中华人民共和国成立以来第一部以"法典"命名的法律，是新时代我国社会主义法治建设的重大成果。《民法典》的颁行，是我国法治建设的里程碑，对推进国家治理体系和治理能力现代化具有重大意义。

中华法系，源远流长。中华法系是中国古代法制文明与法治建设的瑰宝。在人类法制文明与法制建设中，中华法系以礼法合治、以礼辅法、德法兼修、以德善治的品质流传后世。《法经》《唐律疏议》承载着中华法制文明的法典追求，彰显中华法制文化的规范思想；诸法合体、刑民不分凝聚着中华法制文明的深厚底蕴和独特魅力，显示出中华法制文化的律令特色与格致特质；礼法结合、民惟邦本映衬着中华法制文明的隆礼重法和以民为贵，展现出中华法制文化的明德慎罚与德主刑辅；天下无讼和以和为贵昭示着中华法制文明的政教之本和德礼教化，体现出中华法制文化的恤刑思想与和善理念。习近平总书记指出："我国古代法制蕴含着十分丰富的智慧和资源，中华法系在世界几大法系中独树一帜。"①

草拟民律，变法图强。草拟民律是近代民事立法与法律变革的缩影。在"西学东渐""船坚炮利""师夷长技""以夷制夷"的特定情境下，变法图

① 中共中央文献研究室编：《习近平关于全面依法治国论述摘编》，中央文献出版社 2015 年版，第 32 页。

存、济世安邦、吸纳西法、革故鼎新成为中国法制近代化的思想基础与观念指征。《大清民律草案》的起草、《民国民律草案》的纂修、《中华民国民法》的施行,预示着中国古代法律体系的转型,显露出中国法律制度渐融世界民事立法行列的进程。“吸收世界各国大同之良规,兼采近世最新之学说”的修法信念,“凡我旧律义关伦常诸条,不可率行变革”的改良执念,促成了刑民分立、中西合璧、观念杂糅、习惯碰撞的民事立法样态与民事法律体系;演绎出推崇社会契约、呼吁个性解放、恪守公序良俗、更新国民道德的法律纂修取向和礼法嬗变特征。因为一定的文化是一定社会的政治和经济的反映。

法典编纂,人民至上。编纂民法典是新时代民事立法与法治改革的创举。在新中国法制建设史上,《民法典》无疑是民事立法的卓越典范与无上荣光。因为编纂一部真正属于中国人民的民法典,是新中国几代人的夙愿;形成一部适应新时代中国特色社会主义发展要求,符合我国国情和实际的体例科学、结构严谨、规范合理、内容完整、协调一致的民法典,是一项系统且重大的立法工程。《民法典》作为我国法律体系中条文最多、体量最大、编章结构最复杂的一部法律,系统整合了中华人民共和国成立70余年来长期实践形成的民事法律规范,汲取了中华民族5000多年优秀法律文化,借鉴了人类法治文明建设的有益成果,是一部体现我国社会主义性质、符合人民利益和愿望、顺应时代发展要求的民法典;是一部体现对生命健康、财产安全、交易便利、生活幸福、人格尊严等各方面权利平等保护的民法典;是一部具有鲜明中国特色、实践特色、时代特色的民法典。《民法典》以其7编1260条、10万多字的编章结构与规范内涵,回应了人民的期待,突出了以人民为中心的底色。

民法学人,共谱华章。奉献智慧、精益求精是民法学人久久为功、善作善成的写照。在我国先后四次启动民法制定工作以及长达五年的民法典编纂进程中,学界前辈展现了矢志不渝、博采众长的学术情怀与立法智慧,民法同人呈现了底蕴深厚、观点明晰的学术思想与立法范例。多方论证、集思广益、数易其稿、系统整合,成为科学立法、民主立法、依法立法的表征;条分缕析、观点争鸣、字斟句酌、编订纂修,成为体例设计、规范表述、价值内蕴的基础。无论是中国法学会民法典编纂项目领导小组组织专家起草的《民法典》(专家建议稿),还是全国人大常委会法制工作委员会形成的《民法典(草案)》,均仰赖民法典编纂所具备的制度基础、实践基础、理论基础和社会基础,均凸显出民法典在国家治理体系中的功能定位——《民法典》是实现社会治理现代化、促进社会和谐有序的基本法,是保障和促进社会主义市场经济建设健康发展的基本法,是推动政府依法行政、提升政府治理能力的基本法。只有讲好、用好《民法典》,方能展现其以人为本的人民性、与时俱进的时代性、立足国情的民族性、求真严谨的科学性。

弦歌不辍,共赴星光。跻身民事立法前沿、攻克民法理论难题,是黑龙江大学民商法学教学科研团队的初心与使命。2012 年 3 月,黑龙江大学成立民法典编纂课题组,着力研究民法典编纂中的热点、难点问题,期冀通过民法理论研讨提升民事立法智慧、助益民事司法实践。黑龙江大学民法典编纂课题组成立后,以杨震教授、王歌雅教授、孙毅教授、申建平教授、李愊副教授、杨振宏副教授为主要成员的课题组所有同人勤勉奋发、勠力同心、集思广益、取长补短,携手走过了相互鼓励、彼此劝勉、业精于勤、跬步千里的十年时光,相继起草了多个民事立法专家建议稿,共同呈现了民事立法智慧。2012 年 5 月,起草了《中华人民共和国继承法》(专家建议稿),共计 5 章 97 条。2015 年 5 月,起草了《民法典·总则编》(专家建议稿)中民事法律行为和代理两章,分别为 38 条和 26 条。2016 年 10 月和 2017 年 1 月,先后起草了《民法典·继承编》(专家建议稿)(一)和(二)中遗嘱继承和遗赠一章,分别为 36 条和 34 条。2017 年 7 月,起草了《中华人民共和国人格权法》(专家建议稿),共计 8 章 60 条。王歌雅教授作为中国法学会婚姻家庭法学研究会副会长参与起草了《民法典·婚姻家庭编》(专家建议稿)……时光荏苒,春华秋实。

青山明月,丹心道同。踔厉奋发、笃行不怠是黑龙江大学法学院民法同人的坚守与豪情。在《民法典》编纂进程中,民法同人多方研讨、献计献策。第十二届、第十三届全国人大代表杨震教授全程参与了《民法典(草案)》的讨论和修改,十年间先后向全国人大提交制定民法典的议案 40 余件,特别是 2018 年提交的《关于制定中华人民共和国人格权法》的议案,被第十三届全国人民代表大会第一次会议列为第290号议案，为人格权法的独立成编倾注了热诚与智慧。围绕《民法典（草案）》的起草和修改，黑龙江大学民法典编纂课题组陆续提出修改意见和建议……尺寸素心，金石为开。

释论记叙，希以弘扬。传播民法精神、诠释法典文化，是黑龙江大学民法典编纂课题组的情怀与责任。在《民法典》实施进程中，理解《民法典》、感悟《民法典》、解读《民法典》、实践《民法典》，是回应中国之问、世界之问、人民之问、时代之问的基点；弘扬核心价值、释明法律规范、秉持公平正义、践行人本理念，是信守中国之路、中国之治、中国之理的基石。《中华人民共和国民法典释论》将以8册系列图书，系统展现《民法典》的鲜明特色与创新发展，科学阐释《民法典》法源样态的多元性、原则理念的思想性、体系结构的创造性、制度规范的传承性、功能定位的价值性、权益保障的适用性。其中，总则编1册，物权编1册，合同编2册，人格权编1册，婚姻家庭编1册，继承编1册，侵权责任编1册。各编主编、合著、独著作者为：总则编——杨震；物权编——申建平；合同编——孙毅；人格权编——杨振宏、张小余；婚姻家庭编——王歌雅；继承编——王歌雅；侵权责任编——杨震。《中华人民共和国民法典释论》系列丛书总字数达260万余字。

思想引领，价值为基。《中华人民共和国民法典释论》系列丛书，以习近平法治思想为理论指导，以社会主义核心价值观为理念统领，以《民法典》及其司法解释为阐释要点，记录了《民法典》的编纂历程、编纂智慧、编纂成果、编纂贡献，梳理了《民法典》的学术思想、学术观点、学术理路、学术创新，展现了《民法典》的实践意义、实践特点、实践思考、实践效用，呈现了《民法典》的法治信仰、法治精神、法治文化、法治追求。

初心如磐，情怀不改。

不负历史，不负时代。

黑龙江大学民法典编纂课题组

2022年5月1日

前　言

《民法典·人格权编》是立法的中国特色和最大的亮点，人格权独立成编代表了立法中人文关怀得到进一步阐释。人格权是民事主体基本权利的最集中体现，本书结合《民法典》立法条文，针对人格权的各项权利进行了法理和实践两个层面的剖析，针对此次立法中对人格权各项权利的历史发展、权利属性及司法保护中的争议问题进行了一定程度的回应。本书由杨振宏和张小余合著完成，杨振宏执笔第四章至第八章，其中在校民商法研究生杨啸天完成第四章第二节、第五章第二节；张小余执笔第一章至第三章。

《民法典·人格权编》是否独立成编，学界本身就争议不断，加之人格权内容随着社会经济文化的发展，不断会有新型权利产生，限于作者学识及法学素养，本书不足之处在所难免，恳请广大专家读者批评指正。

特别感谢法律出版社所有编辑老师为本书的顺利出版所付出的辛勤工作！

本书编者

2022 年 7 月

本书缩略语表

《中华人民共和国民法典》	《民法典》①
《中华人民共和国民法通则》	《民法通则》
《中华人民共和国侵权责任法》	《侵权责任法》
《中华人民共和国民法总则》	《民法总则》
《中华人民共和国著作权法》	《著作权法》
《中华人民共和国知识产权法》	《知识产权法》
《中华人民共和国商标法》	《商标法》
《中华人民共和国反不正当竞争法》	《反不正当竞争法》
《中华人民共和国妇女权益保障法》	《妇女权益保障法》
《中华人民共和国宪法》	《宪法》
《中华人民共和国英雄烈士保护法》	《英雄烈士保护法》
《中华人民共和国公司法》	《公司法》
《中华人民共和国网络安全法》	《网络安全法》
《中华人民共和国消费者权益保护法》	《消费者权益保护法》
《中华人民共和国个人信息保护法》	《个人信息保护法》
《中华人民共和国电子商务法》	《电子商务法》
《中华人民共和国数据安全法》	《数据安全法》

① 书中所涉《民法典》之分编，分别简称为《民法典·总则编》、《民法典·物权编》、《民法典·合同编》、《民法典·人格权编》、《民法典·婚姻家庭编》、《民法典·继承编》以及《民法典·侵权责任编》。

《中华人民共和国立法法》	《立法法》
《中华人民共和国残疾人保障法》	《残疾人保障法》
《中华人民共和国未成年人保护法》	《未成年人保护法》
《中华人民共和国广告法》	《广告法》
《中华人民共和国老年人权益保障法》	《老年人权益保障法》
《中华人民共和国行政强制法》	《行政强制法》
《中华人民共和国刑法》	《刑法》
《中华人民共和国城市房地产管理法》	《城市房地产管理法》
《中华人民共和国治安管理处罚法》	《治安管理处罚法》
《中华人民共和国劳动法》	《劳动法》
《中华人民共和国劳动合同法》	《劳动合同法》
《中华人民共和国道路交通安全法》	《道路交通安全法》
《中华人民共和国人民警察法》	《人民警察法》
《中华人民共和国消防法》	《消防法》
《中华人民共和国海商法》	《海商法》
《中华人民共和国民用航空法》	《民用航空法》
《中华人民共和国期货和衍生品法》	《期货和衍生品法》
《中华人民共和国合伙企业法》	《合伙企业法》
《中华人民共和国刑法修正案(七)》	《刑法修正案(七)》
《中华人民共和国刑法修正案(九)》	《刑法修正案(九)》
《最高人民法院关于确定民事侵权精神损害赔偿责任若干问题的解释》	《精神损害赔偿解释》
《最高人民法院关于贯彻执行〈中华人民共和国民法通则〉若干问题的意见(试行)》	《民通意见》
《最高人民法院关于审理人身损害赔偿案件适用法律若干问题的解释》	《人身损害赔偿解释》
《中华人民共和国军人抚恤优待条例》	《军人抚恤优待条例》
《中华人民共和国医疗机构管理条例》	《医疗机构管理条例》
《中华人民共和国企业法人登记管理条例》	《企业法人登记管理条例》
《贸易智慧财产权协定》	TRIPS

CONTENTS 目　录

第一章 人格权一般规定

001 | 第一节　人格与人格权的法律内涵
001 | 一、人格的法律内涵
006 | 二、人格权的法律内涵
017 | 三、人格与人格权的关系
019 | 第二节　人格权法律关系
019 | 一、人格权法律关系的主体
024 | 二、人格权法律关系的内容
026 | 三、人格权法律关系的客体
029 | 第三节　人格权的分类
029 | 一、人格权分类的观点呈现
030 | 二、人格权分类的具体阐释
034 | 第四节　一般人格权
034 | 一、一般人格权的历史发展
040 | 二、一般人格权的特点
042 | 三、一般人格权的内容
047 | 四、一般人格权的功能
049 | 五、一般人格权的适用
053 | 六、一般人格权与具体人格权的关系
054 | 第五节　人格权与其他权利的关系
054 | 一、人格权与人权
056 | 二、人格权与宪法上的基本权利

059 | 三、人格权与财产权
060 | 四、人格权与身份权
062 | 第六节　人格权的商品化
063 | 一、人格权商品化的概念和原因
065 | 二、人格权商品化的实现方式
065 | 三、人格权商品化的保护模式
068 | 四、人格权商品化的意义
069 | 五、人格利益的许可使用
077 | 第七节　人格权的限制
077 | 一、人格权限制的原则
078 | 二、人格权限制的情形
083 | 第八节　人格权的保护
083 | 一、人格权保护的立法模式
084 | 二、人格权保护的特点
084 | 三、我国人格权的民法保护
113 | 第九节　人格权的法律规制
113 | 一、人格权法概述
116 | 二、人格权法的历史发展
120 | 三、人格权法的理念
124 | 四、人格权法与其他法律的关系
127 | 五、人格权法的渊源
129 | 六、人格权法的体系

第二章　生命权、身体权和健康权

136 | 第一节　生命权
136 | 一、生命权的概念
138 | 二、生命权的特点
139 | 三、生命权的内容
140 | 第二节　身体权

140 | 一、身体权的概念
142 | 二、身体权的特点
143 | 三、身体权的内容
148 | 第三节 健康权
148 | 一、健康权的概念
149 | 二、健康权的特点
150 | 三、健康权的内容
151 | 四、临床试验的民法规制
152 | 五、从事与人体基因、人体胚胎有关的医学和科研活动的民法规制
153 | 六、对性骚扰行为的民法规制
161 | 七、危难情形下的法定救助

第三章 姓名权和名称权

164 | 第一节 姓名权
164 | 一、姓名权的概念
165 | 二、姓名权的特点
166 | 三、姓名权的内容
170 | 四、侵害姓名权的行为
171 | 第二节 名称权
171 | 一、名称权的概念
172 | 二、名称权的特点
173 | 三、名称权的内容
176 | 四、侵害名称权的行为

第四章 肖像权和声音

177 | 第一节 肖像权
177 | 一、肖像的概念和特征
180 | 二、肖像权的概念和特点
182 | 三、肖像权的内容
184 | 四、侵害肖像权的表现形式
185 | 五、实践中常易混淆的典型侵权样态
187 | 六、肖像权合理使用制度
192 | 七、肖像权许可使用制度
196 | 第二节 声音利益保护
196 | 一、自然人声音的概述
198 | 二、声音利益的法律属性
204 | 三、声音利益侵权与保护
207 | 四、自然人声音保护模式探究

第五章 名誉权和信用权

211 | 第一节 名誉权
211 | 一、名誉权的立法现状
212 | 二、名誉、名誉权的学理分析
218 | 三、为公共利益实施新闻报道、舆论监督等行为的正当性分析
221 | 四、新闻报道、舆论监督行为中存在的侵权行为分析
222 | 五、对他人提供的严重失实内容未尽到合理核实义务的侵害名誉权行为
226 | 六、英雄烈士名誉权的特殊保护
228 | 七、侵害名誉权的责任承担
231 | 第二节 信用权
231 | 一、信用权的概念及特征
234 | 二、信用权与其他人格权的区别
237 | 三、信用权的表现形式
239 | 四、民事主体与信用信息处理者权利义务关系

第六章 荣誉权

241 | 第一节 荣誉权的法律属性分析
241 | 一、荣誉和荣誉权的概念及法理分析
243 | 二、荣誉权的性质
246 | 第二节 侵害荣誉权的表现形式及救济特点分析
246 | 一、侵害荣誉权的表现形式
248 | 二、荣誉权救济手段多样性分析

第七章 隐私权

251 | 第一节 隐私权概述
251 | 一、隐私的概念和内容
259 | 二、隐私权的概念和特征
262 | 第二节 侵害隐私权的行为类型及免责条件
262 | 一、侵害隐私权的行为类型
264 | 二、免责事由

第八章 个人信息保护

266 | 第一节 个人信息保护概述
266 | 一、隐私权和个人信息保护的立法背景分析
267 | 二、个人信息的法律属性分析
273 | 三、个人信息立法保护概述
277 | 四、个人信息的分类
281 | 第二节 个人信息保护方式分析
281 | 一、公法保护在个人信息保护中的作用
284 | 二、私法保护在个人信息保护中的作用
285 | 三、个人信息保护应追求公私法结合项下的治理模式
286 | 第三节 个人信息处理的限制
286 | 一、个人信息处理概述
288 | 二、个人信息处理的基本原则

296 | 三、个人信息处理的行为类型
298 | 第四节　个人信息权与信息处理者关系
298 | 一、个人信息权内容
300 | 二、信息处理者负有保密义务

302 | **参考文献**
316 | **后　记**

第一章

人格权一般规定

第一节　人格与人格权的法律内涵

人格与人格权并非同义词,二者具有不同的法律内涵。掌握人格与人格权的区别是研究人格权的理论基础,明确人格与人格权的联系是探索人格权的价值基础。

一、人格的法律内涵

(一)人格的概念

人格的研究领域具有一定的广泛性,不仅涉及法学领域,还涉及哲学、心理学、伦理学等领域。不同研究领域对人格概念的界定存在一定的差异。从哲学视角来看,在人物二分法的背景下,人格是人区别于物的独特属性,是人的本质体现。[①] 从心理学视角来看,人格是思想、认知、情绪、感觉、情感以及生化反应等诸要素整合的产物,是人在社会化进程中所体现的个性表达。[②] 从伦理学视角来看,人格是个人道德品质、名誉尊严、价值荣誉的总和,意指良好的品格修养。[③] 从法律视角来看,人格主要包括以下三层含义:

其一,就主体层面而言,人格与民事主体同义,是指具有独立民事地位的自

---

① 参见马特、袁雪石:《人格权法教程》,中国人民大学出版社 2007 年版,第 2 页。

② 参见[美]伯格:《人格心理学》(第 8 版),陈会昌译,中国轻工业出版社 2014 年版,第 4 页。

③ 参见姜新东、朱孝彦:《论法律上人格的伦理性》,载《山东科技大学学报(社会科学版)》2010 年第 5 期。

然人、法人或非法人组织。其二,就客体层面而言,人格是与人身密不可分并受法律保护的利益,既包括人身自由、人格尊严等抽象的人格利益,也包括生命、身体、健康、姓名、名誉和隐私等具体的人格利益。其三,就资格层面而言,人格是民事主体成为法律上“人”的资格,是民事主体的民事权利能力。只有具备这种资格的人,才是民事法律关系的主体,能够享有相应的民事权利,履行相应的民事义务。①

(二)人格的演变

人类社会产生之初,由于缺乏认知能力,人们并未进行自身与其他生物性存在、非生物性存在的区分。在物我一体的背景下,也就没有产生“人格”的必要和可能,人们按照自然法的要求延续生命状态、谋取生存能力。② 在物质资源极度匮乏的时期,为了满足基本的生存需要,人们开始形成群体,共同生活。在群居形态时期,群本位的观念占据主导地位,群体既可以按照血缘形成,也可以基于地域而形成,个体需依靠群体才能生存和繁衍,游离于群体之外的个体很难维持个人生命,因此,强调个人本位的“人格”尚未形成。随着经济的发展和生产力水平的提高,人格的演变经历了传统认知的“身份人格”到理性认知的“伦理人格”,再到实证认知的“法律人格”。这一演变历程反映了人格内涵的愈加丰富、人格认识的愈加完善、人格应用的愈加规范。

1. 传统认知——身份人格

随着时代的发展,人们不仅开始注意己身与其他存在的区分,同时也开始关注不同群体的区分,对“人格”的认识应运而生。人类社会最古老的群居形态是氏族,氏族内部以血缘为媒介维持生活秩序。只有符合特定氏族的血统要求,才能成为氏族的成员,享受相应的权利并履行相应的义务;若不具有特定氏族的血统要求,便没有资格成为氏族成员。③ 此时,对人格的认识,是作为加入特定社会组织的准入条件。基于这一认识,人格便具有了身份的标签,代表某一社会组织成员的身份。

古巴比伦的国王汉穆拉比(约公元前1792年至公元前1750年)于公元前

① 参见杨立新:《人格权法》,法律出版社2015年版,第31页。

② 参见江山:《人际同构的法哲学》,中国政法大学出版社2002年版,第145页。

③ 参见马俊驹:《人格和人格权理论讲稿》,法律出版社2009年版,第32页。

1776年颁布的《汉穆拉比法典》是世界上现存的第一部比较完备的法律文集。《汉穆拉比法典》尚无“法律面前人人平等”的原则理念，因此，在当时的社会生活中，法律上的“人”需按照权力的大小分为不同的层级，不同层级的“人”享有不同的法律权利。第一层级是阿维鲁。阿维鲁为自由民，享有法律上的人格，是有公民权的自由民，包括国王、高级官吏、奴隶主、僧侣和部分独立手工业者、自耕农等。其中，汉穆拉比作为国王，拥有最高权力，宣扬君权神授等思想，自称为“巴比伦的太阳”。第二层级是穆什钦努。穆什钦努的地位低于阿维鲁，只享有部分人格，依附于王室，包括为王室服务的商业代理人、租种王室土地的佃耕者。第三层级是奴隶。奴隶并不具有主体地位，无人格可言，完全是奴隶主的财产，包括王室的奴隶、自由民的奴隶以及公民私人的奴隶等。①

法律上的人格概念最早源于古罗马法，是指人所具有的某种身份。② 人格（persona）原指“面具”，后来也指在戏剧中的角色演员。最初在古希腊的戏剧中使用，而后被古罗马沿用。古罗马法学家对“persona”的理解是多元的，赋予其多种含义，如“自由民”“法律人”“尊严”等。③ 但在法律层面，古罗马法以“caput”指代“人格”，拥有它的人是罗马城邦认可的正式成员。“caput”原指头颅，在法律层面意指人格对与人来说，就如头颅对人那样重要。④ 罗马城邦的正式成员即罗马城邦的市民，能够成为罗马法上权利义务的主体。

在罗马法中，不同阶层的人享有不同的权利范围，人格的内容由自由权、市民权和家族权组成。三项权利中，自由权最为重要，市民权次之，家族权再次。自由权是自由民必须具备的权利。盖尤斯在《法学阶梯》中将“人”划分为自由人和奴隶。其中，享有自由权的便是自由人，不享有自由权的即为奴隶。市民权是专属于罗马市民的权利，类似于现今公民权的内涵，强调的是具有一国国籍身份。市民权的权利内容既包括本国公民享有的选举权和被选举权等公权，也包括婚姻权、财产权等私权。家族权是家族中的成员在家庭中基于其地位而享有的权利。根据在家庭中的地位不同，罗马法将“人”分为自权人和他权人。

---

① 参见陈鑫：《〈汉穆拉比法典〉展现的古巴比伦社会等级制度》，载《科教文汇》2018年第2期。

② 参见周枏：《罗马法原论》（上），商务印书馆1994年版，第97页。

③ 参见陈仲庚等：《人格心理学》，辽宁人民出版社1986年版，第31页。

④ 参见曲炜：《人格之谜》，中国人民大学出版社1991年版，第7页。

自权人不受制于任何他人的权利,能独立实施法律行为,家父即为自权人;而他权人则受人支配,对外不能独立行使权利,如妻子、家子均为他权人。只有兼具自由权、市民权和家族权的人才具有法律上的人格,才能在政治、经济、家庭等方面成为享有完全人格的人。丧失其中任何一项或两项权利,甚至是三项权利均不具备,都会导致人格的减等或者变更。

综上可见,罗马法上的人格既有公法内涵,同时也有私法内涵;既有对人格的关注,也有对身份的重视;既有对财产的保护,也有对人身的维护。但罗马法中的人格带有一定的身份性、等级性和不稳定性,以至于这一时期虽然存在法律人格,但平等的法律人格尚未形成。

2. 理性认知——伦理人格

自然法形成于希腊,践行于罗马。自然法的繁荣和发展使人格的伦理性更强。自然法学派所倡导的"理性"是"人类一种自然的能力,是行为或信仰的正当理由,评判善恶是非的根本标准"①。"理性"与"伦理"密不可分。"伦理"是指人类社会中人与人、人与社会、人与道德之间关系处理的各种道德准则、道德目标、道德品质。② 个人的理性行为需要符合社会的伦理要求,社会的伦理要求调整了人格的属性内涵。

随着欧洲启蒙运动的勃起、封建社会的解体,新兴的社会力量日益强大,自然法逐渐成为重要的政治革命武器和法学发展的基础。格劳秀斯、洛克和孟德斯鸠等启蒙思想家提倡用自然法学派的理性认知启迪人类,涤除愚昧、迷信等落后思想。《普鲁士邦法》(1796 年)、《奥地利普通民法》(1811 年)等规范以法律的形式明确肯定了人格的伦理性。学者的努力和法典的规范有助于推进建立既符合"自然",又符合"理性"的新制度,从而实现人格解放、人格独立和人格自由。

随着资本主义经济的发展和资产阶级革命的胜利,在抵制封建专制、特权压迫,倡导人性解放、平等自由,主张人格尊严、人身价值的时代背景下,推进了"从身份人格到伦理人格的变迁"。③ 1789 年法国的《人权宣言》首次确立了

---

① 参见张文显:《二十世纪西方法哲学思潮研究》,法律出版社 1996 年版,第 44 页。

② 参见宋希仁主编:《西方伦理思想史》,中国人民大学出版社 2004 年版,第 4 页。

③ 参见马俊驹:《从身份人格到伦理人格——论个人法律人格基础的历史演变》,载《湖南社会科学》2005 年第 6 期。

"人"应当具有的自然权利范围,提出了"人生而平等"的人格理念。1804 年的《法国民法典》不仅吸收了《人权宣言》中的人格理念,在其第 8 条还明确规定"所有法国人均享有民事权利",意指一切法国公民都具有平等的法律人格,终结了传统认知中人格不平等的历史时期,从而使法国法中的人格概念带有浓厚的伦理色彩和自然法先进思想,将过去的特权身份表现形式转向法律人格的规范搭建,维护和保障了人的伦理人格。

3. 实证认知——法律人格

在 18 世纪末 19 世纪初,自然法学派的观念局限性日益凸显,其"以非历史的简单程式和任意的假设为特点"①的研究方式,以及认为利用上述研究方式得出的研究成果能够适用于一切社会关系的结论,遭到了历史法学派、哲理法学派等学派学者的猛烈批评。自然法思潮逐渐衰落,法律实证主义开始兴起。

19 世纪末,《德国民法典》由汇编学派以罗马法《查士丁尼学说汇纂》的体系为研究基础进行编纂。其立足于逻辑关系展现法典的编纂技术,强调法律的抽象性、逻辑性和系统性,注重法律概念、法律规则和法律原则表达的准确性。在民事法律关系主体的建构中,不同于《法国民法典》以"自然法"为依据,《德国民法典》是以"实在法"为依据,创设了"权利能力制度"取代了"人格",意指一个人作为法律关系主体的能力资格,也就是作为法律权利的享有者和法律义务的承担者的能力资格,从而剔除了"人格"中的伦理意蕴,在立法技术上确立了"法律人"。"法律人"是一种具有一定规范意义的社会存在,不仅适用于自然人,同时也适用于法人。②

由此,法国带有伦理色彩的"人格"概念转变为德国呈现技术性的"权利能力"概念。这一变化摆脱了道德伦理的禁锢,体现了法律的先进性、发展性和科学性。拉伦茨针对这一现象就曾指出"人之成为人以及与此相适应而生的权利能力是由实证法规定的"③。德国对"权利能力"的法律确认已经被瑞士、日本、韩国、中国等国家全面继承,至今仍发挥着重大的积极作用。

从身份人格到伦理人格,再到法律人格的演变进程印证了人格理论的不断

---

① [美]E. 博登海默:《法理学——法律哲学与法律方法》,邓正来译,中国政法大学出版社 1999 年版,第 63 页。

② 参见尹田:《论法人人格权》,载《法学研究》2004 年第 4 期。

③ [德]卡尔·拉伦茨:《德国民法通论》,王晓晔等译,法律出版社 2003 年版,第 121 页。

完善,使人格最终成为一个具有工具意义的法律资格,并为人格权的产生奠定了一定的理论基础。

二、人格权的法律内涵

(一)人格权的概念

关于人格权概念的产生,有学者认为法国的胡果为人格权概念的初次提出者,胡果将权利分为三类:一是对物的权利;二是对他人的权利;三是对自身的权利,即人格权,人格权又由自由权、身体权、荣誉权等权利组成。[①] 另有学者认为德国的噶莱斯最早提出人格权概念,噶莱斯区分了人格与人格权,提出人格为主体资格,而人格权是以人格利益为客体,人格权仅与权利人自身有关,不涉及他人权利。[②] 由于历史原因,虽然人格权概念的产生究竟源自何人无法考证,但两位学者对人格权概念的研究都起到了一定的推动作用。胡果从人格权的内容方面明确了人格权的涵盖范围,噶莱斯从人格权与人格的区别层面界定了人格权的调整对象。

在法学理论和实务中,学者们对人格权概念的界定,并无统一表述,分别从不同的角度有所侧重地予以差异界定,主要表现为以下三方面:其一,从主体的角度来看,人格权是被法律确认和维护的,与民事主体的身体、人格联系密切的人身权利。[③] 其二,从客体的角度来看,人格权是以民事主体的人格利益为客体的民事权利。[④] 其三,从人格权与财产权差异的角度来看,人格权是不具有财产属性的,与人身不可分割、紧密联系的生命、健康、姓名等权利。[⑤]

人格权概念的界定不应仅侧重于人格权某一方面的要点,而应兼顾多种因素予以明确。不仅需考虑主体层面、客体层面以及人格权与财产权的差异层面,同时也应考虑人格权的内容以及设立目标等层面。首先,从主体层面看,人格权是民事主体应当具备的权利。自然人自出生时便成为民事主体,享有人格

① 参见徐国栋:《寻找丢失的人格——从罗马、德国、拉丁法族国家、前苏联、俄罗斯到中国》,载《法律科学》2004 年第 6 期。

② 参见王利明:《人格权法》(第 3 版),中国人民大学出版社 2021 年版,第 4 页。

③ 参见佟柔:《中国民法学 · 民法总则》,中国人民公安大学出版社 1990 年版,第 111 页。

④ 参见彭万林:《民法学》,中国政法大学出版社 1994 年版,第 139 页。

⑤ 参见魏振瀛主编:《民法》(第 8 版),北京大学出版社、高等教育出版社 2021 年版,第 592 页。

权；而法人或非法人组织从成立时便成为民事主体，也享有相应的人格权。其次，从客体层面看，人格权以人格利益为客体。人格利益包括人们为了自然生存和社会生存所需要的各种利益。再次，从人格权与财产权的差异层面看，人格权是以人身所体现的利益为内容，并不具有直接的财产利益。又次，从人格权的内容层面看，人格权既包括确认民事主体享有的人格权利内容，也包括在人格权受损时，维护民事主体合法的人格权益。最后，从人格权的设立目标看，对人格权的保护，符合国家人权保障的要求，促进人身自由、人格尊严的实现。

综合来看，人格权是民事主体依法平等专属享有的，以人格利益为客体的，以确认和维护人身自由、人格尊严为目标的基本权利。

（二）人格权的特征

相较于其他民事权利，人格权具有其自身特性，主要表现为私权性、支配性、绝对性、固有性、专属性、非财产性、法定性和开放性八方面的特征。

1. 人格权具有私权性

立法上对人格权的规制主要分为两类，分别是公法上的人格权和私法上的人格权。公法上的人格权调整的是国家和公民之间的关系，具有国家干预的公权力色彩；私法上的人格权调整的是平等民事主体之间的关系，具有私权属性。由于民法本为私法，是调整平等主体之间人身关系和财产关系的法律规范的总称，而人格权作为民法保护的重要权利，因此具有私权属性。

2. 人格权具有支配性

以民事权利的作用为区分标准，可以将民事权利分为支配权、请求权、抗辩权和形成权。支配权是对民事权利客体予以支配并排除他人非法干涉的一项权利。① 支配权的实质表现为两方面：一是主体利益的直接控制性；二是他方义务的消极性，即无须他人实施一定的行为配合、协助，权利主体能够通过对一定客体的支配实现其权利目的。而人格权的权利主体可以直接支配人格利益以满足其自身需要，并能够禁止他人的非法妨碍。因此，人格权具有支配性，体现了人格权主体对人格利益的全面支配。例如，肖像权的权利主体可以支配其肖像利益，依法有权制作、使用、公开或者许可他人使用自己的肖像，未经权利人同意，他人负有不得侵害的义务。

---

① 参见房绍坤：《民法》（第6版），中国人民大学出版社2021年版，第16页。

3. 人格权具有绝对性

以民事权利的效力范围为区分标准，可以将民事权利分为绝对权和相对权。绝对权又可称为“对世权”，其权利主体特定，但义务主体却不特定，权利主体可以对抗己身之外的任何人，而无须借助他人的行为就可以实现其权利。相对权又可称为“对人权”，其权利主体和义务主体均特定，权利主体需通过特定的义务主体实施一定的行为以实现其权利。由于人格权的权利主体具有特定性，义务主体具有不特定性，而且义务主体负有消极层面不得实施侵害行为的义务。因此，人格权具有绝对性，在现有法律规范的框架中，权利主体以外的任何人都负有不得侵害其人格权的义务。

4. 人格权具有固有性

人格权是民事主体依法固有的权利，人格权的固有性主要体现为以下三方面：其一，人格权与民事主体相伴始终。自然人从出生时、非自然人从成立时便享有人格权。固有性是人格权与其他民事权利的重要区别之一。例如，物权与人格权一样，具有私权性、支配性和绝对性，但物权不具有固有性，并非随着民事主体的产生而拥有，随着民事主体的消灭而丧失。其二，人格权依法确定，无需民事主体的积极作为。例如，自然人一旦出生，即直接享有生命权、身体权、健康权；法人一旦成立，就享有名称权。人格权的产生不需要民事主体的积极作为，即获得人格权，既不需要民事主体提出申请，也不需要民事主体以一定方式予以公示。其三，人格权无须民事主体的独立意志便可享有。人格权脱离于民事主体的个人意志而存在，无论民事主体自身是否意识到人格权的存在，人格权均客观存在。

5. 人格权具有专属性

以民事权利有无让与性为区分标准，可以将民事权利分为专属权和非专属权。不具有让与性的权利为专属权，仅能由特定的权利主体享有，一般既不能抛弃，也不能转让、继承；具有让与性的权利为非专属权，权利主体一般可以依法抛弃、转让和继承。根据《民法典》第 992 条的规定：“人格权不得放弃、转让或者继承。”这一条款实质上确认了人格权的专属性，表明人格权只能为特定的民事主体享有，无法与民事主体分离而独立存在，不受他人非法限制，一般无法抛弃、转让和继承。《民法典》第 992 条的规定表明人格权的专属性主要表现为三方面的内涵：

其一，不得放弃人格权。人格权始终为民事主体依法享有，禁止随意放弃。人格权的放弃可能会影响民事主体的资格，导致人格缺损。① 例如，若一个人放弃了生命权，那便失去了民事主体的资格，无法继续作为民事主体从事民事活动。虽然"不得放弃人格权"的专属性要求有违意思自治原则，是对私权处分的限制，但其目的是实现人格权的圆满状态，故这一限制有其必要性。

其二，不得转让人格权。区别于财产权利的可转让性，人格权一般依附于民事主体而存在，无法脱离民事主体，不可转让。当然，在特殊情况下，也存在例外情形。如法人的名称权，可以依法转让。《民法典》第1016条规定：民事主体决定、变更自己的姓名、名称，或者转让自己名称的，应当依法向有关机关办理登记手续，但是法律另有规定的除外。这一规定便明确表明我国允许法人转让自己的名称，法人的名称权具有可转让性。《民法典》第1016条规定区别于《民法典》第992条的规定，作为人格权可以转让的特殊情形，在实践适用中具有优先性。另外，"转让"不同于"许可使用"，随着商业实践的发展，姓名、肖像等人格标识均可依法许可他人使用，人格权的财产利益日渐受到重视。"许可使用"并未改变权利主体，权利主体依然享有权利，仅是允许他人依法按照合同约定行使权利；而"转让"却已经改变了权利的归属，原权利人不再享有已转让了的权利。

其三，不得继承人格权。自然人的人格权随着人的出生而产生，随着人的死亡而消灭，这便意味着，生命权、身体权、健康权等人格权的存续与其权利主体的主体资格密切相关。一旦权利主体死亡，主体资格消灭，人格权也就不复存在，无法被权利主体的继承人继承。② 但权利主体死亡或者终止后，其人格要素并未完全消灭，姓名、肖像、个人信息等仍存在于社会生活之中。③ 这种人格要素遗存的原因既有维护公序良俗的考量，同时也有人格要素继续利用的需要。权利主体死亡或者终止后，原具有财产内容的人格权所产生的财产利益可以被继承。

---

① 参见张翔：《民法人格权规范的宪法意涵》，载《法制与社会发展》2020年第4期。

② 参见王泽鉴：《人格权保护的课题与展望——人格权的性质及构造·精神利益与财产利益的保护》，载《人大法律评论》2009年第1期。

③ 参见韩强：《人格权确认与构造的法律依据》，载《中国法学》2015年第3期。

6. 人格权具有非财产性

以民事权利有无财产内容为区分标准，可以将民事权利分为人身权和财产权。人身权以人身利益为客体，不具有直接的财产内容；而财产权以财产利益为客体，具有直接的财产内容。人格权作为人身权的重要组成部分，是以人格利益为客体，人格利益不同于财产利益，主要包括人身自由、人格尊严、姓名、肖像、名誉、隐私等利益内容，主要是一种精神利益，同样不存在直接的财产内容，具有非财产性。

传统民法理论从道德、伦理层面认为，人格权无法用金钱计算和衡量。[①] 而今，随着时代的发展，人格权逐渐由绝对的非财产权利向具有一定财产性的方向转化。这一转化在英美法系国家体现为公开权或者形象权的产生，在大陆法系国家则体现为人格权的商品化利用或者人格权的商业化利用的立法确认，从而肯定了人格要素的财产性。目前，我国在《民法典》中也确认了某些人格利益具有一定的财产价值，允许通过许可使用的方式进行商业化利用。例如，《民法典》第 993 条便允许民事主体许可他人依法使用自己的姓名、名称、肖像，以获得财产受益。另外，在人格权受损时，也可通过财产的给付予以救济。例如，《民法典》第 1179 条规定侵害人身权造成损害的，侵权人应赔偿受害人医疗费、护理费、交通费等合理费用；再如，《民法典》第 1183 条规定侵害人身权造成严重精神损害的，侵权人应当支付精神损害抚慰金。因此，虽然人格权不具有直接的财产内容，不直接以财产的归属和利用为内容，但却间接体现一定的财产价值。

7. 人格权具有法定性

权利不同于利益，耶林在《罗马法的精神》一书中认为，法律所保护的利益即为权利。因此，从立法技术的角度来看，权利是由“特定利益”与“法律上之力”结合而成。这一界定有两点须予以明确：其一，仅有特定的利益才能通过法律形式的确定上升为权利，受到法律周延的保护。特定利益的判断应做到主客观的结合，既要与客观社会生活条件相适应，具有保护的紧迫性，同时又要得到立法者的主观认可。因此，并非任何利益均能得到法律的确认。其二，只有经过“法律上之力”确认的利益才能称为法定权利。需要由国家立法机关通过制

① 参见魏振瀛主编：《民法》（第 8 版），北京大学出版社、高等教育出版社 2021 年版，第 592 页。

定或者认可的方式,肯定利益的法律地位。由此可知,人格权是依法确认的人格利益,具有法定性。人格权的法定性体现为以下四方面:

一是人格权类型的法定性。民事主体究竟享有哪些类型的人格权,必须有法律的明文规定,不得由民事主体在法律规定之外依其自由意志随意创设。从世界范围来看,对人格权类型的确定有两种不同模式:其一,以法国为典型代表的自然权利体例。虽然《法国民法典》并未直接在法律条文中规定人格权的具体类型,但基于《法国民法典》产生的历史背景,在启蒙思想和大革命的影响下,“天赋人权”、注重“人的理性”等自然法理念广泛传播并深入人心,人们普遍认为人格权实质是每个民事主体均享有的一项重要的自然权利,无须在法典中明确列举权利类型。而在人格权受到损害时,权利主体可通过侵权规范的一般条款获得法律保护,从而反向确认了人格权的存在。其二,以德国为典型代表的法定权利体例。《德国民法典》不同于《法国民法典》对人格权的保护方式,在法律实证主义的主流观念影响下,《德国民法典》在法律条文中明确规定了人格权,并细化了不同人格权的权利类型及权利内容,详定了对具体人格权的法律规制,从而体现了法典的确定性原则。《越南民法典》《埃塞俄比亚民法典》等也采用了德国的法定权利体例。如《越南民法典》中明确规定了姓名权、肖像权、生命权、健康权和名誉权等具体人格权,《埃塞俄比亚民法典》中也明确规定了姓名权、肖像权、行动自由、居住自由等具体人格权。我国《民法典》也以法律规范的形式明确了人格权的权利类型。其中,《民法典·总则编》第五章“民事权利”部分,第109条至第112条,概述了自然人、法人和非法人组织所享有的人格权种类,并与《民法典·人格权编》第一章“一般规定”的第990条相对应,将各种人格权一一列举。

二是人格权内容的法定性。我国《民法典·人格权编》第二章至第六章细化了生命权、身体权、健康权、姓名权、肖像权、名誉权等具体人格权的权利内容。例如,针对自然人享有的姓名权,《民法典》第1012条规定了姓名权的享有主体、利用方式,第1014条规定了姓名权的侵权样态,第1015条规定了姓氏的选择权利,第1016条规定了姓名的登记,第1017条规定了姓名的延伸保护。《民法典》对于已经类型化的人格权的内容均予以立法上的确认,从而指引当事人的行为,为行为的实施提供稳定的预期。但人格权内容的法定性并未像物权内容的法定性那样严格,一般人格权所涵盖的保护范围具有一定的广泛性,它的存在为其他未上升为权利，但确有保护必要的人格利益的规制提供了可能。

三是人格权限制的法定性。根据《立法法》第8条的规定，民事基本制度的立法规制属于法律保留事项，只能由全国人民代表大会或者其常务委员会制定狭义的法律。对人格权的限制即属于民事基本制度范畴，只能由狭义的法律予以规定，而不能由行政法规、地方性法规、部门规章、地方政府规章等法律规范加以限制。《民法典》作为狭义的法律，可以依法设定对人格权的限制。如《民法典》第999条规定的人格权合理使用情形即为对人格权的法定限制。当为了公共利益，实施新闻报道、舆论监督等行为时，对民事主体的姓名、名称、肖像、个人信息等可以予以合理使用，而不构成侵权行为。

四是人格权保护的法定性。根据我国《民法典·人格权编》第1000条的规定以及《民法典·侵权责任编》第1165条的规定，当人格权受到非法侵害，权利受损者有权依法通过消除影响、恢复名誉、赔礼道歉等人格权请求权方式或者赔偿财产损失、精神损失等侵权损害赔偿请求权方式要求侵权人承担相应的民事责任。无论是人格权请求权还是侵权损害赔偿请求权均为人格权受损的法定救济途径。另外，对人格权的保护也具有一定的延展性，主要体现为对权利以外人格利益的保护。例如，《民法典》第990条第2款对自然人基于人身自由、人格尊严而产生的其他人格利益的保护；再如，《民法典》第994条对死者人格利益的保护。

人格权的法定性的意义主要体现为以下三方面：一是在法律制定方面，确保了权利的稳定性和可预测性，防止人格权的泛化，明确了人格权的具体类型、权利范畴、行使限制、保护方式；二是在法律适用方面，当发生人格权争议后，为国家机关提供了充分的决定、裁判依据，从而限制自由裁量权的行使，有助于公权力机关作出正确的决策，提高权力实施的可接受性和可信任性；三是在法律遵守方面，人格权法定化有助于增强人们的权利意识，弘扬法治精神，为人们的行为提供了稳定的预期，防止权利之间的冲突，全面确认和保护民事主体的合法权益。

8. 人格权具有开放性

人格权的法定性使人格权具有一定的封闭性和僵化性，特别是人格权类型的严格法定有可能会限制人格权的发展。随着社会的发展，生活关系日益复杂，在科技进步的影响下，大众传媒愈加发达，新型的人格利益不断涌现，冲击了既有的法定人格权框架。在此背景下,如果对人格权的规制仍固守传统意义上的严格法定主义,便无法及时调整社会生活中新兴的权利领域,缩小了人格权的保护范畴。因此,对人格权的规制应在坚持法定主义的基础上,具有一定的开放性,从而迎合时代的发展要求,包容亟待保护的尚未法定化的人格利益,促进新型人格利益纠纷的解决,缓和法律制定与法律适用之间的矛盾。我国《民法典》对人格权的规制即具有一定的开放性,主要体现为以下三方面:

其一,《民法典》对一般人格权的抽象,体现了人格权的开放性。《民法典》第 109 条和第 990 条第 2 款规定了对一般人格权的保护,即自然人基于人身自由和人格尊严而产生的其他人格权益受法律保护。对"其他人格利益"的法律保护表明了对一般人格权的规定是一项兜底性条款,从而弥补具体人格权保护范围局限性的弱势,不断适应社会发展对人格权保护提出的新要求,进而实现对应受法律保护人格利益的全面性、整体性保障,为新型人格利益纠纷的解决提供合法依据。

其二,《民法典》对具体人格权类型的规定,体现了人格权的开放性。《民法典》第 110 条和第 990 条第 1 款规定了具体人格权的法定类型,明确民事主体享有生命权、身体权、健康权、姓名权、名称权、肖像权、名誉权、荣誉权、隐私权等权利。这一条款体现了人格权的类型并不局限于法律条文中明文确定的种类,"等权利"的表述表明了具体人格权的类型具有一定的开放性。但究竟还有哪些种类的人格权应当得到《民法典》的确认和保护,需待日后的立法完善或者法律解释予以补充。

其三,《民法典》对具体人格权的细化,体现了人格权的开放性。《民法典·人格权编》第二章至第六章细化了具体人格权的权利内容。在对具体人格权的规制既体现了人格权的法定性,也体现了人格权的开放性。例如,《民法典》第 1005 条对危难情形下法定救助义务的规定:"自然人的生命权、身体权、健康权受到侵害或者处于其他危难情形的,负有法定救助义务的组织或者个人应当及时施救。"这一规定中"处于其他危难情形"便是一种概括性的表述,从而扩充了危难情形的范围,加强了《民法典》的保护力度。再如,《民法典》第 1015 条对自然人姓氏取得方式的规定,原则上自然人应当随父姓或者母姓,但在符合法定情形下,也可以选取父亲或母亲姓氏之外的其他姓氏。这里所提到的"法定情形"主要包括三方面:一是选取其他直系长辈血亲的姓氏;二是因由法定扶养人以外的人扶养而选取扶养人姓氏;三是有不违背公序良俗的其他正当理由。其中,第三方面的法定情形便具有一定的开放性,在法律实施中可结合具体情形综合判断姓氏的选取是否正当。

人格权的法定性与开放性并不矛盾,二者辩证统一。其中,法定性是开放性的前提,开放性是法定性的补充。法定性使人格权的保护具有一定的确定性,而开放性使人格权的保护体现一定的适时性,二者相辅相成,均是人格权发展的特征体现,从而更加全面地保护民事主体的合法权益。

(三)人格权的演变

人格权与财产权的关系贯穿了人格权的演变进程,由最初的混杂一体到相对独立,而后又转变为相互融合的态势。

1. 人格权与财产权的独立转变

从历史层面来看,在物质资源匮乏时期,注重对财产权的保护,可以满足人们基本的生存需求。而随着生产力水平的不断提高,对人格权的保护也逐渐引起了人们的重视。人格权独立于财产权,成为单独的权利类型,并非一蹴而就,而是一个逐步发展变化的过程。理论层面和实践层面对人格权和财产权依存关系的界定,并不一致,存在一定的差异。

从理论层面来看,自启蒙时代以来,在法哲学方面,西方的学者大多认为财产权是法律主体的人格权,即财产权是基于人格权而产生。[①] 耶林在《为权利而斗争》中曾言“我通过使之为我物,而给它打上人格的印记。因此,有人侵害之就是侵害我的人格。谁若殴打之,就是殴打含于其中的我自身”。[②] 耶林的阐释也表明,对财产的尊重,就是对该财产所有者人格的尊重,以体现财产权依附于人格权而存在。

从实践层面来看,近代以来,无论是《法国民法典》,还是《德国民法典》,均未规定完整的人格权制度。为了填补人格权规制的缺漏,法典一般通过侵权行为规范予以间接保护,从而以财产救济的方式保护受损的人格权,进而将人格权视为财产权的组成部分。在这一层面,法国的奥布里和罗提出了“广义财产

① 参见王利明主编:《民法典·人格权法重大疑难问题研究》,中国法制出版社2006年版,第180页。

② 梁慧星主编:《为权利而斗争》,中国法制出版社2000年版,第22页。

理论”，将人格权纳入至广义财产中，并将其称为“天赋财产”。[①] 日本的松冈义正也持有类似观点，认为生命、身体等人格利益是法律上拟制的财产，人格权就是支配生命、身体等拟制财产的权利。[②]

时代的快速发展使人格权制度愈加完备，人格权与财产权的依存关系呈现分化趋势，人格权逐渐取得了独立地位，且与身份权开始并称为人身权，以保护民事主体的人身利益。例如，我国原《民法通则》第五章“民事权利”部分，下分为四节，分别为第一节“财产所有权和与财产所有权有关的财产权”、第二节“债权”、第三节“知识产权”以及第四节“人身权”。其中第一节至第三节主要规定的内容均为财产权，而第四节规定的内容是与财产权并列的人身权。而“人身权”既包括人格权，又涵盖身份权。由此体现了人格权是与财产权无关的且与之对立的权利类型。再如，苏联的民法将民事权利分为“财产权利”和“人身非财产权利”，并就“人身非财产权利”进一步细分为“与财产权利有关的人身非财产权利”和“与财产权利无关的人身非财产权利”。[③] 人格权就属于与财产权利无关的人身非财产权利，从而也体现了人格权是不同于财产权的一项独立权利。

2. 人格权与财产权的融合现状

随着社会生活的发展变化和人们权利意识的增强，越来越多的新兴权利不断产生，这些新兴权利的内容不仅体现了人格权的内容，同时也兼具财产权的内涵，从而突破了财产权与人格权泾渭分明的界限。例如，隐私权的产生便体现了人格权与财产权的融合。最高人民法院2001年公布的《精神损害赔偿解释》第1条为隐私利益提供了保护路径，以司法解释的形式加强了对隐私利益的保障。2009年发布的《侵权责任法》、2017年发布的《民法总则》、2020年发布的《民法典》均在法律规范中明文确定隐私权的存在，从而实现了隐私利益向隐私权的转变，以获得法律更为周延的保护。自然人享有隐私权，隐私包括自然人不愿为他人知晓的私密信息。例如，个人的人事档案、纳税记录，医院中的

---

① 参见尹田：《无财产即无人格——法国民法上广义财产理论的启示》，载《法学家》2004年第2期。

② 参见俞江：《近代中国民法学中的私权理论》，北京大学出版社2003年版，第165页。

③ 参见王利明主编：《民法典·人格权法重大疑难问题研究》，中国法制出版社2006年版，第183页。

健康检查信息、疾病治疗信息等,均为隐私权保护的范畴。因这些信息具有一定的商业价值,因此在体现人格利益的同时,也体现了一定的财产利益,由此突破了传统观念中人格权非财产性的樊篱。

现今,人格权与财产权既相对独立,也相互融合。不能绝对地认定人格权是非财产权,避免人格权与财产权完全分离、非此即彼的僵化理解。人格权的演变与财产权密不可分,不可罔顾现实社会生活的需要,忽视人格权与财产权的交叠领域,以致无法妥善解决新兴的人格利益纠纷,致使人格权益的保障不足。

(四)人格权的性质

人格权的性质是人格权所具有的根本属性。人格权对民事主体的自然生存和社会生存均会产生重大影响,既具有自然属性,同时也具有社会属性。

1. 人格权的自然属性

自然属性是不受思想意志支配、对自然现象及特征的本质说明。人格权的自然属性主要表现在以下两方面:

其一,民事主体人格权的存在,始于出生或者成立,终于死亡或者消灭。自然人的人格权始于出生、终于死亡,自然人自出生时即享有生命权、身体权、健康权等人格权,法人、非法人组织自成立时享有名称权、名誉权和荣誉权等人格权,不受非法限制和剥夺。

其二,民事主体的人格权一律平等,任何人不享有超越于法律之上的特权。民事主体之间的人格权没有高低贵贱之分,人格权作为人权的重要组成部分,在形式上具有享有主体的平等性,既不能说某一民事主体的人格权优于另一民事主体,也不能说某一民事主体的人格权劣于另一民事主体。

2. 人格权的社会属性

社会属性不是先天的,而是在社会生活和社会实践中逐渐形成的。人格权的产生、发展与其社会属性密切相关,会随着社会的发展变化而不断丰富和完善。人格权的社会属性主要表现在以下三方面:

其一,民事主体的人格权需要依法确认。法律作用于社会生活,调整社会生活中的法律现象。人格权涉及平等主体之间的人身关系,属于法律的调整范畴,应依法确立,从而以规范的形式明确其权利类型、权利内容、权利限制和权利保护方式。

其二,民事主体的人格权不受非法限制和剥夺。权利是自由的一种表现,但并非绝对的自由,而是相对的自由。民事主体的人格权基于民事主体自身而产生,一般不受限制和剥夺,但当人格权的行使违背公序良俗原则、诚实守信原则、自愿原则、平等原则等时,便应被依法限制和剥夺,以实现强化权利保障、维护社会稳定的需求。

其三,民事主体人格权的类型和内涵会随着社会的发展而丰富。随着社会的发展,人们在基本生存条件得以满足的基础上,越来越多地关注对精神层面的追求。与这一发展进程相一致,人格权的调整范围也在不断扩展。现代科技的发展使人格权出现了许多新的内容,不仅在权利类型上有所增加,在权利内容上也有所完善,愈加适应社会的发展趋势,为新型纠纷的解决提供相应的法律依据,从而使裁判结果兼具合法性和合理性,进而增加了国家公信力,更好地保障了民事主体的人格权益。

三、人格与人格权的关系

从人格与人格权的发展进程来看,人格与人格权并非同一概念,人格权的客体并非人本身,而是人格利益,不能将人格权与民事主体的资格相混淆,以否定人格权的独立地位。人格与人格权既有联系,同时又有区别。

(一)人格与人格权的区别

人格与人格权的区别表现为多个方面,既有概念内涵和产生背景的差异,又有条文规制和可诉性要求的不同。

1. 概念内涵不同

人格,又称为“法律人格”,是法律赋予民事主体的资格,即“做人”的资格,与民事主体的权利能力相对应。人格关乎民事主体地位的确定,与民事主体不可分离,属于主体范畴。人格权是民事主体基于自身的人格而享有的一类民事权利,是民事权利中的重要组成部分,其包括生命权、身体权、健康权、姓名权、肖像权、名誉权、隐私权等,属于民事主体所享有的权利范畴。

2. 产生背景不同

在古代社会,与当时的农耕文明相适应,人与人之间并非平等关系,人们在法律上的主体资格因身份的不同而有所区别,身份的差异决定了人们各自的人格。虽然在古代社会也存在对人的生命、健康、姓名等人格利益的法律保护,但并没有独立的人格权存在。法律并非以维护人的平等、尊重人的尊严、促进人的全面发展为目的,而仅为保障身份秩序的工具,从而以身份秩序维系社会秩序的稳定。①

在近代社会,随着社会生产力的发展,以《法国民法典》和《德国民法典》为典型代表的近代法典愈加丰富,人格的法律化确认使人的法律人格不再受个人身份或地位的影响,身份不再是人格的构成要素。

在现代社会,第二次世界大战后国际人权运动的发展,使人格权制度得以真正确立,各国在立法上,特别是在私法领域,均开始对人格权的保护作出正面回应,确立了人格权,界定了人格权的范围,扩张了人格权的价值内涵。② 例如,《法国民法典》在1970年增加对隐私权保护的规定,明确任何人的私生活均应受到尊重。1994年增加对身体权的保护,明确任何人均享有身体收到尊重的权利。再如,第二次世界大战后的德国联邦最高法院与联邦宪法法院共同以《德国基本法》的规定为依据,肯定了“一般人格权”的存在。

3. 条文规制不同

从我国的立法规范来看,自原《民法通则》生效以来,人格作为主体资格,规定在主体制度中。原《民法通则》第二章规定了“公民(自然人)”,第三章规定了“法人”。而人格权作为民事权利,规定在权利制度中。原《民法通则》第五章规定了“民事权利”,便对民事主体享有的人格权予以一定的细化。原《民法总则》《民法典》沿袭了《民法通则》的这一立法传统,原《民法总则》和《民法典·总则编》的第二章、第三章和第四章分别规定了“自然人”、“法人”和“非法人组织”。在第五章规定了“民事权利”。

由此可知,我国在主体制度部分规定了人格,确认主体资格,在民事权利部分将人格权作为一项民事权利加以确认,从而在规范层面区分了人格和人格权。

4. 可诉性要求不同

从逻辑上看,作为主体资格的“人格”,并不具有可诉性。而作为民事权利

① 参见郭明瑞:《人格、身份与人格权、人身权之关系——兼论人身权的发展》,载《法学论坛》2014年第1期。

② 参见马俊驹:《人格和人格权讲稿》,法律出版社2009年版,第133页。

的人格权，在受损时具有可诉性。人格权同物权、知识产权具有相似性，均属于支配权，体现对他人不作为的积极诉请。当民事主体的人格权被侵害，受有损失时，并不影响民事主体资格，只是影响民事主体具体的人格利益，可以依法诉诸法律救济。[①] 例如，他人实施了侵害权利主体姓名权的行为，但这一侵权行为并不影响权利主体在民法上的主体资格。

（二）人格与人格权的联系

人格与人格权联系密切，人格是取得包括人格权在内的民事权利的基础和前提。民事主体自出生或者设立时起即具备民事权利能力，依法享有权利、承担义务。近代民法基于平等原则，承认所有民事主体在人格上均是平等的，依法具有同等的法律地位。但现代社会的发展使民事主体之间的不平等态势日益加剧，动摇了民法的平等原则。[②] 如雇主和雇员的关系已不再平等，雇主对雇员有一定的支配关系。在这一背景下，现代民法更加注重对具体的人基于自然存在而享有的人格权的保护。

第二节　人格权法律关系

民事法律关系，是指民事法律规范在确认和调整人们行为过程中所形成的民事权利义务关系。人格权法律关系是民事法律关系的重要组成部分，由人格权法律关系主体、人格权法律关系内容和人格权法律关系客体三个要素组成。

一、人格权法律关系的主体

人格权法律关系主体，简称为“人格权主体”，是指在人格权法律关系中享有权利和承担义务的自然人、法人和非法人组织。在人格权法律关系中，享有权利的一方为人格权的权利人，履行义务的一方为人格权的义务人。人格权作为绝对权，其权利主体为特定的自然人、法人或者非法人组织，而义务主体是不特定的自然人、法人或者非法人组织，负有不得实施侵害行为的消极义务。

---

① 徐国栋编：《中国民法典起草思路论战》，中国政法大学出版社 2001 年版，第 205 页。

② 梅夏鹰：《民事权利能力、人格与人格权》，载《法律科学（西北政法学院学报）》1999 年第 1 期。

(一)自然人

作为人格权法律关系主体的自然人,是指基于自然规律而出生的人。根据《民法典》第109条的规定:“自然人的人身自由、人格尊严受法律保护”。这一规定明确了对自然人一般人格权的保护。而根据《民法典》第110条第1款的规定:“自然人享有生命权、身体权、健康权、姓名权、肖像权、名誉权、荣誉权、隐私权、婚姻自主权等权利。”这一规定体现了对自然人具体人格权的保护。由此可见,自然人既是一般人格权的权利主体,同时也是诸多具体人格权的权利主体。虽然人格权法律关系主体不仅只有自然人,但自然人确是最主要的主体。究其原因,主要有以下三点理由:

其一,自然人的主体性质。从历史发展来看,自然人、法人和非法人组织并非同时产生,自然人出现的时间远早于法人和非法人组织。在早期“天赋人权”思想的影响下,对生命权、健康权、自由权、平等权和幸福权等自然权利的追求,既是人们对人权的美好向往,又是人们对人格权的热切期盼。人格权的产生与对人权的重视密不可分,最初即是为了保护自然人的私权利。自然人作为具有自然生命的生命体,基于其主体性质享有生命权、身体权、健康权、姓名权、肖像权等专属性权利。而后,随着时代的发展、人格权制度的逐步完善以及法人、非法人组织社会影响的增强,一些国家开始承认法人、非法人组织也具有符合其主体性质的名称权、名誉权等人格权。法人、非法人组织不具有自然生命,因此其所享有的人格权类型是有限的。例如,生命权、身体权、健康权等物质性人格权即无法享有,而自然人却能享有大多数类型的人格权。

其二,精神损害赔偿的请求主体。人格权受损的赔偿范围主要有物质损害赔偿和精神损害赔偿。其中,自然人、法人和非法人组织均可基于人格权被侵害造成的财产损害,要求物质损害赔偿,但精神损害赔偿的请求主体根据《民法典》第1183条第1款的规定却仅限于自然人。这一规定主要考虑到法人、非法人组织并不具有自然生命,无法产生精神损失,因此仅自然人有权依法获得精神损害赔偿,从而抚慰在人格权被侵害时所遭受的精神痛苦。

其三,人格权设立的目的。人格权的产生有其历史必然性,鉴于第二次世界大战对人类生活造成的巨大破坏,对人格尊严的粗暴践踏,人格权的设立在坚持以人为本的基础上,加强保障人的平等、自由和安全等价值,满足个人的精神需求,促进对人格尊严的维护,从而实现人的全面发展。

另外,我国《民法典》对尚未出生的胎儿和已经死亡的死者的人格权益也予以一定的保护。当然,胎儿的人格权益受法律保护有娩出时为活体的限制,若娩出为死体,则其并不具有民事权利能力,无法享有人格权益。死者的姓名、肖像、名誉、隐私等人格权益受到非法侵害,也会得到法律的保护,尤其是英雄烈士的人格权益更应予以维护。《民法典》对胎儿和死者人格权益的保护,体现了法典规制的适时性和灵活性,凸显了对自然人生前和死后的延伸保护,更具合理性。

(二)法人

人格权的产生最初是为了维护自然人的人格权益,目前仍有许多国家坚持人格权的主体仅限于自然人,法人和非法人组织并不享有人格权。法人是法律拟制为"人"的组织。相较于自然人的有机体而言,法人是社会的有机体,是依法独立享有民事权利和承担民事义务的组织。对于法人是否享有人格权的问题,一直存在一定争议。既有学说观点的不同,也有历史发展界定的差异。

从学说观点来看,历来有"否定说"和"肯定说"两种观点。"否定说"认为,人格权是为了具有伦理性的自然人准备的,无法类推适用于法人。因为法人不具有伦理性价值,仅具有工具性价值。法人的名称权、名誉权等权利并无精神利益,本质上为财产权,具有非专属性。一旦允许法人拥有人格权,就会导致人格权转变为纯粹的财产权,从而违背了人格权的实质要求。① "肯定说"认为,相较于自然人,法人也是一种真实的独立存在,依法享有权利、履行义务。法人具有独立的人格,也应当具有独立的人格权。法人的人格权是对与法人的存续有直接联系的法人的基本利益的保障,从而使法人能够发挥正常的社会作用。②

从历史发展来看,早期各国的民法理论和法典中并不认可法人的人格权。《法国民法典》和《德国民法典》均未明确规定法人享有人格权。但在《德国民法典》的起草时期,针对法人是否具有人格权,产生过激烈的争论。其中,第一次草案对法人赋予了独立的财产权利,要求法人履行独立的财产义务,并未规定法人的人格权。第二次草案赋予法人完整的权利能力,并提出法人拥有一项

① 参见尹田:《论法人人格权》,载《法学研究》2004 年第 2 期。

② 参见薛军:《法人人格权的基本理论问题探析》,载《法律科学(西北政法学院学报)》2004 年第 1 期。

人格权,即名称权。对于这一草案中赋予法人名称权的做法,既有支持者,也有反对者。而正式出台生效的《德国民法典》第12条在这一争议下,仅明文保护了自然人的姓名权,并未赋予法人名称权,也未说明这一条款的规定可适用于法人。直到1907年,《瑞士民法典》第53条的规定肯定了法人的人格权:“法人享有除性别、年龄或亲属关系之外的以自然人的本质为要件的一切权利和义务。”由此可知,除了受限于权利性质仅能由自然人享有的人格权外,其他人格权法人均能享有。

从立法来看,我国在这一问题上坚持“肯定说”,以法律规范的形式明确了法人享有人格权。《民法典·总则编》第110条第2款概括规定了法人享有名称权、名誉权和荣誉权,并通过人格权编第1013条、第1024条、第1031条等规定细化了法人名称权、名誉权和荣誉权的权利内容、权利行使方式和权利保护手段等。基于我国对法人人格权的法律规制,应当明确以下三方面的要点:

其一,法人的人格权类型有限。与自然人的人格权相比,法人仅具有名称权、名誉权和荣誉权这三项人格权。限制法人人格权类型的原因主要有两方面:一是法人自身的组织性质。法人是法律拟制的“人”,通过其组织机构获得了意志能力,并能在意志能力的支配下,控制和实施法律行为。但法人是法律技术缔造的产物,并不是真正的主体,不具有自然生命,不体现伦理价值,主要承担交易工具的职能,因此便无法享有以自然生命为权利前提的生命权、身体权、健康权等权利,仅具有与其组织性质相符的名称权、名誉权和荣誉权。二是市场经济活动的要求。每一民事主体在充分依法享有行为自由的同时,不得损害他人的合法权益。就法人而言,大多法人均活跃于市场经济活动中,为了防止赋予其过多的人格利益保护从而影响其他民事主体的行为自由,需对法人人格利益的保护予以一定限制,以防出现恶意竞争等违法行为。①

其二,法人并不享有一般人格权。根据《民法典》第109条和第990条第2款的规定,仅自然人享有基于人身自由、人格尊严产生的其他人格利益。这一条款是保护一般人格权的规定,限制了人格权的主体为自然人。当然,随着社会的发展,如果确有新兴的法人的人格利益需要法律的强制保护,即便无法适用一般人格权的规制条款,也可通过《民法典》第126条的规定“民事主体享有

① 参见黄薇主编:《中华人民共和国民法典人格权编解读》,中国法制出版社2020年版,第18页。

法律规定的其他民事权利和利益”予以概括保护。

其三,法人无法获得精神损害赔偿救济。根据《民法典》第 1183 条第 1 款的规定,仅自然人有权在符合法定情形时请求精神损害赔偿。法人虽然享有人格权,但其人格权主要体现的是财产利益。由于法人并不是真实的人,不具有自然人的思想和感情,无法产生精神痛苦,因此,法人无法获得精神损害赔偿救济。我国《精神损害赔偿司法解释》第 4 条也从司法层面与《民法典》采取同一立场。

承认法人的人格权,并在法律规范中明文规定,有益于强化对法人合法权益的保护。这一强化保护作用主要体现为两方面:一是保护范围的强化。法人的名称、名誉和荣誉往往代表特定经营者的商品或者服务具有良好的品质、值得信赖,可以放心购买或者使用,具有一定的财产属性,从而可以获得《著作权法》《反不正当竞争法》等法律规范的财产保护。但对于非营利性法人,如公权力机关、慈善组织和基金会等,其名称、名誉和荣誉往往不具有交易价值,未能体现财产属性,若仍对其予以财产保护,便有失周延。二是保护方式的强化。人格权具有专属的请求权保护方式,在民事主体的人格权有妨害的可能,或者受到妨害、受到侵害时,有权要求加害人停止侵害、排除妨碍、消除危险、恢复名誉以及赔礼道歉,从而使人格权恢复圆满的状态。在法律规范中认可法人的人格权,从而使具有某些财产属性的人格权在权益受损时,既可以通过财产权保护方式予以侵权损害赔偿救济,又可以通过人格权保护方式予以人格权请求权救济,从而以多样的渠道使法人的人格权获得更为周密的保护。

(三)非法人组织

非法人组织是不具有法人资格,但依法能够以自己的名义从事民事活动,享有民事权利、履行民事义务的组织。合伙企业、个人独资企业以及不具有法人资格的专业服务机构均为非法人组织。根据《民法典》第 110 条第 2 款的规定,非法人组织仅享有名称权、名誉权和荣誉权这三项人格权。另根据《民法典》第 109 条和第 990 条第 2 款的规定,非法人组织不享有一般人格权。再根据《民法典》第 1183 条第 1 款的规定,非法人组织也无法获得精神损害赔偿救济。由此,《民法典》对法人和非法人组织的人格权规制内容是一致的,可参考适用。

二、人格权法律关系的内容

人格权法律关系的内容即人格权所包含的各项权能，是指权利主体为实现其人格权可以采取的手段。不同的学者对人格权权能的认定存在一定的差异：有的学者认为人格权的权能表现为控制权、利用权和活动自由权；[①]也有学者认为人格权的权能包括控制权、利用权、有限转让权和有限处分权；[②]还有学者认为人格权的权能包括控制权、利用权和处分权。[③] 虽然学者认定的权能类型并不完全相同，但从表述内容来看，无非体现为人格权的积极权能和消极权能两方面。

（一）人格权的积极权能

人格权的积极权能是指权利人可以通过控制、利用、处分等方式积极行使其人格权。从历史发展层面来看，人格权在产生之初由于没有独立的民事地位，权利人无法积极主张，仅能在权利受损时，通过侵权法规范予以救济和保护。而随着时代的发展，在原有保护方式仍继续发挥作用的同时，人格权逐渐开始具有积极利用的权能，允许权利人积极行使。人格权具有积极权能的原因便在于人格权是支配权，由特定主体直接支配，权利的实现仅凭个人的意思，而无须他人的协助。当然，人格权作为支配权，并不意味着法律允许权利主体任意支配其人格利益。在本着保护权利主体个人利益，不侵害他人利益、社会公共利益的要求之下，各国均对人格权也予以一定的行使限制。我国《民法典》不仅规定了人格权的积极权能，而且针对不同类型的人格权，在积极权能的具体表现上呈现一定的差异。

1. 控制权

控制权，也可称为“保有权”，是指权利主体能够以自己的意思控制、保有自身的生命、身体、健康、姓名、肖像、名誉、隐私等人格利益。基于人格权的支配性质，无须他人的协助即能够以自身的意思实现权利目的，因此，在人格权并未受到外部侵害时，权利主体便可享有完整意义上的人格权，得对抗任何任意非

---

① 参见佟柔：《中国民法学·民法总则》，中国人民公安大学出版社 1990 年版，第 108～109 页。

② 参见杨立新：《人格权法》，法律出版社 2015 年版，第 40～42 页。

③ 参见王利明主编：《民法》（第 9 版），中国人民大学出版社 2022 年版，第 359 页。

法干涉或者侵害行为。例如,自然人可出于对自身生活安宁的维护而控制自己的隐私信息不向外透露;法人可基于提升组织信誉的需要,对其名称、名誉、荣誉等人格利益加以维护等。

2. 利用权

利用权,是指权利主体有权依法通过自己的意思使用权利,以满足权利主体在财产或者精神上的利益,实现个体需求。例如,在社会活动中,肖像权人、姓名权人有权使用自己的肖像、姓名用于身份证、毕业证以及其他证明个人身份的情形中,从而通过对肖像权、姓名权的专有使用,满足权利人在形象区分方面的要求。

当然,人格权的利用并非绝对自由,而且,不同的人格权受权利内涵的限制,利用方式是不同的,需依法进行,并不得违背公序良俗原则,否则要承担相应的法律责任。例如,根据《民法典》第 999 条对人格权合理使用情形的规定,若为了公共利益的需要而实施新闻报道、舆论监督等行为,但却并未合理使用民事主体的姓名、名称、肖像、个人信息等,侵害了民事主体的合法权益,此时便应依法承担民事责任。

3. 处分权

处分权,是指权利主体有权依法通过自己的意思以转让、许可使用等方式处置人格利益。人格权作为人权的法定化形式,具有专属性,仅能由特定权利主体享有,随着权利主体的出生或成立而产生,以及随着权利主体的死亡或注销而消灭,一般不能抛弃、转让或继承,以体现法治国家对人格权的尊重和保障。例如,自然人的生命权、身体权和健康权等维护人类基本生存利益的物质性人格权,不得依权利主体的个人意思而抛弃。但随着时代的发展,有些人格权基于其权利属性中体现的财产价值,也存在一定的可处分性。例如,对于自然人而言,可以依法将自己的姓名、肖像等许可他人使用,并获取报酬;对于法人而言,由于法人的名称权等人格权具有商业性质,因此也允许这类人格权随法人营业一同转让。

由于处分权的行使会影响人格的完满状态,因此,应依法明确处分的限制。各国一般对人格权的处分权能予以一定的限制,禁止权利主体任意处分。例如,《越南民法典》第 26 条第 1 款规定:“本法典规定的人身权是与每个人之人身紧密相关的民事权利,不能转移于他人,法律另有规定的,不在此限。”我国

《民法典》第993条也规定了对许可使用的限制，当依照法律规定或者根据人格权性质不得许可使用的人格权便无法许可他人使用。

（二）人格权的消极权能

人格权的消极权能是指对于民事主体享有的人格权，他人负有不得非法干涉和侵害的消极义务。一般而言，人格权往往是一项消极权利，表现为消极的维护和防卫，而不表现为积极的利用和处分，仅当其有妨害的可能，或者受到妨碍、受有侵害时，权利人才有权通过自卫行为、自助行为等私力救济方式或者提起诉讼等公力救济方式保护自身合法权益，通过人格权请求权或者侵权损害赔偿请求权的行使以恢复人格权的圆满状态。

三、人格权法律关系的客体

人格权法律关系的客体是人格权法律关系中权利、义务共同指向的对象。在理论上对人格权法律关系客体的界定存在不同的观点，需通过不同观点的展现，进而明确人格权法律关系客体所对应的实质对象。

（一）有关人格权法律关系客体的学说

目前，有关人格权法律关系客体的学说主要有“人格利益说”、“主体自身说”、“伦理价值说”和“人格利益与财产利益共同说”。首先，“人格利益说”认为人格权法律关系的客体为应受法律保护的人格利益，具备这一利益是民事主体从事其他活动的前提条件。[①] 其次，“主体自身说”认为人格权法律关系的客体是主体自身，因此，人格权是以主体自身为客体的权利，是民事主体对自己人格的支配。[②] 再次，“伦理价值说”认为人格权的客体是人自身的伦理价值，而不是基于伦理价值所得到的利益。[③] 最后，“人格利益与财产利益共同说”认为“人格利益说”忽视了人格权的商业化利用所产生的财产利益，人格权法律关系的客体应具有人格利益，同时也具有财产利益。[④]

就“主体自身说”而言，该说将人格权的客体指向民事主体自身，实质上混

---

① 参见王利明主编：《民法》（第9版），中国人民大学出版社2022年版，第358页。

② 参见［法］雅克·盖斯旦、吉勒·古博：《法国民法总论》，陈鹏等译，法律出版社2004年版，第171页。

③ 参见马俊驹、张翔：《人格权的理论基础及其立法体例》，载《法学研究》2004年第6期。

④ 参见程合红：《商事人格权论》，中国人民大学出版社2002年版，第52页。

淆了人格与人格权。人格是人之为人的主体资格,民事主体具有人格是享有民事权利的基础和前提;而人格权是独立的民事权利,指向的是生命、身体、健康等对民事主体来说不可或缺的人格利益。正是对这些人格利益的保护才使人格愈加丰盈,也正是随着时代的发展,通过将更多新兴的人格利益纳入法律的保护范围,才使人格的社会存在更有意义。因此,"主体自身说"的观点并不可取。

就"伦理价值说"而言,"伦理价值说"认为,由于权利的本质是法律所保护的利益,权利行使的结果是为了利益的实现,因此,利益并不是权利指向的对象,而是权利的设定目的。权利的客体实则是目的利益的来源,但目的利益的来源是人的"伦理价值",而不是基于"伦理价值"而获得的利益。例如,债权法律关系的客体是给付行为,在债务人实施了给付行为后,债权人受领给付的后果才是债权法律关系中的利益。然而,"伦理价值说"存在一定的认定局限。该说所强调的"伦理"并非所有人格权均具备的,尤其是起标识作用的人格权,伦理色彩体现得并不突出,另外人格权商品化的现象也使人格权的伦理性进一步淡化。另外,"伦理价值说"中的"价值"与"利益"实际上具有相同的意思,二者反映的均是在人格权法律关系中主体之间权利义务所指向的对象,并无实质差异。[①] 权利是受到法律保护的利益,权利存在的意义便在于获得利益,实现权利价值。因此,"伦理价值说"的观点并不可取。

就"人格利益与财产利益共同说"而言,这一学说具有一定的时代意义,迎合了社会发展对人格权影响的商品化趋势,以开放的视角看待人格权与财产权的关系,突破了传统人格权与财产权截然不同的观念认知。但这一学说主张的观点并不符合人格权的体系性要求。首先,人格权的商业性许可使用仅适用于姓名、肖像等部分人格权,不具有广泛的普遍性;其次,人格权的客体是人格利益,对于人格权所体现的财产价值更为准确地表述应是,通过对姓名、肖像等人格利益的许可使用以获得物质利益,从而使人格利益既具有精神价值,也具有财产价值。因此,"人格利益与财产利益共同说"的观念并不可取。

"人格利益说"的观点符合人格权客体的界定。人格权法律关系的客体为

---

① 参见马特、袁雪石:《人格权法教程》,中国人民大学出版社 2007 年版,第 134 页。

人格利益,而且这种利益是每个社会成员的最高利益。世界各国的立法和判例虽然就人格权保护的范围规定不一,但一般均将人格利益视为人格权法律关系的客体,而且随着时代的发展变化,对人格利益的保护也愈加完备。

(二)人格权法律关系的客体——人格利益

人格权法律关系的客体为人格利益。人格利益,是指民事主体在自然活动和社会活动中必须具备的利益。人格利益作为民事利益,既不同于财产利益,又不同于身份利益,具有其自身特点。

1. 人格利益的特点

其一,人格利益具有专属性,与民事主体的人格密切联系。财产利益一般不具有人身专属性,可依法抛弃、转让或者继承。而人格利益具有一定的人身专属性,基于民事主体的存在而产生,一般不得抛弃、转让或者继承。

其二,人格利益具有固有性,不以身份关系的存在为前提。身份利益需要基于一定身份关系的存在而产生。法律上的“身份”是指法律关系主体在特定社会关系中的地位,既有基于亲属血缘关系而产生的父母与子女之间、夫妻之间、兄弟姐妹之间的身份,也有基于知识产权而取得的著作权人、专利权人、商标专用权人等身份。人格利益是人格权法律关系中权利、义务指向的对象,在民事主体基于其产生而具有人格权之时就已存在,身份关系的存在不影响对人格利益的保护。

其三,人格利益既具有精神价值,也具有财产价值。无论是一般人格利益,还是具体人格利益,在很大程度上都体现了人格利益的精神价值,具有一定的无形性,旨在维护民事主体的存在,满足其精神需要。例如,隐私利益即具有维护个人生活安宁的精神价值,名誉利益即具有维护个人良好社会评价的精神价值。但法律允许对姓名、名称、肖像等人格利益的商业化利用,从而获取报酬的行为,也体现了人格利益的财产价值。人格利益所具有的精神价值和财产价值,能够在精神和经济上满足民事主体的多重需求。

2. 人格利益的分类

依据不同的分类标准,可将人格利益划分为不同类型。人格利益的划分有益于明晰人格权保护对象的种类,从而在利益受损时,正确地适用法律,以提供有效、及时、全面的救济。

(1)具体人格利益和一般人格利益

以人格利益的涵盖范围是否明确为标准,可将人格利益分为具体人格利益和一般人格利益。具体人格利益,是指在法律规范中明确列举的人格利益。我国《民法典》所规定的具体人格利益主要包括:生命、身体、健康、姓名或者名称、肖像、名誉、隐私、个人信息等人格利益。一般人格利益,是指在法律规范中明确列举的人格利益之外,民事主体在自然活动和社会活动中必须具备的其他重要人格利益。我国《民法典》所规定的一般人格利益是自然人享有的基于人身自由、人格尊严所产生的,除法律规范中明确列举的人格利益之外的其他重要利益。

(2)有形人格利益和无形人格利益

以人格利益的呈现形态为标准,可将人格利益分为有形人格利益和无形人格利益。有形人格利益,是指能够以外在的实体形态表现的人格利益。例如,生命、身体、健康等具有实体形态表现的物质性人格要素,即为有形人格利益。无形人格利益,是指与人格密切联系,没有实体形态表现的人格利益。例如,民事主体名誉的获得、隐私的保有等均属于不具有外在实体形态的无形利益。

第三节 人格权的分类

在人格权领域中,随着时代的发展,人格权的种类日益丰富,不同类型的人格权具有不同的内涵和外延,在权利性质和保护方式上也存在一定的差异。人格权的分类有三方面的意义:一是有助于以体系性视角明确权利的制度设计,推动权利建构和发展。二是有助于深化对各项人格权映射的权利本质的认知。德国法学家考夫曼曾言:“对事物的本质的思考是一种类型学的思考。”通过类型化操作,可以弥补人格权内涵高度模糊和抽象的不足,进而明确各类人格权的不同特点。三是有助于确立人格权的保护边界,准确定位新兴人格权的归属类型,并可针对不同的侵权行为依法提供有效的保护方式和救济手段。

一、人格权分类的观点呈现

对于人格权是否应当分类,理论上有“否定说”和“肯定说”两种观点。“否定说”认为不应对人格权进行分类;而“肯定说”认为应当对人格权进行分类。鉴于人格权的多样性、保护的差异性、性质的多层次性,“肯定说”为主流观点。

对人格权的分类,不同的学者从不同的角度划分的类型有所差异。例如,有观点将人格权分为一般人格权和具体人格权。① 有观点认为人格权包括物质性人格权和精神性人格权,其中的精神性人格权又包括自由型人格权、标表型人格权和尊严型人格权。自由型人格权包括身体自由权和内心自由权;标表型人格权包括姓名权、商号权和肖像权;尊严型人格权包括名誉权、荣誉权、隐私权等。② 有观点主张将人格权分为物质性人格权、精神性人格权和一般人格权。③ 有观点将人格权分为三个层次:第一层次为生物形态的人格权,具体包括生命权、身体权和健康权等以权利主体的人身为核心的权利;第二层次为社会形态的人格权,具体包括姓名权、肖像权、名誉权等以标识需求、评价需求和情感需求等社会需求为核心的权利;第三层次为心理形态的人格权,具体包括意志自由等以人的精神活动为核心的权利。④ 还有观点直接以列举的方式将人格权分为:生命健康权、姓名权、肖像权、名誉权、人格尊严和自由、荣誉权、个人秘密、婚姻自主权等。⑤ 上述观点对人格权所分的类型并不完全相同,从不同的角度阐明了人格权的制度体系,这些分类观点不仅具有理论意义,有些甚至具有一定的法律意义。

二、人格权分类的具体阐释

结合学者对人格权所作的分类以及我国《民法典》的相关规定,可将人格权分为自然人人格权和法人、非法人组织人格权,自然人人格权又可分为一般人格权和具体人格权,具体人格权又可分为物质性人格权和精神性人格权,而精神性人格权又分为标表性人格权、评价型人格权和自由型人格权。(见图1)

---

① 参见马俊驹:《人格和人格权讲稿》,法律出版社2009年版,第197页。

② 参见张俊浩主编:《民法学原理》,中国政法大学出版社1997年版,第138页。

③ 参见杨立新:《人身权法论》,人民法院出版社2002年版,第90页。

④ 参见申政武:《论人格权及人格损害的赔偿》,载《中国社会科学》1990年第2期。

⑤ 参见梁慧星:《中国人身权制度》,载《中国法学》1989年第5期。

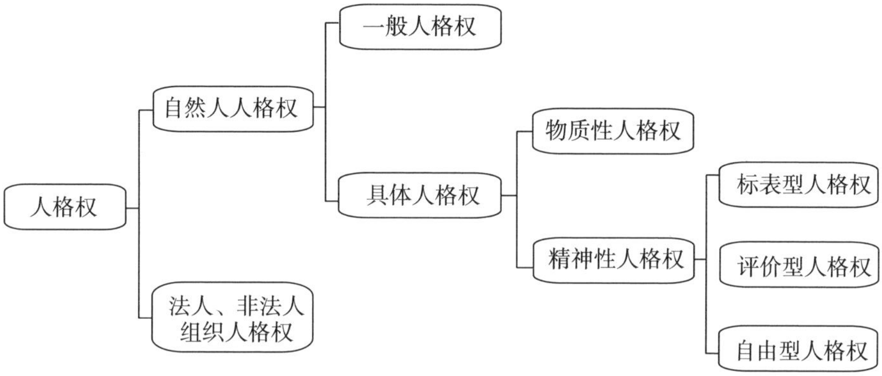

图1　人格权分类

（一）自然人人格权与法人、非法人组织人格权

以人格权的权利主体为区分标准，可以将人格权分为自然人人格权与法人、非法人组织人格权。根据我国《民法典》第109条和第110条的规定，自然人、法人和非法人组织均依法享有人格权。但自然人的人格权与法人、非法人组织的人格权存在一定的区别，主要表现为以下三方面：

其一，人格权的类型和数量不同。由于人格权的产生与人的伦理性密切相关，而法人、非法人组织并不具有伦理价值，因此，自然人相较于法人、非法人组织而言，享有种类更为多样的人格权。自然人不仅依法享有生命权、身体权、健康权、姓名权、肖像权、名誉权、隐私权等具体人格权，同时也享有基于人身自由、人格尊严所产生的其他人格权益，即自然人也享有一般人格权。而法人、非法人组织仅依法享有三类具体人格权，分别是名称权、名誉权和荣誉权，并不享有一般人格权。

其二，人格权的处分方式不同。基于人格权的权利特点和权利性质，自然人人格权与法人、非法人组织人格权的处分方式存在一定的差异。例如，法律允许某些具有财产价值的具有可转让性的法人、非法人组织的人格权依法转让。《民法典》第1013条的规定便允许法人、非法人组织依法转让自己的名称。而自然人的人格权主要具有精神价值，而且即便如姓名权、肖像权等具有财产价值的人格权，按其权利性质也无法转让，仅能依法许可他人使用，从而获取经济财富。

其三，人格权的救济方式不同。对自然人人格权的侵害，权益受损者既有权针对财产损害要求赔偿物质性损失，又有权针对重大精神损害要求赔偿精神损失。而对法人、非法人组织人格权的侵害，由于法人、非法人组织并非具有生命的真实的人，因此也就无法产生精神痛苦，在权益受损时，无法获得精神损害赔偿，仅有权针对财产损失要求物质性赔偿。

（二）一般人格权与具体人格权

以人格权所体现和保护的人格利益为区分标准，可以将人格权分为一般人格权和具体人格权。具体人格权是以生命、身体、健康等具体人格利益为客体的人格权；一般人格权是以人身自由、人格尊严等一般人格利益为客体的人格权。我国《民法典》第990条既规定了具体人格权，同时也规定了一般人格权，二者共同构成了我国的人格权体系。其中，具体人格权包括生命权、身体权、健康权、肖像权、姓名权、名称权、名誉权、荣誉权、隐私权等权利类型。一般人格权是具有权利集合性特点的人格权，包括除具体人格权外，自然人基于人身自由、人格尊严所享有的其他人格权益。

具体人格权的规制明确、具体，具有较强的显示性和司法实用性；而一般人格权的规制虽然抽象、概括，但其确是宪法保障人权规定在民法领域的细化，既是我国民事立法中重要的制度创新，又是保护民事主体人格利益的应然之举，更是历史发展的必然演变进程。

（三）物质性人格权与精神性人格权

以人格权体现的人格要素的不同为标准，可将其分为物质性人格权和精神性人格权。物质性人格权是自然人对于其生命、身体、健康等物质性人格要素所享有的人格权。精神性人格权，是指自然人对于其名誉、隐私、肖像等精神性人格要素所享有的人格权。物质性人格权包括生命权、身体权和健康权等，精神性人格权包括名誉权、隐私权、肖像权、姓名权和名称权等。物质性人格权与精神性人格权的区别，主要表现为以下四方面：

其一，权利主体不同。物质性人格权与自然人的人身紧密相依，其权利主体只能是自然人，法人和非法人组织并不享有物质性人格权。一旦脱离自然人的人身，便无所谓物质性人格权。精神性人格权的权利主体并不局限于自然人，法人和非法人组织也可享有，如自然人享有姓名权，而法人和非法人组织享有名称权。

其二,权利客体不同。物质性人格权的客体是生命利益、身体利益和健康利益等物质性人格利益。这些物质性人格利益均以自然人为依托,依赖于人的身体,是人所固有的人格利益。精神性人格利益的客体是名誉利益、隐私利益和肖像利益等精神性人格利益。精神性人格利益是对民事主体精神需求的保护,并不以人的身体为载体而客观存在,具有一定的主观性、抽象性和价值性。

其三,权利应用不同。物质性人格权具有强烈的人身依附性和固有性,始终与人相生相伴,是人最低限度的需要,不得转让、抛弃和继承,不得进行商业化利用,也不得克减。而精神性人格权虽然也具有一定的人身依附性和固有性,但相较于物质性人格权,某些精神性人格权存在一定应用上的灵活性。例如,依据《民法典》第 993 条的规定,民事主体可以许可他人使用自己的姓名、名称和肖像等,从而实现对精神性人格权的商业化利用。另外,在出现法定情形时,特定的国家机关有权对精神性人格权作出适当的克减。

其四,权利损害后果不同。侵害物质性人格权的损害后果,既有物质性财产损失,也存在精神性生理损失。例如,侵害他人的健康权,既可能导致他人生理健康受损,产生治疗健康受损的医疗费、营养费、护理费和误工费等损失,同时又可能导致他人心理健康受损,产生精神痛苦,需要进行精神损害赔偿。而侵害精神性人格权的损害后果,一般仅产生精神损害,需要赔礼道歉、恢复名誉、消除影响或者进行精神损害赔偿等。

(四)标表型人格权、评价型人格权和自由型人格权

对于精神性人格权,按照不同权利体现的客体性质的差异,又可将其分为标表型人格权、评价型人格权和自由型人格权。标表型人格权是指以姓名、肖像等可识别、可区分的民事主体的外在标识、表征为内容的人格权,主要包括姓名权、名称权和肖像权等。评价型人格权,又可称为“尊严型人格权”,是指以名誉、荣誉等对民事主体的评价为内容的人格权,主要包括名誉权、荣誉权和信用权等。自由型人格权是指以民事主体的人身自由和精神自由为内容的人格权,主要包括隐私权和性自主权等。标表型人格权、评价型人格权和自由型人格权的区别主要有以下三点:

其一,权利客体的差异。标表型人格权是以标识人格特征的外在表现为内容的权利,通过这一权利以使权利主体与其他主体相区别。评价型人格权是以对民事主体的特定评价为内容的权利,体现了对人格尊严的维护和重视。自由

型人格权是以民事主体的人身自由和精神自由为内容的权利,从而促进民事主体自由的实现。

其二,权利侵害方式的差异。对标表型人格权的侵害方式主要有未经同意的制作、使用以及公开等,对评价型人格权的侵害方式主要有侮辱、诽谤、诬告陷害等,对自由型人格权的侵害方式主要有非法逮捕、非法拘禁、非法搜身等。

其三,权利商业化利用的差异。随着时代的发展、大众传媒的普及和商业竞争的加剧,经济实体为了提高商业利益,纷纷通过与某些知名人物签订人格权许可使用合同,利用知名人物的影响力和消费者对知名人物的信赖,促进商品或者服务的销售。姓名权、名称权和肖像权等标表型人格权可通过其识别、区分民事主体的作用进行商业化利用,产生商业利用价值,从而突破了传统人格权不具有财产价值的樊篱。评价型人格权和自由型人格权具有强烈的人身专属性和固有性,一般不能进行商业化利用。

第四节　一般人格权

一般人格权是与具体人格权相对应的,由法律以高度概括的方式规定的,关涉民事主体存在价值和尊严的具有权利集合性特点的人格权。[①] 虽然一般人格权有概括具体人格权的作用,但其独立于具体人格权而存在,是人格权中的基本权利,关涉人的存在价值和尊严。一般人格权的产生有其历史必然性,不仅在理论上具有重要的价值指引作用,在实践中也发挥着实质的权益保障作用。

一、一般人格权的历史发展

古代社会的习惯法中存在某些保护生命等物质性人格利益的规定。例如,原始的同态复仇。早期的制定法又渐渐出现了一些保护名誉等精神性人格利益的规定。在法律制定层面对一般人格权予以法律的明文保护,是较晚的现象。

---

① 参见王泽鉴:《民法总则》,中国政法大学出版社2001年版,第126页。

（一）一般人格权的产生背景

一般人格权的概念最早源自德国。一般认为，民法学家诺依内尔是最先提出一般人格权概念的人。1866年，诺依内尔在《私法法律关系的性质以及种类》一书中提出了人格权，并阐释了一般人格权的概念，将其界定为主体的自我存在、自我宣示和自我发展的权利。[①] 而后，学者针对一般人格权存在的必要性纷纷展开探讨。德国法学家萨维尼，通过“承认生命权是否就意味着承认了人有自杀的权利”的问题，以表达其对人格权存在的否定观点。受其影响，1900年《德国民法典》的立法者认为一般人格权调整范围的划定具有模糊性，因此，并未明文规定一般人格权，而仅规定了生命权、健康权和姓名权等个别具体人格权。直到20世纪的第二次世界大战结束后，基于对人类尊严的深刻认识和强化保护，德国开始意识到有限的具体人格权无法维护多样的人格利益。由此，随着学术研究的深入、司法判例的积累，德国法院结合《德国基本法》第1条和第2条[②]的规定，强调人格尊严和人格发展的重要地位，确立了“一般人格权”的存在，并在个案中由法官运用自由裁量权实现对一般人格权的保护。[③] 1954年，联邦德国高等法院在“读者来信案”判决中，首次承认了一般人格权，这一案件的裁判是德国私法发展史上的重要转折点。[④]

“读者来信案”的案情为：沙赫特博士（Dr. Schacht）在1952年创立了一家私人公司，名为“Dr. H. S. &Co.”。同年6月29日，被告出版公司在其周刊杂志上发表了一篇文章，这篇文章的内容中与沙赫特博士有关的一些言论并不真实，与事实不符。而后，7月4日，沙赫特博士委托一位律师给被告出版公司发出了一封律师函，表明29日刊登的文章中存在不实内容，并要求被告出版公司在即将出版的7月6日的周刊中予以更正，否则会诉诸法律手段解决。被告出版公司并未对律师函予以回复，而是在7月6日出版的周刊上，将截取的、并不完整的律师函内容同其他五位读者对6月29日周刊中关于沙赫特博士的文章

---

① 参见王利明：《人格权法》（第3版），中国人民大学出版社2021年版，第63页。

② 《德国基本法》第1条规定：“人类尊严不得侵犯。尊重并保护人类尊严，系所有国家权力的义务。”第2条规定：“在不侵害他人权利及违反宪法秩序或公序良俗规定的范围内，任何人均有自由发展其人格的权利。”

③ 参见李岩：《一般人格权的类型化分析》，载《法学》2014年第4期。

④ 参见陈娜：《一般人格权在德国的承认——对“读者来信案”的背景及其争论的分析》，载《武汉理工大学学报（社会科学版）》2013年第6期。

发表的观点共同刊登在“读者来信”的栏目中，此举引起这一律师的不满，故而产生了诉讼。原告认为，被告出版公司实施了侵害人格权的行为，其对律师函的内容予以删减，并未真实还原律师函的内容，以偏概全。另外，被告出版公司将原告的律师函与其他五位读者的文章评论共同放在一起，容易使读者误解这份律师函的性质，仅将其简单视为一篇文章评论。基于以上事实，原告诉请被告出版公司在最近即将出版下一期周刊的“读者来信”栏目中更正说法、消除影响。被告出版公司否定了原告的主张，其认为自己拥有依法决定是否发布以及在哪一板块发布信息的权利，并未实施侵权行为。本案的一审原告胜诉，但二审却败诉。原告依法进一步提起诉请，德国联邦法院根据《德国基本法》第 1 条和第 2 条的规定又支持了原告的主张，认定被告出版公司侵权。德国联邦法院指出，一般而言，某个主体发表的言论是否公开以及以何种方式公开，为公众所知悉，发表言论者享有决定权。再者，修改他人的言论侵害了发表言论者的人格权。人有权在不损害他人合法权利、不违背道德规范的基础上，发展其人格，要求他人尊重自己的尊严。

德国联邦法院在“读者来信案”中呈现的审判观点，既有对人格发展的重视，同时也有对人格尊严的重视。从本质来看，便为一般人格权内涵的司法表现。由此，在司法实践中通过“读者来信案”实现了对一般人格权的认可。而后，在“骑士案”、“索拉娅案”和“录音机案”等案件裁判中，进一步促进了一般人格权制度的发展和完善。德国联邦法院通过《德国基本法》第 1 条和第 2 条的规定在司法实践中创设了一般人格权，从而扩大人格权的保护范围。这一做法既有反对者，又存在支持者。反对者大多将批评的焦点集中于一般人格权自身的不确定性。支持者却认为创设一般人格权非常必要，因为法律具有局限性，无法穷尽规定各种具体人格权，而一般人格权的产生包含了人格权的所有领域，是对具体人格权的补充，为民法上人格利益的保护提供了系统支撑。纵观德国对人格权的立法规制举措以及司法实践样态，对人格利益的保护实际呈现了由主要保护具体人格利益向强化保护一般人格利益的趋势，在具体到一般的历史轨迹中，凸显了司法实践对立法规制的强大推动作用。

德国对一般人格权的理论探讨、立法明确和司法适用为世界其他国家一般人格权的法律认可均起到了引领作用。现今，各国在保障人权的时代要求之下，都开始不断强化对人格利益的保护，特别是在具体人格权之外，通过法律的制定或者司法的裁判确立一般人格权,从而使人格权的保护体系更加系统和完整。目前,这一做法已成为世界各国民法的人格权保护通例。例如,1960 年的《埃塞俄比亚民法典》在自然人的第一章"人格与内在于人格的权利"中肯定了一般人格权。1966 年的《葡萄牙民法典》将人格权独立成编,并规定了一般人格权。1991 年俄罗斯联邦《人和公民的权利和自由宣言》序言中规定:"确认人的权利和自由及其人格和尊严是社会和国家的最高价值。"

(二)我国对一般人格权的规制演变

目前,世界范围内的人权保护意识不断强化,我国对一般人格权的法律规制的完善与中华人民共和国成立以来,在法律制定、法律实施、法律监督和法学研究等方面的探索密不可分。

我国 1986 年《民法通则》的指导思想为"宜粗不宜细",因此对许多权利并未明确规定,仅在第 98 条至第 102 条针对生命健康权、姓名权、名称权、肖像权、名誉权、荣誉权予以规定。从具体规定内容来看,严格限制了保护的范围。在原《民法通则》保护人格权的条款中,第 101 条规定:"公民、法人享有名誉权,公民的人格尊严受法律保护,禁止用侮辱、诽谤等方式损害公民、法人的名誉。"其中对人格尊严的保护,即为一般人格权的内容。虽然在原《民法通则》中便已有对人格尊严的保护,但却是在规定名誉权时一同表达对一般人格权的维护,容易引人误以为一般人权是名誉权的内容。从规制内容来看,尽管原《民法通则》对人格权的保护并不全面,但却是我国民法上首次将宪法中对抽象人格尊严的保护转化为具体的民事权益,实现了宪法实施的多层次性的要求。

1999 年的《全国民事案件审判质量工作座谈会纪要》指出,能依法获得保护的人格权不仅包括生命健康权等物质性人格权,也包括姓名权、肖像权和名誉权等精神性人格权,还包括宪法所确认的人格尊严不受侵犯等一般人格权。这便意味着,这一文件中的人格权包括物质性人格权、精神性人格权和一般人格权,从而肯定了宪法上人格尊严不受侵犯规定的民法化,并以一般人格权予以概括。

2001 年的《精神损害赔偿解释》第 1 条规定了对生命权、健康权、身体权、姓名权、肖像权、名誉权、荣誉权、人格尊严权、人身自由权以及隐私或者其他人格法益的保护,当这些人格权利遭受非法侵害时,受害人有权诉请赔偿精神损害。这一解释的起草者提出,第1条的规定扩展了人格尊严的适用范围,具有补充具体人格权立法不足的作用,在理论上可将"人格尊严权"称为"一般人格权"。但"人格尊严权"的说法并不严谨,将作为价值基础的人格尊严以具体权利的方式来表达,削弱了人格尊严发挥漏洞填补的功能,存在严谨性与科学性的不足。[①] 在2020年修正的《精神损害赔偿解释》中,第1条扩展了可以通过精神损害赔偿予以维护受损权益的范围,概括规定了"因人身权益或者具有人身意义的特定物受到侵害"时的精神损害赔偿请求权,从而涵盖了对自然人因一般人格权或者具体人格权受损时产生精神损害的救济。

2017年的《民法总则》正式在立法上规定了一般人格权制度。原《民法总则》第五章"民事权利"第109条规定:"自然人的人身自由、人格尊严受法律保护。"从而确立了一般人格权的涵盖范围是对自然人基于人身自由和人格尊严而产生的人格权。由于"人身自由"和"人格尊严"是《宪法》中明确规定公民享有的基本权利,所以,原《民法总则》第109条实际体现了对《宪法》规定的私法化,强化了一般人格权的合宪性和正当性,尊重了宪法的基本价值。但对于原《民法总则》第109条的解读,学界的观点存在一定的分歧。有学者认为,原《民法总则》第109条是民法上对人格利益予以保护的概括条款、一般条款,并不是民法上的一般人格权规定,第109条与第110条的结合,形成了"人格利益的一般保护条款+具体人格权"的体系构造。[②] 另有学者认为原《民法总则》第109条是对民法上一般人格权的界定,是民事法律规范对一般人格权的认可,而第110条是对具体人格权的列举规定,两者结合形成"一般人格权+具体人格权"的人格权保护体系。[③] 虽然两种观点对第109条的性质界定略有差异,但究其本质,从形式上看,第109条确实是一般条款,但也正是基于一般条款从而在功能上创设了民法上的一般人格权,二者并不矛盾,类似于请求权基础与请求权之间的关系。这一条款的规制,改变了过去将人格尊严单纯视为价值理念或者是高度抽象的宪法权利,而使一般人格权真正成为一种具有可诉性的民事

① 参见范小华:《论一般人格权的民法表达——以〈中华人民共和国民法典〉为视角》,载《行政管理改革》2020年第11期。

② 参见叶金强:《〈民法总则〉"民事权利章"的得与失》,载《中外法学》2017年第3期。

③ 参见杨立新主编:《中华人民共和国民法总则要义与案例解读》,中国法制出版社2017年版,第404页。

权利。

在中国共产党第十九次全国代表大会报告中提出的加强“保护人民人身权、财产权、人格权”的政治理念指引下,我国《民法典》延续了原《民法总则》做法,仍明文规定了一般人格权。我国《民法典》第990条第1款规定的是经法律确认的生命权、身体权、健康权等具体人格权,第2款规定的是除前款类型以外,自然人享有基于人身自由、人格尊严产生的其他人格权益,即一般人格权。具体人格权具有明确的权利外观和细致的权利内容,而一般人格权虽然也是民事权利,但其权利外观并不清晰,权利内容较为概括、抽象,是一项具有开放性的“框架性权利”。由于一般人格权具有较强的开放性,在法律适用时,如果不加以规范,将会使法官的自由裁量权过大。

另外,除了民事法律规范对一般人格权的规制,其他法律规范中也存在相关的规定,从而与民法规定整体衔接。例如,我国《宪法》第37条第1款规定:“中华人民共和国公民的人身自由不受侵犯。”第38条规定:“中华人民共和国公民的人格尊严不受侵犯。禁止用任何方法对公民进行侮辱、诽谤和诬告陷害。”《残疾人保障法》第3条第2款规定:“残疾人的公民权利和人格尊严受法律保护。”《妇女权益保障法》第37条规定:妇女的人身不受侵犯。第42条第2款规定:“禁止用侮辱、诽谤等方式损害妇女的人格尊严……”《消费者权益保护法》第14条规定:“消费者在购买、使用商品和接受服务时,享有人格尊严、民族风俗习惯得到尊重的权利……”《未成年人保护法》第4条第2项规定:“尊重未成年人人格尊严”。这些对人身自由、人格尊严的保护,在一定程度上与我国《民法典》对一般人格权的保护相互配合,共同更好地维护民事主体的合法权益。

由此可知,目前我国对一般人格权的立法规制形式主要包括三类:一为《宪法》的宏观性规定;二为《民法典》的基础性规定;三为《残疾人保障法》、《妇女权益保障法》和《消费者权益保护法》等单行法的注意性规定。在这三类规制中,首先,《宪法》是国家的根本大法,具有最高的法律效力和法律地位,鉴于其调整范围的全面性和调整事项的概括性,因此《宪法》对基本权利的保护原则性较强,无法直接适用司法实践,需要通过其他普通法予以细化。其次,《民法典》作为国家的基本法律,对民事主体受损的一般人格权予以细化保护。这一缺陷在原《民法总则》和《民法典》中均予以修改,尤其是现行的《民法典》在继承原

《民法总则》对一般人格权予以明文规定的基础上,通过《民法典·人格权编》细化了一般人格权的内涵。最后,其他单行法对人格尊严的规定,实际是对《民法典》规制的深化强调,确立了更有针对性的法律保护制度。故从《宪法》到专门的民事法律规范,再到其他的单行法,都强调对一般人格权的法律保护。另外,除了立法层面的三类规制以外,我国的司法解释也加强了对一般人格权的保护,从而为受损的一般人格权提供明确、有效和全面的救济路径。

二、一般人格权的特点

人格权的内涵较为丰富,若是仅通过明确列举的方式确定权利类型,难以实现对人格利益的全面保护。随着社会生活的发展变化,以及人们权利意识、主体意识的不断强化,人们对权利的呼吁呈现多角度性、多层次性。法律条文的列举无法穷尽现实生活中需要受到法律保护的人格利益,因此法律规范在明确列举具体人格权的同时,还应确定一个更为抽象、开放的一般权利,以涵盖无法受具体人格权保护的人格利益。由此,一般人格权应运而生。相较于具体人格权,一般人格权具有权利内涵的抽象性、权利地位的基础性、权利主体的特定性以及权利范围的广泛性等特征。

(一)权利内涵的抽象性

一般人格权与具体人格权是哲学范畴的"抽象"与"具体"在法学领域的呈现。具体人格权是采用类型化的方式细化人格权的内涵,而一般人格权是以抽象演绎的方式概括人格权的价值。[①] 相较于具体人格权,一般人格权缺乏具体的人格要素,其保护客体为一般人格利益。由于对一般人格利益的界定并不明确、具体,因此也使一般人格权的内容具有高度抽象性,在权利形式上具有框架性的特点。然而,这种抽象性也正是一般人格权的价值要求。民事法律规范设立一般人格权的目的就在于通过其概括、抽象的规定以保证人格权规制范围的开放性、包容性,从而有效解决因社会快速发展所产生的新型人格权益纠纷,为人格权的保护留下弹性空间。所以一般人格权应当是动态的权利,而非静态的权利。当然,一般人格权内涵的抽象性可能会使司法实践中法官的自由裁量权过大,随意延展一般人格权的保护领域,导致权利保护的泛滥,由此对司法也提

① 参见王利明主编:《民法》(第9版),中国人民大学出版社2022年版,第364页。

出了更高的要求,需明确一般人格权的适用情形,从而在司法审判中恰当应用以为权利人提供救济。

(二)权利地位的基础性

一般人格权与自然人的主体资格关联密切,其权利地位具有基础性,主要表现为以下三方面:首先,一般人格权作为具有高度概括和抽象特点的一类人格权,能够更好地体现人格权的基本原则、基本价值和基本理念,具有维护民事主体合法权益的基础性作用;其次,在一般人格权和具体人格权的关系上,一般人格权为具体人格权的司法实务适用和合理性论证提供了规范和理论上的支撑,是人格权价值内核的集中反映。另外,随着社会的发展,新兴的人格利益不断产生,一般人格权能够对某些未被具体人格权列举的新型人格利益提供概括保护,并可在适用成熟后,通过一般人格权派生出新的具体人格权。此种派生方式也体现了一般人格权对新兴具体人格权的指导作用,从而丰富人格权保护体系。

(三)权利主体的特定性

关于一般人格权的权利主体,学者在法学研究中的观点以及法官在司法实践中的阐释说理,有时会存在一定的差异。对于自然人作为一般人格权的权利主体,往往不存在争议。差异点集中于法人、非法人组织是否享有一般人格权?首先,就学者们的观点来看,有的学者认为一般人格权的权利主体仅为自然人,是自然人普遍、平等享有的权利,法人、非法人组织并不享有。[①] 还有学者认为一般人格权的权利主体具有普遍性,所有民事主体均为一般人格权的权利主体,既包括自然人,又包括法人、非法人组织,不同民事主体均平等地享有一般人格权。[②] 其次,就法官在司法实践中的阐释说理来看,有的法官在案件的裁判中表述一般人格权的概念时,明确指出无论是自然人,还是法人,均能享有。[③] 还有的法院在案件的裁判中模糊表述,认为一般人格权是民事主体全部人格利益的总的抽象之权利,从而认定民事主体为一般人格权的权利人,但并未限制民事主体的范围。[④] 也有法院确认一般人格权的主体只能为自然人,排除了法

① 参见马特、袁雪石:《人格权法教程》,中国人民大学出版社 2007 年版,第 189 页。

② 参见魏振瀛主编:《民法》(第 8 版),北京大学出版社、高等教育出版社 2021 年版,第 617 页。

③ 参见沈阳市中级人民法院民事判决书,(2016)辽 01 民终 3361 号。

④ 参见塔城地区中级人民法院民事判决书,(2014)塔民一终字第 428 号。

人和非法人组织。[①]

根据我国《民法典》第109条和第990条第2款的规定，只有自然人享有一般人格权。而且自然人对一般人格权的享有一律平等，无论其政治地位、身份关系、经济能力上有何不同，均普遍地平等享有一般性人格权，任何人无正当理由不得非法侵害。我国《民法典》排除法人作为一般人格权的主体，主要由于法人是法律技术的缔造物，不具有终极性的价值，没有真正的思想、情感，无法具有人格尊严。同理，非法人组织基于其思想、情感的欠缺等原因，也无法成为一般人格权的主体。我国对一般人格权主体的法律明定也符合德国学者胡伯曼的观点，其认为，一般人格权既不同于人格权己身，也不同于各类具体的人格权，而是自然人的个人基本权利。[②]

（四）权利范围的广泛性

一般人格权是具体人格权的上位概念，是对除具体人格权外所有应当被法律保护的基于人身自由、人格尊严而产生的人格权益的保障。一般人格权所保护的人格利益具有概括性和抽象性，在内容上是不易完全确定的，具有调整范围的广泛性，体现出较强的涵盖能力，从而弥补具体人格权因权利类型的固定性导致调整范围有限的不足。人们在人格利益受损而又无法为具体人格权所保护时，一般人格权的适用尊重了人的独立、平等、自由和尊严，全面保护了民事主体的合法权益。

三、一般人格权的内容

学界对一般人格权内容的界定存在一定的差异。有学者认为，一般人格权的内容主要包括人格独立、人格平等、人格自由以及人格尊严。其中人格独立是指民事主体之间相互独立，禁止非法干涉；人格平等是指民事主体的法律地位一律平等，不分年龄、性别、种族、民族、受教育程度等的差异和区别，民事主体之间并无依附关系；人格自由是指民事主体可以依法根据自己的意愿实施法律行为；人格尊严是人格权的核心含义，是人格独立、人格平等和人格自由的必

---

① 参见江苏省泰州市中级人民法院民事判决书，(2017)苏12民终234号。

② 参见[德]卡尔·拉伦茨：《德国民法通论》，王晓晔等译，法律出版社2003年版，第182页。

然推论，指的是民事主体应被完整看待、获得尊重。[①] 另有学者认为，一般人格权的内容包括人格独立、人格自由和人格尊严。其中人格独立是指民事主体在人格上的独立和平等，不受他人支配、干涉和控制；人格自由是指保持、发展人格的自由，民事主体在其生存期间可依法通过各种方式完善人格；人格尊严是指民事主体作为人应当具有的最起码的社会地位，并能够得到社会和他人的尊重。[②]

对一般人格权内容界定的学说差异体现了一般人格权内容的抽象性、复杂性和不确定性，也正是由于一般人格权的上述特点，人们虽无法通过列举的方式穷尽一般人格权的内容，但却可以通过类型化的方法将尚未被法律确定为具体人格权的重要人格利益纳入一般人格权的保护范围。我国《民法典》第 990 条第 2 款即对一般人格权予以类型化规定，将其划分为基于人身自由而产生的一般人格权和基于人格尊严而产生的一般人格权。这也就意味着，立法者将由人身自由、人格尊严衍生而来的人格利益，纳入一般人格权保护的客体范围，人身自由、人格尊严即是人格利益产生的基础价值。

就人身自由与人格尊严在人格权中的地位，学界主要存在两种观点：其一，将对人身自由的保护纳入具体人格权范畴，而将人格尊严单独设立为一般人格权。[③] 这是我国在原《民法总则》生效前的主流观点。其二，认为人身自由和人格尊严共同构建了民法的一般人格权。[④] 而就人身自由与人格尊严在一般人格权中的关系来看，又存在两种不同认定：其一，人身自由与人格尊严并列存在。这一观点认为人身自由和人格尊严的含义均非常广泛，是其他人格权的价值基础和产生前提，二者均是人的社会属性的表现，共同构成判断新兴人格利益保护必要性的核心标准，具有适用解释、价值指引、兜底保护、权利创造等功能。人身自由作为一种一般性的自由，在规范制定和立法技术上与人格尊严并列存在，在理论理解和实践适用上与人格尊严同等对待，体现了人身自由的抽象一般意义。其二，人身自由与人格尊严并非并列存在。这一观点认为人身自由与

① 参见魏振瀛主编：《民法》（第 8 版），北京大学出版社、高等教育出版社 2021 年版，第 619 页。

② 参见杨立新编著：《民法案例分析教程》（第 5 版），中国人民大学出版社 2021 年版，第 255 ~ 256 页。

③ 参见杨立新：《民法总则：条文背后的故事与难题》，法律出版社 2017 年版，第 266 ~ 267 页。

④ 参见梁慧星：《民法总则讲义》，法律出版社 2018 年版，第 97 页。

人格尊并不处于同等地位。人身自由虽然与人格尊严共同表达,但仅为人格尊严的一种重要表现形式,人格尊严的内涵包括了人身自由。人格尊严是民事主体行使其他权利的基础和前提,属于人格权中的渊源性权利。人身自由为人格尊严的下属概念,是人格尊严的基本要求,不能与人格尊严并存成为一般人格权条款。[①]

目前,我国《民法典》将人身自由与人格尊严并列纳入一般人格权的调整范围,这一做法具有一定的合理性,原因主要包括以下两方面:第一,从规范体系上看,《民法典》第109条规定了民法的一般人格权,而第110条规定了民法的具体人格权。如果将人身自由纳入具体人格权范畴,则其应被置于第110条,否则第109条中既有具体人格权,又有一般人格权,二者的并列规定于同一法条,在条文的逻辑结构和体系格局上并不合理。因此,从规范体系的角度来看,人身自由与人格尊严应均为一般人格权的内容。第二,从权利保障上看,将人身自由与人格尊严共同划归为一般人格权的保护范畴,更符合民法一般人格权对人格领域全面保护的目的。

(一)人身自由

自由是不受限制、约束和妨碍的一种状态。自由权在法律上主要包括两层含义:一是宪法层面的自由权。例如,我国《宪法》规定的言论、出版、集会、结社、游行和示威等政治自由。二是民法层面的自由权。例如,我国《民法典》规定的契约自由、婚姻自由等。人身自由本属于自由权中的一部分,源于法治思想中的自由理念。我国《宪法》第37条[②]规定了对作为公民基本权利的人身自由的保障,既有消极保护的内涵,同时也有积极保护的要求。从消极保护层面看,自然人的人身自由不受非法干预和侵害;从积极保护层面看,针对侵害人身自由行为导致的后果,应予以积极救济。我国《民法典》以《宪法》为基础,以民事法律规范的形式细化了人身自由的内涵,对人身自由的规制既有一般人格权的宏观保护,也有身体权的微观保护。

在《民法典》的编纂过程中,学者对人身自由的法律确认存在三种不同意

---

① 参见杨立新:《人格权法》,法律出版社2020年版,第71页。

② 《宪法》第37条规定:"中华人民共和国公民的人身自由不受侵犯。任何公民,非经人民检察院批准或者决定或者人民法院决定,并由公安机关执行,不受逮捕。禁止非法拘禁和以其他方法非法剥夺或者限制公民的人身自由,禁止非法搜查公民的身体。"

见,分别是“人身自由否定论”、“人身自由肯定论”和“人身自由折中论”。首先,“人身自由否定论”认为,人身自由并不是一般人格权的价值基础,而是一种具体人格权。若是将人身自由纳入一般人格权,则会降低一般人格权的涵摄能力,不利于一般人格权立法目的的实现。其次,“人身自由肯定论”认为,《民法典·总则编》第109条将人身自由视为一般人格权的价值基础,基于法律体系一致性的考虑,在《民法典·人格权编》中也应与总则编的规定相一致,确认人身自由的基础性地位。最后,“人身自由折中论”认为,由于人身自由的概念内涵较为具体,而一般人格权作为高度抽象、概括的权利表达,应具有一定的开放性。因此,应寻求一项更为一般性的表达替代人身自由的表述,以确保一般人格权价值的展现和功能的发挥。① 目前,我国《民法典》采用的是“人身自由肯定论”的观点,肯定了人身自由的独立性。②

人身自由是自由权在人身方面的具体体现,与合同自由、婚姻自由同理,均是自由权的一个方面。人身自由是自然人参与各项社会活动、融入各类社会关系、行使其他合法权益的前提基础和重要保障。③ 关于人身自由的涵盖范围,即人身自由是否在行动自由以外包括意志自由,学界主要存在两种观点:一是狭义层面界定,认为人身自由是指人们的行动自由,即身体行动的自由,是自然人基于个人自由意志支配自己身体运动的权利,而不包括意志自由,也可称为“精神自由”,是自然人有自由支配自身内在思维活动的权利。二是广义层面界定,认为人身自由既包括人们的行动自由,同时也包括意志自由。我国《民法典》对人身自由的规定是从广义层面来界定的,认为人身自由既包括行动自由,也包括意志自由。其中,行动自由是指自然人的人身和行动不受非法限制,自然人有权依法自由支配,限制行为自由的活动必须有明确的法律依据。意志自由是指自然人的意志不受他人的非法限制、干涉和影响,如设立遗嘱的自由、决定是否缔结合同的自由以及选择住所的自由等。我国《民法典》从广义层面界定人身自由,是因为人们行动自由的前提便在于具有意志自由,从而可以按照自己的意志决定行为的内容。在意志自由支配下的行为自由,实际是人们将个人的

① 参见朱晓峰:《人身自由作为一般人格权价值基础的规范内涵》,载《浙江大学学报(人文社会科学版)》2021年第2期。

② 参见王利明、程啸:《中国民法典释评·人格权编》,中国人民大学出版社2020年版,第32页。

③ 参见黄薇:《中华人民共和国民法典解读:人格权编》,中国法制出版社2020年版,第16页。

主观意志付诸客观行动的过程。由此,行动自由和意志自由共同组成完整的人身自由。

《民法典》第990条第2款规定的人身自由是一般人格权的价值基础,是对《民法典》第109条一般人格权规定的进一步宣示和强调。但由于人们的行动自由往往与身体联系密切,因此,《民法典》在第1003条和第1011条对身体权的规制中细化了行动自由的内涵,强调对非法拘禁、非法搜查等限制人身自由行动的禁止,而作为一般人格权的人身自由是具体人格权下身体权中行动自由以外的自由。

(二)人格尊严

人格尊严是伦理学、法学、哲学、社会学等多学科使用的概念,在伦理学和法学中应用较为广泛。不同的学科领域对人格尊严概念的认定存在一定的差异,而且,即便是在法学领域,对人格尊严概念的认定也较为模糊,并未统一。人在社会中生活,不仅要能维持基本的生存需求,而且还要能有尊严地活着。人格尊严是指作为人应当得到的尊重,是每个人在人格上应具有的不能被冒犯、亵渎、侵害、限制、剥夺的一种精神特质。人格尊严是人格权的基石,体现了对人之为人的资格评价,是对人最起码的尊重,无论人的状态、属性、职业、政治立场、宗教信仰、财产状况、文化程度等有何种差异,对人的尊严的评价并无褒贬,绝无高低贵贱之分。

对人格尊严的保护是我国《宪法》的核心价值,同时也是我国《民法典》的核心价值。我国《宪法》第38条[①]规定了对作为公民基本权利的人格尊严的保障,强调对主体人格的尊重,既包含对人格形成的尊重,也包括对人格发展的尊重。人格尊严虽然是宪法中公民的基本权利,但只有转变为民事权利,通过民法中的人格权制度,才能获得民法全面、细致的保护,为受损的人格尊严提供法定救济路径。《民法典》第990条第2款对人格尊严的保护正是对《宪法》概括规定的细化。对人格尊严的理解应重点关注以下两方面:其一,对人格尊严的认识包含自身因素。人格尊严是民事主体基于自身的社会地位和本质属性对自身价值的一种主观认识。其二,对人格尊严的认识包含外在因素。这里的外

---

① 《宪法》第38条规定:"中华人民共和国公民的人格尊严不受侵犯。禁止用任何方法对公民进行侮辱、诽谤和诬告陷害。"

在因素是指其他主体，甚至是社会，对特定主体的人的尊重，即对人的一种价值评价。由此，人格尊严是自身因素与外在因素相结合的产物，既有自我认知的涉己因素，同时也有他人或者社会的涉他因素，这两种因素的结合，才构成完整的人格尊严。

我国《民法典》对人身自由和人格尊严的规定构成了一般人格权的核心内涵。人身自由强调不被他人干扰，人格尊严强调获得他人尊重。在数字时代，以人身自由和人格尊严为基础的一般人格权，不仅可以为尚未权利化的新兴人格利益提供更为充分的保护，同时也可以为实践纠纷的解决提供一般性的保护基础。

四、一般人格权的功能

一般人格权的功能，是指一般人格权在人格权体系中存在的作用。虽然从历史发展来看，一般人格权的产生晚于具体人格权，但从权利功能来看，一般人格权却具有弥补具体人格权规制不足的作用，具体表现为一般人格权的适用解释功能、价值指引功能、兜底保护功能和权利创造功能。

（一）适用解释功能

一般人格权具有高度的概括性和抽象性，对具体人格权的理解和适用发挥重要作用。在司法实践中，若发生对具体人格权的法律规定产生理解分歧或者适用疑惑时，可通过一般人格权的基本原理进行解释评判。具体人格权对具体人格利益予以保护，由于具体人格利益的内涵和外延有时并不明确，存在权利内涵边界不清的情形，因此，对于虽然存在解决纠纷的具体人格权条款，但该条款的规定无法为人格权的争议提供有效的解决途径时，便可利用一般人格权条款为存有不足的具体人格权条款提供解释依据，以克服其适用缺陷。通过一般人格权对人身自由、人格尊严价值的强调，以一般人格权的基本特征和基本原则为标准，来解释、发展、完善具体人格权，从而使对具体人格利益的保护更具合理性、正当性，更有益于民事主体权益保障愿景的实现。① 这一举措也体现了具体人格权与一般人格权的合作关系。

① 参见朱晓峰：《论一般人格权条款与具体人格权条款的规范适用关系》，载《法学》2021 年第 3 期。

（二）价值指引功能

一般人格权凸显以人为本的理念，不仅体现了人格权立法的精神、目的和宗旨，而且在人格权法律体系中具有统领全局的规范作用。我国《民法典》中的各项人格权规定体现了对人身自由、人格尊严不同层次、不同角度的维护，由此，人身自由、人格尊严在人格权体系中具有基础性和宏观性的地位，是整个人格权法的价值基础。一般人格权对人身自由、人格尊严的强调，为保证具体人格权的正确法律适用起到指引和启发作用，有益于说明具体人格权存在的正当性和合理性，为解决保护人格利益法律规范的冲突和司法实践案件争议的解决提供价值支撑。

（三）兜底保护功能

在全球人权保护意识不断强化的背景下，我国自改革开放以来，随着社会的发展、物质水平的提高和人们维权意识的增强，在物质需求得以基本满足的同时，人们对权利的主张日益增多，特别是被遗忘权、性自主权等新兴的民事权益不断涌现，越来越多的民事主体诉请对自身受损权益的维护，体现了人们对人身自由、人格尊严的追求，以促进民事主体自我价值的实现。而随着各种新兴的人格利益不断涌现，由于成文法的滞后性，已有的法律规范无法对所有的人格利益进行面面俱到的保护规制。因此，立法者在规定人格权的保护规则时，便在法定性与开放性相统一的原则下，最大限度做到人格权规范保护的全面性和广泛性。针对已经发展成熟、确有保护必要、规制意见较为统一、并无太多争议的人格利益，以立法的形式明文规定为具体人格权，细化其权利内涵，并予以周延的权利保护；而对于存在一定争议，且尚未获得法定权利地位的人格利益，可以通过具有开放性和较强涵摄能力的一般人格权进行保护，弥补保护缺漏，进而对没有被依法类型化为具体人格权的人格法益予以权衡救济，从而适应社会经济、文化的不断发展。

具体人格权与一般人格权的综合运用体现了立法的科学性和体系性，在遇有具体人格权的保护不足问题时，发挥一般人格权的拾遗补阙的作用，借助作为总括性权利、框架性权利的一般人格权加以弥补，从而为民事主体的人格利益提供更加有效的、全方位的、严密的防护和救济。

（四）权利创造功能

人格权是一个由少到多、由弱到强，调整范围逐渐壮大的权利组合。人格权中的具体人格权的保护对象具有特定性，是法律明确保护的人格利益，鉴于具体人格权保护对象的有限性，有时无法应对现实生活中层出不穷的多样的人格利益纠纷。对于尚未被确立为具体人格权的其他值得保护的人格利益，可以暂时通过一般人格权进行概括保护。但随着对这些人格利益的认知愈加清晰、保护愈加深入，此类人格利益的独立性也便日益明显，有益于促成立法的认可，从而转变为一项具有独立地位的具体人格权。① 通过一般人格权生成全新的具体人格权，体现了一般人格权的权利创造功能。这一功能使一般人格权成为具体人格权的母权，也就是说一般人格权为具体人格权的源泉，为产生新的具体人格权奠定了基础，通过一般人格权可创造出多样的具体人格权，不断扩大人格权保护的范围。

五、一般人格权的适用

一般人格权的适用是指将抽象的人格权应用于具体的人格利益纠纷中，以决定发生争议的人格利益是否属于一般人格权的保护范围。2008 年的《民事案件案由规定》（已失效）将"一般人格权纠纷"确立为一项独立的民事案由类型，归于"人格权纠纷"中。虽然《民事案件案由规定》经历了 2011 年和 2020 年两次修正，但修正后的规定仍延续了 2008 年将"一般人格权纠纷"确立为独立民事案由类型的做法。独立案由的确立，既体现了司法实践中"一般人格权纠纷"的典型性和代表性，又体现了对一般人格权保护的全面性。我国《民法典》对一般人格权的规定，在实践中往往称为"口袋条款"，为民事主体的人格权益提供了全面的民法保护。但有关一般人格权的规定较为抽象，为法律适用设置了障碍，在司法实践中给予法官较大的自由裁量空间，从而导致许多不应受到法律保护的人格利益纳入法律规制范畴，造成法律适用和行为预期的不确定性。因此，应构建合理的适用规则、严格的条件限制，防止权利的泛化和滥用。

（一）一般人格权的适用现状

司法实践中对一般人格权的适用并没有统一的标准。有些法院将未被法律明确规定为具体人格权的人格利益纠纷都纳入一般人格权的保护范畴，还有一些法院将本应适用具体人格权的案件纠纷也纳入一般人格权的保护之下。

① 参见刘娟、刘俊敏：《〈民法典〉中的一般人格权条款探赜》，载《河北法学》2021 年第 12 期。

这就导致一般人格权保护泛化、缺乏适用的体系性。

从已有的司法案例来看，一般人格权纠纷主要有以下三类表现形式：其一，与人格尊严有关的案件纠纷。例如，在“彭某某诉重庆某心理咨询中心等侵权身体权、健康权和一般人格权纠纷案”①中，原告彭某某认为被告心理咨询中心在其网站宣传的可以治疗同性恋的宣传标语，实际上是对同性恋的歧视，认为同性恋者具有心理疾病，是对原告人格的贬损。其二，与人身自由有关的案件纠纷。例如，在“张某某诉重庆市某精神卫生中心一般人格权纠纷案”②中，原告张某某认为被告精神卫生中心排查精神病人的行为，侵害了其人身自由。其三，与新兴权利有关的案件纠纷。例如，在“谢某等诉金堂仁爱医院、周某一般人格权纠纷案”③中，针对错误领取遗体和擅自处置遗体的行为，法院肯定了侵权行为的存在，并对于近亲属基于其与死者生前存在特定身份关系所产生的精神性人格利益应得到法律保护的观点持肯定态度。再如，在“任某某诉北京市某公司侵犯名誉权、姓名权、一般人格权纠纷案”④中，对于原告任某某以其享有被遗忘权为由，要求被告公司删除与原告有关的网页链接的诉请，法院并未支持原告的主张，理由为被遗忘权并非现有的法定权利类型，无法为其提供保护。

（二）一般人格权的适用条件

对于一般人格权的适用需判断两个要点：一是进行必要性分析，通过类型化检测，判断是否确实需要适用一般人格权进行保护；二是进行可行性分析，判断是否能纳入一般人格权的保护范围。

1. 一般人格权适用的必要性

一般人格权是对人的伦理性和尊严性的高度概括，无法像具体人格权一样对权利的内容进行明确式列举。因此在司法实践中对一般人格权的适用并不具有优先性，应当针对个别无法适用具体人格权处理的案件纠纷进行个案审查和利益衡量，从而确定是否适用一般人格权。

基于我国《民法典·人格权编》的规定，法律规范中存在诸多已经类型化的具体人格权。相较于一般人格权，具体人格权规定的内容细致具体、保护的范

---

① 参见北京市海淀区人民法院民事判决书，(2014)海民初字第16680号。

② 参见重庆市高级人民法院民事判决书，(2016)渝民申2281号。

③ 参见四川省金堂县人民法院民事判决书，(2011)金堂民初字第706号。

④ 参见北京市第一中级人民法院民事判决书，(2015)一中民终字第09558号。

围清晰明确,具有适用的优先性。因此,对于《民法典》第 990 条第 1 款和这一条款引致的具体人格权规定条文,如果其在价值内涵上与一般人格权所强调的人身自由、人格尊严相重合,而且通过相应具体人格权条款的适用可以为民事主体人格利益的实现提供充分的保护,此时具体人格权条款的适用具有唯一性,以保证法律实施的稳定性。如果动辄忽视具体人格权的法律规定,直接适用一般人格权条款,不仅架空了具体人格权的规制作用,而且也会影响国家权威,甚至影响司法公信力的保有。因此,只有在通过具体人格权无法解决案件纠纷争议时,才有适用一般人格权的可能。

而在具体人格权条款中虽然有明确规定,但因时代发展变化导致具体人格权的严格适用会导致案件审理的不公,不符合对人格自由、人格尊严的保护价值,此时是否仍应适用具体人格权,排除一般人格权的适用?抑或直接依据一般人格权条款进行调整?问题的回答需结合立法者设置一般人格权的立法目的,即解释、补充具体人格权,并促进新兴权利的产生等。当具体人格权条款中虽然有明确规定,但条款的适用违背了保障人身自由、人格尊严的价值要求,从而使具体人格权条款的适用无法全面保护民事主体受损的民事权益,此种情形体现了具体人格权的规制不足。虽然这种情况与没有具体人格权条款规制的情形在表现形式上有所不同,但二者的本质并无不同。在没有具体人格权条款规制的情形中,因法律具有一定的稳定性、保守性和滞后性,因此立法者在立法时,因理性不足,便无法制定出事无巨细的条文规范,也无法适应社会的发展对新兴人格利益作出迅速地调整以补充规制漏洞;而在虽然存在具体人格权条款,但条款的适用并不符合现实要求、时代要求的情形下,则是因立法者在立法时的理性不足,导致具体人格权的规定与社会现实相脱节,不具有适时性,无法直接适用。

由此,只有在无法适用具体人格权时,才有一般人格权适用的可能。如果可以被其他具体人格权保护以实现人格利益的保障需求,便无须适用一般人格权。

2. 一般人格权适用的可行性

法律规范的制定具有一定的滞后性,立法者在立法时所列举的具体人格权往往无法完全涵摄因时代发展、人们权利意识的增强而逐渐形成的新的人格利益。例如,祭奠权、被遗忘权、亲吻权、初夜权等新兴权利不断涌现,有时甚至导致了权利的泛化。对于法律规范中并未明文规定的新兴权利,法律是否予以保护,又应当以何种方式予以保护?这些问题的解决不仅关涉案件当事人的利益、他人的利益,还关涉社会公共利益。因此必须明确究竟何种人格利益能获得保护,并通过何种方式获得保护。

在司法实践中,法官不能随意类推适用具体人格权保护新型人格利益,当然,如果法官将新兴权利直接纳入一般人格权的保护范围,将一般人格权视为所有新兴权利的口袋条款,实际上便忽视了新兴权利与一般人格权的区别,可能会导致人格权泛化。在保护的客体范围上,一般人格权保护的是基于人身自由或者人格尊严而产生的人格利益,而新兴权利的客体范围较为广泛,既有可能符合一般人格权的客体要求,也有可能超越一般人格权的客体要求。因此,在法律实施中,应做好识别工作,确认案件中诉争的权利是否与人身自由、人格尊严相关。一般人格权是为了更好地实现人的价值,从而保护基于人身自由、人格尊严而产生的人格利益,如果案件诉争的权利与人身自由、人格尊严无关,则应排除一般人格权的适用。

在曾经轰动法律界的中国宪法司法化著名案例——"齐玉苓案"中,作为受害人的齐玉苓被冒名顶替入学,其以受教育权被侵害为由,向法院诉请冒名顶替人陈晓琪和其他相关侵权人承担法律责任。针对此案,一审法院认为,侵权人实施的冒名顶替行为侵害了齐玉苓的受教育权,而受教育权是人们发展和丰富自身的重要权利,应属于一般人格权范畴,需对其加以保护。二审法院认为,侵害人并未实施侵犯一般人格权的行为,受教育权并不属于一般人格权范畴,冒名顶替行为实则侵犯了《宪法》中规定的"受教育权"这一基本权利。由此可见,二审法院否定了一审法院关于受教育权属于一般人格权的认定。[①] 然而,受教育权对个人的人格发展和价值实现具有重要的意义,侵权人实施的冒名顶替行为改变了齐玉苓的人生轨迹,使其丧失了更好地实现个人价值的机会,阻碍其人格发展,损害其人格尊严,因此,被侵害的人格利益能为一般人格权的保护范围所涵盖。《民法典》对一般人格权的规定,将宪法权利转变为民事权利进行救济,在没有明确的具体人格权进行救济的情形下,适用一般人格权规则保护齐玉苓的合法权益实则更符合制度设计的价值。

---

① 参见吴合振主编:《最高人民法院公报案例评析》,中国民主法制出版社2004年版,第528页。

明确一般人格权的适用规则,可减轻其因表达的抽象性、概括性所导致司法适用的困难,从而有助于在正确理解和科学把握的基础上,更好地应对时代发展和科技进步对全面保护人格利益的挑战。

六、一般人格权与具体人格权的关系

对于人格权的体系构造,学界存在不同的探讨,有的学者认为应采用"特别人格权主义",逐渐增加新的具体人格权种类;有的学者认为应采用"一般人格权主义",细化一般人格权的权利内涵和保护范围。我国在人格权的体系构造上,不仅重视一般人格权的建构,并不断丰富其理论价值、促进其应用指引;同时也重视具体人格权的确认,设立较为完善的具体人格权类型。

对于一般人格权与具体人格权的规制关系,在理论上应分三种情形探讨:其一,当具体人格权与一般人格权的保护范围不重合时,二者在构成要件上并无交集。一般人格权是以概括保护的方式解决人格利益纠纷,具体人格权是以细化规制的内容维护人格利益,因此二者之间根本没有发生冲突的可能。在发生人格利益纠纷时,可直接按照受损的人格利益类型进行法律涵摄,而无须协调二者之间的关系。其二,当具体人格权与一般人格权的保护范围重合,但具体人格权条款的保护性规定是封闭性的,此时就可能产生请求权竞合的问题。在这种情况下,由于具体人格权条款是封闭性保护规定,从而可以排除其他法规的适用,由此便只能适用具体人格权的保护规则,排除一般人格权条款的适用。其三,当具体人格权与一般人格权的保护范围重合,且具体人格权条款的保护性规定是开放的,此时同样也可能产生请求权的竞合。而且,具体人格权的规定会因社会实践的发展而不断扩展,就可能会产生具体人格权与一般人格权条款对同一事项的保护规定并不一致,这时的法律适用便要综合判断。

从我国《民法典》的规定来看,一般人格权保护的人格利益具有概括性和不确定性,因而具有一般条款的作用;而具体人格权保护的人格利益具有特定性和确定性,因此也就有了调整范围局限性的不足。一般人格权与具体人格权是抽象与具体、一般与特殊、本源与派生的关系。具体人格权实际是一般人格权的特别形式。当一般人格权的某些适用情形具有一定的典型性,针对专门人格利益的保护较为具体和明确,便可实现由一般人格权向具体人格权的转变,通过立法的确认,成为真正的具体人格权。一般人格权和具体人格权在我国呈现

双重发展的趋势,二者的结合对人格利益的保护较为全面,具有调试的体系性和周延性,共同构成了完整的人格权体系。

第五节 人格权与其他权利的关系

人格权的产生具有其必要性,其与人权、宪法上的基本权利、财产权、身份权和知识产权等权利既有联系,又存在区别。人格权与其他权利共同构成我国的权利体系,从而更好地维护公民的合法权益,促进社会稳定。

一、人格权与人权

人权是人作为人所享有或者应当享有的权利,是人们固有的发展其个性、保障其尊严、维护其精神价值的基本权利,不得被非法限制和剥夺。人权的内涵丰富,体现了浓厚的道德权利的色彩,具有历史性、普遍性、本源性和综合性的特点。所谓历史性,是指人权是历史发展的产物,不同的时代对人权具有不同的界定,而且有时即便是同一时代的不同时期,对人权的界定也可能存在一定的差异。所谓普遍性是指,人权的享有主体具有广泛性。人权是所有人平等、普遍享有或者应当享有的权利。所谓本源性,是指人权在整个权利体系中是最基础的权利,是其他权利存在的源泉和理由,其他权利都是基于人权而产生。所谓综合性,是指人权是一个具有开放性、复杂性特点的权利体系,包含了诸多的权利类型,而且会随着时代的发展和人们认知水平的提高产生诸多新兴的权利类型。

人权最初是资产阶级作为对抗王权专政统治和封建等级特权而产生的。启蒙思想家提出了"天赋人权"学说,以强调每个人生来自由且平等。美国1776年的《独立宣言》和法国1789年的《人权宣言》对人权的宣扬和倡导,均促进人权保护内容更加系统和完整。第二次世界大战对人类生活的毁灭性破坏,引起了国际层面对人权问题的关注。联合国在维护国际人权发展、促进人权保障中作出了积极贡献和不懈努力,《联合国宪章》的序言和正文中均明确宣示了对人权的维护和尊重。在序言中强调"基本人权、人格尊严与价值、男女平等以及国与国不分大小一律平等的信念",在正文中确定联合国的宗旨之一即为"增进和激励对全体人类之人权和基本自由之尊重”。1948 年联合国大会通过了《世界人权宣言》,1976 年又通过了《经济、社会及文化权利国际盟约》,均促进了国际人权保障。人权保护已经突破国界的限制,从国内法扩展至国际法,成为各国共同认可的观念价值,各国宪法对人权的规定日益丰富和充实,既有保护公民人身权利、财产权利和政治权利方面的内容,又有强化社会经济文化权利的内容,从而使人权的保护更具体系性和系统性,表明了法律对作为主体的人的肯定。

人格权与人权在逻辑上联系密切。人格权属于人身权,人身权与财产权均属于民事权利,民事权利又是人权的重要组成部分。所以,人格权也是人权的一部分,以人权的精神导向为其价值基础,是人权理念在民事领域的扩展和延续,而人权是人格权的制度化和具体化体现。随着时代的社会的进步和人们人权意识的提高,我国自 20 世纪 80 年代末开始认识到,人权是全世界通行的政治概念和伦理价值观,并积极宣扬社会主义人权理念,发布了诸多的中国人权白皮书,加入国际人权公约。2004 年我国宪法修改增加了“国家尊重和保障人权”,这是“人权”概念在我国首次入宪。“人权”入宪是自然权利法律化、实证化的过程,不仅提高了我国人权体系的保护水平,同时也为公民权利的维护提供了规范基础。2018 年,习近平总书记在致纪念《世界人权宣言》发表 70 周年座谈会的贺信中指出:“中国坚持把人权的普遍性原则和当代实际相结合,走符合国情的人权发展道路,奉行以人民为中心的人权理念,把生存权、发展权作为首要的基本人权,协调增进全体人民的经济、政治、社会、文化、环境权利,努力维护社会公平正义,促进人的全面发展。”①加强人权保障,包含对人的独立且平等的人的尊严的尊重,实质上也强化了对人格权的保障。

人格权与人权是两个不同的概念,二者之间也存在明显区别,主要表现为以下两方面:一是权利范围的差异。人权的内涵丰富,涵摄范围较广。既可以呈现为法律权利,又可以呈现为道德权利;既可以是政治权利,又可以是经济文化权利;既可以是公法权利,又可以是私法权利。而人格权作为法定权利,虽然具有一定的开放性,但其权利范围仍具有一定的边界限制,是以维护民事主体

① 新华月报编:《新中国 70 年大事记(1949. 10. 1—2019. 10. 1)》(下),人民出版社 2020 年版,第 1920 页。

人格利益为目标的民事权利。二是权利保护的差异。人权的保护形式较为多样,既可以通过法律手段予以救济,其他的道德措施也是必不可少的。而人格权作为一项法律权利,主要依靠行政和司法等法律手段进行保障。

二、人格权与宪法上的基本权利

宪法上的基本权利是人们对宪法中规定的人身自由、人格尊严等公民基本权利的统称。宪法上的基本权利与人权联系密切,前者是后者的具体化和法律化,后者是前者的政治基础,二者在性质和特点上均存在差异。可以说,人权既包括宪法上的基本权利,也包括除此之外的其他应当受保护的权益。这便意味着,宪法上的基本权利也为人权的组成部分。人格权与宪法上的基本权利关系密切,以宪法上基本权利的视角研究人格权,不仅具有理论研究的意义,还具有实践应用的意义。

(一)人格权兼具宪法性和私法性

人格权本为人权中的民事权利,而这一民事权利是以宪法上的基本权利为基础,是对宪法上基本权利的细化。我国《民法典》第1条便明确宣示《民法典》是根据《宪法》而制定,因此,包括人格权编在内的整个《民法典》中的规范内容都是以《宪法》为依据而产生。人格权编中的各项人格权,无论是一般人格权,还是具体人格权,均是宪法基本权利的具体化,是《宪法》中对人身自由、人格尊严保障的规范细化体现。因此人格权具有双重性,兼具宪法性和私法性,既是一项宪法基本权利,同时又是一项民事权利。例如,隐私权是事关当事人的人格自由和人格完整的重要权利,而对隐私权的侵犯,既有私主体的公开、曝光个人信息等侵权行为,同时又有国家公权力机关及其工作人员等公主体非法搜查住宅、侵害他人的人格尊严等侵权行为,因此也就无法单独适用私法保障当事人的隐私权。所以,通过赋予隐私权以宪法性和私法性,才能为当事人提供全面的救济路径,维护其合法权益。各国一般均在宪法中肯定了隐私权的宪法性,如《土耳其宪法》第20条规定:“每个人的个人及家庭生活均应依法受到尊重,个人生活秘密和将生活秘密不受非法侵犯。”我国《宪法》第39条规定了对公民住宅权的保护,公民的住宅不受非法侵入和搜查,以保护公民的生活安宁和居住安全。《宪法》第40条规定了对公民通信自由和通信秘密的保护,强调禁止非法私拆、毁弃和偷阅他人的信件。另外,隐私权也具有私法性,是宪法中隐私权的私法表达,具有民事意义。隐私权作为人格权中的具体人格权,可直接应用于私法领域,调整私主体之间的隐私纠纷。在民事主体的隐私利益受有损害时,既可以通过协商处理等私力救济方式调和冲突,也可以通过起诉民事诉讼等公力救济方式解决矛盾。

宪法上的人格权与民法上的人格权,既相互联系,又存在区别。就联系而言,主要体现为以下两方面:其一,宪法上的人格权是民法上的人格权的产生渊源。民法上的人格权是以宪法上的人格权为基础而产生,必须符合宪法规定的权利价值,贯彻宪法的规范理念。其二,民法上的人格权是对宪法上的人格权的具体化。一方面,宪法中所规定的对人身自由和人格尊严的保障,在民法中通过一般人格权和具体人格权的权利结合,在权利类型、权利内容、权利救济等方面相较于宪法上的人格权,均予以细化。另一方面,民法上人格权的规制也有助于实现宪法人权保障的要求,为公权力的行使确定了职权界限,以防侵害公民的人格权益,从而更好地推动宪法的有效实施。

宪法上的人格权为创设民法上人格权的法律依据和权利来源,但二者并不完全相同,不可相互替换。就区别而言,主要存在三方面的差异:其一,权利性质的差异。宪法上的人格权源于宪法这一公法规范,是宪法规定的公民享有的基本权利,具有高度的概括性和抽象性;民法上的人格权源于民法这一私法规范,是民事权利的组成部分,属于典型的私权,具有一定的针对性。其二,权利对象的差异。宪法上人格权的调整范围主要是国家和公民之间的关系,在国家和公民之间发生法律效力,要求国家应积极保护公民的人格权,不得非法侵害。民法上人格权的调整范围主要是私主体之间的关系,在私主体之间发生法律效力,除权利人外的其他民事主体负有不得侵害的义务。其三,权利救济的差异。宪法上的人格权遭受侵害,应当依据宪法规定的合宪性审查等救济途径维护受损的合法权益。民法上的人格权在受损时,可通过主张民法规定的停止侵害、消除影响、恢复名誉和赔礼道歉等人格权请求权或者是侵权损害赔偿请求权获得救济。

(二)宪法上基本权利的私法效力

承认人格权兼具宪法性和私法性的双重性,还需正视宪法对作为基本权利的人格权的保障是否具有私法效力,即是否可以利用宪法对基本权利的保护规定处理私主体之间的矛盾纠纷。对于这一问题,英美法系国家与大陆法系国家的做法略有区别。

英美法系国家在进行法的分类时,并没有公法与私法的划分,而是分为普通法和衡平法。英国法和美国法是英美法系中的两个重要分支。其中,英国法采用不成文宪法,英国的宪法与其他普通法律具有同等效力,并无制定、修改程序上的特殊性,因此在适用上并无宪法权利与普通权利的区别。美国法采用成文宪法,有统一的宪法典,美国法院有权通过具体案件进行合宪性审查,但美国宪法的适用也较为谨慎,无论是公法领域还是私法领域,均强调宪法规范的适用需以"国家行为"影响"个人权益"为前提。

大陆法系国家针对这一问题,主要有"无效说"、"直接效力说"和"间接效力说"三种观点:"无效说"否定宪法基本权利的私法效力,认为宪法中的基本权利调整的是国家和公民之间的关系,是公民反对政府干涉的权利,不能直接应用于私法领域。[①] "直接效力说"认为宪法可直接应用于私法领域,对私人纠纷产生直接拘束力,宪法中的基本权利条款并非仅为宣示性条款,法官在调整私法领域纠纷时,可直接适用宪法作为裁判依据解决争议。"间接效力说"认为宪法不具有直接的私法效力,无法直接适用于私法领域,应将宪法基本权利转化为私法规范后再予以调整。

目前,我国采用的是"间接效力说",不承认宪法具有直接的私法效力,宪法规范对私法领域的调整需通过普通法的细化得以实现。原因主要有以下三方面:其一,从调整对象来看,宪法规范所调整的宪法关系中通常总有一方是国家或者国家机关,并不涉及对公民与公民之间关系的调整。宪法的立法目的旨在约束国家权力,以保障公民权利,防止国家权力对公民权利的不法侵害。因此,宪法中对基本权利的规定无法直接适用于私法领域。其二,从规范适用来看,由于宪法是国家的根本法,要为国家政治调整和权力行使提供规范依据,这就要求宪法规范的调整范围具有广泛性,能够涵盖国家和社会生活的各个方面,以防止规制不足产生立法空白。鉴于宪法规制的范围具有广泛性,而宪法规范的条文数量有限,因此宪法规范具有一定的原则性、宏观性和概括性,无法直接适用于司法裁判活动,调整具体的案件纠纷。其三,从权利救济来看,我国的合宪性审查模式采用立法机关模式,审查的对象主要是立法行为和行政行为是否

① 参见马特、袁雪石:《人格权法教程》,中国人民大学出版社2007年版,第35页。

合宪,并非公民行为是否合宪。而且,我国并没有设计宪法基本权利受损的宪法诉讼制度,这一制度的缺失使宪法基本权利的可救济性无法得到有效保障,只能通过其他普通法律细化宪法基本权利,从而提供有效的救济。

三、人格权与财产权

按照民事权利有无财产内容,可将其分为人身权和财产权。人身权是与民事主体的人身密切相关,以人身所体现的利益为内容的,不体现直接财产属性的权利,一般不具有可让与性。财产权是指以财产利益为内容,体现直接财产属性的权利,一般具有可让与性。人格权作为人身权的重要组成部分,具有独立的权利地位,其与财产权既存在联系,也有区别。

人格权与财产权的联系主要体现为两方面:其一,对人格权的维护,是财产权实现的精神基础。生命、身体、健康等人格利益是民事主体享有和行使其他民事权利的前提,此类人格利益的缺失将撼动民事主体的主体地位,主体地位的丧失也就无法享有财产权。很难想象,一个连民事主体人格权均未能予以依法确认和有效保障的国家,能够建立系统的财产权制度来维护民事主体的物质利益。其二,对财产权的保护,是人格权实现的物质前提。当民事主体的人格权因侵权人的侵权行为而受损,对财产权的保护有助于保证侵权人的赔偿能力,以救济权益受损的民事主体。总之,作为民事权利重要组成部分的人格权和财产权,都是民事主体从事各类民事活动的前提,二者相互依存、相互促进,缺乏这两类权利中的任何一种,均会影响民事主体正常的民事活动。

人格权与财产权的区分主要体现为以下五方面:

其一,权利主体享有的权利范围差异。除法律特别规定仅能由特定主体才能享有的财产权以外,一般而言,无论是自然人,还是法人、非法人组织均平等地享有财产权。而人格权的享有主体虽然既有自然人,又有法人和非法人组织,但相较于自然人享有人格权的广泛性而言,法人和非法人组织受限于其主体性质,仅有名称权、名誉权和荣誉权这三项人格权,并不具有与自然人的人身不可分离的生命权、身体权等物质性人格权,以及肖像权、隐私权等精神性人格权。

其二,权利客体的差异。财产权是以财产利益为客体,具有直接财产属性,可以用金钱计算其价值。人格权是以人格利益为客体,不具有直接财产属性,一般不能用金钱计算其价值,但在符合法定情形时,姓名权、肖像权等具有可识别性的权利可依法许可他人使用,从而获取一定的财产利益。另外,在人格权受损后,也可以通过金钱进行赔偿。由此,虽然人格权不具有直接财产属性,但却间接体现一定的财产价值。

其三,权利产生的差异。人格权与生俱来,就自然人而言,始于出生;就法人、非法人组织而言,始于其依法成立。财产权的取得方式较为多样,既有基于先占、添附、善意取得和拾得遗失物等原始取得方式,也有基于合同、继承遗产和接受遗赠等继受取得方式。

其四,权利利用的差异。人格权具有专属性,一般而言不能转让、放弃或者继承,只能为民事主体所享有。而财产权原则上并不具有专属性,可依法转让、放弃或者继承,以实现财产价值。

其五,权利救济的差异。当人格权遭受侵害时,可以通过停止侵害、消除影响、恢复名誉和赔礼道歉等人格权请求权或者是通过物质性损害赔偿以及精神性损害赔偿获得救济,从而帮助恢复权利的原有样态;而当财产权遭受侵害时,一般是通过损害赔偿的方法予以救济,从而填平民事主体所受的物质损失。

四、人格权与身份权

人格权与身份权共同构成了民事权利中与财产权相对应的人身权。身份权是民事主体基于特定身份、地位和资格而享有身份利益的民事权利。由此,特定身份、地位和资格的享有便是身份权产生的条件。依据身份权产生的来源不同,可将其分为两类:一是基于亲缘关系而产生的身份权,如基于夫妻关系而产生的配偶权、基于父母与子女关系而产生的亲权、基于亲属关系而产生的亲属权、基于监护关系而产生的监护权等;二是基于其他身份关系而产生的身份权,如基于特定荣誉而产生的荣誉权、基于作者身份而产生的作者权、基于社员身份而产生的社员权等。

人格权与身份权作为人身权概念下的两类基本权利类型,联系密切,二者具有许多的共通之处,主要表现为以下五方面:

其一,权利专属性相同。人格权与身份权均具有专属性,无论是生命权、身体权和健康权等人格权,还是配偶权、亲权和亲属权等身份权,只有与特定权利主体相联系,才具有其存在的价值,如果与权利主体相分离,便无法体现其权利意义。因此,人格权和身份权一般仅能由权利主体专属享有和行使,不得转让、继承或者抛弃。

其二,权利对世性相同。人格权和身份权均为得以对抗一切主体的绝对权,具有对世性。人格权和身份权的权利主体是特定的,无须他人的配合、协助便能实现其权利目的,而义务主体是不特定的,除权利主体之外的人均为义务主体,负有禁止非法实施侵权行为的义务。

其三,权利非财产性相同。无论是人格权,还是身份权,均不是财产权,不能直接以金钱衡量二者的价值。虽然人身权的享有或者行使,会为权利人带来一定的财产利益,但人身权的存在目的并非单纯是获取经济利益,而主要是为了满足权利人内在的精神需求。

其四,权利保护目的相同。人格权和身份权保护的客体均为人身利益,是对人的主体资格的尊重,体现了人的价值和尊严,既符合《宪法》中的人权保障原则,又体现了我国"以人为本""服务人民"的政策导向。

其五,权利救济方式相同。根据《民法典》第 1001 条规定,对身份权的保护,应适用《民法典·总则编》和《民法典·婚姻家庭编》以及其他法律的相关规定;在没有明确法律规定时,需参照适用《民法典·人格权编》中保护人格权的有关规定。由此可见,对人格权的保护规则可参考适用于身份权,从而弥补身份权受损救济的不足。

虽然人格权与身份权作为人身权,具有诸多一致性,但仍存在一定的差异,主要表现为四方面,如下所述:

其一,权利客体的差异。人格权以人格利益为保护客体,既包括基于对具体人格利益的细化保护,也包括对一般人格利益的概括保护。除权利主体基于其自然属性在享有权利上存在一定的差别之外,一般而言,权利主体的人格利益均平等受到法律保护。而身份权是以身份利益为保护客体,不同权利主体基于其身份、地位和资格的差异,在身份利益的保护上存在明显区别。

其二,权利产生的差异。人格权的产生是基于自然人的出生或者法人、非法人组织的成立而自然取得的,具有强烈的固有性,一旦失去这些权利,便无法体现其主体资格。而身份权是基于特定的身份、地位和资格而享有的权利,因此,身份权的享有应以具备某种身份、地位和资格为前提,若不具备,便无法享有相应的身份权。而且,不同的权利主体的身份并不一定完全相同,因此权利主体所享有的身份权类型也存在一定的差异。史尚宽先生曾言:"民法上身份者,谓基于亲属法上之相对关系之身份,有一定身份后得享有之权利也。”这便说明了具备特定的身份对权利产生的重要性。

其三,权利存续的差异。人格权始于民事主体的出生或者成立,终于民事主体的死亡或者终止,与民事主体的独立人格地位密切联系,并没有特殊的权利存续期间限制。而身份权是基于一定的身份、地位或者资格而产生,既可以是有特殊权利存续期间限制的权利,如夫妻离婚后,配偶关系因婚姻关系的解除而丧失;又可以是没有特殊权利存续期间限制的权利,如基于血缘关系而产生的父母与子女之间的亲权,在自然状态下,会一直存续。

其四,权利规制的差异。对人格权的规制主要适用《民法典·人格权编》的法律规范,以保护权利主体的一般人格权和具体人格权。而对身份权的规制主要适用《民法典·婚姻家庭编》的法律规范,这是由于个人身份往往是基于一定的亲缘关系而产生,因此,身份权主要存在于婚姻家庭领域中。

第六节　人格权的商品化

随着社会主义市场经济在我国的确立和深入发展、科学技术水平的提高、大众传媒的普及、社会观念的更新以及商业推广的不断创新,社会生活中存在大量民事主体通过利用人格权取得财产利益的现象。例如,体育明星、影视明星等知名人士在为产品或者服务的销售做广告宣传时,会将其姓名、肖像等人格标识授权给产品或者服务的销售商使用,从而获得一定的财产收入。销售商通过利用知名人士的影响力、亲和力和号召力,吸引消费者的眼球,促进产品或者服务的销售。对于这一现象,学者们纷纷思考,既然某些人格权的行使会让权利人获得一定的财产利益,那么人格权是否还是非财产权?财产利益是否也应当纳入人格权的内涵?人格权难道真的不能让与和继承吗?

针对这些问题,有的学者并不承认人格权具有财产利益,认为如果肯定人格权的财产利益,是金钱至上不良风气的蔓延,会损害“人之所以为人”的精神利益。[①] 而有学者却认可人格权具有财产利益,并在立法上创设公开权以规制

① 参见王利明主编:《民法典·人格权法重大疑难问题研究》,中国法制出版社2006年版,第217页。

自然人、法人和非法人组织对具有一定影响力、吸引力的人格标识进行商品化利用，进而享有经济利益的行为。[①] 针对这一问题的争议，引发了人们对人格权商品化的关注和重视。

一、人格权商品化的概念和原因

（一）人格权商品化的概念

传统民法理论认为人格权为非财产权，不以财产利益为其权利内容，不得放弃、转让或者继承。当今社会，对民事主体的姓名、名称、肖像等人格标识的商业化利用现象屡见不鲜，这种现象在西方国家以“形象权”、“公开权”或者“商品化权”来规制，而在我国则被称为人格权的商品化。

所谓“商品化”，是指将原本不属于商业领域的事物转变为商品或者是商品的一部分。[②] 而人格权商品化，从字面含义来理解，便是将人格权作为商品，让其成为市场交易的客体，但这一理解并不妥当。例如，许可使用是人格权商品化的一种方式。由于人格权蕴含财产价值，许可他人使用姓名、名称、肖像等，实际上是从人格权中分离出一部分权能给他人，由他人取得授权后应用权利人的人格标识于商业活动中。例如，以张三授权他人使用其肖像进行商业宣传为例。他人经过授权，通过商业宣传直接利用的是“张三”的肖像，他人所取得的是对张三肖像进行约定利用的授权。如果张三仅仅是将“张三”这一姓名许可他人使用，这将其他同名者置于何处？由此，人格权的商品化是人格权某些权能的商品化，而非权利本身的商品化。

马克思在《共产党宣言》中曾批判了资本主义“把人的尊严变成了交换价值”。这一批判并不是说马克思不承认人格权的财产利益，而是否定将人的人格和尊严完全商品化，不承认人格权的精神利益，而只认定其财产利益。人格权应兼具精神利益和财产利益。承认人格权具有财产利益，并不会动摇人格权的权利地位，或者降低对人格权的保护，反而会丰富人格权的权利内涵，扩展人格权的保护领域。虽然人格权的财产利益也有其独立性，但人格权的财产利益附属于其精神利益，对于人格权的权利人而言，对精神利益的追求是主，而对财

---

① 参见杨立新：《人格权法》，法律出版社 2015 年版，第 135 页。

② 参见马俊驹：《人格和人格权理论讲稿》，法律出版社 2009 年版，第 307 页。

产利益的追求是辅。如若否定人格权的财产利益,他人未经权利人允许擅自对其人格标识进行商品化利用,在并未损害权利人的人格或尊严的情形下,便不构成侵权,也就无法追究其法律责任。但对于未经允许擅自使用他人的人格标识而不予追究的现象对权利人并不公平,无法切实、有效、全面保护人格权。

(二)人格权商品化的原因

在《民法典》生效前,我国的法律规范并未对人格权的商品化利用问题进行专门的规定。针对人格权的商品化利用仅处于学说探讨阶段,并未上升到法律层面予以明确规制。我国民法学界长期不承认人格权具有财产利益,认为人格权是纯粹的精神性权利,将人格权规范的调整范围界定为保护人格的不可侵性和完整性,即将对人格权所体现的精神利益的保护视为传统民法人格权保护的核心,但人格权的商品化是社会发展的必然结果,原因主要有以下两方面:

其一,人格权商品化是我国社会主义市场经济发展的要求,社会主义市场经济的发展为人格权商品化的产生奠定了基础。在市场经济环境中,除法律规定的特殊限制以外,一般而言,能够使民事主体获得财产利益的事物均可以用于交换。姓名、肖像等人格要素具有表达功能和识别功能,本为无形财产,对这些人格要素的许可使用已经较为普遍,且并不违背当代中国社会的道德标准。权利人可依法利用这些具有可识别性、影响力较大的人格要素,以达到对商品或者服务区分来源、表明出处、推销和销售的目的,从而获得收入。由此,人格权商品化是在市场经济发展的前提下,对人格要素与商品或者服务的连接,是人格效力向商品交换领域的扩展。

其二,人格权商品化也是知名人士回笼投入成本的要求。知名人士是具有较高知名度的人,其名气的大小往往与其所从事的职业有很大的关系。以名人产生的主观意愿为标准,可将名人分为自愿名人和非自愿名人两类。① 自愿名人是指在主观上想要成为名人,在客观上也已经成为名人的人。如体育运动中出现的体育明星和从事表演的影视明星、歌唱明星等。这些人主观上期待或者放任被一般社会公众所知悉,客观上也已经为一般社会公众所熟知,具有了一定的名气。非自愿名人是指主观上并未想要成为名人,但却因为某些特殊原因被动出名的人。如因为新闻媒介传播的某一事件与己相关,从而使个人被一般

① 参见张新宝:《隐私权的法律保护》,群众出版社1996年版,第100~101页。

社会公众所熟知。其中,非自愿名人的出名往往具有一定的偶然性,而自愿名人的出名通常却需要投入大量的人力、物力和财力,以使自己从诸多同类竞争者中脱颖而出,为人们所熟知。通过人格权商品化,名人利用自身的名气和影响力,促进商品或服务的销售,从而使自身获益,既有助于增加个人的财产收入,回笼投入成本,也有助于实现个人价值。

二、人格权商品化的实现方式

目前,学界普遍接受人格权并非单纯地仅具有精神利益,也具有一定财产利益的观点。由此也认可了人格权商品化存在的合理性。人格权商品化的实现方式,主要包括两种:一是转让获利;二是使用获利。

所谓转让,即权利人依法实施转让行为,以转让人格权的某些权能。例如,《民法典》第1013条规定,法人、非法人组织有权依法转让自己的名称。通过转让名称,受让人支付转让费用,权利人通过转让行为可获取一定的财产利益。在转让行为完成后,受让人利用被转让的人格权的某些权能获取财产利益的行为,原权利人无权禁止,也无权请求赔偿。

所谓使用,即权利人依法自行使用或者许可他人使用自己人格权的某些权能。自行使用和许可使用均是个人意志的体现,权利人既可以自行使用自己人格权的某些权能以获取财产利益,也可以许可他人使用自己人格权的某些权能以获取财产利益。在许可使用后,被许可人有权使用权利人人格权的某些权能,但不得超出许可使用的范围。授权他人使用是人格权商品化的主要途径,需针对许可使用的重要问题作出明确的约定,如许可使用的方式、时间、地域、范围等。

在人格权遭受侵害,使权利人受有财产损失时,权利人有权通过损害赔偿救济自己受损的人格权益。此为人格权的保护方式,也体现了人格权受损的财产可救济性,但并非人格权商品化的实现方式。

三、人格权商品化的保护模式

比较法上对人格权精神利益和财产利益双重性的普遍认可,使各国愈加重视对人格权商品化的保护。其他国家和地区对人格权中财产利益的保护模式主要有两种:

一是以德国为代表的"一元模式"。这一模式是在人格权的权利体系内解决人格权的财产利益保护问题。德国通过司法,由德国法院首先在判决中印证了人格权具有财产利益的内涵。德国联邦最高法院在审理案件时认为《德国民法典》第823条对一般人格权的规定,既有对精神利益的保护,又有对财产利益的保护。当然,人格权的主要目的是保护精神利益,由于享有知名度的肖像利益和姓名利益的许可使用会为权利人带来一定的财产利益,而这种财产利益并非违法获取,应得到法律的认可。后来,随着时代的发展,可许可使用的人格利益范围不断扩大,增加了声音、个人信息等人格利益的许可使用。

二是以美国为代表的"二元模式"。为解决人格权商品化带来的问题,美国创设了公开权。公开权,也称为"形象权",是指民事主体对其姓名、肖像、声音、角色以及卡通人物形象等因素进行商业性的利用和保护的权利。公开权的创设是由美国的人格权规制方式所决定的。美国没有完整、系统的人格权保护制度,而是以隐私权保护民事主体的人格利益。美国法上的隐私权的保护范围较广,涵盖了对姓名、肖像等人格要素的保护,基于隐私权又发展出了具有财产利益保护内涵的公开权,从而调整姓名、肖像等人格利益的商品化利用。由此,在美国形成了"隐私权——公开权"的调整模式,从而兼容保护民事主体基于人格利益而产生的精神利益和财产利益。

美国的公开权最初是司法实践的产物,并未在立法上明确规定。在1953年的一起案件[①]中,审理该案的法官在裁判时提出了公开权,将对民事主体人格利益的商品化利用所产生财产利益的现象归由公开权调整。美国第二巡回法院更是将公开权界定为对个人肖像、姓名等人格利益予以保护和商业利用的权利。学者对公开权的研究也较为丰富,如1954年美国的尼莫教授发表了《论公开权》一文,其提出名人需要的是保护基于个人身份而产生的商业价值,而非单纯保护隐私权。在司法实践和理论探讨的共同努力下,美国的公开权成为区别于隐私权的一种新型的权利。[②]

在美国的影响下,世界上许多国家均采用"二元模式"调整人格权的商品化趋势。例如,日本于20世纪70年代开始引入商业形象权。对商业形象权的界

---

① Haelen Laboratoties, Inc. v. Topps Chrming Cam.

② 参见杨立新:《人格权法》,法律出版社2015年版,第140页。

定存在两种观点：一是狭义层面的界定，认为商业形象权仅指自然人基于肖像、隐私、形象所具有的财产价值而产生的权利；二是广义层面的界定，认为商业形象权不仅包括狭义层面的内涵，还包括除自然人以外的具有一定吸引力的动漫中的人物形象或者物品。①

我国究竟是应该采用以德国为典型代表的“一元模式”，还是以美国为典型代表的“二元模式”调整人格权的商品化？针对这一问题，不同的学者观点并不一致。有学者认为，我国为实现对人格权财产利益的保护，应以扩张人格权保护范围的方式来操作。② 另有学者认为，我国《民法典》第 990 条第 2 款规定了“一般人格权”，第 993 条规定了“公开权”。因此，我国采用了类似于美国的规制方式，分别保护人格权的精神利益与财产利益。③ 还有学者针对社会生活中人格权商品化的现象，提出“商事人格权”予以规制。所谓商事人格权，是人格权的商事化，具体是指民事主体在商事活动中为维护其人格体现的商事人格利益而享有的一种民事权利。它反映了自然人的姓名权、肖像权等标表性人格权以及法人、非法人组织的名称权等人格权在商品社会中的变化样态，体现了人格利益多元化、人格标识商品化的社会现实。④ 也有学者提出在人格权编中规定一项独立的财产权——“人格商品化权”，专门处理人格权的商品化利用问题。⑤ 上述学者的观点，从具体内涵来看，实则也仅为两种处理模式，若是通过扩张人格权保护范围的方式调整人格权的商品化，即是“一元模式”，若是通过设立“公开权”、“商事人格权”和“人格商品化权”的方式调整人格权的商品化，即是在既有的保护人格权精神利益的权利之外，单独设立保护人格权财产利益权利的“二元模式”。我国对人格权商品化调整模式的选择需立足于我国的国情，并结合我国法律体系的规制现状综合判断。

在我国，隐私权是一项独立的具体人格权，其与姓名权、肖像权等具体人格权并列存在，具有各自独特的权利内容。因此，我国便无法像美国一样构建与

---

① 参见[日]萩萩原・有里：《日本法律对商业形象权的保护》，载《知识产权》2003 年第 5 期。

② 参见王利明：《人格权法的新发展与我国民法典人格权编的完善》，载《浙江工商大学学报》2019 年第 6 期。

③ 参见杨立新：《我国民法典人格权编对人格权立法的创新发展》，载《法商研究》2020 年第 4 期。

④ 参见程合红：《商事人格权刍议》，载《中国法学》2000 年第 5 期。

⑤ 参见温世扬：《析“人格权商品化”与“人格商品化权”》，载《法学论坛》2013 年第 5 期。

隐私权并列的公开权。另外,我国也无法像日本一样构建单独的商业形象权或者是创设我国学者所提出的独立的“商事人格权”,无论是商业形象权,还是商事人格权均与美国的公开权具有相似内涵,此类设计对人格权体系的完善虽具有一定的借鉴意义,但在逻辑上与我国目前的人格权框架相悖。我国的人格权保护制度较为完整、系统,形成了“一般人格权——具体人格权”的调整模式。对人格权商品化的调整只能通过完善人格权保护制度,扩展人格权的商品化权能,适应时代的发展需求,允许依法行使部分人格权以获得财产利益,从而解决人格权商品化带来的规制问题。

四、人格权商品化的意义

对人格权商品化的保护应做好两方面的工作:一是消极保护,权利人有排除他人未经其授权或者同意,擅自将其人格利益予以商品化的权利;二是积极保护,权利人有将自己的人格利益进行商品化使用的权利。主要是通过转让、许可等方式应用于商业活动中,从而获取一定的转让费或者许可费。人格权商品化的意义重大,主要表现为以下三方面。

(一)扩张具体人格权的权能

传统民法理论一直强调人格权的消极权能,在人格权受损时,可依法寻求救济途径以维护自身的合法权益。而时代的发展推进了对人格权积极权能的重视,权利人不仅可以在权利受损时,依法通过救济途径救济受损权利,还可以积极行使、利用自身的人格权。利用和保护并非两个截然对立的层面,对人格尊严的维护也包括按照权利人自身的意志对人格利益的自主利用,从而排除他人未经许可的擅自使用,这是对人格尊严的动态保护。[①]

(二)迎合社会发展趋势的要求

经济的不断发展,也使人格权的商品化越来越有市场,并为社会通念普遍接受。商品经济社会中,人格标识反映在商品的宣传、销售等诸多环节中,通过人格标识对应特定的权利主体,以特定权利主体具有的价值影响作用于市场交易,既促进了产品或服务在市场上的可识别度和号召力,同时也给该权利人带来一定的财产利益。

---

① 参见王利明:《〈民法典〉人格权编的立法亮点、特色与适用》,载《法律适用》2020 年第 17 期。

（三）促进人格权价值的充分发挥

人格权的商品化，明确肯定了人格权不再仅体现为精神利益，部分人格权也具有财产利益，有益于促进人格权价值的充分发挥。

五、人格利益的许可使用

我国目前对人格权商品化利用的立法调整方式主要有四种，分别为民法调整、知识产权法调整、反不正当竞争法调整和商法调整，其中最为常见的便是民法调整。我国《民法典》针对人格权商品化利用中人格利益的许可使用予以专门规制，具有一定的时代性和创新性。

（一）人格标识与人格利益

《民法典》第 993 条规定了许可他人使用姓名、名称、肖像等人格利益的商品化利用方式。这种方式充分利用了权利主体人格标识的特点，促进人格权价值最大限度的呈现和发挥。人格标识主要有同一性、他为性、商业性特征。

所谓人格标识的同一性，是指人格标识建立了其与主体的稳定关系，从而使人格标识成为主体的表征。在“我的姓名”、“我的声音”和“我的肖像”等类似表述中，强调了特定的姓名、声音和肖像是与“我”相对应的。由于人格标识具有同一性，无法与对应主体相脱离而独存，因此，人格标识的利用无法以转让的方式为之，而只能以许可使用的方式允许他人使用。

所谓人格标识的他为性，是指他人在日常生活中，可依法合理使用他人的人格标识，而不需要经过他人的事先同意或者许可。例如，朋友见面后，在与对方寒暄时可直接称呼对方的姓名。由此可见，其他民事主体并非在任何情况下都无权直接使用他人的人格标识，一概排除他人对人格标识的直接使用有违常理。

所谓人格标识的商业性，是指对人格标识可进行商业化利用，从而获取一定的商业利益。权利人对其人格标识的使用，不受他人的非法干涉。基于人格标识的同一性，可以建立人格标识与特定主体的对接；而基于人格标识的商业性，即可将商品或者服务与特定的主体相联系，从而利用权利主体的影响力促进销售，获取财产利益。

基于人格标识的特点，对人格标识的利用所产生的人格利益，属于人格权保护的客体范畴。人格利益的许可使用是民法发展的重要趋势,也是市场经济的必然产物,应依照法定的许可使用规则应用于现实生活中。

(二)许可使用的范围

在《民法典》颁行前,我国的民事法律规范中并未规定人格利益的许可使用制度;《民法典》颁行后,我国才以规范的形式明确了许可使用的规则。我国《民法典》第993条规定:“民事主体可以将自己的姓名、名称、肖像等许可他人使用,但是依照法律规定或者根据其性质不得许可使用的除外。”这一条款以“不完全列举”加“除外条款”的模式确定了人格利益许可使用的一般规范。这一规范的目的在于赋予权利人一种自由,由当事人依法约定人格利益许可使用的内容和效力范围。在许可使用的范围上,《民法典》确认了许可使用的主体范围、划定了许可使用的类型范围、明示了许可使用的禁止范围。

1. 许可使用的主体范围

关于人格利益许可使用的主体,学界的观点并不一致。有观点认为,商品化权不同于人格权,人格权为民事主体平等享有,而商品化权的享有主体应有特殊的限定,但并未就限制的主体范围予以明确说明。① 另有观点认为,人格利益许可使用的主体应仅限于具有生命体征的自然人,公司、合伙等法人或者非法人组织均无权。② 除此之外,还有观点认为仅有知名人士有权对其姓名、形象和其他对消费者有影响力、吸引力的财产价值进行排他性支配。③

我国《民法典》第993条规定的许可使用的主体为“民事主体”,这便意味着,自然人、法人和非法人组织均可依法实施许可使用行为。这样规定的原因主要有两方面:一是人格利益的许可使用是基于人格利益而产生,其主体应当与人格利益享有主体的普遍性相一致,而不应仅局限于具有生命体征的自然人。二是利用人格利益许可使用获得财产利益的权利为民事主体平等享有。因此,无论知名人士,还是知名人士以外的其他普通主体,均有依法许可他人使用自己的姓名、名称、肖像等人格利益的权利。例如,在大数据时代,许多电子

---

① 参见刘国庆、唐萨娌:《对商品化权保护问题研究》,载《社会科学战线》2011年第6期。

② 参见杨立新、林旭霞:《论人格标识商品化权及其民法保护》,载《福建师范大学学报(哲学社会科学版)》2006年第1期。

③ 参见李运达:《〈民法典〉人格标识“许可使用”的规范解释——以第993条适用规范为重点》,载《浙江工商大学学报》2021年第5期。

软件通过合同形式获得用户的授权，从而收集用户的姓名、肖像、地理位置等个人信息，这些被收集的信息具有巨大的商业价值，大量的民事主体因人格利益许可使用造成其人格利益受损的情况屡见不鲜。虽然普通主体并不具有知名人士的知名度、名誉和声望，但通过许可使用方式实现财产利益的权利不能被擅自剥夺。另外，对"知名人士"的判断也较为主观，究竟何种情形、何种程度，有何种影响范围、影响空间，才能符合"知名"的要求无法准确界定，存在较大的模糊性。当然，从一定意义上讲，对人格权商品化的保护，主要的保护对象是知名人士。知名人士利用其知名度、影响力，许可商家使用其姓名、肖像和声音等人格利益。商家利用消费者对知名人士的信赖，由知名人士推销产品或者服务，激励消费者消费，从而使商家获得更多的商业利益。

在《民法典》第993条规定的可以许可使用的姓名、名称和肖像等人格利益，明确限定为民事主体"自己的"，以体现许可使用对本人利益的保护。但是，在现实生活中，确实存在许可使用其他民事主体人格利益的情形。以下三种情形具有一定的典型性：一是对无民事行为能力和限制民事行为能力人的人格利益的许可使用。行为能力有缺陷的民事主体往往需要通过其法定代理人协助权利的行使。无民事行为能力人需要直接由其法定代理人代理实施许可使用行为，限制民事行为能力人可以由其法定代理人代理实施，或者是在许可使用前经过法定代理人同意，抑或许可使用后被法定代理人追认。二是对已经被许可使用的人格利益予以再许可的行为。民事主体将自己的人格利益授权给被许可人使用，被许可人将自己获得授权的民事主体的人格利益再许可给第三人。此时，被许可人许可使用的人格利益并非自己的人格利益，而是他人的人格利益。三是对死者人格利益的许可使用。死者去世后无法自行许可他人使用自己的人格利益，一般可通过其近亲属为之。《民法典》第993条本为规制人格权许可使用的一般规范，但若仅能许可使用自己的人格利益，上述三种情形便无法适用这一条款予以调整，存在不当限制许可使用之嫌。

2. 许可使用的类型范围

《民法典》第993条对可以被"许可使用"的人格利益类型进行了不完全列举，主要包括"姓名"、"名称"和"肖像"这三种具有典型性的人格利益，同时以"等"扩展了可以被"许可使用"的利益范围，体现了一定的开放性。由于人格权的商品化利用不得推翻人格权的人身专属性特征，所以，对于姓名、肖像等人格利益，只能依法许可使用，而不得转让。

(1)姓名

姓名是自然人的一种人格标识，既具有区分识别个体的功能，同时也具有一定的经济价值。依照《民法典》第1017条的规定，受法律保护的姓名并不仅仅局限于自然人本人户籍和身份证上登记的姓名，也包括具有一定的社会知名度，能够被他人使用足以造成公众混淆的笔名、艺名、网名、译名、字号、姓名的简称等。而对于自然人的绰号、乳名、昵称和小名等，虽然并未在条文中予以明确规定，但如果也具有一定的社会知名度，能够被他人使用足以造成公众混淆，便可以参照适用姓名权保护的有关规定。

姓名是由"姓"和"名"两部分构成。就"姓"而言，其为家族的称谓，因此一般而言，"姓"的使用并不具有区分识别个体的功能，除非在特定条件下具有专门的指向性和针对性。例如，在2012年发生的"乔丹案"[①]中，美国职业篮球联赛著名篮球明星迈克尔·乔丹以乔丹公司注册的"乔丹"商标侵害其姓名权等为由，与乔丹公司发生争议纠纷。此案历经四年，法院最终认可了中文"乔丹"与迈克尔·乔丹本人的天然联系，认为"乔丹"商标并不符合法律的规定，应予撤销。在"乔丹案"中，"乔丹"原本仅为国外的普通姓氏，原则上并不专属于迈克尔·乔丹本人。但是，最高人民法院基于我国公众对"乔丹"的认知现状——人们普遍认为"乔丹"指向的即为迈尔克·乔丹本人，由此判定"乔丹"已经与迈克尔·乔丹形成了"稳定的对应关系"。[②] 就"名"而言，其为本人的称谓，实际是《民法典》第1017条规定的"姓名的简称"，可依法受到法律规范的保护。

传统民法理论认为姓名权属于精神性人格权，并不体现财产利益。而随着市场经济的发展，姓名利益许可使用的实践也在不断发展，权利人有权许可他人对其姓名利益许可使用，并可从中获得利益。而若是本人的姓名与知名人士的姓名重名，无论是最初起名时便是重名，还是修改、变更后重名，此时对本人姓名利益的商品化利用，虽然法律并不禁止，但确有"搭便车"之嫌。无论本人主观上有何意图，其客观上确实利用了知名人士的名人效果，如不予规制，便可

① 参见最高人民法院再审行政判决书，(2016)最高法行再27号。

② 参见孔祥俊：《姓名权与姓名的商品化权益及其保护——兼评"乔丹商标案"和相关司法解释》，载《法学》2018年第3期。

能出现不正当竞争的现象,不符合公正原则的要求,甚至有可能损害知名人士的姓名权。例如,在全国首例同名著作权官司"王跃文"案[①]中,原告王跃文是湖南知名作家,在全国范围内也享有较高的知名度,发表过多篇小说。被告王跃文本为农民王立山,改名为王跃文后,也出版了与原告相同题材的小说。原告认为被告恶意改名,实施不正当竞争行为,侵害了原告的署名权。法院最终认定被告行为构成不正当竞争侵权。所以,若确实故意利用与知名人士重名的本人姓名许可他人使用,从而使公众混淆,应予以禁止,不得放纵此类侵权行为的泛滥。

(2)名称

法人和非法人组织依法享有名称权。法人和非法人组织的名称需要依法确立,一般由行政区划、字号、行业、组织形式依次组成。名称是法人、非法人组织作为民事主体而存在的必要条件。名称的存在主要有两方面的作用,一是标识区分作用,二是商业利用作用。根据《民法典》第 1013 条和第 1017 条的规定,法人和非法人组织的名称以及名称的简称所体现的人格利益可以被许可使用,同时也可以通过转让的方式实现其商品化利用。两种商品化利用方式的兼具是名称权区别于其他人格权的重要特点。当然,由于名称也可能会出现重复现象,从而使消费者混淆商品或者服务的来源主体,此时可通过商事登记及时公示明确主体名称,以防被非法许可使用。

(3)肖像

关于肖像的内涵,传统民法理论一直主张"面部说",将肖像限定于自然人基于其个人面部特征所呈现的外在形象。由此,即便除面部以外的其他身体特征也能够表现该自然人的外在形象,却并不属于肖像的涵盖范畴。[②] 而《民法典》第 1018 条第 2 款规定:"肖像是通过影像、雕塑、绘画等方式在一定载体上所反映的特定自然人可以被识别的外部形象。"通过《民法典》对肖像的概念界定,可知立法者对肖像内涵采"识别说",扩大了肖像的涵盖范围,将与肖像存在密切关联的形体特征、姿势、背影和侧影等可识别性形象均纳入肖像的内涵之

① 参见湖南省长沙市中级人民法院民事判决书,(2004)长中民三初字第 221 号。

② 参见郭明瑞、张玉东:《肖像权三题》,载《浙江工商大学学报》2014 年第 1 期。

中,而不再仅限于个人的面部特征。① 肖像内涵的扩大是时代发展的表现,也是社会进步的要求。针对我国《民法典》对肖像范围的界定,学界也存在一些反对声音,反对者认为将人们的"形象"纳入"肖像"进行保护,偏离了"肖像"一词的词义。在人们的普遍认知中,肖像针对的便是人们的面部特征,以"肖像"扩大保护所有"形象",这一做法同一般社会公众对"肖像"的理解出现龃龉,不恰当地扩大了"肖像"的涵盖面。②

自然人对自己的肖像依法享有专有权,有权在法定范围内自由使用,同时也有权禁止他人擅自使用其专有的肖像。《民法典》第993条从宏观上认可了肖像利益的许可使用,并与第1018条第1款、第1021条、第1022条以及第1023条对肖像利益许可使用的细化规定共同构成了完整的肖像利益许可使用规制规范,不仅促进了司法实践中相关案件纠纷的解决与处理,同时为其他人格利益的许可使用提供规范借鉴。

(4)其他人格标识

《民法典》第993条作为调整人格利益许可使用的一般性规范,在明确对姓名、名称和肖像进行保护的同时,还以"等"为其他人格利益的许可使用留下了保护空间。对"等"范围的界定,应结合同类解释、系统解释和目的解释等方法予以确定。首先,通过同类解释方法,其他可许可使用的人格利益也应具备与上述的姓名、名称和肖像类似的属性,主要是对外的可识别性以及可让与性;其次,通过系统解释方法,结合人格权编与侵权责任编对人格权的保护,"等"的范围并不局限于对人格权的保护,还包括对尚未被依法确立为人格权的其他人格利益的保护;最后,通过目的解释方法,立法者在制定《民法典》时,便持有一种开放的态度,考虑到时代发展、科技进步对其他人格利益许可使用的影响。综上而言,除了姓名、名称和肖像以外,声音和个人信息等也可以被许可使用。

声音属于自然人的人格要素,具有典型特色的声音可以指向特定的自然人,由此具有一定的识别功能。声音的三要素包括音调、音色和音量。声音的可识别性主要是通过音色进行判断,音调和音量的可识别性较差。史尚宽先生

---

① 参见马一德:《商标权行使与姓名权保护的冲突与规制》,载《中国法学》2018年第7期。

② 参见李运达:《〈民法典〉人格标识"许可使用"的规范解释——以第993条适用规范为重点》,载《浙江工商大学学报》2021年第5期。

曾言:“声音标识人格之特征,为人格之重要利益,与姓名、肖像相同。”[①]由此可见,声音与姓名、肖像均具有标识作用。《民法典》第 1023 条第 1 款规定:“对姓名等的许可使用,参照适用肖像许可使用的有关规定。”另外,《民法典》第 1023 条第 2 款规定:“对自然人声音的保护,参照适用肖像权保护的有关规定。”因此,对声音的许可使用,可参照肖像许可使用规定。

个人信息也属于可以被许可使用的范畴。[②] 目前,有大量的软件以许可使用的方式搜集各种个人信息,如网络购物中的个人消费喜好信息,交通出行时的个人地理位置信息等。《民法典》第 1034 条规定了对自然人个人信息的法律保护,明确了个人信息是具有识别特定自然人的各种信息,主要包括自然人的身份证件号码、生物识别信息、电话号码和电子邮箱等具有可识别性的信息。第 1035 条则规定了个人信息也可以被许可使用,在征得自然人或者其监护人的同意,他人有权利处理个人信息。而个人信息的处理包括对个人信息的使用、提供和公开等。在现实生活中也存在大量使用个人信息的现象,如将个人的生物识别信息应用于保健产品的推广等商业活动中。

3. 许可使用的禁止范围

《民法典》第 993 条不仅规定了可以许可使用的范围,同时也规定了但书条款,强调了两种不得许可使用的情形:一是法律规定不得许可使用;二是受性质限制不得许可使用。这两种情形仅为概括规定,并未直接细化。而基于体系化思维,可通过其他法律规范进行具体情形的补充。

法律规定不得许可使用的情形,如《广告法》第 21 条规定:“农药、兽药、饲料和饲料添加剂广告不得含有下列内容……(二)利用科研单位、学术机构、技术推广机构、行业协会或者专业人士、用户的名义或者形象作推荐、证明……”另外,《广告法》第 24 条、第 25 条和第 27 条等规范也均为法定不得许可使用的情形。再者,民事主体不得许可他人使用其姓名、名称、肖像等从事违法犯罪活动。

对于受性质限制不得许可使用的情形,如生命、身体、和健康等无法与人身

① 史尚宽:《债法总论》,中国政法大学出版社 2000 年版,第 157 页。

② 参见苏金:《民法总则中个人信息的“可识别性”特征及其规范路径》,载《大连理工大学学报(社会科学版)》2020 年第 1 期。

相分离的物质性人格权,具有天然的专属性和内在性,很难与自然人分离而独立存在。基于公序良俗的要求和社会公众的普遍观念,一般无法许可他人使用。除非是在特殊情形下,按照法律规定,为从事相应的科学研究等活动予以特殊处理的,不在此限。

(三)许可使用的方式

许可使用并非以转让某种权利来实现,而是以授权他人利用来展开,被授权人不是利益的真正拥有者,而仅仅是获得以某种已定的方式对人格利益进行商品化利用的权利。许可使用的方式主要包括两种:

一是单方意思表示。权利人可以依法以单方意思表示方式,向不特定人作出许可他人利用自身姓名、名称、肖像等人格利益。对于权利人所作的意思表示,只要依法实施并不违反公序良俗即可。

二是签订许可使用合同。当事人一般需要通过签订许可使用合同来明确双方的权利义务关系以及责任的承担等内容,双方在签订许可使用合同时,不得约定有损人格尊严,伤害人格精神利益的内容。根据《民法典》第 1021 条的规定,如果对许可使用合同的条款有争议的,应当作出有利于权利人的解释。另外,根据《民法典》第 1022 条的规定,许可使用合同签订后,原则上应按照合同约定履行合同内容,但如果无法继续履行,也可依法解除合同。该条款规定的解除情形主要有两类:一是在许可使用合同中没有约定期限或者约定期限不明确时,双方当事人均可随时解除合同,但需在合理期限之前通知另一方;二是在许可使用合同中约定期限时,在有正当解除理由时,权利人也可解除合同,此时同样需在合理期限之前通知另一方。若另一方因合同的解除受有损失,原则上应由权利人赔偿损失,除非存在不可归责于权利人的事由。

(四)许可使用的请求权竞合

许可使用主要表现为对姓名、名称和肖像等人格利益的商业性利用。若行为人未经许可擅自使用权利人的人格利益,或者虽然经过许可,但超过许可使用的范围等情形,均侵害了权利人的合法权益。若是行为人未经许可擅自使用权利人的人格利益,此时可直接通过追究行为人的侵权责任予以救济;若是行为人虽然经过许可,但超出许可使用的范围,基于双方许可使用合同的存在,此时权利人既可以主张未依约履行合同的违约责任,又可以追究行为人的侵权责任。在违约责任与侵权责任竞合存在的情况下，权利人只能选择一种追责方式救济受损权益。

第七节　人格权的限制

拉伦茨曾言："原则上，没有权利是不受到某种限制的。"[1]权利是自由的体现，有权利必有限制。限制权利是解决权利冲突、平衡当事人利益关系的机制方式。人格权的行使受权利人个人意志的支配，但有时为了维护公共利益、个人利益等特殊需要，对权利人权利的行使应予以适当的限制，从而更好地协调社会利益与个人利益之间的冲突、个人利益与个人利益之间的冲突，从而促进冲突的解决，恢复权利主体之间的和谐友善关系。

一、人格权限制的原则

法律原则是为法律规则提供基础或者本源的稳定性或者综合性的原理。人格权限制的原则贯穿于人格权限制的各项规则，为规则理论上的理解提供支持、实践中的应用提供引导，也可在规则调整不足时，发挥填补漏洞的作用。

（一）依法限制原则

《世界人权宣言》第29条第2款规定："每个人的权利和自由的行使，只受法律确定的限制。"人格权作为权利的重要组成部分，对人格权的限制必须有法律的依据，特别是对人身自由的限制，属于法律绝对保留的限制情形，即只能制定法律予以限制，不能通过行政法规、地方性法规、部门规章和地方政府规章等规范进行限制。根据《立法法》第8条的规定，限制人身自由的强制措施和处罚只能制定法律，没有例外情形。

（二）明确性原则

法律对民事主体人格权所作的限制，必须有明确的限制规定，如应当明确限制的对象、限制的时间、限制的地域、限制的范围等。如果限制的规定过于抽象、概括、宽泛、笼统和模糊，便无法为公民的行动提供合理的预期。

① ［德］卡尔·拉伦茨：《德国民法通论》，王晓晔等译，法律出版社2003年版，第304页。

（三）比例性原则

在依法限制人格权时，要坚持比例性原则，即必须要衡量手段和目的之间的利益关系，限制基本权利的目的必须具有法律上的正当性。为实现比例性原则，限制人格权时应做到以下三方面：（1）手段适当性。限制人格权的措施应当是为了实现目的的正确手段，具有适当性。（2）程度必要性。限制人格权措施的实施程度必须是必要的，应当是对人格权限制、影响最小的程度。（3）狭义比例性。限制人格权所达到的目的应当与造成的损害之间具有恰当的比例关系，要求得到的利益应当大于损害的利益。

二、人格权限制的情形

不同国家对人格权限制情形的规定并不完全一致，这与一国的立法传统、文化环境等因素密切相关。就我国而言，对人格权限制的情形主要包含以下三方面。

（一）基于公共利益和他人利益而限制

社会主义法律价值体系关注人的生存和发展过程中整体利益与个人利益的统一，关怀人的真正需求。但是，在公共利益与个人利益进行对比时，公共利益优于个人利益，因为只有公共利益得到充分保障，个人利益才能最终真正实现。再者，有时为了维护他人利益，也需限制个人利益。因为法律对每个民事主体享有的权利和自由进行了界定，从而防止民事主体相互之间对各自权利和自由的相互侵害。例如，人们在行使个人言论自由时，不得侵害他人的名誉权和隐私权。我国《民法典》中也作出了相应的人格权限制。例如，在《民法典》第1020条中规定，为了维护公共利益或者肖像权人合法权益，可以不经肖像权人的同意而制作、使用、公开肖像权人的肖像的其他行为，由此便限制了肖像权人的人格权。

（二）基于合理使用而限制

合理使用是指在符合法定情形之时，可以在未得到权利人的同意的情形下，直接使用他人的人格利益。《民法典》第999条是基于合理使用而限制人格权的典型规定。该条规定："为公共利益实施新闻报道、舆论监督等行为的，可以合理使用民事主体的姓名、名称、肖像、个人信息等；使用不合理侵害民事主

体人格权的,应当依法承担民事责任。”对于这一条款的适用,有如下要点需明确:

其一,立足于实施新闻报道、舆论监督等行为的需要。所谓新闻报道,是指媒体对新进或者正在发生的,对公众有了解知悉意义的客观事实进行归纳、整理、编辑、分类、加工后,采用一定的技术手段进行报道和传播的过程。新闻报道应具备真实性和时效性等特点,能够准确、及时地播报社会热点、分析社会争论、反映社会问题。所谓舆论监督,是指人民群众依法通过新闻媒体对社会的政治、经济、思想文化等生活进行社会监督,发表意见或者言论的权利。舆论监督是社会监督的重要组成部分,是《宪法》对言论自由保护的延伸,应具有人民性和主动性,能够广泛、权威地针对不良行为、不良活动、不良风气进行批评和建议。新闻报道和舆论监督等行为与人格权的保护之间存在一定的矛盾冲突。当人们依法实施新闻报道、舆论监督等行为时,不仅要对人们的正义之举予以宣传、鼓励,还要对人们的错误之处予以揭露、批评,而在报道、监督的过程中,就可能会侵害相关民事主体的人格权。在发生矛盾冲突之时,如果法律过于注重对民事主体自身人格权的维护,则就要限制新闻报道、舆论监督等行为的实施,从而无法使人们准确、及时了解事件的真实样态,也无法让人们充分行使法律赋予的监督权。如果法律对新闻报道、舆论监督等行为予以优先保护,则就需要权利人容忍因此而受到的人格权损失。由于新闻报道、舆论监督等行为关涉公众的整体利益,故相较于个人的人格利益而言,应具有一定的优先性。

其二,具有实现公共利益的目的要求。所谓公共利益是指在一定范围内的不特定多数人的共同利益。公共利益是一个外延宽泛的概念,是包括国家利益、集体利益、民族利益和阶级利益在内的整体利益的需要和体现。各国法律规范几乎均未对公共利益进行精准的界定,因为公共利益本就属于一个框架性的概念,具有高度的概括性和抽象性,需根据社会发展变化的具体情况来维护某种公共利益,从而实现社会的实质公正。《民法典》第999条对合理使用的限制,要求是为了公共利益。在社会生活中,大量的自媒体在进行新闻报道的时候,并非为了公共利益,娱乐新闻、明星八卦等信息的报道很难说是与公共利益密切相关的。[①] 实际上,为公共利益目的实施的新闻报道、舆论监督等行为与人

① 参见黄薇主编:《中华人民共和国民法典人格权编解读》,中国法制出版社2020年版,第46页。

格权的保护之间应形成有效的平衡。一方面,对于民事主体的人格权应当依法予以充分的保护,防止新闻工作者行使个人职权、舆论监督者行使批评建议等监督权时,滥用权利,损害他人的人格尊严,侵害他人的合法人格权益。另一方面,对新闻报道和舆论监督等行为的实施也应当予以维护,鼓励真实报道、大胆行权、有效监督,对正当的报道、监督行为予以特殊保护,以防保障机制的缺失使发声、揭露、批评之路阻力重重。民事主体享有人格权,但为了公共利益的需要让渡一部分的权利。因此,法官在审理相关纠纷认定是否达到合理使用的要求时,既要明确行为实施的"公共利益"之目的,又要确定行为的类型是否符合法定的新闻报道、舆论监督等情形的要求。

其三,合理使用的范围包括民事主体的姓名、名称、肖像和个人信息等。《民法典》第 999 条限制了合理使用的范围,主要包括以下五类:一是姓名;二是名称;三是肖像;四是个人信息;五是其他人格利益。例如,为通缉犯罪嫌疑人的需要,而使用犯罪嫌疑人的姓名和肖像,就属于对姓名、肖像的合理使用,不需要经过犯罪嫌疑人本人的同意;再如,为疫情防控的需要,搜集个人的身份信息、行程信息以及疫苗接种信息等,也属于合理使用。《民法典》第 999 条对合理使用范围的规定采用开放式形式,除了姓名、名称、肖像和个人信息这四类明确规定的权利类型外,还以"等"这一兜底性的表述,概括了其他可以合理使用的人格利益。从体系解释的角度来看,此处"等"所包括的人格利益应当为精神性人格利益,而不包括物质性人格利益,原因有以下两方面:第一,姓名、名称、肖像、个人信息均为精神性人格利益,因此后文"等"所对应的人格利益应与前文相对应;第二,生命权、身体权和健康权等物质性人格利益与个人的主体资格密切相关,一般不会与新闻报道、舆论监督等行为发生冲突。

其四,使用不合理时需依法担责。因实施了不合理使用行为,侵害了民事主体的姓名权、名称权、肖像权、名誉权、隐私权和个人信息权益等人格权益,应依法承担相应的法律责任。例如,在新闻报道中歪曲、捏造事实,或者使用侮辱性言语贬损他人的名誉,均为不合理使用行为。此时侵权责任的构成应按照一般民事侵权的构成要素予以判断,综合考量侵权行为、损害后果、侵权行为和损害后果之间存在因果关系、行为人具有主观过错这四方面。

《民法典》第 999 条对合理使用的规定,并不局限于为公共利益实施新闻报道和舆论监督这两类行为,还包括除此之外的法条中规定的"等行为",一般是指具有公益性目的研究、管理等行为。例如,《民法典》第 1020 条和第 1036 条等条文规定了诸多的合理使用情形:其一,为了个人学习、艺术欣赏、课堂教学或者科学研究,在必要范围内使用肖像权人已经公开的肖像,可以不经肖像权人的同意;其二,为实施新闻报道,不可避免地制作、使用、公开肖像权人的肖像;其三,为依法履行职责,国家机关在必要范围内制作、使用、公开肖像权人的肖像;其四,为展示特定公共环境,不可避免地制作、使用、公开肖像权人的肖像;其五,在自然人或者其监护人同意的范围内有权合理处理该自然人的个人信息;其六,合理处理自然人自行公开的或者其他已经合法公开的信息,但该自然人明确拒绝或者信息的处理会侵害其他重大利益的除外。

（三）基于知名影响而限制

知名人士是在社会生活中具有较高知名度的人。由于知名人士的知名度和影响力不同于普通民众,因此基于这类人群的自身特性,其姓名权、肖像权、名誉权和隐私权等人格权便无法获得与普通民众同等程度的保护,需受到一定的限制。

对知名人士人格权的限制最初是源自美国 1964 年发生的“沙利文诉《纽约时报》案”,审理这一案件的大法官布伦南认为,媒体对作为警长的沙利文进行批评,并不构成诽谤。正所谓“高官无隐私”,新闻媒体只在“真实恶意”的情形中才要承担相应的法律责任,官员对自身名誉权的维护,此时要受到一定的限制。

我国对知名人士人格权的限制,较为典型的案件为 2002 年的“范某某诉文汇新民联合报业集团名誉侵权案”。2002 年 6 月 16 日,被告在其出版发行的《东方体育日报》上刊出范某某涉嫌赌球的报道,又于 6 月 17 日、19 日和 21 日针对这一事件进行后续报道。7 月,原告范某某以被告于 6 月 16 日刊登的报道侵害其名誉权为由,诉至法院,诉请赔礼道歉、赔偿损失。法院并未支持原告的主张,判决原告败诉。① 在这一案件中,针对社会关注的热点问题,新闻媒体进行了相应的调查和报道,从而使公众及时了解事件的真相。虽然媒体在报道事件时对原告可能实施的不当行为进行报道,会损害原告的名誉。但原告作为知名人士,对于新闻媒体在正常履职中可能对其造成的轻微权利损害应予以理解

① 参见上海市静安区人民法院民事判决书,(2002)静民一(民)初字第 1776 号。

和容忍,本案被告的行为并无不当之处。

对知名人士人格权的保护应予以一定的限制,主要原因有以下三方面:其一,行使监督权利的需要。监督权利的行使涉及对公共利益的维护。对知名人士人格权的限制,是作为知名人士应当付出的知名成本。在我国,监督权利的依法行使可促进民主法治的建设,强化公职人员对自身行为的约束,从而实现依法行权、权责统一。其二,保障民众知情权的需要。知情权是民事主体获得国家有关信息、社会活动信息以及个人信息的权利。例如,选民在行使选举权时,有知晓候选人相关信息的权利,选举主持机构也应当履行及时向选民介绍候选人情况的义务。此时,即便选举主持机构在介绍时涉及对候选人有关隐私的披露,也并未侵权,因为这是保障民众知情权的应为之举。其三,知名人士扩大知名度的需要。在某些情况下,对知名人士隐私、个人信息等内容的公开,是符合知名人士自身意愿的。例如,对于明星等公众人物而言,其往往需要积极公开与己身相关的信息才能扩大知名度,扩散影响力。因此,对明星等公众人物人格权进行必要的限制,并不违背其个人意愿,反而是其主观期望,这是由其社会角色所决定的。

虽然对知名人士人格权的保护应予以一定的限制,但限制的范围应当具有正当性。不能将"高官无隐私"理解为高官没有任何的隐私,进而推导得出知名人士人格权的保护可以受到无限制的约束。知名人士虽然具有特殊性,但毕竟也是普通人,如果对其人格权随意限制,则无益于对其人格尊严、人身自由和生活安宁等权益的保障。对知名人士人格权保护的限制界线,应从以下两方面确定:一是要判断是否涉及公共利益。如果涉及公共利益而进行的限制,应属于合理范畴。二是要判断是否涉及个人的核心隐私。核心隐私是指直接关系人格尊严、人身自由的纯粹私人领域和私密空间,主要包括以下四方面:其一,个人住所不受非法侵入或者非法侵扰;其二,个人通信自由和通信秘密不受非法侵犯;其三,家庭生活和个人私密生活不受非法监听、监视;其四,与公共利益无关的其他核心隐私事务不受非法侵扰。民事主体的核心隐私是主体存续的尊严体现,不受非法侵害。例如,不得擅自公开他人的身体隐私,若未经允许便公开他人的裸体照片,不仅会侵害他人的隐私权,同时也会使其名誉权受损;再如,未经允许,擅自采用高倍望远镜窥视个人生活的房屋或者居住的场所,这也构成对他人隐私权的侵害。一般来说,核心隐私并不会涉及公共利益,如果对核心隐私予以限制,不仅会影响人们的正常生活,也会严重损害人们的合法权益。

第八节　人格权的保护

维护人格权,保护民事主体的人身自由和人格尊严是我国法治建设的核心任务。《民法典》中“人格权”的独立成编,是加强人格权保护的重要举措,不仅贯彻了党的十九大精神,而且也遵循了《宪法》中“尊重和保护人权”的要求。

一、人格权保护的立法模式

各个国家和地区普遍重视对人格权的保护,在保护模式的选择上,主要有两种模式:一是消极保护模式,二是积极确权模式。

(一)消极保护模式

消极保护模式,是指在法律规范中未明确规定人格权的权利种类,而是在侵权行为规范中规定了权利受损时的侵权救济方式。例如,《法国民法典》便未规定人格权的具体类型,对人格权的损害是通过第1382条,即侵权责任的一般条款进行救济。这种模式的典型代表国家还有西班牙、比利时、荷兰等。

(二)积极确权模式

积极确权模式,是指在法律规范中明确规定人格权的权利种类,划定人格权的保护范围,从而实现对人格权的保护。例如,《希腊民法典》详细规定了身体权、姓名权等权利类型,并细化了人格权的保护规则。

从世界层面来看,18世纪至19世纪,由于人格权还未引起人们的足够重视,权利本身也并不具有一定的独立性,因此,西方国家普遍适用消极保护模式保护人格权。而随着时代的发展和人权保障理念的深入人心,各国对人格权的保障一般均倾向于消极保护模式与积极确权模式的结合。就我国而言,我国对人格权的保障便实现了两种模式的有机结合、相互配合。在积极确权方面,《民法典》中人格权编的独立,明确规定了受法律保护的人格权类型和范围,并基于人格权的确认,产生了人格权请求权。在消极保护方面,《民法典·侵权责任编》对受损民事权益的保护，当然包括对受损人格权益的保护，从而充分发挥规范的救济功能。我国《民法典》的人格权编与侵权责任编相互配合，人格权请求权与损害赔偿请求权的有效衔接，强化了对人格权的全面保护。

二、人格权保护的特点

（一）人格权保护的开放性

随着人类社会的发展和法治国家建设的完善，人们权利意识的觉醒促进民事主体维权意识的提高。现今，人们对人格权有了更深刻的理解，对人格权保护主张的提出也更加积极。人格权保护体系的建设与一国的文化传统、文明程度、价值取向和伦理道德密切相关，是一项具有一定开放性的体系建构。在我国，人格权的具体权利种类以类型化列举的方式予以明示，但这种列举并非封闭的，而是不完全列举。随着时代的发展、科技的进步，新类型的人格权主张可能随时出现，因为新类型的人格权尚未被依法确立为法定人格权，这便意味着需要保护的人格利益的范围需要进一步扩大。因此，我国法律规范在明确保护具体人格权的同时，还设置了一般人格权予以兜底式开放保护，以迎合时代发展的需求。

（二）人格权保护方法的特殊性

在财产权受有损害时，一般通过损害赔偿的方式予以保护便足矣，以填平损失，恢复权利的原有样态。而在人格权受有损害时，如果仅通过损害赔偿的方式予以保护并不能为受害人提供全面、周延的救济。这是因为人格权所保护的人格利益一旦受有损害，便覆水难收，事实上已无法通过损害赔偿的方式恢复原有样态。例如，生命权受有损害以致受害人死亡的，再多的损害赔偿都无法让逝者起死回生。正因如此，针对人格权侵权的事先预防极为必要。我国《民法典》第 995 条对人格权请求权的规定即为人格权保护中事先预防措施的重要体现。所以，针对人格权受损的特殊性，人格权保护既要重视事先预防，也要继续强化事后救济。

三、我国人格权的民法保护

《民法典》第 995 条为人格权受到侵害的情形提供了一般性的保护规则。

根据该条规定,在人格权遭受侵害时,受害人既有权利依照《民法典》中的规定请求行为人承担民事责任,也有权利依照《民法典》以外的其他法律的规定请求行为人承担民事责任。就前者而言,受害人可适用人格权编以及侵权责任编的相关规定为其维权行为提供法律依据;就后者而言,受害人可以适用《妇女权益保障法》、《未成年人保护法》、《老年人权益保障法》以及《残疾人保障法》等法律规范中对人格权的保护规定为其维权行为提供法律依据。人格权作为绝对权,可以对抗权利人以外的不特定义务人的非法侵害,当权利人受到非法侵害时,其有权依法要求侵害人承担停止侵害、排除妨碍、消除影响、赔偿损失等法律责任。对人格权的民法保护是现代民法关注的重心,是我国立法经验的总结和司法现实的需要。民法不仅要确认人格权,还要充分保护人格权。

(一)人格权请求权

与财产权的损害后果可以用金钱赔偿恢复不同,人格权损害后果的产生具有不可逆性,一旦发生便难以恢复原状,甚至毫无恢复的可能。因此对人格权的保护重心应转变为重视事前预防方面。人格权请求权的设置功能与人格权保护的需求相契合,是人格权独立成编的重要基础,是人格权制度中不可或缺的重要部分。

1. 人格权请求权的概念

在请求权体系中,对物权的保护除了有损害赔偿请求权,还有物权请求权。其中,物权请求权的存在是基于物权的排他性、绝对性而产生。人格权也具有排他性和绝对性,在权利属性上与物权较为相似,由此也可推导出人格权也应当具有人格权请求权。所以,人格权也应当具有人格权请求权和损害赔偿请求权两种不同的保护方式。

人格权请求权,是指在民事主体人格权的圆满状态受到侵害、受到妨害或者有受到妨害的危险之时,民事主体有直接向侵害人或者向人民法院请求侵害人不为一定行为或者为一定行为,从而恢复人格权的圆满状态或者防止权益受损的权利。①

2. 人格权请求权的特征

人格权请求权作为一种请求权,具有其自身的特色,主要表现为如下四

① 参见杨立新、袁雪石:《论人格权请求权》,载《法学研究》2003 年第 6 期。

方面。

(1)人格权请求权基于人格权的排他性、绝对性而产生

人格权作为绝对权,具有排他性和支配性。人格权的这一特征与物权和知识产权具有一致性。人格权的权利主体特定,而义务主体不特定,除权利主体以外的任何人均为义务主体,负有不得侵害权利主体人格权的义务。只要权利主体的人格利益的圆满状态受到侵害、受到妨害或者有受到妨害的危险,权利主体均有权依法提出请求,以恢复对人格利益支配的圆满状态。

(2)人格权请求权具有附随性

人格权是人格权请求权的基础和前提,人格权请求权附随于人格权,随人格权的产生而产生,随人格权的消灭而消灭。人格权请求权的功能在于帮助受侵害的人格利益恢复到圆满的状态,具有服务人格权的目的。另外,虽然人格权请求权附随于人格权存在,但其仍具有相对独立性,是一项独立的请求权,相较于其他请求权而言,具有自身的特色。例如,行使人格权请求权,不以行为人的行为构成侵权为前提。只要人格权的行使受到或者可能受到妨害,无论是否构成侵权,权利人均可主张人格权请求权,从而消除障碍。

(3)人格权请求权具有专属性

人格权请求权与人格权联系密切,只能由人格权的权利主体享有,具有人身专属性。这种特性主要有以下两方面的表现:其一,权利主体不能将人格权请求权单独转让。其二,权利主体死亡或终止后,人格权请求权也一同消灭,无法被继承。

(4)人格权请求权具有预防性

保护人格权的方式除了在权益受损时予以事后救济以外,由于对人格权益的侵害往往具有不可逆性。例如,隐私一旦被公开,便无法具有隐蔽特征,即便对隐私权的损害进行精神损害赔偿,也无法真正填补损害,此种赔偿仅为不得已而为之的抚慰性替代手段。另外,随着互联网的普及和自媒体的迅速发展,人格权益的损害后果非常容易被放大、扩散。例如,在互联网上捏造虚假的信息,诽谤他人的名誉以致"坏事传千里"。因此应当在损害发生之前,注重对损害发生的预防,有效制止侵权行为。人格权请求权中的排除妨碍、消除危险等措施均具有预防作用,以防止人格权益受损,从而实现对权益更为全面的保护。

3. 人格权请求权的确认方式

各国民法典对人格权请求权的确认方式并不完全相同,大致有以下三种方式:

其一,确认个别具体人格权的请求权。一些国家在民法规范中直接规定某种具体人格权的请求权。例如,《泰国民法典》第42条、《意大利民法典》第7~8条、《德国民法典》第12条均规定了姓名权请求权。[①]

其二,确认某种人格权请求权的内容。在有些国家的民法规范中对人格权请求权中的某一种请求权予以明确规定。例如,《俄罗斯民法典》第1065条对人格权预防妨害请求权的规定,《埃塞俄比亚民法典》第10条对人格权排除妨害请求权的规定。

其三,全面确认了人格权请求权。对人格权请求权的全面确认,不仅确认了人格权请求权的合法性,同时也规定了人格权请求权的具体权利内容。《瑞士民法典》、《越南民法典》和《阿尔及利亚民法典》都是全面确认人格权请求权的代表。其中,《瑞士民法典》是世界立法史上第一次完整规定人格权请求权的法典。

综上所述,不同国家对人格权请求权的规范确认虽然存在一定的差异,但均认可了人格权请求权存在的合理性、逻辑性和独立性。我国的立法规范全面确认了人格权请求权,既肯定了这一请求权的合法性,同时也细化了具体的请求内容。随着时代的发展,人格权请求权制度也在不断丰富和完善,愈加全面、具体和详尽。

4. 人格权请求权的内容

我国《民法典》第995条规定了人格权请求权的内容,即人格权请求权的责任承担方式,主要包括以下六类。

(1)停止侵害

停止侵害是针对侵害人正在实施的侵害行为,要求其停止实施的责任形式。停止侵害的适用,可以及时制止侵害行为,从而防止损害的发生或者扩大。停止侵害的适用需满足如下五方面的条件:

其一,侵害人正在实施侵害行为。对于还未发生的侵害行为,或者已经结

---

① 参见马特、袁雪石:《人格权法教程》,中国人民大学出版社2007年版,第150页。

束了的侵害行为,无法适用停止侵害的承担方式。若侵害行为还未发生,没有侵害,无法谈及停止侵害;若侵害行为已经结束,既然行为已经实施完毕,便也无法停止侵害,针对损害发生,可采取损害赔偿的事后救济方式解决冲突。

其二,侵害行为是可以确定的。对人格权的侵害,虽然无须通过法院裁判的方式确认侵权行为的成立,但按照一般的社会理念可以确认侵权行为的存在。如果不及时制止侵权行为,就可能造成实际损害,或者进一步扩大实际损害,从而为受害人带来难以挽回的损失。通过适用停止侵害的责任承担方式有助于以及时止损,维护权利人的合法权益。

其三,损害已经发生或者具有发生的可能性。停止侵害的适用情形为侵害行为正在进行且尚未结束,并不要求已经造成损害后果。因此,权利人既可以因侵权行为的实施造成了损害后果而请求停止侵害,也可以因侵权行为的实施尚未造成损害后果而请求停止侵害。

其四,不以侵害人的过错为适用条件。只要侵害行为正在进行、持续,且对权利人造成了损害或者有损害产生的可能,权利人就有权请求停止侵害,而不要求行为人主观上存在故意或者过失。此举有利于减轻权利人的举证责任,畅通人格权的保护和救济途径。

其五,适用方式具有一定的灵活性。停止侵害作为制止损害结果发生或者扩大的救济方式,既可以通过诉讼的方式向人民法院提出请求,也可以在诉讼前直接向侵害人提出请求。

(2)排除妨碍

排除妨碍,也可称为“排除妨害”,是指侵害人的行为给他人正常行使权利造成了妨碍,应当排除侵害人给权利人正常行使权利造成的障碍。针对侵害人的妨碍行为,权利人可以请求侵害人实施撤回、改变、更正等行为排除妨碍。例如,某登记机构登记的权利人身份证号码有误,使权利人无法正常行使权利,权利人有权要求该登记机构修改其身份证号码,以排除妨碍。行为人对他人正常行使权利造成的妨碍,无论妨碍行为持续的时间长短,都要依法予以排除。

(3)消除危险

消除危险,是指因侵害人的行为致使权利人的合法权益有遭受损害的危险,或者有损害扩大的危险,权利人有请求侵害人承担降低危险或消除危险的侵权责任。例如,自家房屋质量堪忧,有倾倒、坍塌的危险,由于邻居家的房屋与自家房屋贴墙而建,因此,一旦自家房屋倾倒或坍塌,便可能会对邻居房屋的安全构成威胁。在这种情形下,邻居就有请求消除危险的权利。消除危险的作用实质是防患于未然,消除损害发生的危险源。危险的现实存在是适用消除危险的前提,如果危险已经转变为现实的损害,那么便不再存在危险,无法适用消除危险请求权维护权益,而只能请求侵害人停止侵害,或者要求侵害人承担损害赔偿责任。

(4)消除影响

消除影响,是指因侵害人实施侵害他人人格权的行为,产生了不良影响,应当采取合理措施消除这种不良影响。消除影响主要适用于消除因侵害他人名誉权等精神性人格权,给他人的声誉造成不良的影响。

消除影响的适用有以下三个条件:其一,侵害人实施了侵害他人人格权的行为。侵害人所实施的侵害行为一般为侵害他人人格权中的精神性人格权的行为,特别是侵害他人名誉权的行为,并不适用侵害他人财产权的行为。其二,侵害行为造成了不良影响,受害人的人格权益遭受侵害。消除影响以不良影响的存在为前提,不良影响本就为一种损害后果。侵害行为造成的不良影响主要包括使受害人的社会评价降低、影响受害人正常的生活或者工作等。其三,无须考虑侵害人是否具有主观过错。不管侵害人在主观层面是否存在故意或者过失,只要侵害人的侵害行为产生了损害后果,造成了不良影响,受害人便有权请求侵害人消除影响。

消除影响的方式并没有固定的要求,需要根据具体的案件情节、侵权行为类型和受害人的请求来综合判断,予以确认。既可以采用口头方式,也可以采用书面方式或者其他方式。例如,如果通过口头方式实施了侵害他人名誉权的行为,便可用当面赔礼道歉的形式消除影响;如果通过网络方式实施了侵害他人名誉权的行为,便可用删除言论、发布道歉声明等形式消除影响。

消除影响的范围需根据不良影响存续的范围而定,一般而言,在多大范围内产生不良影响,就要在相应的范围内消除影响。例如,在学校内造成了不良影响,便需要在学校范围内消除不良影响。

(5)恢复名誉

恢复名誉,是指因侵权人实施的侵害他人人格权的行为,造成被侵权人名誉受损,侵权人应将被侵权人的名誉恢复至未被侵害时的状态。名誉权作为一种精神性人格权,涉及他人对权利人的社会评价,一旦名誉权遭受侵害,通常难以恢复至损害未发生的状态。但是,侵害人可以采取一些措施弥补损害,如在一定范围内澄清事实,纠正错误言论,尽可能恢复受害人的名誉。恢复名誉的方式没有固定的要求,同样需要根据具体的案件情节、侵权行为类型和受害人的请求予以综合判断和确认。例如,若侵害人在网络上发布不实信息,侵害了他人的名誉权,造成他人社会评价的降低,受害人有权要求侵害人在网络上澄清事实,以恢复其名誉。

(6)赔礼道歉

赔礼道歉,是指当侵害人认识到自身行为的错误,而向受害人承认错误、表达歉意。赔礼道歉本为道德责任的范畴,具有止纷息争的功能,在法律语境下,实现了从道德范畴向法律范畴的转变,从而成为一项具有法律强制性的责任承担方式,旨在抚慰受害人所受的精神伤害,如果侵害人拒不履行赔礼道歉责任,法院可以通过强制方式实现。赔礼道歉主要适用于侵害他人人格权益的情形而采用的责任方式,在侵害财产权益的情形下,一般不适用。

赔礼道歉的功能主要有两方面:一是教育侵害人,让其明确侵害后果。赔礼道歉作为一种民事责任承担方式,能促使侵害人意识到行为的错误,及时悔过,具有一定的教育作用。二是抚慰受害人,为其提供精神慰藉。赔礼道歉虽然不具有财产赔偿或者补偿性质,不体现财产价值,是非财产性的责任承担方式,但却具有精神抚慰价值。通过赔礼道歉,抚慰受害者受伤的心灵,能够促进纠纷的化解。

赔礼道歉的方式较为多样,既可以是口头方式,又可以是书面方式;既可以是公开方式,又可以是非公开方式。具体采用何种方式赔礼道歉,可以由当事人协商确定,如果协商不成,便可由法院裁判确定。赔礼道歉责任方式的适用应考虑到侵害发生的地点、损害涉及的范围等因素。赔礼道歉的方式有多种,既可以是口头方式,也可以是书面方式,只要是受害人能接受的合法合理的方式,均可采用。赔礼道歉的方式既可以单独适用,也可以与恢复名誉、损害赔偿等责任方式共同适用。

5. 人格权请求权的担责范围

消除影响、恢复名誉、赔礼道歉等人格权请求权所请求的担责范围并非无限的,根据《民法典》第1000条第1款的规定,此类责任的承担应当与侵害行为的具体方式以及侵害行为造成的影响范围相适应。

首先,责任的承担应当与侵害行为的具体方式相适应。所谓侵害行为的具体方式,是指侵害行为实施的时间、地域以及程度等。其次,责任的承担应当与侵害行为造成的影响范围相适应。在什么范围内造成不良影响,就应当在什么范围内消除不良影响。结合上述两点要求,如果通过网络公开诋毁他人,此时对受害人的影响波及范围较广,这就需要通过网络公开消除影响、赔礼道歉;如果是当面通过口头方式辱骂他人,此时对受害人仅有小范围内的不良影响,便可采用当面口头赔礼道歉的方式进行补救。

限制人格权请求权的担责范围,既有利于强化对受害人受损权益的救济,促使权利圆满状态的恢复,同时又有利于减轻侵害人的担责负担,防止受害人过度维权。另外,在时间上,消除影响、恢复名誉、赔礼道歉等责任应及时承担。一般来说,侵害行为的持续时间越长、造成的不良影响就越大、涉及的范围就越广,对受害人就越不利,同时也增加了消除影响、进行救济的难度。

6. 人格权请求权的强制执行

司法实践中,消除影响、恢复名誉和赔礼道歉等民事责任的执行常常遇到一定的阻碍,许多侵害人并不配合执行。为了解决执行困难,《民法典》第 1000 条第 2 款规定了强制执行制度。如果侵害人拒不执行消除影响、恢复名誉和赔礼道歉等民事责任,人民法院可以在媒体上发布公告,或者以公布生效裁判文书等方式代替执行,代替执行所产生的费用由侵害人负担。这一条款实际上吸收了《最高人民法院关于审理利用信息网络侵害人身权益民事纠纷案件适用法律若干问题的规定》第 16 条的内容,并与《行政强制法》规定的“代履行”具有类似的功能和作用。强制执行制度通过将侵害人的责任执行义务转变为金钱负担,从而促进这类义务的履行,同时也有利于更好、更及时地保护受害人的合法权益。

7. 人格权请求权的时效限制

根据《民法典》第 995 条的规定,不同于损害赔偿请求权,人格权请求权不适用诉讼时效的限制。因为条文规定的六项请求权作为附随于人格权而产生的权利,关系民事主体的存续利益,具有一定的伦理道德价值,不体现直接的财产利益。在人格权已经受到妨害或者可能受到妨碍之时,受害人应能够随时提出请求以恢复受害人对人格利益的圆满支配状态。所以,此项请求权不应受到诉讼时效的限制。[①]

人格权请求权不受诉讼时效的限制，有利于强化对人格权的保护。当人格权受到侵害或者妨害，根据诉讼时效的限制提起损害赔偿请求权已经丧失胜诉权时，受害人仍可行使人格权请求权寻求保护救济路径。[②]

8. 人格权请求权的存在意义

在民事法律规范中确认人格权请求权，是人格权保护制度发展的必然选择，突出了人的主体地位，强化了人权保障，促进了人格权保护制度的完善，是宣扬“民法是人法”精神的重要体现。传统民法理论认为，人格权为消极权利，只有在权利受损时，才能够通过损害赔偿请求权予以事后救济。因此，损害赔偿请求权的适用前提是造成了损害后果。而若是在权利尚未被实际侵害，仅有权利受损危险时，便无法适用损害赔偿请求权进行保护，此时便需发挥人格权请求权的预防功能，及时要求停止侵害、排除妨碍等，从而防止权益受损。人格权请求权和损害赔偿请求权具有各自的权利保护优势，二者的结合可更好地保护人格权。当然，在具体选择保护方式时，应注意二者适用情形的差异，选择恰当的方式解决矛盾纠纷。

（二）损害赔偿请求权

当行为人的侵害行为侵害他人的人格权益造成损害时，受害人有权诉请损害赔偿，由行为人依法承担相应的侵权责任。受害人提出的损害赔偿请求，既包括财产损害赔偿请求，也包括精神损害赔偿请求。

1. 财产损害赔偿

因侵害受害人的人格权使受害人产生了财产损害，受害人有权要求侵害人承担赔偿财产损害的责任。侵害人格权所产生的财产损害赔偿的特点主要表现为以下六方面：

其一，财产损害赔偿基于侵害人格权而产生。一般而言，财产损害赔偿是基于财产权受损而产生。但人格权受损也可能造成财产损害赔偿。例如，因健康权受损而由侵害人支付医疗费、误工费以及护理费等。与侵害财产权不同，在人格权被侵害时，直接受损的是基于人格权而体现的人格利益，财产损失仅

① 参见王泽鉴：《人格权法：法释义学、比较法、案例研究》，北京大学出版社2013年版，第387页。

② 参见杨立新、袁雪石：《论人格权请求权》，载《法学研究》2003年第6期。

为间接受损的范畴。

其二,财产损害赔偿体现一定的财产性。虽然人格权具有非财产性,但是在因受害人的人格权遭受侵害而使其受有财产损失时,此类财产损失可以用金钱衡量,因此,具有一定的财产性。

其三,财产损害赔偿具有一定的补偿性。在人格权受损时,往往需要通过精神损害赔偿和财产损害赔偿对受害人进行救济。精神损害赔偿发挥的是精神抚慰作用,而财产损害赔偿发挥的是补偿损失作用。

其四,财产损害赔偿具有非专属性。人格权具有专属性,所以,因人格权受损而使受害人遭受精神损害,进而产生的精神损害赔偿请求权也具有专属性。但因人格权受损而使受害人遭受的财产损害并不具有专属性,其与普通的债具有相同属性,可依法转让、继承或者放弃。

其五,财产损害赔偿数额确定的顺位性。具体的财产损害赔偿数额需根据《民法典》第 1182 条规定的确认顺位予以明确:首先,应按照受害人所受的损失或者侵害人所得的利益来赔偿;其次,在受害人所受损失以及侵害人所得利益难以确定的情形下,应由受害人和侵害人两方就赔偿数额协商确定,若能够协商一致,则即按照协商结果确定赔偿数额;最后,若是受害人和侵害人两方协商不一致,便需通过提起诉讼的方式,由人民法院根据案件情节确定赔偿数额。另根据《民法典》第 1179 条的规定,可明确侵害他人的人格权造成人身损害时,受害人所受的损失主要包括医疗费、护理费、交通费、营养费、住院伙食补助费等为之劳和康复支出的合理费用,以及因务工减少的收入。以此为基础,还应区分是否对他人的人身造成重大伤亡。若因侵害行为导致残疾,则还应赔偿辅助器具费和残疾赔偿金;若因侵害行为直接致死,则还应赔偿丧葬费和死亡赔偿金。

其六,财产损害赔偿标准的统一性。2022 年修正的《人身损害赔偿解释》落实了党中央关于“改革人身损害赔偿制度,统一城乡居民赔偿标准”的要求,在《人身损害赔偿解释》的第 12 条、第 15 条、第 17 条、第 18 条、第 22 条、第 24 条六个条文中,将残疾赔偿金、死亡赔偿金以及被扶养人生活费由原解释规定的城乡区分赔偿标准统一修改为按照城镇居民人居可支配收入标准计算。这一举措是人民法院贯彻落实党中央重大决策部署的重要举措,为全面推进乡村振兴战略提供了司法服务和重要保障,优化了司法资源的配置,不仅更为充分地保护受害人的合法权益，极大地减轻当事人诉累，同时也与我国当前城镇化的发展趋势相一致。

2. 精神损害赔偿

因侵害自然人的人格权益造成受害人严重精神损害的，受害人有权要求侵权人承担赔偿精神损害赔偿的责任。精神损害是与财产损害相对应的，在自然人的人格权遭受侵害时所产生的损害后果，主要表现为受害人心理上遭受痛苦、情感上形成创伤，呈现悲伤、失望以及忧虑等样态。精神损害往往是由侵害他人的人格权而产生，但也不排除因财产权受损而出现。

我国法律认可精神损害赔偿责任的存在，《民法典》第 996 条和第 1183 条即为精神损害赔偿赔偿的主张提供了法律依据。《民法典》第 1183 条确认了精神损害赔偿的主体仅为自然人，而法人、非法人组织无法获得精神损害赔偿。这是因为法院支持精神损害赔偿的前提是侵害人的侵权行为使受害人产生精神损害。为了证明精神损害的存在，受害人需从以下三方面提供证据予以证明：其一，权利人的人格权益受有损害；其二，权利人因其人格权益受损而造成可精神损害；其三，精神损害是能够依法确定的。

从世界层面来看，大多数国家均认为精神损害赔偿责任仅适用于侵权领域，如果受害人基于违约责任而请求行为人承担精神损害赔偿责任一般不会被支持，只有少数国家例外规定，受害人能够在符合法定特殊情形之下基于行为人的违约行为所造成的精神损失要求其承担精神损害赔偿。① 就我国而言，根据我国原《侵权责任法》第 22 条的规定，精神损害赔偿无法适用于违约责任的承担，仅能适用于侵权责任。限制精神损害赔偿适用范围的原因主要在于合理预见规则的考量。由于违约责任受限于合理预见规则，在合同订立时，往往可以预见因违约行为给另一方造成的财产损失，而无法预见非违约方的精神损害。所以，精神损害赔偿一般不适用于违约责任的承担。② 但是，从司法实践来看，行为人的违约行为也可能会侵害他人的人格权并产生严重的精神损害。例如，在“贾某某诉北京某公司、龙口市某厂和北京市海淀区某餐厅人身损害赔偿

① 参见［德］彼德罗·彭梵得：《罗马法教科书》，黄风译，中国政法大学出版社 1992 年版，第 30 页。

② 参见朱晓平：《违约责任中的精神损害赔偿问题研究》，载《法律适用》2017 年第 11 期。

案”中,贾某某和家人在被告餐厅吃火锅时,火锅下面燃烧着的卡式炉发生爆炸,使贾某某的面部和手部严重烧伤,原告诉请赔偿损失。[1] 这一案件为我国首例精神损害赔偿案件。在这一案件中,对于贾某某的损害,其既可以主张违约责任,又可以主张侵权责任,而在违约责任与侵权责任均可以主张以至于发生竞合的情形下,非违约方可选择二者之一以维护自己的权益。如果非违约方选择主张违约责任,按照原《侵权责任法》第22条的规定,即便违约方的违约行为给受害人造成严重的精神损害,其也不能主张精神损害赔偿。由此可见,这一规定存在一定的不合理性,无法体现民法的公平公正原则。

我国《民法典》第996条对原《侵权责任法》第22条的规定予以修改,认可了因违约行为损害他人的人格权并造成严重精神损害,权益受损者在要求违约方承担违约责任时,不影响其提出精神损害赔偿的诉请。这便为司法实践中解决因违约行为侵害人格权益造成严重精神损害的问题,提供了明确法律依据。由此可知,违约责任原则上不能适用精神损害赔偿,但在特殊情况下,即违约行为侵害人格权并造成严重精神损害时,能够适用精神损害赔偿。

当然,这一条款的适用有严格的限制:一是应发生在违约责任与侵权责任竞合的情形中,受损害方主张违约责任以维护自身权益;二是违约方的违约行为侵害了非违约方的人格权并造成了严重精神损害,若并未达到“严重”程度,即便提出精神损害赔偿请求,也无法获得支持。精神损害的“严重”程度需综合损害后果的严重性、损害的持续性以及精神痛苦的严重性等标准来判断。精神损害程度的限定,既防止了法官自由裁量权过大,同时也防止了当事人滥用诉讼权利,将一些较为轻微的精神损害排除在外。由此,在违约责任和侵权责任竞合的上述情形中,不管当事人选择哪一项诉请保护,都能主张精神损害赔偿。此举既在一定程度上强化了我国对人格权的保护,为法官解决案件纠纷提供了明确的指引,促进裁判结果的公平、公正、合理,提高司法的公信力,同时又弥补了我国法律规范对人格权保护的缺陷,为受害人因违约行为遭受的人格权益损害提供了全面的救济。

3. 人格权请求权与损害赔偿请求权的关系

《民法典》在人格权编中规定了人格权请求权,在侵权责任编中规定了损害

① 参见北京市海淀区人民法院民事判决书,(1995)海民初字第5287号。

赔偿请求权。二者之间既存在联系，又存在区别。就联系而言，在权利人的人格权受损时，人格权请求权和损害赔偿请求权均能为权利人提供一定的救济。就区别而言，主要表现为以下五个方面。

(1)对侵害人主观状态的要求不同

就人格权请求权而言，从性质上来看，人格权请求权为绝对权请求权，其目的在于恢复权利人对其人格利益的圆满支配状态。只要侵害人实施的侵害行为造成了人格利益的损害，无论其是否具有主观过错，均应承担相应的民事责任。就损害赔偿请求权而言，损害赔偿责任的承担需满足侵权责任的构成要件，侵害人主观上应存在过错，以实现行为的可预期性。《民法典》第1165条的规定也体现了这一态度，明确规定了侵权责任的承担，一般以侵害人的过错为构成要件。

(2)发挥的实际功能不同

人格权请求权既有事后救济功能，同时又有事前预防功能，而且更注重发挥事前预防的功能。停止侵害、排除妨碍、消除危险等责任形式，本身就具有一定的预防作用，能够防患于未然，有效制止侵害行为的发生或者防止损害的进一步扩大。损害赔偿请求权是在人格权益受损后，根据受损的程度和范围，实施的事后救济，一般以实际发生的损害为前提，具有事后补救的功能。

(3)构成侵权的前提不同

人格权请求权的适用不要求侵害人的行为构成侵权，其适用的目的在于恢复权利人对人格利益的圆满支配状态，在人格权保护方面注重事前预防，具有其独特的作用。而损害赔偿请求权的适用要求侵害人的行为已经构成侵权，若不构成侵权，便不符合侵权责任的构成要件，也就无法要求损害赔偿以弥补自身所受的损害。

(4)举证责任的要求不同

人格权请求权的行使，并不要求实际损害已经发生，只要人格权益有遭受损害的危险之时，权利人即可请求侵害人承担停止侵害、排除妨碍等民事责任。因此，人格权请求权的适用无须受害人证明其受有实际损害，只需证明侵害行为的存在有造成人格权益受损的可能即可。而损害赔偿请求权的适用需符合侵权责任的构成要件，即侵害行为、损害后果、因果关系和主观过错四项要件。受害人需对上述要件提供证据予以证明，因此适用损害赔偿请求权的举证责任较重。

(5)诉讼时效的限制不同

人格权请求权不适用诉讼时效,只要受害人能够证明其人格权受到妨碍或者可能受到妨碍,就有权提出请求,以恢复其对人格利益的圆满支配状态。而基于损害赔偿请求权而产生的损害赔偿之债是一种债的关系,需要依法适用诉讼时效制度。如果受害人没有在法定时效期间内主张对权利的维护,便丧失了时效利益,侵害人可以据此提出时效抗辩。

人格权请求权与损害赔偿请求权的区别明显,二者在对侵害人的主观状态的要求、发挥的实际功能、举证责任的要求、诉讼时效的限制以及构成侵权的前提等方面均存在差异。因此,人格权请求权具有独立存在的需求和必要,应予以专门规制。

(三)侵害人格权的禁令制度

禁令最初源于英美法系中英国的衡平法,由法院的法官以自由裁量的方式给予受害人一定的救济,从而弥补普通法"程序先于实体"以致权利救济不及时的局限。现今,禁令制度已为各国普遍认可,既发挥了其预防作用,预防侵害行为的发生,以避免侵害行为对权利人的人格利益造成不可逆转的损害,又发挥了其止损作用,制止侵权行为的继续实施以防止受害人损失的发生或者扩大。禁令制度的完善和适用对强化人格权保护具有重要意义。

1. 侵害人格权禁令的概念

禁令,是指为了及时制止正在进行的侵权行为,或者即将实施的侵权行为,或者有实施某种侵权行为的危险时,申请人在向人民法院起诉前或者在起诉中,请求人民法院作出限制或者禁止被申请人从事某种行为的强制性命令。[①]目前,有许多国家均在本国的法律规范中确定了禁令制度,并细化了相关的规定。禁令在国外的规制方式对我国的人格权保护具有一定的可借鉴性。例如,在日本,当权利人的精神权利即将或者正在被侵害时,权利人作为受害者,有权向法院申请禁令,以禁止侵权行为的实施或者减轻正在实施的侵权行为所造成的损害。

① 参见刘晴辉:《正当程序视野下的诉前禁令制度》,载《清华法学》2008年第4期。

2. 侵害人格权禁令的特点

我国《民法典》在借鉴外国的立法经验和本国司法实践的基础上，也规定了禁令制度，以及时制止和防御侵害人格权行为的发生。《民法典》第 997 条规定，民事主体有证明能够证明行为人正在或者即将实施侵害人格权的违法行为，如果不及时制止，将使民事主体的合法权益受到难以弥补的损害。此时，民事主体有权依法向人民法院申请采取责令行为人停止有关行为的措施。根据条文的规定，并结合理论观点与实践经验，侵害人格权禁令制度有如下四方面的特征：

其一，禁令一般仅适用于情况紧急的情形。当人格权遭受现实紧迫的侵害之时，如果不及时适用禁令，放任侵害行为的继续实施，将会发生严重损害或者进一步扩大损害。由于“停止侵害”的责任承担方式适用于侵害行为正在发生，对尚未发生的侵害行为无法规制，而禁令则可以适用于侵害行为尚未发生之时，以防止侵害行为的实施使权利人的人格利益遭受严重损害。

其二，禁令适用于行为人正在或者即将实施侵害人格权的违法行为。当行为人正在实施侵害人格权的违法行为或者行为人可能实施侵害人格权的违法行为时，可以申请禁令以阻止侵权行为的实施或者继续。对于行为人正在实施侵害人格权的违法行为，由于侵害行为客观存在，因此较为容易判断，而对于行为人可能实施侵害人格权的违法行为，是指行为人有实施侵害人格权违法行为的危险，而且行为实施的可能性较高。这种可能性需要通过社会一般人的观点来判断，针对不同的侵害行为，要按照不同的判断标准予以确定。

其三，禁令的适用无须考虑行为人的主观过错。受害人向人民法院申请禁令，请求行为人停止实施有关行为，并不要求行为人主观上存在过错。只要受害人有证据能够证明行为人正在实施或者可能实施的行为会对自身的人格权造成损害，或者有造成损害的危险时即可。不考虑行为人的主观过错，可以降低禁令的适用要求，有助于法院对侵害人格权违法行为的提前干预，从而更好地达到预防损害的效果。

其四，禁令是一种临时性的措施。禁令是申请人针对行为人正在实施的侵害人格权的行为或者可能实施的侵害行为，向法院申请要求行为人停止实施的一项紧急措施。禁令的适用能够临时制止行为人有关行为的实施，效力期间一般较短。法院在颁发禁令后，还需通过审判程序，以法院的终局判决确定当事人之间的权利义务关系。

3. 侵害人格权禁令的适用条件

我国《民法典》对禁令制度的规定具有一定的独立性，有其特殊的作用，不能为其他制度所替代。禁令主要是在情况紧急时，为了制止不法行为而适用。由于时间紧迫，所以法院在颁发禁令时可能无法查明真正的案件事实，由此便可能会导致禁令的滥用。因此，为了防止不当使用禁令，需依法确定禁令的适用条件。根据《民法典》第 997 条的规定，侵害人格权禁令的适用有以下四个条件：

一是行为人正在或者即将实施侵害民事主体人格权的行为。如果行为人并未实施或者并未准备实施侵害行为，法院便不会为申请人颁发禁令。

二是申请人有证据证明行为人正在或者即将实施侵害民事主体人格权的行为。所谓“有证据证明”是指证据的提供能够让人充分信任行为的真实性。如果侵害行为已经发生，则申请人提供证据便较为简单，只要能证明侵害行为已经存在并会持续就可以；如果侵害行为尚未发生，此时申请人提供证据证明侵害行为可能会发生的难度就比较大，举证负担就相对较重。虽然法典中并未提及申请人提供的证据需要达到何种标准才能由法院颁发禁止令，但参考体系解释，综合《最高人民法院关于适用〈中华人民共和国民事诉讼法〉的解释》第 108 条对“高度可能性”标准的规定，只要申请人能够证明他人的侵害行为正在或者可能实施，就应当确认为符合证明标准，而无须达到诉讼中的审判证明标准。[①] 申请人在申请禁令时，只有提供了足够的证据，法院在审查时才能进行初步的预判。当行为人的行为确实可能构成侵权，若是履行正常诉讼程序，申请人获得胜诉的可能性也较大时，法院才有颁发禁令的必要。如果行为人的行为是否构成侵权存在较大的不确定性，法院便不能随意颁发禁令。仓促颁布禁令，不仅可能会影响被申请人行动的自由，还可能会损害司法的权威。

三是如果未能及时制止，将使权利人的合法权益受到难以弥补的损害。由于人格权一旦遭受侵害，损害后果往往具有不可逆性，通常难以用金钱填平损害。若通过向法院起诉的诉讼程序维权，耗时较长，可能会产生严重的损害后果或者导致损害后果迅速、持续地扩大。特别是在网络时代，互联网的普及让

---

① 参见王利明：《论侵害人格权的诉前禁令制度》，载《财经法学》2019 年第 4 期。

人们可以足不出户便知天下事,网络侵权现象的不断出现、网络暴力行为的不断产生,如果放任侵害行为的发生,无视损害结果的蔓延,将会给民事主体的人格利益带来无法估量的损失。因此便需要禁令及时制止侵权行为,为权利人提供救济。"钱钟书书信案"便生动体现了禁令制度的止损功能。在此案中,被告拍卖行在钱钟书去世后,准备公开拍卖钱钟书的书信手稿,由于书信手稿的拍卖将公开书信的隐私内容,因此,钱钟书的妻子杨绛便以诉讼的方式诉请法院维护钱钟书的合法权益。法院经审理裁定被告不得以公开发表、展览、复制、发行以及信息网络传播等方式侵害涉案书信手稿的著作权。[①] 该案的裁判虽然保护的是著作权,但实际上也同时保护了涉案书信中所承载的私密信息,保护了隐私。

四是禁令需由申请人依法向人民法院提出申请。禁令颁发的前提是申请人提出申请,如果申请人并未申请,法院不能主动行使职权颁发禁令。禁令本为一种保护措施,申请人在申请时需明确申请的程序和申请的内容,具体包括针对何种行为申请禁令、申请采取的具体措施和申请是否提供相应的担保等。

虽然我国《民法典》中明确规定了禁令制度,确定其为一种保护措施。但法条的规定并不完善,尚存在一定的疏漏。例如,未规定禁令的申请时间、持续时间、错误申请禁令的赔偿方式等。禁令的存在,对权利人来说,可以防止其人格权益受到损害或者扩大损害;对司法审判来说,可以有效提升司法效率,降低诉讼成本。因此,针对立法层面的不完善之处,应尽快完善,以强化对人格权益的有效保障。

(四)认定侵害人格权民事责任的参考因素

我国《民法典》第998条规定:"认定行为人承担侵害除生命权、身体权和健康权外的人格权的民事责任,应当考虑行为人和受害人的职业、影响范围、过错程度,以及行为的目的、方式、后果等因素。"这一条款规定了侵害人格权民事责任认定的参考因素,而且对于侵害不同种类的人格权需参考不同的因素进行认定。这实际上是将动态系统论的观点和思想应用于侵害人格权民事责任的认定中。

---

① 参见北京市第二中级人民法院民事裁定书,(2013)二中保字第9727号。

1. 动态系统论在人格权侵权中应用的原因

动态系统论最初是在20世纪40年代由奥地利学者威尔伯格在比较法的基础上提出的,经过诸多学者的介绍和传播,在世界范围内产生了重要影响。① 我国立法者也在吸收和借鉴动态系统论的基础上,将这一理论应用于法典的编纂中。动态系统论的基本构想为:基于多种因素或者称为多种动态作用力的共同作用之下,产生了相应的法律后果。② 威尔伯格的动态系统论具有多元化和层次化的特点,其认为基于作用力各自的强弱程度和汇合方式的差异,每个案件都表现为特定的样态,这些作用力并不是完全固定不变的,而是变化的,不同作用力的变化所形成的合力起到决定性作用。动态系统论的提出具有一定的积极意义,这一理论在对问题进行评价时,尝试为评价构建一系列的标准和框架,从而既防止了评价的肆意而为,也避免了规则适用的僵化。

民法中一般侵权责任的构成要件采"四要件说",即侵害行为、损害后果、因果关系和主观过错。而在人格权领域中,人格权是否受到侵害无法严格按照"四要件说"来判断,因为人格权的侵害往往涉及利益的冲突,而非简单地造成损害。司法实践中更重视的是进行利益权衡和判断,而不是单纯地按照"四要件说"的标准确定责任。例如,就公开他人信息的行为,是否构成侵害他人的隐私权,知名人士和普通人的判断标准并不相同,知名人士的隐私基于公共利益、个人利益等原因需受到一定的限制,法官在裁判时需综合个案考虑诸多的因素予以准确的认定。这一做法便是动态系统理论在确定责任承担时的体现,在进行责任认定时,应当针对影响责任认定的诸多因素,综合考量认定,从而更好地实现个案的正义,尤其是在复杂案件中促进对疑难案件的公正处理。

2. 动态系统论在人格权侵权中应用的方式

根据《民法典》第998条的规定,动态系统论在人格权侵权中的应用可以细分为如下两项内容:其一,对于生命权、身体权和健康权等物质性人格权,要实行最严格的保护;其二,对于生命权、身体权和健康权以外的其他人格权,需依据法律规定的因素进行综合考量。

---

① 参见王利明:《民法典人格权编中动态系统论的采纳与运用》,载《法学家》2020年第4期。

② 参见周晓晨:《过失相抵制度的重构——动态系统论的研究路径》,载《清华法学》2016年第4期。

(1)侵害物质性人格权的民事责任认定不适用动态系统论

由于生命权、身体权和健康权等物质性人格权与民事主体的人格利益密切相关,具有较强的人身专属性,是享有其他民事权利的前提和基础,因此为人格权中最为重要的权利类型。基于物质性人格权的重要性,在此类权利与其他权利产生矛盾冲突时,对物质性人格权的保护往往放在优先位置。根据《民法典》第998条的规定,对于侵害物质性人格权的民事责任的认定,无须考虑行为人和受害人的职业、影响范围、过错程度等因素,而直接适用法定的救济方式。例如,如果侵害了权利人的生命权,则应根据《民法典》第1179条的规定要求侵害人赔偿丧葬费和死亡赔偿金。这一条款对侵害生命权的赔偿范围作出了明确的规定,属于法定赔偿。当权利人因生命权受损产生纠纷时,人民法院的法官应当依照该条款的规定确定行为人应当赔偿的丧葬费和死亡赔偿金,无须考虑其他因素,从而严格限制法官对侵害物质性人格权民事责任认定的自由裁量权,另外也有助于为受害人的权利救济提供明确的方向指引。

(2)侵害物质性人格权以外的其他人格权需依法综合考量

对于侵害物质性人格权以外的其他人格权的民事责任的认定,即对侵害精神性人格权民事责任的认定,则需综合考量多种因素来确定,以平衡和协调不同利益之间的冲突。这是因为,精神性人格权的行使常与其他权利发生冲突,此时是否需要保护精神性人格权,以及保护何种精神性人格权均需要结合个案的不同情况具体权衡。从《民法典》第998条的规定来看,认定行为人侵害物质性人格权以外的其他人格权需依法综合考量的因素主要包括以下六种:

其一,行为人和受害人的职业。就行为人的职业而言,行为人的职业与侵害行为的影响范围、影响后果以及责任的认定均有密切的联系。例如,如果行为人是从事新闻媒体工作的记者,在进行新闻报道时涉嫌侵害他人的人格权,此时便应当综合考虑合理使用、社会监督与人格权保护之间的关系,从而综合判断侵权行为是否成立。就受害人的职业来说,受害人的职业与权利保护程度以及保护范围密切相关。例如,对于在社会生活中具有一定知名度和影响力的知名人士,如体育明星、演艺明星等知名人士的隐私权、名誉权等便要受到一定的限制,对知名人士的生活进行适当的公开、监督,对其行为进行适当的评论、批评均不属于侵权的范畴。

其二,影响范围。影响范围的确定是判断损害后果严重程度的重要标准,从而决定侵权责任的承担方式。影响范围往往与侵害人实施的侵害行为密切相关。尤其是在网络时代,通过互联网侮辱、诽谤他人和在工作单位侮辱、诽谤他人的影响范围并不相同,前者的影响范围更大,造成的损害往往也更为严重,侵害人需承担的责任通常也更为沉重。因此,在确定行为人的民事责任时,需考虑行为人造成的影响范围究竟是世界范围、全国范围、地区范围、学校范围、单位范围还是家庭范围等,进而根据影响范围判断侵害人应承担的责任形式。

其三,过错程度。在侵害精神性人格权时,需考虑行为人的主观过错。主观过错是指行为人对侵害行为的发生具有主观上的可谴责性,具体包括故意和过失两类。一般而言,行为人的过错程度越高,构成侵权的可能性就越大;过错程度越低,构成侵权的可能性就越小。例如,行为人故意传谣与行为人因过失传谣需要承担的民事责任并不相同,往往故意传谣需承担更重的责任。

其四,行为的目的。行为的目的是行为人实施侵害行为所要达到的目标。行为人实施行为的目的不同,则实施的行为是否构成侵害行为,以及如若构成侵害行为所要承担的法律责任均有所差异。例如,以营利为目的未经他人许可使用他人的姓名,便构成对姓名权的侵害;而为公共利益,在新闻报道中使用他人的姓名阐明事实,则不构成对姓名权的侵害。

其五,行为的方式。行为的方式是行为人实施的侵害行为方式。行为人实施的侵害行为方式不同,所造成的损害后果也存有差异。例如,行为人当面实施侵害他人名誉权的行为与通过网络实施侵害他人名誉权的行为,造成的影响范围并不相同,需要承担的法律责任也存在差别。

其六,行为的后果。行为的后果是行为人实施侵害行为所造成的损害后果。侵害不同的人格权所造成的损害后果并不完全相同,有的仅造成一定的财产损失,而有的却造成严重的精神损失;有的仅造成家庭内部的小范围影响,有的却造成全国、全世界范围的影响等。法律责任的认定需要根据具体侵害行为所造成的后果来进行,具有一定的综合性。

(五)特殊人格利益的保护

特殊人格利益的保护,涉及对胎儿和死者人格利益的延伸保护。民事主体人格权的延伸保护,是指法律规范在保护民事主体人格权的同时,对于在其诞生之前以及死亡之后所享有的人格利益,也予以一定的法律保护。[1] 人格权的延伸保护最早源自血亲复仇制度,即在民事主体被杀害后,其血亲所享有的进行复仇的权利。延伸保护的延伸领域,既有向民事主体诞生之前进行延伸,增加对胎儿人格利益的保护,也有向民事主体死亡之后进行延伸,扩展对死者人格利益的保护。近代以来的民事立法,在认可对民事主体人格权的保障的同时,也均重视对延伸保护的规定。人格权延伸保护的客体是人格利益,并非权利本身。因为民事主体自出生到死亡这一期间依法享有民事权利能力,具有人格权;而在出生前以及死亡后,并不具有权利主体的资格,无法享有人格权,但围绕人格权而存在的胎儿先期人格利益和死者延续人格利益是客观存在的,并应得到法律的保障。

1. 胎儿

古罗马时期的法学家保罗曾指出:在涉及胎儿利益时,母亲体内孕育的胎儿应当像活人一样被对待。[2] 这一阐述便体现了对胎儿利益的重视。近代以来的各国民法对胎儿利益的保护主要有两种立法模式,分别为"列举主义"和"概括主体"。就"列举主义"而言,是以德国民法规定为典型代表。这种模式并没有保护胎儿利益的一般条款,只是在侵权行为规范部分规定了对胎儿利益的维护。例如,《德国民法典》第844条规定:"第三人在被害人被侵害当时虽为尚未出生的胎儿者,亦发生损害赔偿义务。"就"概括主义"而言,是以瑞士民法规定为典型代表。这种模式在主体制度中对胎儿利益的保护予以概括规定。例如,《瑞士民法典》第31条规定:"胎儿,只要其出生时尚生存,出生前即具有权利能力的条件。"

对胎儿人格利益的保护有我国《民法典》的规制依据。《民法典》第16条将对民事主体合法权益的维护延伸至自然人出生前的胎儿时期。无论是婚内受孕的胎儿,还是婚外受孕的胎儿,均应平等地获得保护。对胎儿人格利益的损害主要是对胎儿健康利益的损害,具体表现为胎儿在母亲体内时,因出现了作用于母体的外力,导致胎儿的健康受损。当然,胎儿健康受损的事实需在胎儿

---

① 参见杨立新:《人格权法》,法律出版社2015年版,第81页。

② 参见[意]彼德罗·彭梵得:《罗马法教科书》,黄风译,中国政法大学出版社1992年版,第30页。

出生后才能判断。一旦胎儿出生为活体,其便具有民事权利能力,针对自身健康利益的受损,有权诉请保护,但由于刚出生的子女是无民事行为能力人,只能由其法定代理人代理维权;而若是胎儿出生为死胎,其在出生后便不具有民事权利能力,由于胎儿是母亲身体的一部分,胎儿因外力死亡,就是对胎儿母亲健康权或者身体权的侵害,因此,此时应当由胎儿的母亲以侵害自身的健康权或者身体权为由提出诉讼。

2. 死者

我国早在20世纪80年代,就出现了一些关于死者人格利益保护的纠纷,具有代表性的案件如"荷花女案""海灯法师案"等。在《民法典》颁行前,我国的民事立法规范并未明确规定对死者人格利益的保护规则,而针对日渐增多的死者人格利益保护纠纷,往往需要通过最高人民法院作出的解答、批复和司法解释,再结合司法实践中总结的审判经验来综合处理。[①]《民法典》确立了双重保护规则,既涵摄了对生者人格权益的保护,也表征了对死者人格权益的保护。《民法典》第994条明确规定了对死者人格权益的保护范围、保护主体和保护方式,从而为司法实践中死者人格权益纠纷的解决提供切实明确的适用依据。此举既维护了基本人伦,又传输了正向价值观。

(1)死者人格利益保护的历史演进

对死者人格利益的保护,与一个民族的文化情结和精神需求紧密相关。[②]我国"事死如事生"的民族传统一直深深根植于民间生活,对死者人格利益的保护已成为我国民众共同的精神诉求。一般认为,我国对死者人格利益的保护经历了如下三个发展阶段:

其一,维护死者名誉权阶段。在这一阶段,法院在司法审判中认为,即便权利人已经死亡,不再是民事主体,但其仍继续享有名誉权,当这一权利受到侵害时,死者的近亲属有权诉请保护。1989年的"荷花女案"(陈某某诉魏某某、《今

① 如《最高人民法院关于死亡人的名誉权应受法律保护的函》([1988]民他字第52号);《最高人民法院关于范某某诉敬某某等侵害海灯法师名誉权一案有关诉讼程序问题的复函》([1990]民他字第30号);《最高人民法院关于周某某诉绍兴某某珠宝金行侵犯鲁迅肖像权一案应否受理的答复意见》([1998]民他字第17号)。

② 参见刘云生:《民法典的民族性表达与死者的人格权益保护——〈民法典〉第994条的文化解释》,载《法商研究》2021年第2期。

晚报》侵害名誉权纠纷案)便是这一时期保护死者名誉权的典型案件。案情大致如下:原告陈某某为已故艺人吉某某之母。被告魏某某自1985年起以吉某某为原型人物创作小说《荷花女》,小说中不仅使用了吉某某的艺名,也使用了其真实姓名,在内容上既有写实部分,同时还虚构了一些有关个人品行、生活作风的部分。被告《今晚报》自1987年4月18日开始在其副刊上连载《荷花女》,并附加插图。原告陈某某及其亲属曾先后两次以小说内容不实,有损吉某某名誉为由,要求被告报社停载。但被告报社以对读者负责为由拒绝停载。1987年6月,原告陈某某向天津市中级人民法院起诉,认为被告魏某某故意歪曲、捏造事实的行为侵害吉某某和原告的名誉权,被告《今晚报》没有尽到审查义务,扩大了损害的发生,诉请停止侵害、恢复名誉、赔偿损失。法院经审理认为被告魏某某的行为侵害了吉某某和原告的名誉权,被告《今晚报》未尽审查义务,扩散了不良影响,均应承担相应的法律责任。这一案件开启了保护死者人格利益的先河,是我国首例在司法实践中保护死者名誉权的案件。案件审理期间,最高人民法院针对案件审理法院的请示意见,在1988年的《最高人民法院关于死亡人的名誉权应受法律保护的函》(已失效)中作出了回应,最高人民法院认为自然人在死亡后仍享有名誉权,并理应获得法律的保护。这一观点在1990年的《最高人民法院关于范某某诉敬某某等侵害某某法师名誉权一案有关诉讼程序问题的复函》中同样被认可。最高人民法院认为海灯法师去世后,其名誉权应当依法获得保护,范某某作为法师的养子,有权向人民法院提起诉讼。

其二,维护死者名誉的阶段。在这一阶段,人民法院在司法实践中否定了死者享有名誉权的说法,而认为死者享有的名誉应受到法律的保护。在1993年的《最高人民法院关于审理名誉权案件若干问题的解答》(已失效)第5个问题的回答中,最高人民法院认为:“死者名誉受到损害的,其近亲属有权向人民法院起诉。”这一回复中,最高人民法院便未使用权利的提法,否定了死者享有名誉权,但死者仍具有名誉利益。

其三,维护死者人格利益阶段。经过理论研究的积累和司法实践经验的总结,《精神损害赔偿解释》第3条中规定了,死者的近亲属因死者的姓名、肖像、名誉、荣誉、隐私、遗体和遗骨受有损害且遭受精神痛苦时,其有权依法向人民法院诉请精神损害赔偿。这也是我国正式以司法解释的形式确定了死者不享有独立且具体的诸多人格权,但其人格利益仍受到保护。死者受保护的人格利益的种类较为丰富，并不局限于名誉利益。《民法典》第 994 条以上述司法解释为基础，同样对死者的姓名、肖像、名誉、荣誉、隐私和遗体等予以保护，从而肯定了死者受保护人格利益的重要性和独立性。相比于《精神损害赔偿解释》第 3 条的规定，《民法典》第 994 条细化了在死者上述权益受到侵害时有权提起请求的主体顺位：第一顺位为死者的配偶、子女和父母；第二顺位为死者的其他近亲属。当存在第一顺位人员时，便只能由第一顺位人员提起；只有在没有配偶、子女且父母均已死亡时，才能由第二顺位人员提起。

（2）死者人格利益保护的原因阐释

自然人在死亡后能否继续享有人格权的问题，学界存在一定的争议，主流观点主要有以下五种：一是保护死者权利说。这一观点认为，自然人即便死亡后，其民事权利能力仍有部分继续存在，因此在自然人去世后还可以继续享有某些人格权。二是保护死者法益说。这一观点认为，自然人死亡后，便不再具有民事权利能力，既然已经丧失了民事主体地位，也就无法继续享有人格权。但是，死者的某些人格利益仍存在，应以法律手段予以保障的不再是死者的人格权，而是人格利益。三是保护亲属权利说。这一观点认为，自然人死亡后，无法继续享有人格权，但如果他人实施了侵犯死者人格利益的行为，实际往往也侵害了死者亲属的人格权，尤其是与死者联系密切的近亲属的人格权，被侵害的程度更为严重。因此，可以通过保护死者亲属的人格权以间接维护死者利益。例如，死者的名誉受损，不仅会影响他人对死者的评价，也会影响他人对死者亲属的评价，侵害死者亲属的名誉权。此时，便可通过保护死者亲属的名誉权以实现对死者名誉的间接保护。四是人格利益继承说。这一观点认为，死者的部分人格利益可以被其继承人继承，由继承人保护死者受损的人格利益。五是延伸保护说。这一观点认为，对死者人格利益的保护，是对其生前享有人格权的延伸保护，在死者去世后，转由死者的近亲属来行使。[①] 上述学说观点既有共性之处，认为死者的人格利益应当依法受到保护，同时也有个性表达，在死者人格利益的保护方式上存在区别。目前，延伸保护说为通说观点，这一观点体现了对民事主体完整、统一的人格利益的保护，有益于促进社会利益与个人利

---

① 参见王利明主编：《民法典·人格权法重大疑难问题研究》，中国法制出版社 2006 年版，第 317 ~ 318 页。

益的协调。

我国《民法典》采纳延伸保护说，不仅在《民法典·总则编》第185条的规定中对英雄烈士姓名、肖像、名誉、荣誉等人格利益予以保护，而且在《民法典·人格权编》第994条中明确了对死者人格利益的延伸保护。保护死者的肖像、姓名、隐私和名誉等利益的原因主要是因为死者的人格利益具有一定的利用价值。这种价值既表现为精神利益价值，也表现为财产利益价值。

就精神利益价值而言，传统民法理论认为，民事主体的民事权利能力始于其出生或者设立，终于死亡或者终止。人格权依附于民事主体而存在，只有生者才是权利主体。一旦民事主体死亡或者终止，其民事权利能力丧失，也便无法继续享有人格权，而且，即便是赋予了死者人格权，基于已经死亡的事实，其在客观上也没有能力亲自行使自己的权利。死者在去世前具有人格权，其在去世后虽然不享有人格权，但其依然应受到社会和他人的尊重。对于他人在自然人死亡后实施贬损、侮辱、诽谤以及诬告陷害等毁损名誉的行为或者活动，漠视了死者的"身后名"，破坏了死者的人格利益，有违良好社会风尚的形成。死者的人格利益不会像人格权一样随着人的死亡而消失，死者的近亲属以及其他依法有资格维护死者利益的人应像维护自己权利一样积极实施维护行为。因为对死者人格利益的维护不仅涉及死者自身的名声，还涉及死者近亲属的利益，甚至是社会利益。

就财产利益价值而言，虽然自然人已经死亡，原则上已不再享有人格权，但基于人格权而产生的财产利益仍会继续存续，并应当允许其继承人继承。因为人格权体现一定的财产利益内容，而根据《民法典·继承编》的规定，这种财产利益作为个人的合法财产，在权利人死亡后，是可以留给其继承人的。若是认可人格权财产利益的存在，但却否定其可被依法继承，这便意味着任何其他第三人均可在权利人死亡后免费利用从而获益，这一做法并不符合民法主张的公平公正原则。德国联邦最高法院在"玛琳·黛德丽(Marlene)案"的司法裁判中便认同死者人格权中财产利益的可继承性，认为死者在基于其姓名、肖像等人格特征的利用而创造的财产价值，若未能交由其继承人保护，任由第三人侵害，不为社会所接受。① 承认部分人格权的财产利益可以单独被继承，从而在权利

---

① 参见王利明主编：《民法典·人格权法重大疑难问题研究》，中国法制出版社2006年版，第209页。

人死亡后,可以通过其继承人保护被侵害的财产利益,体现了对人格权的强化保护。

(3)死者人格利益保护的规范分析

针对已有规范的规定,学界对规范中权益保护的对象是生者还是死者有不同的观点。有的学者认为规范保护的并非死者的利益,而是死者近亲属的权利,死者的利益仅是一种工具或媒介。死者的近亲属因侵权行为产生了精神痛苦,因此赋予其诉权。也有学者认为规范保护的是死者的利益,由于近亲属与死者存在特定的身份,因此赋予近亲属一定的诉权。针对我国《民法典》第994条的规定,就逻辑推导而言,可作出如下四方面的推论:其一,死者虽然不具有人格权,但其存在多样的人格利益,仍应得到法律的保护;其二,死者的近亲属与死者存在一定的身份关联,基于这一身份关联可帮助死者维护其人格利益;其三,若死者的人格利益受到不法侵害,死者的近亲属需要维护的是死者的人格利益;其四,若在死者的人格利益受到了不法侵害的同时,该侵权行为也导致死者近亲属的人格权遭受损害,则死者的近亲属有权提起诉讼,在维护死者人格利益的同时,也维护其自身的人格权。综上而言,死者人格利益具有独立性,而不是一种工具或媒介。《民法典》第994条实则既保护了死者受损的人格利益,又基于死者与死者近亲属之间的身份关系,保护了死者近亲属受损的人格权。无论保护的是单方利益,还是双方利益,死者近亲属均是立足于自身的独立人格,以自己的名义提起诉讼。

由于死者的近亲属有权依法请求实施侵害死者人格利益的人承担民事责任,那么死者近亲属的"有权"究竟是有何种权利?从文化层面来看,祭祀具有严格的身份性和排外性,非本族人不得参与。由此,祭祀便表现为一种身份权,只有具备特定的身份,才能参与相应的祭祀活动;从法律层面来看,死者与其近亲属具有较为密切的身份关联,从而也会产生一定的利益关联,对死者人格利益的侵害,有时也会影响生者人格权的实现。例如,最高人民法院第99号指导性案例——"葛某生诉洪某快名誉权、荣誉权纠纷案"。① 2013年,该案被告洪某快发表了《小学课本〈狼牙山五壮士〉有多处不实》和《"狼牙山五壮士"的细节分歧》两篇文章。该案原告葛某生认为被告洪某快发表的两篇文章侵害了

① 参见北京市第二中级人民法院民事判决书,(2016)京02民终6272号。

"狼牙山五壮士"的英雄形象和名誉，其父葛振林为"狼牙山五壮士"中的一员，故诉请停止侵权、公开道歉和消除影响。法院裁判认定被告洪某快以贬损、丑化的方式实施了侵害"狼牙山五壮士"葛振林名誉、荣誉的行为，应公开赔礼道歉、消除影响。"狼牙山五壮士"英勇抗敌的事迹是被大量事实证明的著名战斗，"狼牙山五壮士"在全国人民心中已经得到了广泛认同，具有崇高的名誉和荣誉，是中华民族的共同记忆。被告洪某快发表的两篇文章在没有充分证据的情况下，对"狼牙山五壮士"的英勇抗敌事迹作出质疑，引导读者否定事迹的真实性。由于文章通过网络和刊物发行的方式传播，影响范围扩展至全国，不仅损害了"狼牙山五壮士"中葛振林的名誉和荣誉，也损害了其子葛某生的个人感情，甚至在一定程度上损害了民族情感和历史情感。由此可见，对死者名誉、荣誉的侵害，也会影响其他社会主体对死者近亲属的评价，从而侵害死者近亲属的合法权益。

法院的这一观点与传统的祭祀民俗具有一定的一致性。无论是西方国家，还是我国，在传统的祭祀民俗上都奉行双重保护的要求。按照英国的学者爱德华·B. 泰勒的人类学观点，在万物有灵论的时代，虽然人们已经死亡，但其自然性的人格仍以其他样态呈现，并未消失。[①] 亡灵的安宁权需要维护，亡灵近亲属的人身权也要维护。例如，在罗马法中，侮辱死者的尸体、破坏死者的坟墓和葬礼、损害死者的名誉等行为，既侵犯了死者的权益，同时又侵犯了死者继承人的权益。[②] 再如，我国自古便主张"入土为安""人死为大"，即便死者已经去世，对死者也不得非法侵扰，如有违反，便以重刑惩治。在汉代，盗发墓冢与杀人同罪，处以磔刑；在唐代，惩治更为严重，只要开棺见尸骨，就会处以绞刑。[③] 法院的这一观点也与逻辑价值具有一致性。如果死者在法律上不享有利益，那么其近亲属的诉请便无据可凭、无由而生，因此，如果否认了死者的人格利益，无疑也会阻碍其近亲属权利的维护。

死者近亲属有权依法诉请保护，而这项权利的行使是否适用诉讼时效，学

---

① 参见[英]爱德华·B. 泰勒：《人类学——人及其文化研究》，连树声译，广西师范大学出版社2004年版，第328页。

② 参见周枏：《罗马法原论》(下)，商务印书馆2014年版，第875页。

③ 参见王子今：《中国古代惩治盗墓行为的礼俗传统和法律制度》，载《重庆师范大学学报(社会科学版)》2009年第3期。

者们对此也有不同意见。有学者认为，死者近亲属诉请保护死者人格利益，应当适用诉讼时效。在死者近亲属知情的情形下，其诉请保护的时效期间为普通诉讼时效期间；而在死者近亲属不知情的情形下，其诉讼保护的时效期间可适用 20 年最长保护期间。[①] 另有学者认为，死者近亲属诉请保护的，不论是死者的人格利益，还是死者近亲属本人的人格权利，均不适用诉讼时效的规定。[②] 诉讼时效是指民事主体行使请求人民法院保护其民事权利的法定期间。若在法定期间内未能行使请求权，便会丧失该项权利。由于死者近亲属基于与死者存在特殊的身份关系，其既有权利，也有义务要维护死者的人格利益。根据《民法典》第 995 条的规定，对于请求停止侵害、排除妨碍、消除危险、恢复名誉和赔礼道歉等人格权请求权，是基于人格权的绝对权和支配权性质而产生的请求权，侵害行为具有一定的持续性，因此这些请求权并不适用诉讼时效的规定。

《民法典》第 994 条的立法目标定位和具体制度设计，对死者人格利益的保护具有重大意义，既顺应了民情民意，确立了死者人格利益的独立性，为死者权益的保障提供可能，同时又充分彰显了立法的民族性和历史性立场，由死者近亲属维护死者的人格利益，全面展现了对死者和生者权益的双重保护。《民法典》第 994 条与第 185 条规定的英烈保护条款均是为维护死者人格利益而设置。虽然二者在设置目的上具有一致性，但在调整范围上仍存在一定的区别，二者是一般与特殊的关系。《民法典》第 994 条保护的是一般死者的人格利益；而第 185 条保护的是已经去世的特定英雄烈士的人格利益，由于这些英雄烈士为社会作出过重大的贡献，因此这一条款也具有维护社会公共利益的立法考量。

（4）死者人格利益保护的范围界定

由于对死者人格利益的侵害，也会影响其他社会主体对死者近亲属的评价，从而侵害死者近亲属的合法权益。因此需分别明确应予保护的死者人格利益和死者近亲属的人格权利。

---

① 参见杨立新：《死者人格利益受法律保护》，载《法律与生活》2016 年第 19 期。

② 参见刘云生：《民法典的民族性表达与死者的人格权益保护——〈民法典〉第 994 条的文化解释》，载《法商研究》2021 年第 2 期。

①死者受保护的人格利益

死者受保护的人格利益,既包括物质性人格利益,又包括精神性人格利益。

就物质性人格利益而言,从严格意义上讲,死者已经去世,便不再具有生命、身体和健康等物质性人格利益。但是在死者去世前,其仍有权对个人死后的遗体予以处分,如决定以何种形式下葬、是否捐赠遗体以及是否保留骨灰等。如果人们无法决定自己死后遗体的处分,则不仅有违人伦道德,还可能会诱发诸多的社会风险。这种处分应视为死者生前人格权的延续。如韩国的法律倡导葬礼自由,可由丧主自行选择,但国家推荐选择火葬。如果选择火葬方式,火化后的骨灰可选择墓葬、撒散等方式处理。

对死者人格利益的保护,需确认自然人死亡后遗体的法律地位,因为死者人格利益保护争议的焦点,大多围绕对遗体法律地位的确定而展开。关于遗体的法律地位,即遗体是否为物,学界存在一定的争议,呈现"肯定说"和"否定说"两种观点。"肯定说"认为遗体为存在的死体,是物。至于遗体到底是哪一种物,又存在以下不同观点:观点一认为,遗体并没有所有者,不能先占取得;观点二认为,遗体虽然没有所有者,但可以先占取得;观点三认为,遗体是可以被继承的物,可以被继承人依法继承。[①] "否定说"认为遗体是死者个人的人格残存,并不是物。虽然自然人因死亡丧失了民事权利能力,但其人格尊严等个人价值仍应继续被保护,遗体是死者生前的生理载体,是个人价值在死后的延续。

遗体虽然不再是人格权的主体,不具有生物意义上的价值,但其仍具有社会价值,是人格权主体生存时人格的延续,可以成为社会评价的对象。而身体虽然是有形存在,但却并不具备民法上物的功能,无法适用物权规则予以规制,应属自然之物,可供死者的近亲属祭奠和追思的需要。

就精神性人格利益而言,对于死者姓名、肖像、名誉、荣誉、隐私等精神性人格利益的保护,既涉及死者个人的社会形象以及社会评价,同样又涉及其近亲属名誉权、荣誉权等权利的维护,因此应适用双重保护的方式来保护死者及其近亲属的权益。

---

① 参见余能斌、涂文:《论人体器官移植的现代民法理论基础》,载《中国法学》2003 年第 6 期。

②死者近亲属受保护的人格权利

对死者人格利益的侵害，也可能会影响死者近亲属合法权益的实现。侵害死者的姓名、肖像、名誉、隐私、荣誉等利益，同样也会对死者近亲属的名誉权、荣誉权等权利产生消极影响。我国《民法典》第994条在保护死者人格利益的同时，也涵摄了对死者近亲属的合法权利的保护，由此形成了一个动态互助的权利体系，以便最大限度、最优选择保障权益。

人格权延伸保护与人格权保护的目的相同，是有机统一的整体，均为了更好地保障人格利益设置目的的实现。在时间上相互衔接，在功能上互相配合，从而形成完整严密的人格权益保障体系。

第九节　人格权的法律规制

对人格权的确认和保护均需依法进行，从而体现人格权的法定性。各国为顺应时代发展对人权保障的重视，一般均以明确的规范形式认可人格权的存在，并对人格权的损害提供相应的救济路径。我国也同样以法律规范的形式明确了对人格权的规制，以符合时代要求、社会要求、民众需求。

一、人格权法概述

（一）人格权法的概念

人格权法是确认和保护各项人格权益的法律规范的总称。对人格权法概念的界定可从形式和实质两方面予以明确。从形式意义上看，人格权法是具有一定独立性的法律规范。例如，独立设立人格权编或者特别制定人格权法来专门规制人格权即为形式意义上的人格权法；从实质意义上看，人格权法是所有调整人格权关系的法律规范的总称，既包括形式意义上的针对人格权专门制定的具有一定独立性的法律规范，又包括其他法律规范中规定的关涉人格权的法律规范。[①]

我国对人格权的规制既存在形式意义上的人格权法，即《民法典》中人格权

① 参见马特、袁雪石：《人格权法教程》，中国人民大学出版社2007年版，第21页。

编的独立设立；也存在实质意义上的人格权法，即《民法典》的人格权编以外的其他民法规范以及《宪法》《刑法》《反不正当竞争法》等法律规范中对人格权的规制。虽然人格权法的内涵丰富、调整范围广泛，但本节所介绍的人格权的法律规制限定于民法层面的研究。

（二）人格权法的调整对象

人格权法的调整对象，即人格权法调整的法律关系。《民法典》第989条规定，人格权编调整因人格权的享有和保护产生的民事关系。结合这一条款的规定和人格权法的特点，人格权法的调整对象可从以下三方面予以掌握：

其一，人格权法调整的是平等主体之间的人格关系。人格关系为平等主体之间的法律关系，而非具有隶属关系的主体之间的法律关系。

其二，人格权法调整的是以人格利益为内容的人格关系。人格利益不同于财产利益，财产利益是具有一定经济价值的利益，而人格利益虽然也涉及财产利益，但主要是一种精神利益。

其三，人格权法调整的是因人格权的享有和保护所产生的人格关系。所谓人格权的享有，是指民事主体基于法律的规定而享有人格权。所谓人格权的保护，是指在人格权受损时，民事主体可依据法定救济路径保护人格权。

（三）人格权法的特征

人格权法作为民法规范的重要组成部分，既具有民法规范的共性特征，如平等性、自愿性、私法性等，同时也具有其自身的个性特征，主要表现为以下八个方面。

1. 人格权法具有私法性

人格权法主要调整的是平等主体之间的人身关系，因此，人格权法属于私法。虽然针对人格权受损的事实，既存在民法保护，也存在刑法和行政法等规范的保护，但不能因其保护规范涉及多部门、多层次，便否定人格权的私法性。例如，我国针对作为不动产的房屋的保护，除了有《民法典·物权编》的专门规制，还有《宪法》中规定的征收征用条款和《城市房地产管理法》中的房地产开发、交易、抵押、转让等规定。即便对物权的保护规范涉及的法律部门既有公法部门，也有私法部门，但物权本身仍为私权，物权法具有私法性。

2. 人格权法具有实体性

实体法是与程序法相对应的法律类型，其划分标准为法律规范所规定内容的差异。如果规定的是实体权利义务，则为实体法；如果规定的是保证实体权利义务得以实现的程序，则为程序法。人格权法明确规定了当事人的实体权利义务，区分了不同人格权的权利类型，确定了人格权行使的边界和限制，明示了人格权的权利内涵和外延，展现了人格权受损的救济路径和方式，因此，人格权法为实体法，具有实体性。

3. 人格权法具有规则性

人格权法主要以成文法的形式呈现，作为实体法，其既是人们的行为规范，确立了人与人之间交往的社会行为规则，引导人们依法参与民事生活，降低违法行为的发生率；同时又是法院的裁判规则，为司法机关的司法裁判提供基本的裁判依据和规范体系。现代社会，人格权法具有规则性，但并非所有的人格权纠纷均能适用人格权法予以解决。在没有明确的法律依据时，司法机关也不得以法无明文规定而拒绝裁判，因为司法具有终极性，法官具有审理案件的自由裁量权。

4. 人格权法具有法定性

人格权法是国家意志的体现，具有外在的强行性，其种类、内容、限制、效力等需依法确立，一般不能通过当事人的约定予以修改。例如，权利人有权将作为人格标识的姓名依法许可他人使用以获得财产利益，但却不得转让。因为《民法典》第 992 条规定了人格权一般不得转让。

5. 人格权法具有开放性

随着社会经济的发展，人格权法中规定的法定人格权已经无法完全满足人们多样的人格利益需求主张，因此，人格权法在坚持法定性，以符合法律稳定性的要求以外，还应当具有开放性，紧跟时代发展潮流，不断完善，以满足人们的权益维护要求。人格权法根植于市民社会的日常生活之中，与人们的生活息息相关，新兴人格权益纠纷的解决也展现了人格权法的开放性，当司法机关在审理新兴人格权益纠纷，而无明确的法律依据时，为了协调不同人格权益之间的冲突与矛盾，既可以根据社会发展要求对已有人格权的内容予以限制或扩充解释，也可以通过司法的能动性，在必要情形下创设新的人格权种类，从而及时解决人格权益纠纷，维护人们的合法权益。

6. 人格权法具有伦理性

人格权法存在的目的就在与对民事主体的人格尊严予以保护，以维护人的主体地位和主体存在。无论是一般人格权,还是具体人格权,维护的核心价值理念均为人格尊严,从而让人们可以有尊严地生活。

7. 人格权法具有区域性

人格权法的伦理性色彩较为浓重,不同的区域基于不同的文化环境、历史传统和社会背景的差异,对人格权法的制度设计并不完全相同,因此,人格权法具有一定的区域性特点。例如,就贞操权而言,由于不同国家对贞操和性的开放性认知并不一致,由此,对其保护的程度和方式也存在很大的差异。

8. 人格权法具有普适性

加强人权保障,维护人的尊严和价值已经得到了国际层面的认可。在联合国制定的人权文书中,《世界人权宣言》、《公民权利和政治权利国际公约》、《消除对妇女歧视宣言》以及《儿童权利公约》等国际文件均体现了国际层面对人格权保障的重视。另外,世界各国也均积极在其本国立法中完善人格权法律规制,提高权利保障水平。虽然各国对人格权的具体规制条文有所区别,但对人格权保障的愈加重视确是共性之举。

二、人格权法的历史发展

人格权法的产生并非一蹴而就,而具有一定的发展历程。既需要从比较法的角度探明国外人格权法的发展历程,又需立足于我国的规制现状,明确我国人格权法的演变路径。

(一)国外人格权法的发展

罗马法典体系是以财产法为中心来构建的,对人的制度的规定都是从主体人格的角度来明确的,并未肯定人格权的独立地位,也并未对人的尊严、价值予以足够的重视。近代以来,大陆法系国家一般均参照罗马法的规定来构建本国的法典。

1804 年的《法国民法典》也是以对财产权利的保护为核心,法典的第一编虽然是"人法",体现了人的主体地位和人的重要性,但在这一编中主要规定是身份法规则,并未明文体现对人格权的保护。[①] 这是因为,法国在天赋人权思想的影响下,认为人格权作为不言而喻的权利,无须法定。然而,虽未明文规定,

① 参见谢怀栻:《大陆法国家民法典研究》,载《外国法译评》1994 年第 3 期。

法国却也通过法典第 1382 条,以侵权行为一般条款概括保护受损的人格利益。而到 20 世纪初,在德国立法的影响下,法国也开始关注对人格权的保护。为回应人格权保护的现实需求,法国在第二次世界大战后以修订法典的方式增加了对人格权的规制。例如,在 1970 年的修订中增加第 9 条"任何人均享有私生活受到尊重的权利",以体现对私生活领域的保护,禁止非法侵害。在 1994 年的修订中专门设置"尊重人之身体"一章,并于第 16 条规定:"法律应确保人至高无上的地位,不得侵犯人之尊严,每个人自生命开始时即应受到尊重。"

1896 年的《德国民法典》囿于历史原因,立法者在法典制定时并未规定人格权。而随着时代的发展,《德国民法典》在司法实践的积累中,受法律实证主义的影响,基于人格权法定的立场观念,为实现法的稳定性、确定性,在法典中创制了人格权,而且针对人格权保护人格利益的差异,将其类型化为不同的权利种类,形成了具体人格权。《德国民法典》规定了对姓名权、贞操权、信用权、生命权、身体权、健康权和自由权等具体人格权的保护,另通过第 823 条第 1 款,又兜底性规定了对"其他权利"的保护。由于具体人格权的规制范围有限,无法应对司法实践中多样的诉请需求,全面维护民事主体的合法权益,因此,德国法院在实务中为解决这一规范适用依据不足的问题,便以《德国基本法》为渊源,创设了一般人格权制度,从而与《德国民法典》第 823 条第 1 款中的"其他权利"相衔接,填补了人格权制度的缺陷,扩大了人格权的保护范围。

瑞士是世界上首个建立了现代人格权法律保护制度的国家。1912 年施行的《瑞士民法典》吸收借鉴了《法国民法典》和《德国民法典》的优势,形成了颇具自身特色的人格权规制模式。《瑞士民法典》第 28 条第 1 款规定:"任何一个在人格上遭受不法侵害的人,都有权利对实施侵害行为的人提起诉讼。"这一规定体现了近代民法对人格权予以概括、一般的法律保护。随着时代的发展和科技的进步,人们的个人生活领域受到的威胁日益增加,瑞士的许多学者开始建议修改人格权规范。1974 年,瑞士专家委员会提交了《人格权法》的修订草案,但这一草案受到了诸多的批评和质疑。1981 年,新设立的专家委员会提交了新的修订草案,并于 1983 年由瑞士联邦委员会通过。这一通过的草案内容主要体现了人格权范围的开放性,不建议禁锢、封闭人格权的调整领域,而建议在综合考虑社会发展阶段、社会主流观念等要素的基础上,由法官享有一定的自由裁量权,确立新型权利,以缓和人格权立法的滞后性。①

英美法系国家也有对人格权的保护规定。在英国,主要是以《诽谤法》为依据保护权利人的人格尊严和名誉。另外,除《诽谤法》以外,英国还存在大量的判例法保护权利人的自主决定、隐私等人格利益。在美国,并不存在由各项具体人格权构成的人格权体系,而主要以隐私权保护权利人的人格利益。隐私权最初仅保护权利人自身的生活安宁和生活秘密,而后在司法判例和理论学说的推动下,逐渐扩张了其涵盖的范围,为人格利益的保护提供权利依据。

时代的发展,推动人格权法日臻完善,这一趋势将对人格尊严的保护提到了新的高度,也展现了从注重保护物质性人格权向同时重视保护精神性人格权的发展路径。不仅使人格权在民事权利体系中的地位愈加凸显,而且通过丰富人格权的权利类型、细化人格权的权利内容,扩展了人格权的保护范围、保护领域,使人格权受损的救济更加完善。

(二)我国人格权法的发展

自中华人民共和国成立以来,我国历部宪法均注重对民事主体人格尊严的保护,尤其是改革开放以来,国家在法律制定上不断完善立法,在法律实施上不断促进执法效率和司法公信力的提高,不断推进人格权法的完善和健全。

从民法规制层面来看,我国早在1986年发布的《民法通则》(已失效)的第五章第四节中便专门规定了"人身权",在这一节中明确列举了受民法规范保护的各类具体人格权。虽然原《民法通则》中对人格权规定的权利种类有限,调整的权利范围较窄,保护的权利内容并不健全,但却在其具有法律效力的近40年中为人格权的保护提供了基本的法律依据。正是由于原《民法通则》在保护人格权方面具有重要意义,因此,该法也被称为"中国的人权宣言"。②

2002年,在第九届全国人民代表大会常务委员会第三十一次会议审议的《民法典(草案)》中,初定了人格权法独立成编的体系架构,在草案的第四编专门规定了"人格权编",从而为人格权最终独立成编提供了初步参考。③

2009年《侵权责任法》(已失效)的颁布,使我国对人格权的保护迈进了一

① 参见石佳友:《人格权立法的历史演进及其趋势》,载《中国政法大学学报》2018年第4期。

② 参见王利明、易军:《改革开放以来的中国民法》,载《中国社会科学》2008年第6期。

③ 参见王利明:《我国未来民法典中人格权编的完善——2002年〈民法典草案〉第四编评述》,载《中国政法大学学报》2013年第1期。

个新的阶段。首先，原《侵权责任法》第 2 条规定了对民事权益的侵权责任保护，这里的民事权益即包括对生命权、健康权、姓名权、名誉权、荣誉权、肖像权等人格权益的保护；其次，原《侵权责任法》中首次以法律规范的形式肯定了“隐私权”的存在，为后续规范对隐私权的细化规定奠定了基础；最后，原《侵权责任法》列举了多种保护人格权的侵权救济方式，并确认了精神损害赔偿的基本要件。《侵权责任法》充分展现了对人价值的尊重，为后续立法的完善提供了宝贵的立法经验。

2017 年发布的《民法总则》(已失效)加强了对人格权的保护，开启了人格权保护的新时期。这种强化主要体现为两方面：其一，在第 2 条对民法调整范围的规定中，将对人身关系的保护置于财产关系之前，体现了人身利益优于财产利益的立法倾向；其二，在第五章对民事权利的规定中，先规定了民事主体享有的一般人格权、具体人格权和身份权等人身权，而后才确定了物权、债权和知识产权等财产权。这样的规定彰显了我国以人为本、注重人权的立场，强化了人格权保护的立法理念。当然，由于原《民法总则》具有统领性作用，其内容多为原则性、概括性的一般性法律规则和法律原则，并没有对各项民事权利的细化作出具体规定，因此便在客观上要求对人格权规制的进一步完善。

2020 年通过的《民法典》延续原《民法总则》对人格权保护的重视，设立专编独立规制人格权。对人格权的专编确立，实际是对在伦理道德上具有正当性的人格利益的法律认可。作为民事主体的人有着源自伦理而产生的人格利益，若这种利益符合道德和法律上的正当性，便可成为一种道德上的人格权或者法律上的人格权。民事主体对自身人格的追求，既是道德权利的表现，又是法定权利的确认。但道德层面的人格权是一种内在强制，需要通过内心的感知、社会的认可、广泛的宣传等方式来实现，而法律层面的人格权是一种外在强制，可以通过国家强制力，借助立法、执法、司法等方式来落实。《民法典》中人格权独立成编也是对我国司法实践的经验总结。在 2000 年发布的《民事案件案由规定(试行)》的第二部分“权属、侵权及不当得利、无因管理纠纷案由”中，并未将“人身权纠纷”列入“特殊侵权纠纷”之中，而是将其列为一项独立的、与“特殊侵权纠纷”并列的第二级案由，专门规定了姓名权、名称权、肖像权、名誉权、荣誉权和人身自由权等纠纷样态。2008 年发布的《民事案件案由规定》(已失效)调整了案由的编排体系，将人格权纠纷列为第一部分，并上升为第一级案由。另外,该规定也丰富了具体人格权的纠纷类型,增加了隐私权纠纷等,并且在规定具体人格权纠纷类型的同时,增设了一般人格权纠纷,以体现对人的主体地位的重视和关注,从而更周延地保障民事主体的人格权益。虽然《民事案件案由规定》经历了2011年和2020年两次修正,但修正后仍坚持将人格权纠纷列为第一级案由,作为规定的第一部分。由此可见,在司法实践中,我国长期以来均将人格权纠纷作为一项独立的案由。虽然人格权纠纷的数量远低于财产权纠纷,但人格权纠纷的复杂程度和解决难度并不低于财产纠纷。因此,《民法典》单独设立人格权编是对司法实践中人格权纠纷妥善处理的必然要求。

我国《民法典·人格权编》对人格权的调整具有一定的针对性、专门性,但不能说调整人格权法律关系的民法规范仅有人格权编的规制内容。因为,从民法层面来看,除了人格权编对人格权的确认和保护予以专门规制以外,《民法典·总则编》的第五章民事权利部分也概括规定了人格权的权利类型、第八章民事责任部分也宏观规定了对人格权益受损的保护方式,另外,《民法典·侵权责任编》也细化规定了人格权益受损后的损害赔偿救济路径。这便意味着,人格权不仅要受人格权编的调整,还要受其他民法规范的调整。而就人格权法与《民法典·人格权编》的关系来看,人格权编是人格权法的重要组成部分,因为人格权法的规制领域较为广泛,不仅包括民法领域,还包括行政法、经济法和刑法等领域,而人格权编仅为民法领域中的基本组成部分,是基础性的人格权法规范。

三、人格权法的理念

"仓廪实而知礼节,衣食足而知荣辱",随着经济的发展,人们的生活水平逐步提高,在基础物质需求得以满足后,人们的精神追求开始不断增长,对个人尊严的关注越来越多。人格权法的理念意指人们对人格权法的理解、解释、观点与信念。[1] 在具体表现上主要有以下五方面的理念呈现。

(一)人文关怀的价值理念

传统的大陆法系民法典一直强调以对财产权的保护为中心,以意思自治为

① 参见汪习根:《法律理念》,武汉大学出版社2006年版,第3页。

重点，而对人格权的保护规制设计得较为简略，重视个人对私有财产的支配，贯彻私法自治的民法原则，具有显著的“重物轻人”的倾向。[①] 然而，近代民法中对财产权和人格权保护的失衡，愈加引起民众的不满，尤其是第二次世界大战后，面对人权被暴虐践踏的惨痛教训，随着现代科学技术、大众传媒的迅速发展，新兴的人格权益纠纷日益增多，民法越来越强调对人的关注，维护人的尊严，推进人的全面发展，对人本身的关怀和关注成为现代民法的主旋律，民法的保护重心已实现由以财产权为主向以人格权为主的转变，人文关怀理念深入人心。[②]

我国《民法典·人格权编》的诸多设计均体现了人文关怀的价值理念。首先，人格权编不仅保护法律明确规定的人格权类型，同时也保护未上升到权利层次的人格利益，从而在整体上实现对人格权益的全面保护；其次，人格权编不仅规定了对各类具体人格权的细化保护，同时也规定了对一般人格权的概括保护，从而体现了权利保护中“一般”与“具体”相结合的周延性；最后，人格权编不仅规定了对生者人格权益的保护，同时也规定了对死者人格权益的保护，体现了《民法典》从摇篮到终老的保护进程，即便自然人已经死亡，其人格尊严也应依法受到保护，他人不得实施非法侵害行为。

（二）回应需求的现实理念

21 世纪是科技时代，也是信息数据时代，各种新兴、高端科学技术的发展不仅为人们的日常生活带来了便捷和福祉，同时也对人格权益的保护产生了各种现实的威胁。例如，随着生物技术的进步和医疗水平的提高，从事与人体基因、人体胚胎等有关的医学和科研活动越来越多，相关纠纷也日益增多。2014 年，南京市就发生了全国首例“冷冻胚胎权属纠纷案”，起因是江苏的一对夫妻在冷冻胚胎植入前因车祸去世，去世夫妻的双方父母均想要得到冷冻胚胎的处置权，被医疗机构拒绝后，一方父母将另一方父母告上法院，并追加拒绝提供胚胎的医疗机构为第三人。[③] 这一案件的发生和处理过程引起了社会的广泛关注，一审法院和二审法院的不同裁判也引起了社会的普遍热议。再如，2018 年发生

① 参见梅仲协：《民法要义》，中国政法大学出版社 1998 年版，第 18 页。
② 参见王利明：《民法典的体系化功能及其实现》，载《法商研究》2021 年第 4 期。
③ 参见江苏省无锡市中级人民法院民事判决书，(2014)锡民终字第 01235 号。

的"基因编辑婴儿"事件,一对基因经过修改的双胞胎在中国诞生,这一事件引发了公众的关注,国内外科学界均表明了坚决反对的态度,并强烈谴责未经严格伦理审查和安全性审查而实施的对可遗传的人体胚胎基因编辑的行为。我国《民法典·人格权编》适应了科技发展的实际需要,通过制度设计、规制完善,对因科技发展产生的诸多新问题均予以回应。如《民法典》第1009条便规定了从事人体基因、人体胚胎等医学和科研活动的底线规则,必须遵守我国已有的法律规范,并不得危害人体健康、违背伦理道德、损害公共利益。针对现代科学技术对人格权保护带来的威胁,立法者在编制人格权编时积极回应权利保护的现实需求,予以及时的修改、补充和调整,从而促进纠纷的解决,强化权益的保障。

(三)权利保护的周延理念

从人格权的保护方式来看,既有消极保护方式,又有积极保护方式。所谓消极保护方式,主要是在人格权遭受侵害后,对产生的损害后果通过侵权法规范予以救济的保护方式。传统大陆法系国家的民法典多采用消极保护的方式,如《德国民法典》最初仅单独规定了姓名权,其他人格权并未在规范中明确列举,而是通过侵权法规范在权益受损后加以保护。单纯的消极保护仅具有事后救济的属性,因此,在权利保护方面存有极大不足。所谓积极保护方式,是指在法律规范中明确规定受保护的权利类型、权利内容、权利效力、权利限制和权利救济方式,从而以正面列举的方式实现对人格权的积极保护。我国《民法典·人格权编》对人格权的保护,兼具消极保护方式和积极保护方式,不仅丰富了人格权的规制内容,符合人格权的发展趋势,也进一步厘清了《民法典·人格权编》与《民法典·侵权责任编》的关系,有益于实现对人格权的周延保护。

(四)权利内涵的开放理念

随着时代的发展和科技的进步,人们强化了权利意识,并积极主张对新兴权利保护。协调类型法定的人格权与开放保护的人格利益之间的关系,需立足于我国的国情和特色综合判断。1986年发布的《民法通则》,仅采用封闭式列举的方式列举了民事主体所享有的各种具体人格权,并未设置对其他未上升为法定人格权的其他人格权益的保护规制,以至于权利调整的规制不足。2017年发布的《民法总则》弥补了上述不足,不仅在条文中明确列举了民事主体享有的各种具体人格权,同时使用了“等权利”的表述,体现了权利范围的开放性。另外,在条文中也规定了与具体人格权相对应的一般人格权,从而实现了对具体人格权以外的其他人格利益的兜底性保护,由此也体现了一般人格权的内涵具有一定的开放性。通过总结我国民事领域的法律制定和法律实施经验,在法律规范中确定受保护的人格权类型,有利于明确不同具体人格权的行使规则、限制规则和保护规则,有助于细化不同具体人格权的权利边界。但人格权的法定并不等同于完全的固化,随着人格权保护观念的强化和司法实践的推动,完全可能会产生诸多的新兴权利保护要求。因此,在坚持人格权法定的同时,还应保持人格权的开放性。原《民法总则》的做法值得肯定。我国现行有效的《民法典》便延续了原《民法总则》的做法,并通过独立设置人格权编,明确一般人格权和具体人格权保护的权利领域。

(五)权利救济的预防理念

在网络时代,网络技术的更新换代和普遍应用在为人们的交流和沟通提供极大的便利条件的同时,也为民事主体人格权益的维护带来一定的挑战。互联网本就具有开放性、共享性、实时性、传递性、自由性和交换性,因此,利用网络途径实施侵权行为,损害后果就会被无限放大,而且损害一旦产生,便具有不可逆性,即使通过私力救济和公力救济要求侵权人承担法律责任,接受法律制裁,也很难恢复权利的原有样态。例如,行为人通过网络公开他人的不雅照片,由于是通过网络途径实施侵权行为,一旦在网络上公开他人不雅照片,就可瞬间在网络空间广泛传播,而在传播的同时,也可能会被无数次下载和再次传播。针对这一侵权行为,即便侵权人事后赔礼道歉、赔偿损失,也难以弥补受害人所受损害,无法对受害人予以充分救济。由此,区别于财产权,若人格权受到损害,便很难恢复原状,侵权行为造成的损害后果往往呈现不可逆性。故而,对人格权的保护,不仅要注重对损害后果予以事后救济,同时也应重视对侵害人格权行为的事先预防。我国《民法典》顺应了人格权“事后救济”与“事前预防”的双重保护趋势,增设了诸多事前预防的举措,强化了权利救济的预防理念。停止侵害、排除妨碍和消除影响等人格权请求权,以及针对侵害人格权益的侵权行为将要发生或者正在发生,若不能及时制止将会造成无法弥补的损害时,权利人有权依法向法院请求颁发禁止令,及时制止侵害行为的发生、持续或者扩大。①

在我国的《民法典·人格权编》中,除了人格权请求权制度和侵害人格权的禁令制度体现了权利救济的预防理念,也存在其他的规制制度对侵害人格权的行为进行事前预防。例如,《民法典》第1010条规定了机关和企业等组织应采取合理的预防措施,防止在组织内出现利用个人职权和从属关系等实施性骚扰行为。

四、人格权法与其他法律的关系

(一)人格权法与宪法

宪法是国家的根本法,是“母法”,而其他普通法律是“子法”,根本法是普通法的源头,发挥着统领的作用,是制定其他法律规范的权威来源。由此,人格权法应为宪法的“子法”,人格权法的制定不得违背宪法的规定,否则即为无效。我国现行《宪法》自1982年实施以来,对人格权的保护愈加重视。《宪法》在第二章“公民的基本权利和义务”中规定了对公民人身自由和人格尊严的保护。《宪法》第37条第1款规定:“中华人民共和国公民的人身自由不受侵犯。”第38条规定:“中华人民共和国公民的人格尊严不受侵犯。”人身自由、人格尊严是《宪法》中明文规定的公民基本权利,国家负有不得侵犯的义务。立足于《宪法》的规定,需要通过民法等普通法将人身自由、人格尊严予以细化,从而为民事主体提供全面、完整的保护。②

宪法上的基本权利与民法上的人格权虽然均有确认和保护人格权的作用,但在权利性质和权利功能上存在一定的区别。在权利性质上,宪法上的基本权利属于宪法权利体系,而民法上的人格权属于民法权利体系。在权利调整上,宪法上的基本权利调整的是国家和个人之间的关系,强调国家负有保障公民权利实现的义务,国家机关不得非法侵害公民的合法权利,而民法上的人格权调整的是平等民事主体之间的关系,并不涉及具有隶属关系主体之间的管理与被

① 参见杨立新:《人身自由与人格尊严:从公权力到私权利的转变》,载《现代法学》2018年第3期。

② 参见张平华:《〈民法典〉的制度传承、宏观模式与重要创新》,载《山东大学学报(哲学社会科学版)》2020年第5期。

管理的关系。在权利功能上，宪法上的基本权利是为了防止国家对人格权的侵犯，而民法上的人格权是为了防止其他私主体对人格权的侵犯。二者不能相互替代。①

根据《最高人民法院关于裁判文书引用法律、规范等规范性法律文件的规定》第 4 条规定："民事裁判文书应当引用法律、法律解释或者司法解释。对于应当适用行政法规、地方性法规或者自治条例和单行条例，可以直接引用。"由此可知，人民法院的法官在案件审理中，不能直接适用《宪法》作为案件裁判的依据。一般认为，《宪法》中的基本权利调整的是公权力与私主体之间的关系，不能直接适用于私主体之间，即私主体不能直接依据《宪法》上对人格权予以规制的第 37 条或者第 38 条向其他私主体主张权利，而需要通过普通法的转化才能适用。这是因为宪法作为我国效力和地位均具有最高性的根本法，其对基本权利保障的宣示仅为价值宣示，具有高度的概括性、抽象性和原则性，无法形成可以直接适用司法环境中的裁判规范。而在民法领域，通过立法机关的立法活动，将《宪法》上的基本权利转变为可以适用于平等主体之间的民事权利，以确认权利、细化权利、保障权利。因此，宪法中保护基本权利的规则不能替代民法的人格权制度调整人格纠纷，只有通过民法的确认和保护，才能具体落实宪法的保障要求。②

（二）人格权法与财产法

财产法主要包括物权法、债权法和知识产权法等法律规范。人格权法与财产法的联系主要表现为以下两方面：

其一，人格权法和财产法均为民法的组成部分。人格权法是以调整人格关系为内容的法律规范的总称，财产法是以调整财产关系为内容的法律规范的总称。二者均为民法的重要组成部分，共同调整社会生活。

其二，人格权法与财产法均为确权性法律。人格权法中确认了人格权的权利种类和权利内涵。财产法中确认了物权、债权和知识产权的权利种类和权利内涵。二者均为确权性法律，确认了不同权利类型和权利内涵，从而帮助人们

---

① 参见王锴：《论宪法上的一般人格权及其对民法的影响》，载《中国法学》2017 年第 3 期。

② 参见王利明：《加强人格权立法　保障人民美好生活》，载《四川大学学报（哲学社会科学版）》2018 年第 3 期。

明确自身所享有的权利种类,以更有针对性的维权。

人格权法与财产法之间存在较大的差异,主要表现为以下四个方面:

其一,发展进程不同。人格权法的制定远晚于财产法,近代以后各国才愈加重视人格权法,通过制定和完善人格权法以符合人权保障的理念;而对于财产法而言,早在罗马法中便已有财产法,而且规定的内容较为发达。

其二,调整对象不同。虽然人格权法也调整人格权的商品化利用以及侵害人格权的财产损害赔偿,但人格权法主要调整的是各种人格关系,以维护人的主体地位和人格尊严;而财产法主要调整的是财产关系,既包括财产归属关系,又包括财产流转关系,从而促进市场经济的有序运行。

其三,调整原则不同。人格权法以维护人格尊严、全面保护人格权等为调整原则,具有较强的伦理性;而财产法以公示公信、交易便捷和安全等为调整原则,具有一定的私法自治性。

其四,责任形式不同。虽然人格权法和财产法中都规定了损害赔偿责任,但人格权法主要适用的是精神损害赔偿责任以抚慰给受害人造成的精神损害;而财产法主要是通过财产损害赔偿责任填平受害人所受的财产损失。

(三)人格权法与侵权责任法

人格权法与侵权责任法具有密切的联系,主要表现为以下两个方面:

其一,人格权法和侵权责任法均为民法的重要组成部分,而且均为民法分则的重要组成部分。

其二,侵权责任法是保护权利的法律,在人格权受损时,当然也保护人格权,为受损的人格权提供救济,帮助人格权恢复完满的状态。

人格权法与侵权责任法的区别十分明显,主要表现为以下三个方面:

其一,法律属性不同。人格权法是权利法,具有权利确认的作用,通过人格权法规定各类具体人格权和一般人格权的权利内涵;而侵权责任法是救济法,具有权利救济的作用,通过侵权责任法进行救济,从而保护民事主体的合法权利。

其二,调整范围不同。人格权法主要调整人格法律关系,确认民事主体所享有的各项民事权益;而侵权责任法主要解决的是在合法权益受到侵害时的法律救济,除了要救济受损的人格权以外,还要救济受损的物权、知识产权等。

其三,保护方法不同。人格权法中的保护方法较为多样,既可以采用人格权请求权的方式，也可以采用损害赔偿的方式，兼顾了事前预防和事后救济，且以预防为主。而侵权责任法主要是通过损害赔偿方式对权益受损的受害人提供救济，侧重于事后救济。

（四）人格权法与身份权法

身份权法是规范身份关系的法律规范的总和，主要包括婚姻法、收养法和亲属法等。人格权法与身份权法的联系主要有以下三个方面：

其一，人格权法与身份权法共同构成人身权法，以共同调整人身关系。二者均属于人身权法的范畴。

其二，人格权法与身份权法具有相同的权利属性，均为权利法，具有确认权利的作用。

其三，人格权法与身份权法规定的保护方式具有共性内容。根据《民法典》第 1001 条的规定，人格权编的规则可以参照适用于身份权的保护，因此在权益受损的保护上，人格权法与身份权法的规定具有一定的一致性，对身份权的保护可以参照适用人格权编的规定，从而弥补身份权立法的不足，节约立法成本，简化法律规定。

人格权法与身份权法的区别主要有以下两个方面：

其一，调整对象不同。人格权法主要调整人格关系，这一关系是民事主体就其专属的人格利益而具有的法律关系；而身份权法主要调整身份关系，强调民事主体基于特定的身份而产生的相互关系。

其二，适用主体不同。人格权法中的适用主体，既包括自然人，也包括法人和非法人组织；但身份权法中的适用主体仅适用于自然人，不包括法人和非法人组织。

五、人格权法的渊源

人格权法的渊源是从形式意义上明确人格权法的外在表现形式。在我国，人格权法的渊源既有《宪法》的宏观规定，也有《民法典》的专门规定，还有其他法律的特别规定以及司法解释的具体应用规定。

（一）《宪法》渊源

《宪法》是我国的根本法，具有最高的法律效力和法律地位。我国《宪法》

第37条对人身自由的保护、第38条对人格尊严的保护，均是《宪法》中所体现的人格权法的渊源，具有宏观指导意义，其他法律规范中对人格权的规制均是以《宪法》为基础而展开，人格权法的一切原则、内容、原理都是依据《宪法》而明确的，任何人格权法的条文内容均不得违背宪法的基本精神，否则即是无效的。

（二）民法渊源

民法渊源是人格权法的主要渊源，集中体现为《民法典·人格权编》对人格权的确认和保护规定。该编既细化了具体人格权的内涵，又明确了一般人格权的范围；既确认了人格权主体权利行使的自由性，又设置了权利适用的法定限制；既强调事前预防损害发生的人格权请求权制度，又注重事后救济的损害赔偿请求权的保护。当然，除《民法典·人格权编》以外，《民法典》其他各编中也存在有关人格权确认和保护的内容。例如，《民法典·总则编》对人格权类型的概括规定、对英烈人格利益的保护规定，《民法典·侵权责任编》对人格权受损的侵权责任保护的规定等。

（三）其他法律渊源

人格权法的其他法律渊源是指其他有关民事、行政、刑事、经济的单行法律、行政法规等法律规范中有关人格权的法律规范。在这些法律规范中，有涉及公权力行使中对人格权的保护规范，如《治安管理处罚法》第5条第2款规定，治安管理处罚的实施应保护公民的人格尊严，尊重和保障人权；有涉及对妇女、未成年人、残疾人等社会弱势群体人格权的保护规范，如《妇女权益保障法》第37条对妇女人身自由的保障规定、第38条对妇女生命健康权的保障规定、第42条对妇女名誉权、荣誉权、隐私权和肖像权等人格权的保障规定；也有涉及对某一方面人格权的细化保护规范，如《个人信息保护法》《网络安全法》等法律全面规定了对个人信息的保护。这些法律规范对人格权的规制，无论是宏观层面，还是微观层面，无论是抽象层面，还是具体层面，无论是概括层面，还是专门层面，均为我国人格权法的重要组成部分，丰富了人格权法的具体内容。

（四）司法解释渊源

人格权法的司法解释渊源，是指最高人民法院和最高人民检察院依法针对人格权而作出的属于审判工作和检查工作中具体应用法律的解释。从我国长期以来的司法实践情况来看,司法解释是各级人民法院和人民检察院处理案件纠纷的重要依据,并被案件当事人直接援引以维护自身权益。[①] 例如,最高人民法院于2001年颁布的《精神损害赔偿解释》为受害人的精神损害提供有效救济;再如,最高人民法院于2003年颁布的《人身损害赔偿解释》为正确审理人身损害赔偿案件,保护当事人的人身权益提供一定的审判依据支持。在司法实践中,人民法院针对具体的人格权侵权案件如何适用法律、如何处理纠纷等批复、答复,也是人格权法的重要渊源。例如,于2001年发布的《最高人民法院关于以侵犯姓名权的手段侵犯宪法保护的公民受教育的基本权利是否应承担民事责任的批复》(已失效)便是专门针对齐玉苓案作出专门的审判指示。此外,最高人民法院和最高人民检察院发布的有关人格权的指导性案例,也是各级人民法院、人民检察院审理类似案件时应当参考适用的判例。

六、人格权法的体系

2020年5月28日,中华人民共和国第十三届全国人民代表大会第三次会议表决通过了《民法典》,并于2021年1月1日正式施行。《民法典》立足于我国国情,顺应时代发展要求,是社会生活的百科全书。既与时俱进,又勇于创新,具有鲜明的中国特色、时代特色和实践特色,是一部固根本、稳预期、利长远的促进社会治理现代化和社会和谐的基础性法律。从体系设计上,我国在整体继受传统大陆法系民法典框架结构的基础上,结合本国的法治现状,在保持本国特色的同时进行了一定的创新,特别是单独设立了人格权编;在价值理念上,完成了从"以物为本"向"以人为本"、从以"财产权"为中心向以"人格权"为中心的质变,突出体现了对人格利益的尊重和保护;在具体内容上,加强了对民事主体生命健康、人格尊严、财产安全、交易便捷、生活幸福等权利的平等保护,为民事活动和司法审判提供系统性的法律规范依据。[②]《民法典》的诞生体现了我国的社会主义性质,顺应了时代的发展要求,满足了人民权益维护的愿景,为新时代坚持和完善中国特色社会主义制度、实现中华民族伟大复兴中国梦提供了完备的规范保障。

---

① 参见王利明:《正确适用民法典应处理好三种关系》,载《现代法学》2020年第6期。

② 参见杨震、孙毅:《我国民法典的时代价值》,载《求是学刊》2021年第5期。

对人的关爱是民法的终极价值,服务于人的尊严和发展是民法的最高目标。我国《民法典》无论是从立法宗旨和体系架构,还是从调整对象和规则设计上均是以人为中心铺开的,体现了对人的主体地位、主体人格和主体尊严的尊重。在“以人为本”的价值理念指引下,我国《民法典》不同于法国的三编制民法典,也不同于德国的五编制民法典,而采用七编制体系,突破了传统规范的桎梏,与我国改革开放以来的民事立法和司法实践经验一脉相承,实现了对人格权规制的独立成编,这是社会发展的必然趋势,是时代合理性的必然选择,是科学立法的必然结果,是法典现代化的必然要求。

(一)人格权法的形式体系

人格权法的形式体系,是指人格权法对外呈现的体系架构,即由各种与人格权有关的概念、制度、规则、原则等构成的具有一定逻辑关系的体系。《民法典·人格权编》是民法规范中专门保护人格权的独立部分,下设六章,通过51个条文(《民法典》第989条至第1039条)对民事主体的人格权予以专编规定,调整因人格权的确认和保护而产生的民事关系。我国《民法典·人格权编》在形式体系方面的特点主要表现为如下三个方面。

1.体系构建的“总分”模式

从人格权编的体系来看,我国的六章结构分别为“第一章一般规定”、“第二章生命权、身体权和健康权”、“第三章姓名权和名称权”、“第四章肖像权”、“第五章名誉权和荣誉权”以及“第六章隐私权和个人信息保护”。对人格权的规制按照一般规则与特殊规则相结合的“总分”模式进行搭建。① 第一章“一般规定”确定了人格权的共性共通规则,具体包括人格权的类型和特征、人格标识的许可使用、对死者人格利益的保护、合理使用的规则以及人格权受损的救济途径等。第二章到第六章细化规定了不同类型的具体人格权的权利内容、权利行使方式、权利限制和权利救济途径等。由此可见,我国《民法典》不管是从整个人格权编的体系安排,还是从各章的名称上来看,都具有典型的总分结构的特点。以总分结构的编排方法进行人格权规制框架的搭建,既与法典其他分编在体系设计上保持了一致性,又具有鲜明的中国特色,实现了立法的简约。

① 参见王叶刚:《民法典人格权编的亮点与创见》,载《中国人民大学学报》2020年第4期。

2. 体系内容的逻辑性

人格权编的体系内容是围绕人格权法的调整对象来构建的。《民法典·人格权编》的首条,即第989条规定:"本编调整因人格权的享有和保护产生的民事关系。"因此,人格权法的调整对象主要有两个方面:一是基于人格权的享有而形成的法律关系;二是基于人格权的保护而形成的法律关系。人格权编的内容便是按照这一逻辑来布局,先规定权利的享有,而后规定权利的保护。在权利享有方面,具体人格权与一般人格权相结合的模式,与其他国家零散、碎片化的人格权立法不同,体现了中国智慧,适应了人格利益不断发展的需要。在权利保护方面,积极行使与消极行使兼具。所谓积极行使,是指在人格权未遭受侵害时,民事主体可以通过许可使用等方式积极行使其人格权。所谓消极行使,是指在人格权遭受侵害时,可依法诉请救济。人格权遭受损害便难以恢复原状的特点强调了对人格权的保护应注重事前预防,人格权编形成了"事前预防+事后救济"的全面保护权利方案,使人格权请求权得以与损害赔偿请求权共同发挥保护权利的作用,完善了现代民法请求权体系。

3. 体系搭建的开放性

从人格权编的保护范围来看,我国人格权法的立法层次分明、逻辑清晰,具有规范化、体系化和系统化的特点,而由于人格权的权利类型和权利内容随时代的发展会不断变化,因此法律规范对人格权的确认和保护需要呈现开放式的结构形态。我国人格权编不仅保护已经由法律规范明确权利边界的具体人格权,同时也以"人身自由+人格尊严"为基础搭建一般人格权保护,从而促进保护尚未被依法确立为法律权利的人格利益,尤其是那些伴随时代发展而出现的新兴人格利益。《民法典》这种富有张力的人格权体系设计,兼顾了司法裁判与新生人格利益全面保护的需要,与现代社会的人格利益保护需求相协调、相一致、相适应,体现了人格权保护的包容性、开放性和全面性。

(二)人格权法的实质体系

人格权法的实质体系,是指人格权法内在的价值体系。民法的法典化,是以有限的法律条文应对生活中的无限可能。《民法典》并不是法律条文的简单堆砌,而是法律条文的体系化建设、整合。就《民法典·人格权编》贯彻的价值而言,其实质体系围绕对人的尊严的保护而展开,维护人格尊严是其首要的价值目标。无论是具体人格权,还是一般人格权,权利的设置目的均为了加强对人格尊严的保障，体现国家以人为本的理念。例如，《民法典》第1007条禁止以任何形式买卖人体组织、人体细胞和人体器官，这既是对人主体资格的维护，又是对主体尊严的维护。

党的十九大报告指出，中国特色社会主义进入新时代，我国社会的主要矛盾已经转化为人民日益增长的美好生活需要和不平衡不充分的发展之间的矛盾。[①] 现代社会，人们不再单纯满足于吃饱穿暖的生活状态，而是开始更多地追究精神文化层面的满足，使自己活得更有尊严。传统民法理论多注重平等主体之间的财产关系，具有“重物轻人”的规制倾向，而我国人格权编的规制彰显了法典的人民性，更关注对人的保护，从立法技术上对“中国之问”和“时代之问”予以积极回应，从而对我国民事主体的人格权益予以全面保护，反映我国尊重人、爱护人、关注人、重视人的思想理念，成为法典中的最大亮点，具有开创性意义。

（三）人格权独立成编

从世界层面来看，各国对人格权编的保障多是在侵权法的框架下开展的，即便是以法典编纂为主要特点的大陆法系国家，也未将人格权单独设置为一编来规定。我国人格权独立成编也经历了诸多的争议才得到立法者的认可，争议的存在促进立法规制的考虑更为全面。

1. 人格权独立成编的争议

对人格权的规制是否应独立成编，既有赞同观点，又有反对观点，由此便呈现了“人格权独立肯定说”和“人格权独立否定说”的争议。

“人格权独立肯定说”认为，人格权应当独立规制，此举符合民法典体系结构的内在逻辑，既然对财产关系的调整需独立规制，那么对人身关系的调整也需要独立规制。[②] “人格权独立否定说”认为，人格与人格权密不可分，因此应当在主体人格制度中规定人格权。而且，人格权本就是一项消极权利，只有在受到侵害时，才会与他人发生关系，此时便可适用侵权行为规范予以规制，无须独立调整。[③] “人格权独立否定说”的观点，虽然具有一定的道理，但却无法自圆其说。

① 参见王怀超：《中国特色社会主义基本问题》，人民出版社2019年版，第57页。
② 参见王利明：《我国民法典中的人格权制度的构建》，载《法学家》2003年第4期。
③ 参见梁慧星：《中国民法典中不能设置人格权编》，载《中州学刊》2016年第2期。

首先,不宜在主体人格制度中规定人格权。人格不同于人格权,民法上的人格与民事权利能力是同义词,是民事主体享有民事权利、承担民事义务的主体资格。而人格权是指对基于民事主体而存在的生命、身体、健康、姓名等人格利益予以保护的权利,人格权虽是民事主体必备、固有的权利,与民事主体本身共生共灭,但与人格属于不同法律概念,人格是民事主体享有人格权益的逻辑前提。在主体人格制度中规定人格权的内容是不适当的,原因主要有两方面:其一,二者的特点无法兼容。主体制度的规范具有一定的稳定性,而人格权随着时代的发展需不断完善,具有一定的开放性,如果强行纳入主体制度中,便会破坏主体制度的稳定性。而且,在多样的权利类型中,对于生命权、身体权和健康权等物质性人格权,与主体人身密不可分,依附于主体而存在,但姓名权、肖像权、名誉权和隐私权等人格权却已经呈现外化于主体的现象,不适宜放置在主体制度中。其二,人格权的商品化趋势无法融入主体制度中。姓名、名称、肖像等人格标识可依法许可他人使用,从而成为与民事主体相分离的交易的标的,开始具有一定的财产利益。由此,民事主体的性质和内容无法与人格权的商品化趋势并存。

其次,不宜以侵权行为规范替代人格权法。人格权为原权利,在人格权受到侵害时,可以适用侵权行为规范予以救济,此时民事主体对救济的诉请便为救济权。人格权作为原权利、实体权利,应有法律的明确规定,救济权的行使仅为权利受损的维护手段,并不具有创设实体权利的造法作用。法官解决案件纠纷时,普遍适用三段论的推理模式,即"大前提"与"小前提"的结合,从而推导出"结论"。其中,"大前提"是裁决案件应适用的法律规范,"小前提"是案件的具体事实,通过将抽象的法律规范应用于具体的案件事实中,从而得出结论,解决案件纠纷。由此可见,权利先于救济,无权利则无救济,人格权法与侵权行为规范具有不同的作用和功能,无法相互替换。如果在无人格权法的情形中,直接使用侵权行为规范进行保护,就会扩大法官的自由裁量权,容易导致司法权力的滥用和擅断。另外,侵权行为规范注重权利受损后的事后救济,而人格权一旦受损,便具有不可逆转性,影响深远,如果仅依靠侵权行为规范进行事后调整无法周延保护,还应注重以停止侵害、排除妨碍、消除危险等人格权请求权进行事前预防,从而恢复人格权的圆满状态。

我国《民法典》对人格权的规制认可了"人格权独立肯定说"的观点。人格权的独立成编,充分回应了社会发展和科技进步的客观需要,强化了对民事主体人格尊严的维护,推动了我国人权保障事业的发展。

2. 人格权独立成编的意义

人格权法在社会生活中发挥着确权功能、预防功能、协调功能、平衡功能和保护功能等,人格权独立成编是我国民法典最大的亮点,也是重要的创新点之一,为其他国家人格权保护规制的完善提供了中国经验和中国方案。我国人格权独立成编的意义主要有以下五个方面。

(1)实现了对党的政策的贯彻落实

党的十九大报告中指出“保护人民人身权、财产权、人格权”。党的十九大报告中写入了“人格权”的保护,彰显了党对人民权利的高度重视。为了实现人民对各项合法权益全面保护的新期望、新期待,便需要在立法、执法、司法等领域跟进配套措施。《民法典》颁行的出发点和落脚点均是对人的关怀,《民法典·人格权编》作为人格权法中的基础性规定,是落实党的十九大报告中保护人格权的重要举措。人格权独立成编,顺应了时代发展的要求,回应了世界人权保障的发展趋势,展现了中国人权保障的人民立场,符合以人民为中心的发展理念,体现了一切为了人民、一切依靠人民、一切造福人民、一切保护人民,彰显了法律规范中的人文关怀和人本文化,更好地满足了人民群众对美好生活的向往。①

(2)完善了人格权的保护方式

人格权独立成编后,对人格权的保护由消极保护向积极保护转变,这是基于时代发展和科技进步的要求。针对生命、身体、健康等人格权益受损的保护,如果仅依靠传统的侵权救济这一消极被动的方式,便只强调了事后救济的重要性,并未针对事前预防予以有效规制,救济阶段的阙如,不利于预防侵权、全面维护人格权益。人格权编独立成编,在维持强调事后救济重要性的同时,增设了人格权请求权等制度,从而强化了保护阶段。

(3)加强对新兴权利的及时保护

我们正处于科技高速发展的时代,随着时代的发展和科技的进步,新兴科技在为人类带来巨大福祉的同时,对个人隐私、个人信息等人格权益的保障产生了诸多的威胁,网络谣言、信息泄露、“人肉搜索”、信息倒卖、非法偷拍偷录偷

---

① 参见汪习根:《论民法典的人权精神:以人格权编为重点》,载《法学家》2021年第2期。

听偷窥、骚扰等行为的出现使人们的人格权益受损严重，原有的人格权保护体系遭受了最严峻的挑战。人们权利意识的觉醒推动了对新兴人格利益保护的急迫需求。人格权的独立成编，在确定具体人格权的同时，还规定了兜底性保护的一般人格权，所以，在新兴人格利益尚无法由法定的具体人格权予以保护时，可通过一般人格权进行概括保护，以促进纠纷的解决，加强对权益的维护。

(4)促进人格权法律体系的完备

我国在原《民法通则》中，对人格权的规制较为简略，而且在规范位置上置于财产权之后，并未对民事主体的人格权予以足够的重视和关注。人格权独立成编，以一般人格权和具体人格权相结合的规制模式全面保障受损的人格利益，有针对性地细化了权利的确认、权利的享有、权利的行使和权利的救济。不仅吸收了域外优秀的规制方式，而且也总结了我国《民法通则》《民法总则》《侵权责任法》等立法经验，吸收了法院司法解释、参考性案例、司法裁判规则等司法经验，加强了对人主体地位的维护，体现了“以人为本”的立法理念，克服了潘德克顿体系“重物轻人”的缺陷，构建了完整的人格权法律体系。①

(5)明确人格权纠纷司法裁判的适用依据

近年来，随着人们权利意识的觉醒，人格权纠纷的案件数量日益增多，尤其是近十年来的案件数量增长较为迅速。在《民法典》独立规定人格权编之前，我国在立法层面并未对人格权的确认和保护予以足够的重视，因此在对人格权纠纷案件进行司法裁判时便缺少明确的裁判依据。为了及时解决矛盾纠纷，最高人民法院颁布了诸多的司法解释以弥补立法的缺漏。例如，《精神损害赔偿解释》《人身损害赔偿解释》等。我国《民法典》中人格权的独立成编，不仅借鉴了原《民法通则》《民法总则》等法律的规定，同时也吸纳了已有司法解释的内容，完善了人格权的规制体系，从而为法官处理人格权纠纷提供充分的裁判依据，促进裁判规则与裁判尺度的有机统一。

人格权的独立成编促成了《民法典》“七编制体例”的形成，是世界民事立法之先河，也是世界人格权保护的典范，彰显了现代人格权的保护模式。②

---

① 参见王利明：《民法的人文关怀》，载《中国社会科学》2011年第4期。

② 参见张红：《〈民法典(人格权编)〉一般规定的体系构建》，载《武汉大学学报(哲学社会科学版)》2020年第5期。

第二章

生命权、身体权和健康权

第一节 生命权

一、生命权的概念

尼古拉·奥斯特洛夫斯基在《钢铁是怎样炼成的》这部长篇小说中曾言“人最宝贵的是生命”“生命每个人只有一次”。世间万物，生命至上。生命作为人之为人的存在前提，是人类文明的基础，体现了人的尊严和价值，是人类对生命现象存在的阐释。世界上没有比生命更为宝贵的存在，生命是万物的尺度，生命价值高于一切。[①]

（一）生命的界定

现代科学出现以后，人们对生命的关注愈加重视，不同学科分别从不同的角度、不同的侧重点来研究生命，因此对生命的看法不尽相同。从生物意义上说，生命是生长变化的特性物质系统；从哲学意义上说，生命的概念需要泛化，有逻辑生命、自然生命和精神生命等不同理解；从生态意义上说，生命是生物圈中不可逆转的物质循环过程的中心环节；从法律意义上说，《民法典·人格权编》中对生命权的规制，其中的“生命”专指自然人的生命，而不包括动物、植物以及微生物的生命。

生命是自然人作为民事主体的基础和前提，是法律所保护的最高人格利

---

① 参见韩大元：《生命权与其他权利的冲突及其平衡》，载《人权》2020 年第 3 期。

益。作为人的第一尊严,生命具有至高无上的人格价值,不仅对自然人个人具有价值,对整个社会也具有价值。党的十八大以来,习近平总书记坚持人民至上、生命至上,坚持以人民为中心的发展思想,把人民群众生命安全和身体健康作为治国理政的一项重大任务,始终与人民想在一起、干在一起。在2020年全国抗击新冠肺炎疫情表彰大会上习近平总书记也指出"在保护人民生命安全面前,我们必须不惜一切代价,我们也能够做到不惜一切代价,因为中国共产党的根本宗旨是全心全意为人民服务,我们的国家是人民当家作主的社会主义国家。"①在我国,无论是作为国家根本法的《宪法》,还是《宪法》以外的其他普通法,法律规范存在的最终目的都是维护人们的生命安全和生命尊严。

人的生命始于出生,终于死亡。就出生而言,我国的主流观点采"独立呼吸说",即胎儿在出生后不但要与母体完全分离,而且还必须能够独立呼吸,出生的时间是人们第一次独立呼吸的时间。就死亡而言,我国的主流观点采"心肺呼吸说",即心脏、呼吸和脉搏的停止。这一观点目前也受到了质疑,随着医疗水平的愈加发达,现代医学研究表明,死亡是复杂的层次性过程,心肺功能的丧失并不意味着大脑、肾脏等人体其他主要器官功能的丧失,心肺功能丧失与死亡的时刻并不完全吻合。在这一医学质疑下,"脑死亡说"也应运而生,大脑具有主宰生命的特质,一旦脑部死亡,整个中枢神经系统便全部死亡,人体的其他器官也就不可逆转的丧失了功能。相较于"心肺呼吸说","脑死亡说"更具科学性和合理性,也是未来死亡标准的完善方向。

(二)生命权的界定

生命权是自然人拥有的最基本的人格权,是作为民事主体的自然人所享有的,以维护个体的生命安全和生命尊严为内容的人格权。② 世界上大多数国家都将生命权在立法上确立为一项独立的权利,不管人们在年龄、种族、地位、性质、职业等方面是否存在区别,其生命均依法受到法律的保护,每一个自然人均平等享有生命权,禁止任何人实施非法剥夺他人生命的侵权行为。

对于民法规范中是否要规定生命权,学者们对此持有"否定说"和"肯定

---

① 中共中央党史和文献研究院编:《十九大以来重要文献选编》(中),中央文献出版社2021年版,第689页。

② 参见姚辉:《人格权法论》,中国人民大学出版社2011年版,第150页。

说”两种主流观点。

“否定说”指出,受害者的生命被侵害后,受害者也就丧失了主体资格,权益受损的受害者无法因主体资格的丧失接受就自身生命受损的救济,因此民法规范对生命权的确认是没有价值的。而因受害者死亡遭受经济损失和精神损失的受害者的近亲属或者被扶养人,可通过侵权规范就损害后果的产生主张赔偿。①

“肯定说”指出,将生命权确立为独立的人格权,并依法予以保护,肯定了生命是最高的法益,确立了生命权的优先性,有利于强化对生命权的救济。②

我国民法规范历来重视对生命权的确认、保护和救济,将生命权确立为独立的人格权。原《民法通则》第 98 条肯定了公民享有生命健康权。原《侵权责任法》第 2 条规定了侵害民事权益应依法承担相应的侵权责任。此中的民事权益即包括生命权等权利。原《民法总则》第 110 条第 1 款明确了自然人享有生命权。《民法典》延续了原《民法总则》的做法,仍肯定生命权的权利地位,并在人格权编中细化生命权的权利内涵,体现了立法者对生命法益的保护和重视,突出了以人为本的理念。

二、生命权的特点

生命权的特点具有多方面的表现:

其一,生命权地位的最高性。地位的最高性强调生命权具有至高无上的地位,在生命权与其他权利发生冲突时,法律一般应优先保护生命权。

其二,生命权主体的特定性。生命权的主体只限于自然人,法人、非法人组织并非生命权的主体。因为法律上对“生命”的界定,专指自然人的生命。

其三,生命权的固有性。在诸多的具体人格权中,生命权的固有性最强,与权利主体资格的存续联系密切,随自然人的出生而产生,随自然的死亡而消灭。

其四,生命权的专属性。自然人本人享有自己的生命权,不可转让、继承,也不能成为许可使用的对象。社会实践中出现的“以命抵命”契约等均为法律所禁止。

---

① 参见王利明:《人格权法研究》,中国人民大学出版社 2018 年版,第 264 页。

② 参见黄薇主编:《中华人民共和国民法典人格权编解读》,中国法制出版社 2020 年版,第 132 页。

其五，生命权的绝对性。生命权的权利主体是特定的自然人，而义务主体是除权利主体以外的其他主体，义务主体负有不得实施侵犯和妨害的义务。

其六，生命权的平等性。任何自然人，无论是我国公民、外国公民，还是无国籍人，均平等地享有生命权，在生命权受损时，也均会获得法律的平等保护。

除了上述特点外，生命权还具备不可克减性、消极预防性等特点。

三、生命权的内容

我国民法规范历来重视对生命权的救济和保护。根据《民法典》第 1002 条的规定，生命权的内容主要包括两方面，分别为生命安全维护权和生命尊严维护权。

（一）生命安全维护权

生命安全强调的是生命的存续，失去生命，所有的权利和义务便失去了依托。因此，生命安全是自然人的首要利益，是防止生命丧失、维持生命存在的利益，当生命安全遇有损害危险时，权利人得采取积极的防卫措施维护自身的合法权益。动荡年代，人们的生命安全时时受到威胁，无法得到有效保护。而随着国家的强大和社会的进步，对人们生命安全的维护水平已经成为一国综合国力的重要表现。

生命安全维护权是指权利主体有维护生命安全的权利。法律对生命安全的维护，并不是以提高健康水平，延长自然人存活时间的方式来实现的，而是在自然人的生命安全被非法侵害时，权利人可以依法行使一切必要的手段保护其合法权益。因此，从实质层面来看，生命安全维护权是禁止他人非法实施侵害、剥夺生命的行为，从而让人们的生命可以按照自然界的客观规律延续、终止。

当自然人的生命安全正在受侵害，或者有受侵害的危险时，权利人可依法采取消除危险、排除妨害、正当防卫、紧急避险等措施，防止权利受损。当然，若生命安全已经受到实际侵害，权利人的死亡意味着其主体资格在法律上消灭，此时，任何法律救济方式对权利人而言都无实质意义。法律救济的功能也只能使权利人的近亲属等利害关系人获得物质上的补偿和精神上的慰藉。如果侵害人意图剥夺他人的生命，但事实上，他人并未因侵害人的侵害行为而死，而仅为身体或健康受损，此时便会侵害权利人的身体权或健康权。

(二)生命尊严维护权

生命尊严强调的是生命存续的状态。随着物质水平的提高,人们在基本的生存需求得以满足的情况之下,还要进一步追求精神上的享受。人们不再单纯满足于活下来,而是期望可以活得更好,即便是离开人世,有希望有尊严离去。

生命尊严维护权是生命权的重要内容。对生的尊严的维护,是指任何组织和个人应尊重权利人的生命,从而提升生命的尊严和品质,是指权利人有权要求自己作为生命主体者的尊严获得应有的尊重。首先,生命尊严使生命权的保障在生命安全之外,扩展到生命过程中生命主体者的尊严获得应有的尊重,如《基本医疗卫生与健康促进法》第33条第1款规定,公民接受医疗卫生服务,应当受到尊重。医疗卫生机构、医疗卫生人员应当关心爱护、平等对待患者,尊重患者人格尊严,保护患者隐私。其次,有自我决定能力的自然人,可以积极地明确表达不同意采取某些特定的治疗手段的意思。再次,对体外受精胚胎这种未来有可能发展成为生命的特殊存在物的具体处置,都要考虑到生命尊严的价值。最后,任何组织或者个人不得侵害他人的生命权。不能把自然人的生命作为实现其他目的的手段,任何人都不得非法剥夺他人的生命。①

第二节 身 体 权

一、身体权的概念

身体对自然人的生命意义重大,没有身体的支撑,生命的产生和延续便失去了物质载体,因此,任何自然人的身体均依法受到法律的保护,任何人不得非法实施侵害行为。②

(一)身体的界定

生物学意义上的身体,是指人类或者动物的生理组织体。而法律意义上的身体,专门是指自然人的生理组织体,并不包括动物的生理组织体。法律意义

① 参见黄薇主编:《中华人民共和国民法典人格权编释义》,法律出版社2020年版,第58~59页。

② 参见李适时主编:《中华人民共和国民法总则释义》,法律出版社2017年版,第339页。

上的身体，着重强调自然人身体的完全性和完整性。

自然人的身体包括两部分，分别是主体部分和附属部分。主体部分是指人的总体构成，主要包括头颅、四肢、身体器官等；附属部分是附着于人身的其他人体组织，主要包括指甲、毛发等。

（二）身体权的界定

身体权是自然人以维护其身体完整和行动自由为内容的人格权。身体作为所有物质性人格权的载体，便决定了身体权在人格权体系中的重要地位。身体权作为自然人的重要法益，与生命权、健康权一样，均为自然人作为民事主体存在并拥有其他民事权利的基础。

身体权是否应当在法律上独立确立，学者就这一问题也存在一定的争议，不同国家的立法态度也并不相同。如在罗马法时期，《汉穆拉比法典》对人们生命权、健康权和身体权等物质性人格权和财产权的保护是混杂的状态。随着时代的发展，对身体权的认识也更为充分，比较法上的身体权保护主要有两种模式：其一，有的国家将身体权与健康权合并规定进行保护，《德国民法典》和《奥地利民法典》等便为这一模式的典型代表；其二，有的国家将身体作为一种特殊的人格利益进行保护，《法国民法典》和《意大利民法典》等便为这一模式的典型代表。

身体权虽然与生命权、健康权保护的人格利益有一定的重合之处，但是三者的调整对象实则存在很大的差别。生命权侧重于维护自然人的生命安全和生命尊严，身体权侧重于维护自然人的身体完整和行动自由，而健康权主要维护的是自然人的生理机能和心理机能的健康状态。侵害人们的身体，可能会同时损害其健康，甚至会剥夺其生命。例如，非法砍断他人的手臂，不仅会使受害者的身体组织丧失完整性，侵害其身体权，也会导致受害者的健康机能受损，侵害其健康权，当然，如果因断臂失血过多，也可能导致受害者死亡，侵害其生命权。而实施了侵害权利人身体权的行为，并不必然侵害该主体的生命权和健康权。① 例如，未经他人许可擅自剪短他人的头发或者指甲，便只实施了侵害身体权的行为，一般不会损害他人的健康权，更不会损害他人的生命权。由此，立法上有独立确立身体权的必要。

---

① 参见柳春光：《身体权概念的再界定》，载《辽宁大学学报（哲学社会科学版）》2014 年第 6 期。

我国1986年通过的原《民法通则》中并未明文规定身体权，仅在第98条规定了生命健康权。而在2001年发布的《精神损害赔偿解释》第1条中明确规定了对自然人身体权的保护，这是我国第一次以司法解释的形式肯定了身体权的人格权属性，身体权开始出现在法治实践的第一线。2003年发布的《人身损害赔偿解释》第1条延续了对身体权的保护，规定自然人因身体被侵害，根据侵害的具体情形可分别请求财产损害赔偿和精神损害赔偿。2009年发布的原《侵权责任法》第2条虽没有在条文中直接写明对身体权的保护，但是却可以将对身体权的保护纳入条文最后的"等人身、财产权益"予以概括规定。2017年发布的原《民法总则》第110条第1款首次以法律的形式在立法上明文规定了身体权。2020年发布的《民法典》延续了原《民法总则》的做法，将身体权继续作为独立的人格权予以规定，而且还在人格权编中细化其权利内涵，从而为自然人的人身权益提供更为有力、全面的保护。

二、身体权的特点

身体权作为物质性人格权，与生命权的特点具有一定的相似之处，主要表现为以下方面：

其一，身体权主体的特定性。身体权为物质性人格权，其主体只限于自然人，法人、非法人组织为法律上拟制的人，而非具有生命体征的自然人，无法享有身体权，因此并非身体权的主体。

其二，身体权地位的基础性。由于自然人的生命、健康都依赖于身体的存在，身体是个人行动的载体，一旦身体权受到侵害，个人的生命、健康也会受有威胁、受到影响，因此，身体权在民事权利中具有基础性的地位。

其三，身体权的固有性。身体权是权利主体固有的，与权利主体资格的存续联系密切，随自然人的出生而产生，随自然的死亡而消灭。

其四，身体权的专属性。原则上，身体权不可转让、放弃、继承，也不能成为许可使用的对象。身体是生命和健康的载体，身体权丧失，生命也就不复存在。

其五，身体权的绝对性。身体权的权利主体是特定的自然人，而义务主体是除权利主体以外的其他主体，权利主体有权排除一切义务人的非法侵害，义务主体负有不得实施侵犯和妨害的义务。

其六，身体权的平等性。任何自然人，无论是我国公民、外国公民，还是无国籍人，均平等享有身体权，在身体权受损时，也均会获得法律的平等保护。

其七，身体权的自主性。身体权的自主性为相对自主性、有限自主性。例如，权利人有权依照法律规定，在不违背公序良俗的基础上，自主决定捐献其人体细胞、人体组织、人体器官，同时也有权在生前决定死后遗体的捐献等。由于此类捐献并非完全自由，需受到法律和公序良俗原则的限制，因此，身体权的自主性为相对自主性。

三、身体权的内容

我国民法规范对身体权的规制较为全面和具体。根据《民法典》第 1003 条的规定，身体权的内容主要包括两方面，分别为维护身体完整权和维护行动自由权。

(一)维护身体完整权

古语有云："身体发肤，受之父母，不敢毁伤，孝之始也。"由此可见，对身体完整权的维护自古便有萌芽，这是我国孝道的基本要求。身体完整是自然人生活的基础，人们有权维护个人的身体完整不受非法侵害。身体完整既包括身体组织的完整，也包括身体尊严的完整。

1. 身体组织的完整

身体组织的完整是指人体各组成部分，包括头颅、肢体、器官和其他组织的完整的存在、运转，是维持生命的前提。[①] 对于与身体相脱离的身体组成部分，是否仍能得到身体权的保护？关于这一问题，存在不同的观点。

1994 年《法国民法典》修正案规定："任何赋予个体、人体各部分以及人体所生之物以财产性价值的协议，均无效。"这一规定很明显地否定了人身整体以及人身组成部分的物的属性。然而，这一规定并不具有适时性，随着时代的发展，若是仍固守人身的主体属性，便无法回应诸多的社会问题，无法处理科技进步引发的新纠纷、新情况和新矛盾。德国学者梅迪库斯认为，对于献血后与人身相分离的血液、可用于移植的与人身相分离的器官均为物，可以成为所有权保护的范围，这些物的所有权人应为物的来源者。当然，一旦这些物移植到其

① 参见刘春梅：《论身体权的保护》，载《暨南学报(哲学社会科学版)》2011 年第 2 期。

他人的身体中，便会丧失物的属性，成为他人的人身组成部分。[①] 这一观点在人物二分法的背景下具有一定的合理性。德国学者沃尔夫却指出，与人身相分离的已经具有一定独立性的人体组成部分，如剪断的头发、拔掉的牙齿等，可以成为所有权客体的物的范畴。如果将与人身相分离的人身组成部分投入交易当中，此时人身的组成部分便具有物的属性，可适用所有权规则进行调整；如果未将与人身相分离的人身组成部分进行交易，此时可适用人身权规则进行调整。[②] 因此，就沃尔夫的观点来看，权利人是否将与人身相分离的人身组成部分用于交易是区分属性的重要标准。

实际上，身体组织的完整也体现自然人对自己身体组成部分的支配权。例如，器官组织的自愿移植以及自愿献血行为，都是依法对权利人本人身体的支配。如果他人违背权利人本人的意志，擅自支配权利人的身体组成部分，即构成对身体权的侵害。对于血液、器官、皮肤等身体组成部分的归属应从以下三方面理解分析：其一，当这些身体组成部分尚未与权利人相分离，则其仍属于权利人身体的一部分；其二，当这些身体组成部分已经成为与权利人相分离的外界物时，则其可视为法律上“物”的范畴；其三，当这些与权利人相分离的身体组成部分已移植到他人身体中，即为他人身体的组成部分。例如，器官组织的移植已成为现代社会人们自我保护、自我发展和自我完善的重要技术方式。对于器官组织的移植，不仅人体的器官组织可以相互移植，某些动物的器官组织在不与人体发生排异反应时也可以移植到人体。一旦移植成功，被移植的器官组织便成为人体的一部分，受身体权保护。

对于义眼、假牙、假肢、助听器和人工心脏瓣膜等残缺身体部分的替代物的法律性质，应分两种情形来界定。如果上述替代物已经成为与权利人身体不可分离的组成部分，则应当属于权利人身体的一部分；如果是可以随时自由安装、拆卸的，便不属于权利人身体的一部分。[③] 例如，当权利人将自己的假牙拆卸下来到医疗机构进行修理，此时他人损害权利人的假牙，并不构成对身体权的侵害，仅构成侵害权利人的财产权。因为，这种情形中的假牙已经不是法律意义

① 参见［德］梅迪库斯：《德国民法总论》，邵建东译，法律出版社2001年版，第876页。

② 参见［德］沃尔夫：《物权法》，吴越等译，法律出版社2004年版，第7～8页。

③ 参见刘召成：《身体权的现代变革及其法典化设计》，载《当代法学》2020年第2期。

上身体的组成部分。

2. 身体尊严的完整

有些行为虽然并未损害身体组织的完整性，如未产生伤害的殴打、面唾他人、当头浇粪等，但也构成对身体权的侵害，这是因为身体完整也体现为身体的道德性和精神性的完整。[①] 另外，从事人体基因、人体胚胎等有关医学和科研活动时，也应当以维护身体尊严为目的，不得非法侵害身体权，要加强人权意识，尤其是尊重和保障作为人权的身体权。

（二）维护行动自由权

行动自由，也可称为身体自由。身体权中的"行动自由"不同于《民法典》第990条第2款规定的一般人格权中的"人身自由"。原则上"人身自由"既包括行动自由，也包括精神自由。从权利体系中具体人格权与一般人格权的关系层面来看，身体权中的"行动自由"是狭义的人身自由，专指身体活动的行动自由，不包括精神自由；而一般人格权中的"人身自由"是具体人格权下身体权中行动自由以外的自由。另外，从民法上自由的层次性来看，并非所有的自由都能得到民法的明确保护，只有具有一定典型性，在社会生活中具有类型化保护必要的自由才会得到立法者的重点关注，从而在立法上明确保护范围。以现代生活为背景，行动自由与精神自由相比，具有一定的外化性，容易受到侵犯，具有类型化保护的必要，而对于研究自由、创作自由等精神自由，鲜有侵犯、干预行为，尚不具有典型性。而且，因为自然人的行动与身体密切相关，无身体则无行动，有身体才能会有行动，所以《民法典》第1003条扩大了身体权的利益保护范围，将"行动自由"纳入身体权的内容中。对他人实施的非法逮捕、非法搜身和非法拘禁等行为，均构成对维护行动自由权的侵害。而精神自由虽不具有典型性，但也存在保护的必要，因此可通过一般人格权予以概括保护。

侵害行动自由的方式有多样，主要包括非法逮捕、非法搜身和非法拘禁等行为。例如，超市怀疑顾客盗窃，将顾客强制扣留，使顾客暂时丧失人身自由，此为侵害行动自由的行为；再如，社会实践中常出现"被精神病"的现象，将不该被收治的人送入精神病院隔离治疗，以限制其行动自由，此举也为侵权行为，须

---

① 参见孙笑侠：《身体权的法理——从〈民法典〉"身体权"到新技术进逼下的人权》，载《中国法律评论》2020年第6期。

承担侵害行动自由的法律责任。

(三)人体组成部分的买卖与捐献

传统民法理论认为,若允许自然人支配自身的生命权、身体权和健康权等人格权,将会导致人格权沦为物权,从而失去人格权特质。[①] 然而,随着医学技术的发展进步,传统民法理论受到巨大挑战,人们开始认识到人身的利用价值,许多国家均允许自然人在不损害身体健康、不违反法律规范和公序良俗原则的基础上合理处分其身体组成部分。这便为器官捐献、无偿献血、医美整容等行为的实施提供了操作可能。从我国的实际情况来看,人体组成部分的移植起步于20世纪60年代,随着科学技术的不断进步和成熟稳定,近年来器官移植发展较快,通过器官移植有助于挽救人们的生命、提升人们的健康水平,但在实践中也产生了诸多的纠纷,甚至出现了买卖人体器官、非法摘取人体器官以及进行人体试验的犯罪行为。

1. 人体组成部分的捐献限制

自然人的人体细胞、人体组织、人体器官和遗体,实则都是自然人身体的部分。根据《民法典》第1006条和第1007条的规定,人体细胞、人体组织、人体器官和遗体均可依法捐献,但医学技术的高风险性、高科技性,捐献行为的伦理性、道德性,使人体器官捐献的结果具有极大的不确定性,可能会严重影响人们的身心健康。因此需要依法对此类行为进行法律规制。

一方面,如果自然人在生命存续期间表示同意捐献的,则需满足以下三个条件:一是作出捐献决定的自然人为完全民事行为能力人。这一要求主要是基于对未成年人的保护,由于未成年人并不具有完全民事行为能力,且正处于身体发育阶段,如果允许未成年人捐献,则可能会影响其身心发展。二是捐献决定是自然人的真实意思表示,任何组织或者个人均不得实施强迫、欺骗和利诱等行为,影响捐献真实意志的表达。这一要求是意思自治原则的体现,表达了对捐献人的尊严、自由和身体的维护。三是需按照法定形式捐献,既可以采用书面形式,也可以订立遗嘱。法定形式的要求是为了确认捐献人的真实意思,毕竟捐献涉及自然人的重大人格利益。

① 参见龙卫球:《人格权立法面面观——走出理念主义与实证主义之争》,载《比较法研究》2011年第6期。

另一方面，如果自然人生前未表示不同意捐献的，则捐献需满足以下两个条件：一是捐献主体有法定限制，需要由死者的配偶、成年子女和父母共同决定捐献，任何一方的单独捐献均不被允许；二是需按照法定形式捐献，即只能采用书面形式捐献。

当然，如果自然人生前表示不捐献的，必须尊重其意志，任何组织或者个人都不得替代捐献。

2. 人体组成部分的捐献原则

人体组成部分的捐献应当遵循以下三项原则：

其一，依法捐献原则。捐献应符合法定的形式要求和实质要求，违法实施捐献行为，不能产生捐献的法律效果。

其二，自愿捐献原则。捐献行为具有一定的道德性，体现了捐献者崇高的人格品质。但捐献行为不应被强迫，而应自愿进行，体现个人的真实意愿。

其三，无偿捐献原则。既然名为"捐献"，就表明了捐献行为的无偿性。所谓无偿，是指任何人不能通过捐献而获得经济利益，以防使捐献成为变相的买卖。而无偿捐献并不等同于不支付任何费用，从伦理道德、人道主义的角度来看，虽然自然人的生命、身体、健康等人格利益是无法用金钱衡量的，但对人体组成部分的捐献可适当给予一定的补助。在活体捐献时，此项补助费用归捐献者所有，在遗体捐献时，此项补助费用则归捐献者的近亲属共有。

3. 人体组成部分禁止买卖

现代医学的发展，使患者可以通过移植人体组成部分的方式延续生命或者提高生存的质量。人体组成部分的捐献在宏观上有利于弘扬社会主义核心价值观，在微观上有助于促进医疗卫生事业的发展和人们健康水平的提高，应予以鼓励。但由于对"供体"的需求大于供求，在巨额利润的诱惑下，导致诸多非法买卖人体器官行为的产生，卖方、中介和买房构建了一条黑色的交易链条，并逐渐具有组织性和规模性。[①] 如果放任这种现象的继续，将会催生大量违法犯罪行为。根据《民法典》第 1007 条的规定，人体组成部分虽然可以依法进行捐献，但买卖行为确属无效，法律禁止以任何形式进行买卖。这是尊重民事主体

① 参见朱姝尧、杨芳：《〈民法典〉"人格权编"对身体权保护的立法回应——兼谈完善〈民法典〉身体权条款的若干建议》，载《医学与法学》2021 年第 2 期。

人格尊严的体现,也是对民事主体生命权、身体权、健康权保护的需要,同时还是维护善良风俗、避免道德风险的要求。

第三节　健　康　权

一、健康权的概念

美国天文学家柯蒂斯曾言"幸福的首要条件在于健康"。身体健康是民事主体正常生活的前提,因此,只有拥有健康权,人们才能够更好地从事其他民事活动。而健康权一旦受到侵害,不但会影响个人的生活状态,甚至会进一步危及个人生命。

(一)健康的界定

健康本为医学上的概念,是指人体的器官系统处于功能正常、精力充沛、体质健壮和发育良好的状态。《世界卫生组织宪章》序言中界定了人类健康:"不仅为疾病或者羸弱之消除,而系体格、精神与社会之完全健康状态。"这便说明人类健康不仅包括生理机能正常运转,同时也包括心理健康能适应社会。[①] 健康是人们幸福生活的基础。社会成员只有拥有健康,才能更好地生活、学习、工作,从而促进社会的良性发展。

(二)健康权的界定

健康权是指自然人享有的以维护身体机能健康和心理机能健康为内容的人格权。健康权中的"健康"并不是指人们的无疾病状态,而是人们的身心健康不因侵权行为的实施而受损。

关于健康权中健康的内涵,学界存在一定的争议,主要表现为"生理健康说"和"心理健康说"两种观点。"生理健康说"认为,健康是人体的生理机能的完善状态。因此,健康仅限于身体方面的健康,不包括心理方面的健康。对于精神层面的心理健康可以通过精神损害赔偿的方式予以保护,而不需要将其放

---

① 参见张冬阳:《健康权的权利体系和限制——兼评〈基本医疗卫生与健康促进法(草案)〉》,载《人权》2019 年第 5 期。

置在健康权的内容中，否则将会混淆健康权损害赔偿和精神损害赔偿，给法律规范的适用设置阻碍。[①] “心理健康说”认为，健康既包括人体生理机能的正常运转，也包括心理机能的良好状态，即健康兼具生理健康和心理健康两方面。[②]

我国民法规范一直强调对自然人健康权的保护。1986 年通过的《民法通则》第 98 条即肯定了自然人享有健康权。2001 年发布的《精神损害赔偿解释》和 2003 年发布的《人身损害赔偿解释》也均对自然人身体权的损害提供了救济的途径。2009 年发布的《侵权责任法》第 2 条规定了对侵害身体权的侵权保护。2017 年发布的《民法总则》第 110 条第 1 款肯定了健康权为人格权的重要组成部分，并为 2020 年通过的《民法典》继续认可，且在其人格权编中细化健康权的权利内涵。通过以上规范对健康权规制的进程可知，健康权一直以来都是民法规范明确列举应予保护的人格权。我国《民法典》第 1004 条对健康权概念的界定，既肯定了对生理健康的保护，也注重了对心理健康的维护。而且，随着现代社会的发展，心理健康的重要性日益提升，心理疾病已经成为重要的社会问题，对心理健康的保护和重视，符合人格权的发展趋势。

二、健康权的特点

健康权在民法上的特点，主要表现为以下方面：

其一，健康权主体的特定性。健康权为物质性人格权，其主体只限于自然人，法人、非法人组织并非健康权的主体。

其二，健康权地位的基础性。健康权同生命权、身体权一样，均为自然人享有的基本权利，是人们从事生产、生活的基本条件。如果健康权无法得到保障，其他民事权利也会受到一定的影响。因此，健康权在民事权利体系中居于基础性地位。

其三，健康权的固有性。健康权与生命权、身体权均是权利主体固有的，与权利主体资格的存续联系密切，是自然人与生俱来的一项权利。健康权随自然人的出生而产生，随自然的死亡而消灭。

其四，健康权的专属性。原则上，健康权不可转让、放弃、继承，也不能成为

---

① 参见杨立新：《人身权法论》，人民法院出版社 2002 年版，第 425 页。

② 参见王利明主编：《人格权法新论》，吉林人民出版社 1994 年版，第 303 页。

许可使用的对象。

其五,健康权的绝对性。健康权的权利主体是特定的自然人,而义务主体是除权利主体以外的其他主体,权利主体有权排除一切义务人的非法侵害,义务主体负有不得实施侵犯和妨害的义务。

其六,健康权的平等性。任何自然人均平等地享有健康权,不因民族、种族、政治取向、宗教信仰、经济和社会条件的差异而有所区别。在健康权受损时,也同样会获得法律的平等保护。

三、健康权的内容

健康权是受法律明确保护的一项民事权利,其内容包括身体健康维护权和心理健康维护权。[①] 拥有健康的身体,就可以更好地参加社会活动;拥有健康的心理,就可以正确对待生活中的成功与失败。

(一)身体健康维护权

个人的身体健康不受任何非法侵害,任何人违反这一义务,侵害他人的身体健康,受害人均有权要求其承担相应的法律责任。[②] 对个人身体健康的维护,有助于恢复自身的健康状态,提高自身的生活质量。不同于生命的损害具有不可逆转性,一般而言,健康的损害具有可康复性。无论权利主体的健康发生了功能性的损害,还是器质性的损害,都能够通过专业的医治恢复健康。

健康权不仅是个人依法享有的人格权,同时在一定程度上也涉及对社会公共利益的维护。权利人在不违背法律规定和公序良俗的情况下,有权依法支配自身的健康利益。虽然权利人实施的一些活动在客观上不利于个人健康,但却具有一定的公益性、道德性和社会性,应予支持。例如,人们参与研制新药的临床试验,虽然存在损害健康的风险,但这类临床试验具有一定的公益性,只要依法进行,人们便可参与。

(二)心理健康维护权

现代社会在强调身体健康的同时,愈加关注心理健康。美国哈佛大学的精神病学家弗列曼教授曾指出:“人们患病的原因,心理因素占了很大比例。”心理

① 参见李广德:《公民健康权实证化的困境与出路》,载《云南社会科学》2019 年第 6 期。

② 参见王利明主编:《中国〈民法典〉草案建议稿及说明》,中国法制出版社 2004 年版,第 330 页。

健康是指自然人心理各方面处于一种良好的状态。心理健康受遗传因素和环境因素的双重影响,特别是幼年时期的家庭教育方式,对心理健康的发展具有重大影响。理想的心理健康状态包括认知正确、态度积极、适应良好、行为恰当、智力正常、意志合理等。

生理健康和心理健康并非毫无关联,在现实生活中二者联系密切,且相互作用,心理健康会时刻影响生理健康。例如,一个性格孤僻、长期处于心理抑郁状态的人,会整天郁郁寡欢,降低自身的抵抗力,病毒便会乘虚而入,损害其生理健康。心理健康是健康的一半,对健康权的保护,不仅要重视生理健康的保护,同时也要关注心理健康的保护。

依据健康权的内容可知,对健康权的侵害既包括对生理健康的侵害,也包括对心理健康的侵害,而侵害行为既有积极侵害行为,也有消极侵害行为。所谓积极侵害行为,是通过殴打、砍伤、砸、划、刺等行为损害人们的健康;所谓消极侵害行为,是通过消极不作为行为损害人们的健康,如放任污染的发生而不实施整改措施,这一行为既损害了民众的健康状态,同时也违背了国家环境保护的要求。无论是积极侵害健康权的行为,还是消极侵害健康权的行为,都应依法规制,强化对健康权的保护。

四、临床试验的民法规制

现代医疗技术的进步离不开临床试验。人体临床试验是以自然人的人体为试验对象,进行新药物、新医疗器械、新预防及治疗方法等方面的试验研究行为。人体临床试验实为一把“双刃剑”,既然名为“试验”,便体现了这一行为的不确定性和可探索性,其既有可能促进医疗技术水平的进步,同时又可能对参与试验的受试者造成伤害。

人体临床试验的开展是为了全人类的福利而实施的活动,应予以鼓励、支持、尊重和保护,但鉴于人体临床试验可能产生的风险,所以应当对这一活动予以一定的限制,以加强对受试者权利的保护,促进科学研究的有序发展。我国《民法典》第1008条规定了临床试验的实施应满足的法定条件。

其一,应经过法定的许可程序。由于人体临床试验涉及对受试者生命、身体和健康等人格利益的重大影响,为防止对受试者人格利益的不当处分,损害受试者的合法权益,应设置法定的许可程序,获得相关主管部门的批准。另外,除了经过相关主管部门批准，还需征得伦理委员会的审查同意，以确定人体临床试验符合道德、伦理的要求，从而更好地维护人的主体地位和社会公共利益，防止损害人格尊严。①

其二，应保证受试者的知情权。由于人体临床试验具有一定的风险，不仅涉及试验的结果是否成功，还关系受试者的生命和健康，因此人体临床试验应保证受试者的知情权。由于有些受试者，特别是行为能力有缺的人，在认知能力、知识水平以及信息获取等方面相较于试验的发起者和实施者而言处于不利地位，因此，知情权中的告知对象并不局限于必须是受试者本人，还包括受试者的监护人。所以，为保证人体临床试验的进行，必须向受试者本人或者受试者的监护人履行充分的告知义务，明确告知临床试验的目的、用途以及可能产生的风险等详细的情况，从而使受试者或者其监护人在充分知情的前提下作出是否参与试验的决定。② 为充分保护受试者的知情权，保证受试者充分了解与人体临床试验有关的信息，同时也有利于固定证据，防止因告知问题产生纠纷后的举证不足，法律规定应以书面的形式确认同意的意向。如果未尽告知义务，则因试验而导致受试者权益受损，便有权提起诉请要求过错方承担相应的责任。

其三，应为免费试验。受试者参与临床试验，不得向其收取试验的费用，因为受试者参与的人体临床试验具有一定的利他性，应予以充分的尊重，所以要遵循免费原则。

五、从事与人体基因、人体胚胎有关的医学和科研活动的民法规制

生物技术时代，人体基因科技正迅速遍及医疗、教育和保险等领域。由于人体基因科技操控了人从出生到死亡之间各个阶段，影响每个民事主体、每个家庭，甚至影响至社会和国家，一旦被滥用，将会产生严重的后果。为防范技术的滥用，推动科技正向发展，促进科技利益最大化，对此应构建完善的法律规制体系。我国《民法典》第1009条规定了从事与人体基因、人体胚胎有关的医学

① 杨立新：《人格权编草案二审稿的最新进展及存在的问题》，载《河南社会科学》2019年第7期。

② 满洪杰：《关于受试者知情同意权的立法建议》，载《四川大学学报（哲学社会科学版）》2018年第3期。

和科研活动的条件限制，有助于引导这些医学和科研活动的健康有序发展。

与人体基因有关的医学和科研活动，主要是指人体基因检测活动和人体基因编辑活动。这两类活动均不是可以任意为之的，要受到法定的限制，如基因检测的秘密原则、亲子鉴定的子女最佳利益原则以及基因编辑的伦理性原则等。

与人体胚胎有关的医学和科研活动，主要是指人工辅助生殖技术的应用。人工辅助生殖技术是采用医疗辅助手段，帮助不孕不育夫妇达到受孕目的的医疗技术。人工辅助生殖技术包括人工授精和体外受精两类。人工授精是以人工方式取代男女性交，将男性精液注入女性体内，从而使女性妊娠的医疗方式；体外受精是将女性的卵子和男性的精子在体外的器皿内培育成熟，形成早期的胚胎，而后再转移到子宫内着床、发育，从而使女性妊娠的医疗方式。

我国《民法典》第 1009 条规定了从事与人体基因、人体胚胎等有关的医学和科研活动应符合的条件，主要包括以下两方面：

一是积极条件，强调上述活动应依法依规进行，要遵守法律、行政法规以及国家的有关规定。例如，人工辅助生殖技术应当依照《人工辅助生殖技术管理办法》的规定实施。

二是消极条件，要求上述活动的实施不得危害人体健康，不得违背伦理道德，不得损害公共利益。例如，我国禁止进行生殖性克隆人的任何研究；再如，医疗机构和医务人员不得实施任何形式的代孕技术。这两项活动均违背了公序良俗原则，不得违法实施。

六、对性骚扰行为的民法规制

现今，性骚扰现象具有一定的普遍性。无论是在国内，还是在国外；无论是在职场领域，还是在日常生活领域；无论是在现实场所中，还是在网络环境中均会存在。与性骚扰发生的普遍性相矛盾，因性骚扰行为受到侵害的受害者却很少以法律武器维护自身的合法权益。这种情况出现的原因，既有性骚扰行为的特点，也有受害者自身的原因，还有法律规制不足的影响，需综合判断。

（一）性骚扰的产生

“性骚扰”一词并非源自我国，而是舶来品。美国作为反性骚扰的发源地，对性骚扰问题的研究较为完备。美国在 20 世纪 70 年代以前并未以法律规制性骚扰问题,而主要是通过道德方式来调整,法官在审理性骚扰案件时也认为性骚扰仅是个人之间的私事,无法纳入法律调整范围。1974年,美国的法学家凯瑟琳·麦金农受理了一起性骚扰案件,这一案件成为美国性骚扰规制史上具有里程碑意义的重大事件。[①] 事件的主人公是一位职场女性卡米塔·伍德,因无法忍受上司带有性意味的挑逗而提出辞职,按照美国当时的法律,卡米塔·伍德因个人主动辞职,所以无法领取失业救济金。在这一案件的处理中,麦金农首次以"性骚扰"来界定上司的侵权行为,认为性骚扰是拥有地位优势的男性,采用欺凌、恐吓等手段对下属女性职员表达的不受欢迎的与性相关的言语、行动或者要求,既有语言上的性挑逗、性暗示,又有行为上让人感觉不适的抚摸、拥抱和亲吻等,还有利用职权优势,以升职为利诱或者以辞退为威胁提出的性要求等。麦金农认为性骚扰是性别歧视在工作场所中的扩展和延伸,不仅侵害了女性的人格尊严,对受害者造成了生理和心理上的损害,同时也强化了对女性的就业歧视。以这一案件为维权开端,美国在各领域开始了对性骚扰受害者的维护。受美国的影响,英国、加拿大、澳大利亚、日本以及法国等国家,也开始注重对性骚扰行为的法理规制,加强对受害者合法权益的维护。

在我国,性骚扰的现象古已有之,只不过是以"耍流氓""调戏妇女""吃别人豆腐""揩油"等词语来形容这类不受欢迎的与性有关的行为。面对性骚扰,许多劳动者为了得到更好岗位、获得更多的收入,或者仅为了继续保有现有的工作,大多选择忍受。从性骚扰与经济发展区域的关系来看,由于我国不同区域的经济发展水平存在较大差异,一般来说,经济发展水平较高的地区,性骚扰发生的概率较高,而经济发展水平较低的地区,性骚扰发生的概率较低。从性骚扰与企业文化的关系来看,管理松散、规模较小的企业中更容易出现性骚扰问题,而管理规范、规模较大的企业中较少出现性骚扰问题。

(二)性骚扰的概念

性骚扰的发生具有一定的现实性,而究竟何为性骚扰,在概念的界定中主要存在两种模式:一是反性别歧视模式;二是维护人格尊严模式。"反性别歧视模式"是基于性别差异,认定性骚扰在本质上即为男性对女性的性别歧视。采用这一模式的国家主要有美国、英国、加拿大等。而随着司法实践经验的积累,

① 参见张新宝、高燕竹:《性骚扰法律规制的主要问题》,载《法学家》2006年第4期。

这种模式的弊端也逐渐显现。歧视是对某一类人群的偏见,反性别歧视模式将性骚扰的范围限定在男性对女性的歧视,忽视了性骚扰对象的多样性,既包括男性对女性、女性对男性,甚至也存在男性对男性、女性对女性等情况。因此,这一模式对性骚扰概念的界定并非最佳,已不能适应社会发展要求,需进一步完善。"维护人格尊严模式"认为性骚扰实质是一种侵权行为,侵犯了人们的人格尊严。采用这一模式的国家主要有德国、菲律宾、以色列等。相较于"反性别歧视模式","维护人格尊严模式"对性骚扰的界定突破了主体等方面的限制,从广义层面对受害者予以人格权保护。但这一模式认为性骚扰行为侵犯了人们的人格尊严,而人格尊严是一般人格权的调整内容,过于宏观、概括和抽象,无法直接呈现性骚扰的侵权样态。虽然上述两种模式对性骚扰的界定均存在一定的局限性,但均具有重大的借鉴意义。性骚扰作为一种侵权行为,不同的行为表现会侵权不同的权利种类。因此,为了实现性骚扰概念界定的全面性,既要有宏观层面的概述,又要有微观层面的细化,从而为法律制定提供完善建议,为司法裁判提供明确指引。

从宏观层面来看,性骚扰是违背他人意愿实施的与性有关的言语、文字、图像和肢体行为等侵害他人合法权益的侵权行为。这一界定简明扼要,而且强调了三方面的要点:其一,性骚扰是一种侵权行为;其二,性骚扰在主观上违背了人们的主观意愿;其三,性骚扰在客观上是行为人实施了不受欢迎的与性有关的言语、文字、图像和肢体行为等。

从微观层面来看,性骚扰行为主要有以下四种表现:其一,当面、书面或者电子对话中存在带有不受欢迎的性意味的言语;其二,实施带有性意味的不受欢迎的触摸、拥抱、亲吻、性器官顶触等行为;其三,展示不受欢迎的色情书刊、画报、漫画等文字或图片;其四,其他不受欢迎的性骚扰方式。

(三)性骚扰的法律属性

性骚扰是一种侵权行为,直接造成他人的人格权益受损,但到底侵犯了何种人格权益,法律并未有明确的规定。针对这一问题,学界有诸多探讨,既有认为侵害一般人格权的,又有认为侵害具体人格权的;既有认为侵害具体人格权中的身体权、健康权等物质性人格权,又有认为侵害具体人格权中的名誉权、隐私权等精神性人格权,还有认为侵害了法律并未明文规定的贞操权和性自主权等。上述观点均具有一定的正确性,当性骚扰造成人们身体完整有缺、限制人们的行动自由,便会损害身体权;当性骚扰已经损害了人们的生理机能健康和心理机能健康,便会损害健康权;当人们因遭受性骚扰降低了个人的社会评价,便会损害名誉权;当性骚扰影响他人的私人生活安宁,便会损害隐私权;当性骚扰行为损害了性的完好、纯洁状态,便会损害贞操权;当性骚扰行为阻碍了人们性自主权的行使,便会损害性自主权。当性骚扰行为损害了人们基于人身自由、人格尊严享有的除上述权益以外的其他人格权益,便会损害一般人格权。而且,性骚扰既可以单独侵害上述某一种人格权益,又可能共同侵害上述两个或者两个以上的人格权益。由此可知,性骚扰侵害的人格权益具有一定的综合性,具体侵害的人格权益类型,需结合案件的实际情况来判断。

1. 性骚扰直接侵害的人格权益

性骚扰直接侵害的人格权益应为性自主权。性自主权是指人们有权依法自由决定是否进行与性有关的活动,以及活动的方式、地点和时间等,不受他人的非法干预,从而满足个人性利益的权利。无论性骚扰是否损害了他人的身体权、健康权、名誉权以及隐私权等权利,究其侵权本质,由于性骚扰一般是以带有性意味的言语、文字、图像以及肢体行为等方式,让受害者感受不适,使受害者的性利益受有损失。因此,因性骚扰行为产生的性利益的损失是直接的、必然的,而身体利益、健康利益和名誉利益等人格利益的损失均是间接的、偶然的,不具有必然性。因此,性骚扰直接侵害的人格权益是性自主权。

2. 性骚扰间接侵害的人格权益

性骚扰在直接侵害性自主权的同时,也可能侵害其他人格权,虽不具有必然性,但根据纠纷的发生样态,仍具有侵害身体权、健康权、名誉权、隐私权等人格权的可能性。

针对性骚扰对人们人格权益的影响,既要积极采取预防措施,防止性骚扰的发生,又要按照性骚扰侵害的人格权益,提供相应的法律救济,从而最大限度地弥补权益受损者所受的物质损失和精神损失。

(四)性骚扰的实践样态

法律的生命是经验,理论的探讨不能脱离实践,实践的归纳整理、分析研究有益于增强理论的合理性、可行性和系统性。目前,司法实践中存在大量的性骚扰案件纠纷,这些案件纠纷所呈现的性骚扰实践样态主要表现为以下几方面。

1. 性骚扰案件的立案理由多样

性骚扰案件的立案理由主要有三方面：一是人格权纠纷，又可分为一般人格权纠纷、名誉权纠纷、隐私权纠纷以及生命权、健康权和身体权纠纷等；二是劳动人事争议纠纷；三是婚姻家庭纠纷。多样的立案理由也体现了性骚扰发生领域的广泛性，既包括婚姻家庭内部领域，也包括职场领域，还包括公共场所领域。

2. 证据是追究性骚扰侵权责任的必备要素

根据证据规则“谁主张，谁举证”的原则，若受害者没有证据或者证据不足，不能证明性骚扰的存在，法院便无法保护受害者的合法权益。性骚扰发生的场所一般都较为隐蔽，骚扰者与受害者均为特定的，很难有第三人在场，这就为受害者的举证设置了阻碍，加大了证据收集的难度。受害者只有提供了充足的证据证明自己的主张，才能得到法院的支持，使骚扰者接受法律的制裁。

3. 性骚扰影响的范围广泛

性骚扰不仅会影响受害者、骚扰者、用人单位等主体，还会影响婚姻家庭的幸福、社会秩序的稳定。受害者可能会因性骚扰造成自身的性权利、身体权、健康权和名誉权等权益的损害。骚扰者因实施性骚扰，需要为自己的行为付出代价，影响今后的职业发展，影响个人的声誉。用人单位因陷入性骚扰纠纷，可能对影响自己的声誉，从而影响整体的经营状态。性骚扰的发生也可能会破坏良好的婚姻关系、污染良好的社会环境、危害平稳的社会治安。

4. 性骚扰的赔偿数额较低

性骚扰对受害者既有生理影响，又有心理影响。法院在审理与性骚扰有关的案件时，虽然会判决骚扰者承担一定的赔偿责任，但赔偿数额较低。虽然在一定程度上弥补了受害者所受的损害，但却不足以威慑骚扰者。

（五）性骚扰的法律规制

1. 性骚扰法律规制的内容

我国现有规范对性骚扰的规制，既有公法层面的，也有私法层面的，还有公法和私法相融合的社会法层面的。随着时代的发展，规制的内容也在不断完善。

1982 年颁布的《宪法》作为国家的根本大法，第 38 条规定了对公民人格尊严的保护，从宏观上肯定了公民的人格尊严不受侵犯，从而为规制性骚扰提供了宪法依据。

1986 年颁布的《民法通则》规定了对生命健康权、名誉权和人格尊严的法律保护，由于在一定情形下，性骚扰会间接侵害他人的上述权利，通过《民法通则》的相关规定，可以对性骚扰予以间接规制。

2001 年通过的《精神损害赔偿解释》第 1 条规定，因人格权遭受非法侵害，诉请精神损害赔偿的，人民法院应依法受理。对于因性骚扰造成严重精神损害的，人民法院可依据第 8 条规定要求侵权人承担停止侵害、恢复名誉、消除影响和赔礼道歉的民事责任，还可以根据受害人的请求，判令侵权人赔偿一定的精神损害抚慰金。虽然这一解释在 2020 年被修正，但保护性骚扰受害者的精神仍未改变。

2005 年颁布的《妇女权益保障法》第 40 条首次提出了“性骚扰”一词，并特意强调了禁止对妇女实施性骚扰。因性骚扰权益受损的妇女有权向有关组织投诉。对于违背妇女意愿实施性骚扰构成违反治安管理行为的人，需依据该法第 58 条的规定，按照《治安管理处罚法》给予相应的行政处罚，也可以由受害人依法向人民法院诉请保护。

2012 年通过的《女职工劳动保护特别规定》第 11 条明确提出了用人单位防治性骚扰的义务，强调用人单位应当预防和制止对女职工的性骚扰，从而加强了对女性职工合法权益的保障。

在 2014 年教育部发布的《关于建立健全高校师德建设长效机制的意见》和《中小学教师违反职业道德行为处理办法》中，国家明确表明了禁止教师对学生实施性骚扰的态度，对于违反者，需严格依法处分。

2020 年修订的《未成年人保护法》第 40 条规定了作为教育机构的学校和幼儿园应建立针对性骚扰的事前预防制度和事后处理制度。学校和幼儿园应加强对未成年人开展适龄性教育，提高其自我保护的意识和能力。对于已遭受性骚扰的未成年人，应及时对受害者采取保护措施，并应及时向有关组织报告，配合处理。

2020 年颁布的《民法典》第 1010 条以法典规范的形式规定了性骚扰的表现形式以及机关、企业、学校等单位应承担的防止性骚扰、处置性骚扰的安全保障义务。

除上述规范之外，《劳动法》《劳动合同法》等劳动法律规范针对工作场所发生的性骚扰也有所规制。对于侵权情节严重、影响较大的性骚扰行为,《刑法》中的强制猥亵罪、猥亵儿童罪以及强奸罪等罪名也都有所规制。

2. 性骚扰法律规制的问题

虽然我国已有多部法律规范针对性骚扰问题予以规制,在一定程度上能够有效解决和处理性骚扰纠纷,但无论是理论研究,还是司法实践中,都存在一定的规制问题亟待解决,具体表现为如下四方面:

其一,性骚扰侵权类型并未明示。性骚扰直接侵犯了受害人的性自主权,但我国现有法律规范并未确立性自主权的独立性。有关性骚扰纠纷的处理,要么是以一般人格权进行宏观规制,要么是以身体权、健康权、名誉权和隐私权等具体人格权进行间接调整,均未体现性骚扰侵权的本质。以立法确立性骚扰侵害的直接权利类型,有益于为性骚扰受害者提供更为周延、全面的保障。

其二,性骚扰立法规制较为分散。规制性骚扰的规定散见于诸多的法律、行政法规、司法解释等,尚不存在一部专门规制性骚扰的规范。性骚扰立法规制的分散不利于受害者权益的及时维护。当受害者因性骚扰行为受有损害,其在诉请法院保护其合法权益时,主张的法律依据可能存在不同的层级、不同的强调要点、关注因素,以致无法准确查找正确的规范作为诉请的依据。人民法院在案件审理时,也会因无法准确适用法律规范,存在一定的裁判乱象。

其三,性骚扰证据规则并不合理。性骚扰纠纷作为侵权纠纷,受害人在向法院诉请保护时,需按照"谁主张,谁举证"的举证规则提起证据,证明自身的合法权益因性骚扰而受损。证据是认定侵权行为成立的核心要素,是否有证据、证据是否充足都是受害者能否胜诉的关键。由于性骚扰一般都发生在较为隐秘的场所,证据获取、收集的难度比较大,而且受害者在最初被性骚扰时,往往多加隐忍,但在经受了长期的性骚扰后再准备维权,就会发现有大量证据未能妥善保存。另外,有很多的证人因出庭作证而受到报复,为了保全自身,许多证人往往不愿主动站出支援受害者。现有的举证规则不仅无法为性骚扰受害者提供有利的维权助力,反而会让受害者害怕维权,减弱对司法的信任感。

其四,性骚扰责任承担并不具有强烈的威慑性。受害者因性骚扰而权益受损,其可通过停止侵害、排除妨碍、赔礼道歉等人格权请求权或者物质损害赔偿、精神损害赔偿等损害赔偿请求权要求侵权人承担相应的法律责任。但上述责任的承担并不具有强烈的威慑性,既无法有效预防性骚扰的发生,也无法对侵权人施以严厉的惩戒。因此,建议增加惩罚性赔偿责任,既可威慑侵害人,防止其实施侵害行为;也可严肃惩戒侵害人,从而更好地弥补受害人所受损失。另外,虽然《民法典》第1010条第2款规定了单位预防和制止性骚扰的义务,但并未规定义务未履行或者未妥善履行时应承担的法律责任。由此,这一条款便有倡导性的意蕴,无法强制适用,因此,建议增设雇主责任,以更好地威慑侵权人,从而为受害者提供更有力的保障。

3. 性骚扰法律规制的完善

伴随经济的发展和科技的进步,性骚扰的现实样态也越来越丰富,产生的矛盾纠纷也越来越多。虽然我国已有法律规范对性骚扰予以明确规制,但仍缺乏具体的预防以及救济的操作规范。对性骚扰法律规制的完善路径,诸多学者纷纷建言献策。既有支持性骚扰单独立法的观点,如陈癸尊在1999年正式提交过"中华人民共和国反性骚扰法"的提案;也有反对性骚扰单独立法的建议,如认为单独制定反性骚扰法律规范的时机还不成熟,可在已有规范的基础上进行部分修改和补充,从而解决目前性骚扰规制所面临的问题。

不同的学术思想和理论观念的呈现,体现了学界对性骚扰问题的重视。从不同的角度看待上述观念,均具有一定的合理性。首先,从长远视角来看,制定独立的反性骚扰法律规范当然是最优选择。但法律的制定需要综合考虑多重因素,不能任意为之。例如,已有规范存在的问题、法律制定的成本与效用、相关的理论研究成熟度以及司法实践经验的积累成果等。在立法时机尚不成熟时随意立法,反而会造成规范的制定不完备、不健全,影响国家法律的权威和尊严。再者,已有法律规范虽然已经能解决诸多性骚扰纠纷,但不同规范不仅效力层次高低不一,而且规制的领域存在一定的偏重差异,影响了法律的体系性和统一性,不利于促进良好法律实施效果的实现。

制定独立的反性骚扰法并非一蹴而就,需经过多方理论分析探讨和多年司法实践经验积累。为促进司法实践经验的积累,建议由最高人民法院专门制定一部反性骚扰司法解释,以发挥司法解释调整时间的及时性、调整方式的灵活性、调整范围的广泛性以及调整内容的细致性优势,待积累足够的经验,立法时机成熟之时,再制定独立的反性骚扰法律规范。

规制性骚扰的司法解释，针对我国性骚扰法律规制中存在的问题，应提出具体的解决方案。司法解释的内容主要包括以下四方面：一是迎合时代发展的要求，科学界定性骚扰的概念；二是确定性骚扰侵犯的权利类型，补充性自主权的内涵；三是调整姓名规则，加强受害者对证据的收集能力；四是细化机关、企业、学校等单位应履行的防治性骚扰的安全保障方式，强化雇主责任和惩罚性赔偿责任，以更好地维护受害者的合法权益。

七、危难情形下的法定救助

近年来，导游对其带队的游客是否有救助义务，公交车司机对公交车上遭遇抢劫的乘客是否有救助义务，结伴旅游时对遇险的同伴是否有救助义务等问题不断涌现，相关案件也层出不穷，学者对此类问题的解决也争论不断。有学者认为，一般救助义务本属于道德范畴，不应上升为法律层面，将危难情形下的救济义务予以强制化和法律化，极易造成道德与法律的混淆，限制人们的行为自由，给人们的生活增加不必要的负担，限制了社会活动的开展。[①] 另有学者认为，危难救助义务的设置是社会进步的体现，符合社会发展的需要，凸显了法律对人的关爱和对生命等重大权利的尊重，展现了人文主义的精神，具有利益权衡的色彩。[②]《民法典》对于这一争议，积极作出回应，第 1005 条规定了负有法定救助义务的主体在自然人的生命权、身体权和健康权受到侵害或者处于其他危难情形时，应当及时施救。

（一）负有法定救助义务的主体

《民法典》第 1005 条概括规定了负有法定救助义务的主体在发生法定情形时，应当及时施救。其中的“法定”，并非仅指依照《民法典》的规定，也包括依照《民法典》以外的其他法律规范的规定而明示的具有救助义务的主体。

1.《民法典》中负有法定救助义务的主体

《民法典》中规定的负有法定救助义务的主体主要有以下四类：

一是父母与子女之间负有法定救助义务。根据《民法典》第 26 条的规定，

---

① 参见郑丽清：《对危难救助义务功能的考察与反对立法理论的回应》，载《福建师范大学学报（哲学社会科学版）》2012 年第 6 期。

② 参见温世扬：《民法典人格权编草案评议》，载《政治与法律》2019 年第 3 期。

父母对未成年子女有抚养、教育和保护的义务。另外,成年子女对父母负有赡养、扶助和保护的义务。自然血亲的父母子女关系是基于子女的出生而产生的,不能通过任何程序人为地解除,只能因父母或子女一方的死亡而终止。拟制血亲的父母子女关系是基于再婚或收养而形成的,虽是人为设定,但经过法律认可,这种关系可因父母或子女一方的死亡而终止,也可因拟制关系的解除而终止。父母与子女之间具有一定的法定救助关系,应依法履行救助义务。

二是夫妻之间负有法定救助义务。根据《民法典》第 1059 条的规定,夫妻之间有相互扶养的义务。夫妻之间的扶养义务是对等的、相互的,在一方需要扶养时,另一方应履行扶养义务,特别是在一方年老、疾病或者丧失劳动能力、生活困难的情况下,有扶养能力的一方应主动扶养,而需要扶养的一方,有权要求另一方扶养。

三是负有安全保障义务的经营者、管理者或者群众性活动的组织者负有法定救助义务。根据《民法典》第 1198 条的规定,宾馆、商场、银行和车站等经营场所、公共场所负有安全保障义务的经营者、管理者或者群众性活动的组织者,应尽到安全保障义务,在出现危难情形时,及时救助。

四是教育机构负有法定救助义务。根据《民法典》第 1199 条至第 1201 条的规定,幼儿园、学校或者其他教育机构在无民事行为能力人、限制民事行为能力人遇有危难情形时,负有一定的救助义务。

2. 其他法律规范中负有法定救助义务的主体

其他法律规范中也有对负有法定救助义务主体的规定,主要表现为:

其一,医疗机构及其工作人员为法定救助义务主体。根据《道路交通安全法》第 75 条的规定,医疗机构应及时抢救因交通事故而受伤的人员,不能因为未及时支付抢救的费用而拖延治疗。此外,根据《医疗机构管理条例》第 30 条的规定,对于危重病人,医疗机构应当立即抢救。

其二,人民警察、消防员为法定救助义务主体。根据《人民警察法》第 21 条的规定,在公民的人身安全、财产安全处于危难情形时,人民警察应当立即救助;对于公民提出的希望解决纠纷的要求,应当给予帮助;对于公民已经报警的案件,需要及时查处。根据《消防法》第 44 条的规定,消防队接到火警,应当立即前往火灾现场,救助遇险人员。

其三,船长、机长为法定救助义务主体。根据《海商法》第 38 条的规定,船长在船舶发生海上事故,危及在船人员和财产的安全时,应组织在船人员尽力施救。根据《民用航空法》第48条的规定,机长在民用航空器遇险时,有权采取一切必要措施进行抢救。

(二)履行法定救助义务的要素

负有法定救助义务的主体在履行法定救助义务时,需满足以下三方面的要求。

1. 自然人的生命权、身体权和健康权处于危难情形

受救助的主体只能是自然人,而不能是法人、非法人组织。处于危难情形的只能是生命权、身体权和健康权这三类物质性人格权受到侵害或者是处于其他危难情形,法律并没有对姓名权、肖像权、名誉权等精神性人格权进行法定救助的规定。这是因为自然人的生命权、身体权和健康权均为物质性人格权,在价值上具有优先保护性,是民事主体享有其他民事权利的基础。

2. 实施救助行为的主体具有法定救助义务

实施救助行为主体的法定救助义务,或是源于法定的身份关系,抑或基于特定的职业要求。就前者而言,父母子女之间、夫妻之间均是基于法定的身份应当相互救助;就后者而言,医疗机构的工作人员对患者、人民警察对需要帮助的民众是基于特定的职业要求应当予以救助。

3. 负有法定救助义务的主体具有救助能力

负有法定救助义务的主体应当在具有救助能力之时实施救助行为,在救助能力不足或者丧失救助能力之时,不可苛求进行救助。

第三章

姓名权和名称权

第一节 姓名权

一、姓名权的概念

姓名是自然人社会属性的标志和代号,不仅体现了个人的人格自由和意志自由,也承载着社会的伦理观念和文化传统。姓名既与自然人的人格具有标识性的关联,而且也体现了人格利益,对姓名权的确认和保护具有时代意义、伦理意义和社会意义。

(一)姓名的界定

姓名,也称为“名氏”,与自然人不可分离,代表自然人本人,既是使自然人特定化的标志,也是人们之间存有区别的名称符号。[①] 姓名是由人的“姓氏”和“名字”两部分组成。姓名中的“姓”是“姓氏”,即家族的标记,“名”是“名字”,即自然人个人的称呼。姓名存在的意义在于更好地区分不同的自然人,以便于人们参与社会活动,从而进行正常有序的交往。[②]

姓名要满足三方面的构成要件:首先,姓名是一个符号,一种标志;其次,作为符号或者标志的姓名与特定的自然人相联系;最后,该自然人利用姓名这一符号或者标识与其他民事主体进行社会交往。

---

① 参见程啸:《侵权责任法》,法律出版社 2015 年版,第 136 页。

② 参见王春梅:《论自然人姓名权的行政克减》,载《学术交流》2020 年第 2 期。

（二）姓名权的界定

姓名权是指自然人有依照法律规定，决定、使用、变更或者许可他人使用自己姓名的权利。此处所述的姓名应作广义的理解，并非仅指自然人的正式姓名，还包括具有一定社会知名度、容易造成公众混淆的笔名、艺名和网名等称呼。每个自然人均有一个正式姓名，是居民身份证上记载的姓名，具有法律意义。一般而言，关于姓名权的规定，指向的均为正式姓名。《民法通则》、《侵权责任法》和《民法总则》（均已失效）等法律规范中规定了保护姓名权的规则，但其保护的对象仅限于民事主体的正式姓名，并未涉及对笔名、艺名、网名、字号、姓名的简称等称呼的保护。在现实生活中，很多自然人的笔名、艺名以及网名等比其正式姓名更具影响力和知名度，容易引起主体身份的混淆，产生纠纷。例如，作家周树人的笔名鲁迅往往比其真名周树人更广为认知、影响力更大。《民法典》不仅规定了对自然人正式姓名的保护，而且还通过第 1017 条规定了对具有一定社会知名度、容易造成公众混淆的笔名、艺名和网名等的保护，可参照适用姓名权保护的相关规定，从而防止主体身份的混淆。[①]

我国对姓名权的规制最早见于 1980 年通过的《婚姻法》（已失效），该法第 10 条规定了夫妻双方均有使用自己姓名的权利，第 16 条规定了子女姓氏的选取可以随父姓或者母姓。1986 年通过的《民法通则》（已失效）第 99 条第 1 款肯定了姓名权的人格权属性，细化了姓名权的权利内涵，规定了侵害姓名权的行为方式。2009 年通过的《侵权责任法》（已失效）第 2 条第 2 款规定了对侵害姓名权的救济保障。2017 年通过的《民法总则》（已失效）第 110 条延续原《民法通则》的做法，仍坚持姓名权的人格权属性。2020 年通过的《民法典》在前述规范的基础之上，不仅继续确认姓名权为人格权，而且在人格权编中细化了姓名权的概念和内涵，并通过侵权责任编为姓名权的损害提供了救济路径。

二、姓名权的特点

姓名权的特点主要表现为如下三方面：

其一，主体的特定性。姓名权的主体只有自然人，法人和非法人组织并非姓名权的主体，其享有的是名称权。当然，如果自然人将其姓名当作法人或者

---

① 参见张红：《混淆姓名之侵权责任》，载《财经法学》2015 年第 4 期。

非法人组织的名称来使用,此时,该姓名已成为名称,因此便可以适用名称权予以保护。

其二,属性的综合性。虽然目前学界普遍认同姓名权的人格权属性,但近代以来,关于姓名权的争议一直存在,人们在肯定姓名权人格权属性的同时,有时还将其视为财产权。关于姓名权财产权属性的界定,主要有以下两种观点:第一,所有权说。在法国大革命后,法国的司法机关在司法裁判中认可了姓名权的所有权属性,认为冒用他人的姓名,实则侵害了他人的所有权。① 第二,无形财产权说。德国学者斯陶伯指出,姓名权并无有形的标的,在某些情形中,可以具有经济上的价值,并对其予以处分。因此,姓名权应为无形财产权。② 现代社会对姓名权性质的界定,并不局限于人格权属性,随着市场经济的发展,姓名权属性的二元时代已经到来,伦理领域的应用体现其人格利益属性,而商业领域的应用则体现其财产利益属性。

其三,类型的标表性。姓名权是一种标表性人格权,是基于姓名这一人格标识而存在的权利类型。作为标表性人格权,姓名权人既可以自行使用,也可以授权他人使用,从而最大限度发挥这一权利的应有价值和作用。

三、姓名权的内容

根据《民法典》第1012条的规定,姓名权的内容主要包括四方面,分别为姓名决定权、姓名使用权、姓名变更权和姓名许可使用权。

(一)姓名决定权

姓名决定权是指自然人有依法决定个人姓名的权利,不受他人的非法干涉。从理论层面来看,只有本人才有权行使其姓名决定权,决定自己的姓名;但在客观事实上,当行为能力有缺的子女尚未具有决定个人姓名的行为能力时,姓名的选取,往往是由其父母或者其他监护人来决定,这并非对姓名决定权的否定,实质上是父母与子女之间的亲权体现。在自然人具备相应的民事行为能力后,即有权自行决定自己姓名的变更。

姓名中的"姓"和"名"需要依法选取。就"姓"而言,在中国的传统文化中,

---

① 参见佟柔主编:《中国民法学·民法总则》,中国人民公安大学出版社1990年版,第113页。

② 参见王利明主编:《人格权法新论》,吉林人民出版社1994年版,第326页。

姓氏体现了文化传统、伦理秩序和血缘传承,姓氏的选取涉及种族血缘的纯正性。自然人姓氏的选取不是任意的,需依照法律规范决定,并不得违背社会的公序良俗。例如,在"北雁云依案"①中,人民法院在裁判中认为,原告自行创设的姓氏"北雁"会冲击传统文化和伦理观念,不符合公序良俗和一般道德的要求,也不利于对社会制度的维护,因此判决驳回原告的诉请。根据《民法典》第1015条的规定,一般而言,自然人应当与父亲同姓或者与母亲同姓。这一做法体现了男女法律地位的平等,符合绝大多数民众的意愿,也与社会现状相一致。② 当然,考虑到姓氏选取的实际情况,如果人们有正当理由时,满足下列三种情形之一的,也可以依法选择父母姓氏以外的其他姓氏:其一,选取其他直系长辈血亲的姓氏;其二,因由法定扶养人以外的人扶养而选取扶养人姓氏;其三,有不违背公序良俗的其他正当理由。另外,为维护少数民族的民族特色,尊重少数民事的风俗习惯,法律规范中特别强调,少数民族自然人的姓氏可以按照本民族的文化传统和风俗习惯来选择。就"名"而言,自然人有较大的选择范围,只要不违背法律和公序良俗的要求即可。③

自然人不得故意选取与他人相同的姓名,造成姓名权的冲突,从而达到自己不正当的目的。姓名是依靠有限的文字符号排列组合后予以外在呈现,重名的现象是不可避免的。虽然各国目前暂时并未限制重名现象的出现,对于数人合法取得同一姓名的情况,只要合法使用均为法律所允许。但如果基于不正当目的,故意选取与他人相同的姓名,使第三人混淆、误认,侵害他人合法权益的,即构成对他人姓名权的侵害,应依法承担侵权责任。如果正当选取与他人相同的姓名,即使可能使第三人混淆、误认,造成权利义务关系的混乱,也不构成侵害姓名权。因此,对姓名决定权的行使应作出必要的限制,应尊重社会公德,不得损害他人合法权益和社会公共利益。

再者,自然人决定姓名后,还需依法履行相应的登记手续。根据《民法典》第1016条的规定,自然人决定姓名,应当依法向有关机关办理登记手续,但是法律另有规定的除外。登记手续的履行便于国家对人口的管理,既具有一定的

---

① 参见山东省济南市历下区人民法院行政判决书,(2010)历行初字第4号。

② 参见任江、张小余:《子女姓名决定、变更权的实证分析与启示——实证主义路径下的我国首部民法立法解释评析》,载《河北法学》2015年第11期。

③ 参见张红:《民法典之姓名权立法论》,载《河北法学》2019年第10期。

行政目的,同时也具有一定的公示效力。

(二)姓名使用权

姓名使用权是指自然人有依法按照个人的意愿使用自己姓名的权利。自然人有权决定是否使用自己的姓名,在哪一领域使用自己的姓名以及以何种方式使用自己的姓名,这是人格权积极权能的体现。姓名作为人格标识,可以在商业领域中进行营利性使用。自然人有权将其姓名应用于商业领域,进行广告宣传、用作商标来使用,从而获取财产利益。

姓名的使用并非完全是私法调整的范畴,基于公共管理的需要,国家可以约束姓名的使用。例如,根据国务院发布的《个人存款账户实名制规定》的第6条第1款的规定,个人在金融机构开立个人存款账户时,应当使用身份证件上记载的实名。再如,根据全国人民代表大会常务委员会通过的《期货和衍生品法》第18条的规定,期货交易实行账户实名制。需要以本人的名义申请开立账户,进行期货交易。因此,自然人在从事重要的法律行为时,负有使用正式姓名的义务,若未能正确使用正式姓名,则容易导致权利义务主体的混乱,从而使法律关系不明,进而影响个人利益的保护和社会秩序的稳定。

(三)姓名变更权

姓名变更权是指自然人有依法按照个人意愿修改自己姓名的权利。自然人既可以单独修改自己的姓氏,也可以仅修改自己的名字,还可以将姓氏和名字一起修改。由于自然人在变更姓名之前已经用原有姓名参与了一系列社会活动,社会活动的参与不仅会影响他人利益,甚至也会影响社会公共利益,因此对姓名的变更需受到行政管理的限制,以维护法律关系的稳定与延续。根据《民法典》第1016条的规定,自然人变更姓名,应当依法向有关机关办理变更登记手续,但是法律另有规定的除外。对于在姓名变更前实施的民事法律行为,即便姓名已经变更,对本人仍具有法律约束力。

自然人姓名的变更并不是任意的,需受到法律的限制以及公序良俗等原则的约束。一方面,自然人不得随意变更自己的姓名。例如,自然人不得基于不正当的目的随意更改成与他人相同的姓名,造成权利义务关系的混乱。另一方面,自然人不得擅自变更他人的姓名。例如,在2010年发生了一件因姓氏生僻被迫集体改姓的事件。山东省菏泽市某村200多名村民姓名中的姓氏为“亖”

(上乡下且),因姓氏生僻,在办理二代身份证时,电脑中的输入法无法输出此姓,便被建议集体改姓。

在社会和家庭生活中,关于姓名变更的纠纷,最为常见的便是子女姓名变更的纠纷,特别是子女姓氏的变更。司法实践中的纠纷样态主要包括两种形式:其一,离婚后的母亲未经父亲同意擅自更改子女姓氏;其二,婚姻关系存续期间的母亲未经父亲同意擅自将子女姓氏变更为母姓。[①] 子女姓氏的变更涉及伦理传承、性别平等、血缘延续、制度正义和亲情关照等因素,因此法官在进行司法审判时往往难以裁决。原则上子女姓氏的变更应由父母双方协商一致,在无法达成一致时,审理案件的法官可按照子女最佳利益原则进行裁判,同时应兼顾有利于亲子关系稳定、家庭和谐等因素以综合权量。[②]

(四)姓名许可使用权

姓名许可使用权是指自然人有依法许可他人使用自己姓名的权利。姓名的许可使用往往需与肖像或者声音等其他人格标识结合应用,纯粹许可他人利用自己的姓名来使用并非主流做法。姓名许可使用权一般为知名人士积极行使,他们可以凭借自己的影响力和知名度与他人签订姓名许可使用协议,允许他人在其商品或者服务的宣传推广中使用自己的姓名,从而促进商品或者服务的销售。从这一层面来讲,允许自然人对其姓名许可他人使用,已经体现了自然人姓名的财产价值,能够为自然人带来一定的经济利益。根据《民法典》第1023 条的规定,对姓名等的许可使用,参照适用肖像许可使用的有关规定。因此,关于姓名许可使用的细化,可通过肖像许可使用规定予以明确。

需要特别注意的是,在正常交往中使用他人的姓名是为法律所允许的,并不需要特别的许可,但使用人负有正确使用他人姓名和称呼他人姓名的义务,不得侵害他人的姓名权益。[③] 另外,根据《民法典》第 999 条的规定,为公共利益实施新闻报道、舆论监督等行为的,可以合理使用自然人的姓名;如若使用不合理,造成被使用人的人格权受损,应依法承担相应的民事责任。

---

① 参见王歌雅:《子女姓名权:内涵检审与制度建构》,载《求是学刊》2016 年第 4 期。

② 参见石冠彬:《民法典姓名权制度的解释论》,载《东方法学》2020 年第 6 期。

③ 参见李永军、项斌斌:《民法典编纂背景下姓名权与其他“人格权”的区分——兼及我国民法典人格权编的立法建议》,载《浙江工商大学学报》2019 年第 2 期。

四、侵害姓名权的行为

一般情况下,对他人姓名的使用并不构成侵权。根据《民法典》第 1014 条的规定,侵害姓名权的方式主要有三类:一是干涉;二是盗用;三是假冒。当然,随着时代的发展,也存在其他侵害姓名权方式,因此,在第 1014 条中以"等"字进行扩展性涵盖。

(一)干涉

干涉是指未经权利人允许,擅自干预权利人自主决定、使用、变更、许可使用姓名。干涉是积极侵害他人姓名的一种侵害行为,在司法实践中较为常见,多发生在家庭内部。例如,父母擅自更改子女的姓名,此举干涉了子女对个人姓名的变更,应予纠正。

(二)盗用

盗用是指未经权利人同意或者授权,擅自使用他人姓名从事某种行为。例如,擅自使用他人姓名进行工商登记。盗用他人姓名,往往使其他民众误将从事的行为与被盗用者相对应,可能导致被盗用者的社会评价降低。

(三)假冒

假冒也即冒名顶替,是使用他人姓名并冒充该人从事民事活动的行为。假冒他人姓名,是冒充他人从事某种活动,往往并未直接侵害权利人的利益,而是通过借助权利人的身份从而达到自己的目的,从中获益。这一点也是假冒与盗用的区分关键。虽然假冒并未直接侵害权利人的利益,但可能会间接使权利人丧失一定的利益。在司法实践中,存在很多的假冒侵害姓名权案件,如"齐玉苓案""邢国亭案"等,甚至也存在刑事案件的犯罪嫌疑人假冒他人姓名来逃避法律的制裁。侵害姓名权的假冒行为,多发生为对知名人士姓名的假冒,以利用社会成员对知名人士的信赖和尊崇,谋取不当利益。例如,未经他人同意而直接在自己创作的作品上签署他人的姓名。

干涉行为主要侵害的是权利人对个人姓名的自主决定权利,而盗用和假冒行为则是以混淆的目的实施侵害行为。假冒他人姓名和盗用他人姓名虽然都属于非法使用他人姓名,而且还侵害他人姓名权的侵权行为,但二者仍存在一定的区别。首先,二者的目的不同。假冒他人姓名的目的往往是假冒者为了谋取一定的非法利益，既可能是财产利益，也可能是精神利益，并未直接损害被假冒者的权益。盗用他人姓名却常常直接损害了被盗用者的权益。

第二节　名　称　权

一、名称权的概念

法人、非法人组织的名称具有识别性和宣传性。通过名称的差异可区分不同的主体，借助顺口、动听、意蕴丰富的名称可更好地宣传产品或服务的优势，从而为主体带来一定的经济效益。基于名称而产生的名称权对法人、非法人组织而言意义重大。对名称权的规制，既涉及对市场主体名称决定权的尊重，又充分认可了市场主体由名称所衍生的主体特色呈现；既贯彻了经商自由原则和营商环境优化，又关注了市场秩序的稳定和公共权益的保障。

（一）名称的界定

名称是法人、非法人组织开展活动的自身标志，标示特定的团体，从而区别于其他团体。① 名称的设计应简明、易懂、易记，符合人们的心理认知，彰显主体特色。名称的适用应规范，从而更好地发挥名称的广告宣传效应，扩大社会影响力，促进主体品牌的打造。

现今，虽然规制我国法人、非法人组织名称的规范，既有《企业名称登记管理规定》《个体工商户名称登记管理办法》等专门规定名称的法律规范，也有《企业法人登记管理条例》《合伙企业登记管理办法》等涉及名称登记事项的法律规范，还有《公司法》、《合伙企业法》、《反不正当竞争法》和《民法典》等涉及名称或名称权的法律规范，但这些规范之间往往存在一定的规制混乱、矛盾之处，如商号、字号和企业名称等称谓的乱用等。相关问题的存在不仅无法满足市场经济的发展要求，导致主体混淆，同时也损害了立法的权威性。因此，顺应时代的发展趋势，梳理已有的法律文件，统一立法、排除矛盾，对名称作用的发挥将有重大意义。

① 参见程啸：《侵权责任法》，法律出版社 2015 年版，第 143 页。

（二）名称权的界定

名称权是指法人、非法人组织有依法决定、使用、变更、转让或者许可他人使用自己名称的权利。对比《民法典》对姓名权和名称权的规定，名称权与姓名权并不是同一词义，二者的享有主体、权利内容等均具有一定的区别。根据《民法典》第1013条的规定，名称权的享有主体只有法人和非法人组织，而姓名权的享有主体是自然人。根据《民法典》第1013条的规定，名称权的内容包括名称决定权、使用权、变更权、转让权和许可他人使用权，而姓名权的内容包括姓名决定权、使用权、变更权和许可使用权。名称权的权利内容中多了一项转让权。法人、非法人组织的名称权具有双重属性：其一，名称权作为人格权，具有精神属性，是法人和非法人组织固有的权利，具有一定的标识区分功能；其二，名称权具有一定的财产属性，通过转让或者许可他人使用的方式可以使权利人获得一定的经济利益，特别是一些信誉较高、质量有保证、效益较好的名牌企业、老字号企业的名称的转让或者许可使用，可以为权利人带来更高的经济利润。

我国自1986年便已有对名称权的规制，1986年通过的《民法通则》第99条第2款规定了名称权的享有主体包括法人、个体工商户和个人合伙，并明示了权利主体有权依法使用和转让其名称。2017年通过的《民法总则》第110条第2款规定名称权的享有主体为法人、非法人组织，体现了名称权主体范围的扩大。2020年通过的《民法典》在原《民法总则》认可法人、非法人组织享有名称权的基础上，还通过人格权编细化了名称权的内涵，并在侵权责任编中规定了名称权受损的救济路径。

二、名称权的特点

名称权的特点与姓名权的特点具有相似性，但具体内容略有区别，主要表现为如下三方面：

其一，主体的特定性。名称权的主体为法人和非法人组织。无论是营利性法人、非营利性法人、特别法人还是合伙企业、社会团体等非法人组织均有自己的名称，对其名称享有名称权。

其二，属性的综合性。名称权既具有人格属性，也具有财产属性，而且其财产属性较为突出。名称的经济价值可以用货币来评估，既可以依法许可他人使用,也可转让。姓名权虽然也具有财产属性,但其权能中仅包括许可使用权,并无转让权。

其三,类型的标表性。名称权与姓名权均是标表性人格权,名称权是基于名称这一人格标识而存在的权利类型。作为标表性人格权,名称权具有一定的商业利用价值,可以进行商业化利用。

三、名称权的内容

根据《民法典》第1013条的规定,名称权的内容主要包括五方面,分别为名称决定权、名称使用权、名称变更权、名称转让权和名称许可使用权。

(一)名称决定权

法人、非法人组织有权依法按照主体意愿决定各自的名称,不受他人的非法干涉。但对名称的决定并非绝对的,而是相对的。作为市场主体标志的法人、非法人组织的名称,既要尊重主体的独立意愿,突出私法属性,展现其自身特色,又要依照法律规定,符合社会主义核心价值观,不得违背社会公序良俗。①

目前,许多法人、非法人组织的名称虽已依法登记局,但却存有诸多争议。如深圳市赚他一个亿电子实业有限公司、你瞅啥(深圳)科技有限公司、深圳市屌丝团实业有限公司、大连爱咋咋地餐饮管理有限责任公司以及南京啪啪啪网络科技公司等。打造主体的驰名品牌,最终拼的还是可靠、过硬的产品或者服务,而非带有奇葩、猎奇、色情和网红等色彩的名称。盲目追求主体名称的新奇特,不仅无法发挥广告宣传、扩大影响的积极作用,反而可能会让消费者产生华而不实、涉嫌欺诈的感觉,从而为主体经营造成负面影响。

另外,有许多企业在决定自己名称时,也有"搭便车""傍名牌"的心理,通过登记与知名企业名称的文字、读音等方面具有相似性的名称,从而达到混淆消费者,谋取不正当利益的目的。例如,在2007年的"北京谷歌科技有限公司不正当竞争案"中,原告"谷歌中国"将被告"北京谷歌"诉至法院,认为被告实施了侵犯商标权和不正当竞争的行为。法院经审理认为,原告"谷歌中国"是美国Google公司在中国成立的子公司,名为谷歌信息技术(中国)有限公司。2006年正式启用中文名称"谷歌"。被告"北京谷歌"是在"谷歌中国"发布"谷

① 参见段威:《企业名称规范论:制度价值与规制路径》,载《中国政法大学学报》2022年第1期。

歌”名称后申请注册的，具有主观故意。而且被告在其经营的购物网站中与谷歌网站的颜色、图案、字体等方面相似，容易造成公众误认，违反了公平原则和诚信原则，构成不正当竞争，应依法承担赔偿责任。[①] 再如，2016 年腾讯科技（深圳）有限公司将广东微信互联网服务有限公司告上法院。原告公司认为被告公司在企业名称中将“微信”作为字号进行注册，而且在其办公场所、商业宣传推广和网站等多处使用“微信”的标志，侵害了其商标权，实施了不正当竞争行为，诉请停止侵害、赔偿损失等。法院经审理认为，原告公司的“微信”构成知名商品（服务），被告公司在其办公场所、商业宣传推广和网站等多处使用包含“微信”二字的企业名称，具有攀附原告知名度的目的，容易使公众混淆、误认，被告公司实施了不正当竞争行为，构成侵权。判决被告公司变更企业名称，并承担相应的赔偿责任。[②]

根据 2020 年修订后的《企业名称登记管理规定》第 7 条的规定，企业名称由四部分组成，分别为行政区划名称、字号、行业或者经营特点以及组织形式。另根据其第 11 条的规定，企业名称不得有以下九种情形：（1）损害国家尊严或者利益；（2）损害社会公共利益或者妨碍社会公共秩序；（3）使用或者变相使用正当、党政军机关、群团组织名称及其简称、特定称谓和部队番号；（4）使用外国国家（地区）、国际组织名称及其通用简称、特定称谓；（5）含有淫秽、色情、赌博、迷信、恐怖、暴力的内容；（6）含有民族、种族、宗教、性别歧视的内容；（7）违背公序良俗或者可能有其他不良影响；（8）可能使公众受骗或者产生误解；（9）法律、行政法规以及国家规定禁止的其他情形。综上来看，名称需依法决定，应与主体的设置目的、活动宗旨、精神文化和规模构造等协调一致。另外，名称和商标都属于商业标识，在功能上存在一定的重合之处。因此，名称的选择应遵循诚实信用原则，注意对他人获得的在先权利合理避让，避免因不当注册、使用造成公众混淆误认。名称的设计和适用都应在遵循法律的规定，从而促进市场空气的净化和市场秩序的维持。

与姓名的决定需要依法登记相同，名称的决定也需要依法登记。根据《民

① 李松、黄洁、常鸣：《北京谷歌终审被判赔 10 万元》，载《法制日报》2009 年 6 月 29 日，第 5 版。

② 林子杉：《将“微信”嵌入企业名称　广东一公司被判侵权》，载《人民法院报》2016 年 10 月 24 日，第 6 版。

法典》第1016条的规定，法人、非法人组织决定名称的，应当依法向有关机关办理登记手续，但是法律另有规定的除外。另根据《企业名称登记管理实施办法》第3条的规定，企业有权依照法律规定选择自己的名称，并按要求申请登记注册。自企业成立之日起，即享有名称权。

（二）名称使用权

法人、非法人组织有权依法享有名称专用权，排除他人的非法干涉和非法使用。根据《企业名称登记管理实施办法》第36条至第39条的规定，名称使用有以下几方面的注意事项：其一，企业名称的使用应遵循诚实信用原则；其二，企业的住所处应当标明企业的名称；其三，企业的印章、银行账户和信笺上的名称应当与营业执照上的名称一致；其四，法律文书中使用的名称也应当与营业执照上的名称一致。

（三）名称变更权

法人、非法人组织有依法变更其名称的权利。名称的变更分为主动变更和被动变更。所谓主动变更是指法人、非法人组织自愿进行的变更。所谓被动变更是指法人、非法人组织被迫进行的变更。根据《企业名称登记管理规定》第23条第2款的规定，在人民法院或者企业登记机关依法认定应当停止使用企业名称时，企业应当在收到相关文书或决定之日起30日内办理变更登记。这一条文是被动变更的规范体现。而法人、非法人组织享有的名称变更权针对的是其自愿进行的主动变更。

名称的变更需依法履行变更登记手续。根据《民法典》第1016条的规定，法人、非法人组织变更名称的，应当依法向有关机关办理登记手续，但是法律另有规定的除外。另外，虽然变更了名称，变更前实施的民事法律行为对其仍具有法律约束力。名称变更被登记确认后，原登记的名称即视为撤销，不得继续再使用。

（四）名称转让权

法人、非法人组织有依法转让其名称的权利。名称权虽为人格权的重要组成部分，但却具有一定的财产利益。名称转让权的存在就体现了其财产利益，通过转让可以获得一定的资财。名称的可转让性是名称与姓名的重要区别之一。如果名称权的权利人将其所享有的名称权全部转让给他人，则转让后，原权利人不再享有名称权。企业名称的转让应按照《企业名称登记管理规定》操作。

名称的转让同名称的决定和变更一样,均需依法履行登记手续。根据《民法典》第1016条的规定,法人、非法人组织转让名称的,应当依法向有关机关办理登记手续,但是法律另有规定的除外。

(五)名称许可使用权

法人、非法人组织有依法许可他人使用其名称的权利。“名称许可使用权”不同于“名称使用权”,前者是许可他人使用,而后者是法人、非法人组织自己使用。如果基于正常的非商业性交往,他人对法人、非法人组织名称的使用无须经过许可,可直接利用,但在商业性利用场合,则必须经过权利人的许可,否则即构成侵权行为。

根据《民法典》第1023条的规定,对姓名等的许可使用,参照适用肖像许可使用的有关规定。因此,关于名称许可使用的细化,可通过肖像许可使用规定予以明确。

四、侵害名称权的行为

《民法典》第1014条规定:“任何组织或者个人不得以干涉、盗用、假冒等方式侵害他人的姓名权或者名称权。”由此可知,侵害名称权的行为与侵害姓名权的行为具有一致性,均为干涉、盗用、假冒等方式。针对侵害姓名权的行为已有详述,侵害名称权行为的认定可参照应用,不再赘述。

另根据《民法典》第1017条的规定,对具有一定社会知名度,被他人使用足以造成公众混淆的名称的简称,参考适用名称权保护的有关规定。这便涉及对名称权的扩展保护延伸至名称的简称的问题。而在实践中,对名称权的保护不仅限于法人、非法人组织已经登记的名称,同时也应依法扩展至名称的简称,从而做到保护的全面性和周延性。

第四章

肖像权和声音

第一节 肖 像 权

一、肖像的概念和特征

(一)肖像的概念

尹田教授将肖像定义为“自然人的面部形象。”①隋彭生教授认为:“肖像就是自然人外部形象本身。”②张红教授认为:“只要能够清晰体现外貌形象,并足以使人清楚辨认其肖像权人者就应该认定构成肖像。肖像认定需要把握几个要素:(1)反映在一定的物质载体上;(2)自然人外部形象的再现;(3)可识别自然人。”③王泽鉴先生认为:“肖像固以人之面部特征为主要内容,但应从宽解释,凡足以呈现个人外部形象者,均包括在内。”④肖像并不限于个人的面部特征,个人的其他身体部分特征(如个人的肢体动作等)如果能够反映个人的外在形象,即便其识别度低,也应当将其认定为肖像⑤。法律之所以通过赋予个人肖像权保护其对肖像所享有的利益,并不是为了保护肖像本身,而是为了保护因肖像与个人身份之间的关联所产生的人格利益。个人的社会交往范围、社会知

---

① 尹田:《民法总论》,北京师范大学出版社 2010 年版,第 134 页。

② 隋彭生:《论肖像权的客体》,载《中国法学》2005 年第 1 期。

③ 张红:《“以营利为目的”与肖像权侵权责任认定——以案例为基础的实证研究》,载《比较法研究》2012 年第 3 期。

④ 王泽鉴:《人格权法:法释义学、比较法、案例研究》,北京大学出版社 2013 年版,第 141 页。

⑤ 参见隋彭生:《论肖像权的客体》,载《中国法学》2005 年第 1 期。

名度不同，此种因肖像所产生的人格利益的范围也存在一定的差别，在认定该肖像是否具有可识别性时，应当考虑权利人的社会交往范围、社会知名度等，综合予以判断①。

《民法典》第1018条第2款："肖像是通过影像、雕塑、绘画等方式在一定载体上所反映的特定自然人可以被识别的外部形象。"结合前面对肖像的定义及本条对肖像的规定，标志肖像的概念从"面部中心说"向"可被识别说"的改变，《民法典》扩张了肖像权保护的范围。这种扩张主要表现在两个方面：一是对肖像的界定从面部特征转向可识别性。传统的肖像以面部为中心作为保护对象，从该规定来看，肖像的保护从保护面部特征转向保护可识别性。其原因在于现代社会侵害肖像权的案例越来越多，出现许多偷拍侧影或其他形象的情况。侧影虽然不以面部为特征，但能够识别个人；再如形体动作，如果形体动作能识别特定的自然人，也构成肖像权保护的对象；戴口罩如果能识别特定自然人也属于肖像权保护的范围。二是废除了侵害肖像权必须以营利为目的的要件。因为实践中发现大量侵害肖像权的行为并非为了获取非法利益，而是污损、丑化、深度伪造等。这些行为虽然不以营利为目的，但同样构成对肖像权的侵害②。

外部形象的范围明显比面部的保护范围大。把面部特征为中心转向可识别性保护最重要的表现就是把具有特定、能够识别的特定动作和某些特定自然人相对应，如果按照社会公众的一般识别能力就能够做到一一对应，那么这种特定动作或者形体语言就能和面部肖像一样建立可识别性联系，此时也可以认定为肖像权受到侵犯。如果该肖像载体所使用的个人形象不具有可识别性，但结合其所使用的文字、图片等，仍然可以将其与特定主体相关联，仍应当认定该肖像具有可识别性。我国司法实践也采纳了此种立场③。当然这种对应可识别的外部形象需要法院根据实际案件进行综合认定，不能允许权利滥用。"赵某某诉海南天涯在线网络科技有限公司、谷歌信息技术案"中，法院认为，被告使用了原告的卡通形象，并配上"您有才"及"咱不差钱"等赵某某的经典台词作为旁白表述，使该卡通形象明确指向原告个人，因此构成对原告肖像权的侵害。

---

① 参见王叶刚：《论肖像的可识别性及其判断》，载《四川大学学报（哲学社会科学版）》2018年第3期。

② 参见王利明：《〈民法典〉人格权编的立法亮点、特色与适用》，载《法律适用》2020年第17期。

③ 参见王叶刚：《论肖像的可识别性及其判断》，载《四川大学学报（哲学社会科学版）》2018年第3期。

但在“美国篮球巨星乔丹诉乔丹体育”一案中[①]，最高人民法院没有把乔丹投篮的肖像图片和乔丹体育服装上的投篮动作剪影这一图案装潢一一对应，没有认定侵犯乔丹的肖像权。其理由是：虽然乔丹的运球姿态具有一定特点，但篮球运动员运球上篮的姿态及风格大同小异、基本一致，不存在一一对应性，无法从运动服装上的投篮剪影图案就直接能够识别出这是乔丹本人，因此该请求没有得到支持。应当按照社会一般人的标准加以判断，也就是说，对于某肖像载体，如果其内容能够引起一般人产生与特定个人有关的联想，则其就具有可识别性，反之，就不应当具有可识别性，该载体也很难称为肖像。[②]

相反在“葛优躺”案件中[③]，某旅行社引用电视剧《我爱我家》剧照，变换背景为该企业室内客房，让人误以为葛优为其代言，法官就支持了葛优的诉讼请求。如果此案中把剧照变换成能够让人识别的漫画形态，法官是否会支持肖像侵权则要看该漫画形象是否和影星葛优在可识别性上产生一一对应关系。

(二)肖像的特征

1. 特定个体可识别性

肖像是自然人人格利益的重要外部表现，它是个人外部特征在市场环境下获得的利益体现。自然人的肖像越独特、越具有大众识别性，越说明该肖像法律保护的意义越重大，越能证明法律保护这种自然人人格利益的重要性。法人及非法人组织不具有肖像，但可以具有形象。

2. 载体多样可再现性

某人的外貌形象如果不能固定下来，则既不能使用，也不存在肖像权的问题[④]。肖像是通过影像、雕塑、绘画等方式在一定载体上进行再现的，只有把这种再现出来的肖像在一定载体上进行固定化，才能进行肖像权的保护，否则连肖像保护的取证都极为困难。例如，用文字在小说中来描述一个人的肖像，即便该肖像的刻画存在对某个人的贬损，但是由于每个人头脑中产生的肖像影像均没有载体加以体现，因此受害人不能仅从文字描述的肖像上产生一一对应关系，此时不存在侵害肖像权的问题。但是如果小说中又描写了其他特征，例如

① 参见最高人民法院行政判决书，(2018)最高法行再32号。
② 参见张红：《肖像权保护中的利益平衡》，载《中国法学》2014年第1期。
③ 参见北京市海淀区人民法院判决书，(2006)京0108民初39764号。
④ 参见杨立新：《人身权法论》，人民法院出版社2002年版，第462页。

获得了诺贝尔奖、老夫少妻等其他细节阐述,会让广大民众产生一致对应关系,那么就可能产生名誉权侵权等其他问题,但和肖像权侵权没有关系。现在随着艺术加工手段的多样化,漫画、动画、刺绣等手段的加工均可能导致再现出来的作品从视觉感受上和肖像拥有者形成对应关系,随着未来技术手段的不断革新,载体的表现形式会日益灵活多变。

二、肖像权的概念和特点

(一)肖像权的国内立法

原《民法通则》第100条规定:“公民享有肖像权,未经本人同意,不得以营利为目的使用公民的肖像。”我国民事立法很长一段时间对肖像权的保护都是以是否以营利为目的来判断侵权,此种判断依据被原《侵权责任法》、原《民法总则》等加以改变,《民法典》中同样继承了此理念,侵权行为是否营利,不再成为肖像权侵权的必要条件。

原《民法总则》第110条规定:“自然人享有生命权、身体权、健康权、姓名权、肖像权、名誉权、荣誉权、隐私权、婚姻自主权等权利。”

原《侵权责任法》第2条规定:“侵害民事权益,应当依照本法承担侵权责任。本法所称民事权益,包括生命权、健康权、姓名权、名誉权、荣誉权、肖像权、隐私权、婚姻自主权、监护权、所有权、用益物权、担保物权、著作权、专利权、商标专用权、发现权、股权、继承权等人身、财产权益。”从该条文可以得出法律保护肖像权的民事权益包括人身权益和财产权益两部分。

《民法典》第1019条规定:“任何组织或者个人不得以丑化、污损,或者利用信息技术手段伪造等方式侵害他人的肖像权。未经肖像权人同意,不得制作、使用、公开肖像权人的肖像,但是法律另有规定的除外。未经肖像权人同意,肖像作品权利人不得以发表、复制、发行、出租、展览等方式使用或者公开肖像权人的肖像。”

(二)肖像权的概念

肖像权是以自己的肖像所体现的利益为内容的权利。[①] 肖像权性质上是专

---

① 参见王利明主编:《人格权法新论》,吉林人民出版社1994年版,第371页;杨立新:《人身权法论》,人民法院出版社2002年版,第535页。

属于自然人的标表型人格权，其肖像权客体是肖像利益，既包括人格利益即精神利益又包括财产利益。肖像权是指自然人有权允许他人制作、使用、公开或者许可他人使用自己的肖像的权利。肖像权是自然人重要人格利益的外在体现。肖像权受到侵害的同时，自然人的名誉权、隐私权也可能同时受到侵害。肖像权直接关系到人格尊严及社会对自然人的外在评价。

（三）肖像权的特点

1. 肖像利益的人格权属性较弱、财产利益属性较强

“肖像权相对于其他人格权而言，专属性较弱，因为肖像权人可以自己对肖像进行商业利用，也可以许可他人进行商业使用。”①由于肖像可以独立于自然人进行各种载体的不断复制，很多公众人物的肖像被商业化利用换取财产利益的利用模式非常普遍，相较于隐私权、名誉权等，其利用的手段更加多样化，更容易给权利人带来财产利益。很多影视明星经常会基于肖像权被侵犯而起诉商家要求赔偿。当然不可否认的是，肖像权依附于自然人而存在，如果自然人肖像被污损，其人格权的精神利益层面自然会受到伤害，自然人会感觉精神痛苦，严重的会导致自然人社会评价降低，同时导致自然人的数项人格权（名誉权、隐私权等）受到伤害，此时人格权的精神利益损害赔偿即精神损害赔偿也应随着肖像权的财产利益损害赔偿一起提出。

2. 肖像权的延伸保护范围逐渐扩大

随着对肖像的利用方式越来越多，肖像权的客体范围也日益扩大。传统理论认为自然人之权利能力终于死亡，人死亡后丧失权利主体资格，人格权亦不复存在。但随着社会文化的发展，在自然人死亡后，仍然存在侵害死者肖像、隐私、姓名等情况，如果此时死者的人格利益因人身消亡而不受保护，“此种传统见解及其所建构的规范体系不符社会现实，未顾及人性尊严及人格利益保护的必要，应有反省、调整的余地”②。因此各国的民法理论都对死者的人格利益进行扩张性保护，一般均规定肖像利益可以由死者近亲属依法继承。《精神损害赔偿解释》第3条规定：“死者的姓名、肖像、名誉、荣誉、隐私、遗体、遗骨等受到侵害，其近亲属向人民法院提起诉讼请求精神损害赔偿的，人民法院应当依法

① 王利明、程啸：《中国民法典释评·人格权编》，中国人民大学出版社2020年版，第281页。
② 王泽鉴：《人格权法·法释义学、比较法、案例研究》，北京大学出版社2013年版，第303页。

予以支持。”这里的肖像利益主要是财产利益，一旦死者肖像被用于商业广告等，近亲属有权利要求损害赔偿。但肖像利益中的精神利益损害赔偿的请求权基础还值得进一步研讨，因为当死者名誉权、隐私权受到侵害时，死者人格利益中精神利益受到侵害的情况是很难用近亲属及指定的人继承来解决的。国内一般通说认为近亲属由于死者的名誉、隐私受损而导致近亲属受到精神痛苦，进而可以要求精神损害赔偿。《精神损害赔偿》第3条规定：“死者的姓名、肖像、名誉、荣誉、隐私、遗体、遗骨等受到侵害，其近亲属向人民法院提起诉讼请求精神损害赔偿的，人民法院应当依法予以支持。”《民法典》第994条规定：“死者的姓名、肖像、名誉、荣誉、隐私、遗体等受到侵害的，其配偶、子女、父母有权依法请求行为人承担民事责任；死者没有配偶、子女且父母已经死亡的，其他近亲属有权依法请求行为人承担民事责任。”《民法典》第1045条第2款规定：“配偶、父母、子女、兄弟姐妹、祖父母、外祖父母、孙子女、外孙子女为近亲属。”这对于死者肖像权的精神利益损害赔偿也进行了扩张性解释。近亲属替代死者主张肖像精神利益的期限，应以近亲属实际生存时间为限，参考我国《著作权法》中著作权的财产利益保护期为权利人死后50年的规定，《民法典》规定的时限较为适当。

三、肖像权的内容

《民法典》第1018条第1款规定：“自然人享有肖像权，有权依法制作、使用、公开或者许可他人使用自己的肖像。”肖像权的性质和物权一样，都是绝对权。自然人具有绝对的排他效力，任何其他人如果想利用权利人肖像，除了合理使用之外，都必须经过本人同意，否则权利人有权要求他人停止侵害、排除妨害、赔礼道歉并赔偿损失。

（一）肖像制作权

肖像固定在一定载体上的形式是多种多样的，如拍摄、雕塑、绘画、自拍、手机截图等多种再现方式，只要能够让公众识别出是权利人本人的肖像即可。“权利人可以依照自己的意愿，通过多种艺术表现形式制作自己的肖像。”[①]但要注意雕塑制作者、肖像拍摄者形成的著作权如果需要二次利用，必须取得肖

① 杨立新、李怡雯：《中国民法典新规则要点》，法律出版社2020年版，第498页。

像权人的同意。如果第三人擅自使用带有肖像的艺术作品，那么就同时侵害了肖像权及作品的著作权，形成两个损害赔偿请求权，两个权利人可以分别行使并提起诉讼。

(二) 肖像使用权

肖像权作为绝对权，当然可以由权利人自由使用，可以自由选择把自己的肖像记载在一定的载体上，例如可以让人进行人像雕塑，也可以拍摄婚纱写真或者把自己的肖像覆盖在私人定制的产品上。只要符合公序良俗，权利人可以自由选择如何利用自己的肖像。当然这种使用可以有偿也可以无偿，对于肖像的财产利益可以自由处分。

(三) 肖像公开权

权利人是否公开肖像，完全由自然人自由支配，例如一个模特可以接受劳务费，供画家作画，但是权利人可以声明肖像不得公开，此时就要正确区分肖像权人和肖像作品权利人之间的关系。根据《民法典》第 1019 条第 2 款的规定："未经肖像权人同意，肖像作品权利人不得以发表、复制、发行、出租、展览等方式使用或者公开肖像权人的肖像。"此时肖像作品权利人就受到肖像权人的在先权限制。

(四) 肖像许可使用权

前文中的肖像使用权其实已经包含了许可使用权，从《民法典》第 1019 条第 1 款后半句"未经肖像权人同意，不得制作、使用、公开肖像权人的肖像"看，在行文逻辑上已经把前条的肖像许可使用包含在使用中。只不过使用权更强调权利人的自己使用，这种使用更多服务于权利人本身。而许可他人使用既包括有偿也包括无偿，更侧重于肖像权脱离权利主体进行第三人许可利用进而取得经济利益。随着商品经济的发展，在所有人格权许可使用中，肖像权与主体分离进行复制，是所有人格权许可使用中最为广泛的存在，权利人可以对肖像权的使用时间、地域、使用方式等进行详细规定。《民法典》后续对于肖像许可使用合同也专门作出了规定，就是因为肖像权所体现出来的财产利益更为典型。人格权请求权的所有救济手段均适用于肖像权侵害救济，其救济手段也最为全面。后面会对肖像权许可使用合同的权利义务进行详述。

四、侵害肖像权的表现形式

原《民通意见》第 139 条规定："以营利为目的，未经公民同意利用其肖像做广告、商标、装饰橱窗等，应当认定为侵犯公民肖像权的行为。"可见当时的立法思想过于重视财产利益，"法律保护肖像权的主要目的在于维护肖像权人的人格利益和人格尊严，而不是维护肖像权人的财产利益"。[①] 鉴于此条法律规定欠妥需要纠正，《民法典》第 1019 条第 1 款规定："任何组织或者个人不得以丑化、污损，或者利用信息技术手段伪造等方式侵害他人的肖像权。未经肖像权人同意，不得制作、使用、公开肖像权人的肖像，但是法律另有规定的除外。"此时立法纠正了"营利为中心"的保护模式，改为全面保护模式，侵害肖像权的常见形态有以下几种。

（一）丑化、污损方式侵害他人肖像权

通过绘画、漫画等方式丑化或者暴力污损他人肖像，构成侵害肖像权的行为。司法实践中，有对某著名影星的大幅宣传海报进行泼墨、给女星勾画胡须等行为，这些行为人的主观上是否需要区分恶意和过失？笔者认为这种区分在实践中无形增大了权利人的举证难度，同时侵害肖像权是否需要损害赔偿，主要应该看被侵害人的知名度、侵权地点、手段及损害后果是否严重，至于侵害人的主观方面并不居于重要地位。

（二）利用信息技术手段伪造等方式侵害他人的肖像权

随着计算机技术的不断发展，利用图片编辑软件等工具，进行不同图片、场景的嫁接，进而改变图像的人物肖像，俗称"人工智能换脸"，在广告界和影视作品拍摄中均是非常容易达到的。例如在很多影片拍摄中，某些明星利用几十个替身就能完成影片拍摄，完全靠的就是后期的图像加工。但若这种高度逼真的深度信息伪造技术用在肖像侵权中，非常容易让大众误以为该肖像的拥有者对某些商业活动进行了代言，进而对该肖像权利人的肖像利益进行侵害。实践中，我国香港某位著名男影星的肖像就曾被嫁接在某位健美运动员身上，然后用在壮阳产品的广告包装上面，使很多消费者误以为是该知名男演员做的代言而购买，事后证明该产品是假药，对该男明星的肖像权、名誉权造成侵害。

---

① 王利明、程啸编著：《民法典释评人格权编》，中国人民大学出版社 2020 年版，第 288 页。

深度伪造的侵权主体众多，制作“人工智能换脸”产品的制作方、图片或者视频的使用方以及提供传播的网站、平面媒体等多种渠道均可能构成侵权。作为帮助侵权的网站，假设权利人提出质疑并主张权利，网站如果对权利人的主张置之不理，就会构成帮助侵权。

另外，在《民法典》第1019条中的利用信息技术手段方式中的“等”字意味着立法者采用兜底弹性条款的方法来预防随着技术手段的不断更新可能会给肖像权人造成新的侵害，而采用开放性条款来应对未来发展是为更明智的手段。

（三）肖像作品权利人侵害肖像权

《民法典》第1019条第2款规定：“未经肖像权人同意，肖像作品权利人不得以发表、复制、发行、出租、展览等方式使用或者公开肖像权人的肖像。”

需要注意《知识产权法》中在先权制度需要和《民法典》的肖像权制度进行衔接，要正确区分肖像权和肖像作品权两个主体的差异，如果是肖像权人自拍，那么他就是肖像权和肖像作品权两个权利的主体，如果是委托他人进行拍摄，除非合同有另行规定，否则肖像权和肖像作品权就分开了。例如雇用模特作画，画作构成作品，但是作品的发表权、复制权及展览权等权能必须首先取得模特的肖像权许可授权，并在合同中列明，否则著作权是无法对抗肖像权的，如果是人体模特作画，恐怕还涉及隐私权问题，均需注意。

五、实践中常易混淆的典型侵权样态

（一）美术、动漫、游戏形象侵权问题

美术、动漫、游戏等称为形象而非肖像，就说明这些虚构人物的保护和人格权保护没有直接联系，这些形象应该被称为基于商品而产生的商品化权[①]。商品化权中存在对虚构角色的二次利用，例如，把动漫中的某个形象单拿出来进行二次开发利用，重新编辑动漫并将其作为商品装潢进行促销，把动漫形象印

---

① 商品化权（Commercialization rights），参见美国1953年的“海兰”案。1994年世界知识产权组织（WIPO）在《角色商品化权报告》中明确提出了“角色商品化权”的概念，即虚构角色的创作者、真人或被授权的第三方，对角色的名称、形象或外貌等基本个性特征的适应性的或二次的开发，用于各类商品和/或服务，以激发潜在顾客出于对角色的喜爱而去获得该等商品和/或服务的渴望。概念中出现了“真人”这一提法，国内有学者认为可以整合肖像权进入商品化权统一保护。

刷到孩子的书包上、衣服上，此时主要是著作权人对二次利用进行维权的问题。这些情形虽涉及这些虚构人物的外貌，但是和自然人的肖像有明显区别。

(二)表演形象侵权问题

表演形象最常表现出来的就是剧照或者宣传海报中涉及的人物形象，此时就涉及表演者的自然人肖像和表演者所演绎的表演形象两个权利的重叠。例如李连杰饰演的黄飞鸿形象深入人心，黄飞鸿的剧照就包括李连杰的肖像和黄飞鸿的表演形象两个需要保护的权利。剧照中长袍马褂的黄飞鸿形象的权利人更多是电影的制片方或者摄像者，而饰演者李连杰保护的更多是未化妆、未穿戏服的个人肖像。这就需要正确区分自然人肖像和表演者形象两者重叠中的权利保护问题。

(三)集体肖像侵权问题

集体肖像纠纷归根结底仍是个人肖像权的权利让渡及行使范围不明确而导致的。有人建议在立法上专设“集体肖像权”加以规制，但笔者认为集体肖像根据表现形式不同，处理方式也是不同的。即便具有争议的集体肖像使用，其实质还是个体肖像的集合，产生的纠纷主要是集体使用中超范围所导致的。

张红教授认为：个人对于自己的肖像享有肖像权，然在集体肖像问题上，其必然面临他人是否愿意将肖像公开的问题。对此，可类型化为三种情形：第一，有明显特殊人物而非突出整体之肖像集合，如人数不多的粉丝与明星合影；第二，无明显特殊人物而突出整体之肖像集合，如人数众多的学术会议合影；第三，不突出个人而形成标识化整体之肖像集合，如某球队整体形象具有可辨识性，其整体成为固定化的团队形象①。

下面分别来进行分析：第一种情形下，虽然是集体合影，但是这种合影中主次分明，明星等公众人物明显居于中间显要位置，此时大家的焦点均在公众人物身上，此时如果进行肖像的使用就应该得到肖像权利人的许可，当然和明星合影后放在自己的微博或者微信朋友圈进行介绍，可以不需要特别授权，因为明星愿意和粉丝合影是必然不会拒绝粉丝进行对外展示的。但是如果粉丝想用于其他用途，则必然需要肖像权人同意。

第二种情形下，合照属于人数众多的会议照或者纪念照，集体肖像中的每

① 参见张红：《民法典人格权编立法论》，法律出版社2020年版，第169页。

个个体的肖像虽然都清晰再现，但大部分展现的都是面部特征，有时候着装可能均统一，此时没有特别需要注意的公众人物，每个自然人的日常肖像和个体对应关系并不十分清晰，需要在合照中仔细辨认才可能对应，这种会议照或者集体照，拍摄单位有权为了会议报道和新闻采访而直接使用，不需要取得每个自然人的肖像许可授权。

第三种情况：集体照的整体形象人数比第二种仅仅有脸部特征的照片可识别程度更高，可能涉及全身照或者半身照，此时的团队形象照完全是为了对外宣传，例如国家羽毛球队或者体操队、篮球队。此时篮球队或者羽毛球队等所属团队可以自由使用。例如，某大学的科研团队合照、大学某教研室团队合照、党支部团队合照，都可以不经肖像权人同意而直接利用。但在我国的姚明等三名国家队队员与某公司的肖像权纠纷中，由于宣传包装中三人均属于国内顶尖运动员，具有非常大的市场影响力，在把该照片放在某公司饮品包装中使用，必然涉及肖像侵权问题，因此此时的集体照更多地具有三人代言的误导性宣传作用。如果想避免侵权，必须由国家篮球队、羽毛球队等团体拿到各个球员的单独授权，在授权范围内进行拍摄使用，如果该团队缺少单独授权，则要以个体被识别的程度为基础，个案判断是否侵权。①

六、肖像权合理使用制度

（一）肖像权合理使用的积极借鉴《著作权法》的合理使用制度

法律保护肖像权的民事权益包括人身权益和财产权益两部分，法律保护著作权人的权益也包括著作人身权益和著作财产权益，因此肖像权和著作权从权利属性上有相似之处。著作权中个人利益和社会公共利益的保护需要达到一种平衡，过度保护著作权，就会对社会公众利用作品造成阻碍，不利于整个社会的文化传播，最终造成公共利益受损。由于自然人总是会参与到社会日常生活中，新闻媒体等机构为了公共利益对自然人肖像的使用是不可避免的，过度保护自然人的肖像权同样会对社会新闻报道及社会舆论监督造成阻碍，不利于整个社会公众的知情权及监督权的行使，同样也会造成公共利益受损。两种权利的合理使用均是国家对个人利益和公共利益平衡的立法产物。正是由于两个

① 参见李剑敏：《姚明的肖像权属于谁？》，载《新闻周刊》2003 年第 20 期。

权利属性具有社会利用上的共通性，才导致借鉴《著作权法》成为可能。

《著作权法》第 24 条规定：在下列情况下使用作品，可以不经著作权人许可，不向其支付报酬，但应当指明作者姓名或者名称、作品名称，并且不得影响该作品的正常使用，也不得不合理地损害著作权人的合法权益：

(1)为个人学习、研究或者欣赏，使用他人已经发表的作品；

(2)为介绍、评论某一作品或者说明某一问题，在作品中适当引用他人已经发表的作品；

(3)为报道新闻，在报纸、期刊、广播电台、电视台等媒体中不可避免地再现或者引用已经发表的作品；

(4)报纸、期刊、广播电台、电视台等媒体刊登或者播放其他报纸、期刊、广播电台、电视台等媒体已经发表的关于政治、经济、宗教问题的时事性文章，但著作权人声明不许刊登、播放的除外；

(5)报纸、期刊、广播电台、电视台等媒体刊登或者播放在公众集会上发表的讲话，但作者声明不许刊登、播放的除外；

(6)为学校课堂教学或者科学研究，翻译、改编、汇编、播放或者少量复制已经发表的作品，供教学或者科研人员使用，但不得出版发行；

(7)国家机关为执行公务在合理范围内使用已经发表的作品；

(8)图书馆、档案馆、纪念馆、博物馆、美术馆、文化馆等为陈列或者保存版本的需要，复制本馆收藏的作品；

(9)免费表演已经发表的作品，该表演未向公众收取费用，也未向表演者支付报酬，且不以营利为目的；

(10)对设置或者陈列在公共场所的艺术作品进行临摹、绘画、摄影、录像；

(11)将中国公民、法人或者其他组织已经发表的以国家通用语言文字创作的作品翻译成少数民族语言文字作品在国内出版发行；

(12)以阅读障碍者能够感知的无障碍方式向其提供已经发表的作品；

(13)法律、行政法规规定的其他情形。

(二)肖像合理使用的概念和具体表现形式

肖像合理使用是指在法律有明确规定的范围内，第三人合理使用他人肖像时，不需要取得权利人的许可，也不需要支付报酬的制度。《民法典》第 1020 条规定了肖像权合理使用制度，具体表现形式如下。

1. 为个人学习、艺术欣赏、课堂教学或者科学研究，在必要范围内使用肖像权人已经公开的肖像。

首先将使用目的限定为个人学习、艺术欣赏、课堂教学和科学研究四个目的，注意此处没有“等”字，是对目的进行了严格限定。使用目的和《著作权法》的合理使用如出一辙，限于个人使用而不能营利性使用。个人学习常见的表现形态就是个人浏览网页，网页中含有他人肖像。艺术欣赏表现为个人喜欢某位影星的照片并大量购买贴于家中四处。课堂教学主要表现在涉及个人肖像的摄影课、电影赏析类、政治军事、人物传记类教学中，出于课堂教学的生动，在教学内容上利用多媒体播放某位作家的肖像，例如介绍茅盾文学奖获奖作品《人世间》而展示作者梁晓声的肖像照片，其目的是课程教学的需要。更为典型的是医学教育类课堂，医学美容类课程、外科学课程以及皮肤科相关教育教学内容，都会涉及展示某人肖像、隐私等问题，很多现场医学观摩类课程不仅涉及肖像权，甚至对患者隐私进行公开展示。新闻传播学类课程在制作新闻视频、视频加工类课程上，也会涉及肖像的利用。在科学研究领域，为了发表论文不可避免地使用肖像，在学术会议中为了阐述问题而公开他人肖像也经常出现。

其次，应正确理解“必要范围”。“必要范围”的规定，主要是让使用者在可控的空间范围内，尽量做到最大化降低对权利人肖像的权利影响。个人学习主要局限在家庭、办公室范围内，如果在个人学习和欣赏过程中将涉及肖像的资料发布到网上可能就涉及侵权了。课堂教学以往在《著作权法》相关司法解释中主要被限定于全封闭非营利性教学。“所谓学校课堂教学，专指面授教学，函授、广播或电视教学不在此列。学校则既包括全日制的普通学校，也包括各类业余学校，但不应包括营利性的培训机构”①。其目的在于将受众限于固定场所，从而使肖像资料的使用更加可控的。然而，由于营利性的教育培训机构是为了个人利益，就不应包括在合理使用范围内。

最后，合理使用的肖像必须是权利人已经公开的。如果未经公开的肖像，不适用合理使用制度。如果公开的教学资料或者个人欣赏的是某个记者未经同意的偷录、盗录视听资料，则不适用合理使用。肖像权与权利人具有十分牢

① 刘春田主编：《知识产权法》，高等教育出版社2015年版，第124页。

固的人身依附属性,如果该肖像权权利人根本没有公开,例如某些私密照,则任何人不得擅自未经授权进行使用。即便是为了公共利益进行课堂教学和科学研究也不允许。

2. 为实施新闻报道,不可避免地制作、使用、公开肖像权人的肖像。

本条指的是新闻媒体对于肖像权侵权的豁免。《民法典》第999条规定:"为公共利益实施新闻报道、舆论监督等行为的,可以合理使用民事主体的姓名、名称、肖像、个人信息等;使用不合理侵害民事主体人格权的,应当依法承担民事责任。"从使用前提看,合理使用以"不可避免"为基础。相较于《民法典》第999条"公共利益"的目的限定,此处"不可避免"的程度限定更为具体严苛。所谓"不可避免",是指该肖像是新闻报道中不可缺少、不可替代的部分,除却该部分,新闻报道将不完整、不明晰、不真实、不客观,难以构成完整叙事,因此使用特定人肖像具有必要性、难以替代性①。

为了维护公共利益进而对肖像权人的肖像进行使用,是最典型的合理使用。这种基于公共利益的使用主要基于两个目的:一个是为了满足公众的知情权。新闻媒体在报道新闻事件过程中,必然会涉及事件中出现的人物,此时涉及的肖像很大比例就属于合理使用。例如在世界杯足球比赛中,为了让观众看到球迷的热情,摄影机从观众席上面划过,球迷们对着摄像机欢呼雀跃的画面必然涉及人脸的特写,此时都属于合理使用范畴。此外,在涉及公众知情权的政治类报道中会涉及狂热的政客拥护者的画面;在经济类新闻报道中,会出现相关经济学家评论时的肖像;在社会新闻中出现的社会事件中,事件还原及报道中必然涉及人员活动轨迹和肖像的合理使用。

另一个合理使用的集中体现就是新闻媒体通过聚焦热点问题,满足公众行使监督权的需要。《民法典》第999条规定:"为公共利益实施新闻报道、舆论监督等行为的,可以合理使用民事主体的姓名、名称、肖像、个人信息等;使用不合理侵害民事主体人格权的,应当依法承担民事责任。"社会焦点的娱乐事件、社会事件中,虽然涉及公众知情权的要求降低了,但是为了社会公共秩序及道德文化环境的培养和良好家庭观念的传播,新闻媒体必然会对社会中的负面新闻

① 参见中国审判理论研究会民事审判理论专业委员会编著:《民法典人格权编条文理解与司法适用》,法律出版社2020年版,第206页。

进行报道,推动社会正能量的传播,此时事件中的焦点人物的肖像必然牵涉其中。但是要注意的是,如果能够对其肖像的遮挡也能把事件还原并说明清楚,此时就要考虑肖像使用是否构成确有必要。事件中的公众人物越知名,对其肖像的合理使用就越宽松,如果是一般社会公众,那么肖像适当遮挡就成为必要。这类新闻主要涉及消费者投诉、市场监管执法检查等新闻素材。但是当有些事件必须通过公布肖像才能解决新闻背后需要解决的问题时,公布肖像就成为必要。例如某仓库中屡屡发生物品被盗事件,摄像头已经把犯罪嫌疑人行窃画面拍摄完毕,此时新闻媒体在电视台公布其肖像就是合理使用。

3. 为依法履行职责,国家机关在必要范围内制作、使用、公开肖像权人的肖像。

国家机关工作人员必须使用他人肖像是出于履行行政职责的目的,例如:公安机关发布通缉令而公布他人肖像,或者为了征集破案线索而公布监控录像,此时涉及的肖像画面是为了工作实际需要。当然履行职责使用肖像要受到必要范围的限制,例如卫生防疫机关为了调查行为人的行为轨迹而发布其肖像,此时发布肖像的公开范围就值得研究。公开使用肖像最终还是为了完成行政工作,如果在公安机关内部网络就能解决轨迹问题,就没必要在更大的范围内扩大,毕竟他人肖像的扩大范围越广,对权利人造成的影响就越大。

4. 为展示特定公共环境,不可避免地制作、使用、公开肖像权人的肖像。

此时的公共环境具有特定的范围限制,如群众集会场景、公共娱乐场景、全民体育赛事场景等,为了体现当时环境的特殊性,为了展示参与群体的广泛性,必然会用全景拍照的方式对整个公共场合进行全景式拍摄,在人头攒动的画面中,每个个体的肖像是模糊或者占画面比例较小的,此时肖像权利人往往并不被大众所认识,如果使用他人肖像的时候,让公众把焦点都集中在某几个或者某一个肖像上,此时就出现了活动中中心人物受到额外关注的情况,此时如果此人不是公众人物,那么过度关注可能就会侵犯其肖像。当然也有例外:如果在演唱会中某位观众对歌唱者表现出了极度的热情和狂热,那么镜头捕捉到整场音乐会中的这个热点而加以聚焦,也是特定环境描述的需要,每年春晚的普通观众中,总有几个观众被特殊捕捉,无非就是为了表达当时热烈的会场气氛或者演员的演出效果,这些特定公共环境的个体肖像使用无论是全景式展现还是个体特写式表达都是为了特定公共环境的描述需要,都是合理使用的体现。

5. 为维护公共利益或者肖像权人合法权益，制作、使用、公开肖像权人肖像的其他行为。

在维护公共利益过程中，随着社会生活的多样性，必然会出现各种各样的使用肖像行为，这些行为只要是为了社会公共利益或者为了维护肖像权人的权益，都属于合理使用范畴。这种扩张性规定就是为了弥补合理使用法定类型过于僵化的缺陷而设立。

七、肖像权许可使用制度

肖像许可使用制度借鉴了《著作权法》第 29 条的规定："许可使用合同和转让合同中著作权人未明确许可、转让的权利，未经著作权人同意，另一方当事人不得行使。"《民法典》第 1021 条规定："当事人对肖像许可使用合同中关于肖像使用条款的理解有争议的，应当作出有利于肖像权人的解释。"该条等于对肖像权利人的权利规定的特殊保护条款，由于肖像属于人格利益的一种表现形式，其人身属性的特点决定了和著作权的著作人身权权利属性有异曲同工之妙。既然著作人身权可以特殊保护，那么肖像人身权也同样可以得到特殊保护。

（一）肖像权许可使用合同的基本条款

肖像权人如果想通过利用肖像进而实现肖像权的物质利益，则签订有偿许可使用合同是常态，签订肖像权许可使用合同需要注意下列事项。

1. 允许使用的肖像种类

肖像权人一般会选择把自己的肖像利益发挥到极致，此时会根据申请许可的主体及经营范围，签订相应的肖像权许可使用合同。例如，企业主想利用平面媒体展示商品的，就会找权利人申请许可平面绘画肖像作品、摄影作品等，然后再和摄影作品著作权人谈平面作品的利用问题。商业代言利用肖像最多的就是拍摄动态广告，一个广为人知的明星可能会和十几个或者几十个商家签约。一般普通许可较为容易理解，但是厂家经常会在许可种类加入一下限定条件，例如限定某位明星在体育用品服装类别上，仅允许该厂家独家使用权利人的肖像，这就是排他或者独占使用权利人肖像的合同。当然独占性越强，费用就越高。

2. 肖像使用期限和地点

使用期限一般按年或者次为单位。使用地点主要集中在我国及国外。国外地区的具体范围，应该在合同中明确，防止许可多人同时使用造成权利冲突。

3. 费用及是否可以转许可的约定

一般肖像许可合同均不允许被许可人再进行转许可。但肖像许可合同另有约定的除外。

（二）无固定期限的肖像权许可使用合同的解除

1. 无固定期限肖像权许可和不定期合同性质相同

《民法典》第 1022 条第 1 款规定："当事人对肖像许可使用期限没有约定或者约定不明确的，任何一方当事人可以随时解除肖像许可使用合同，但是应当在合理期限之前通知对方。"第 563 条第 2 款规定："以持续履行的债务为内容的不定期合同，当事人可以随时解除合同，但是应当在合理期限之前通知对方。"肖像权无固定期限许可合同仅仅是第 563 条无定期合同在肖像权许可中的具体体现，其应该负有的履行通知义务是一样的。

2. 无固定期限的许可合同中解除权的行使主体是双方

被许可方对于无固定期限的合同也享有解除权，是公平原则的体现。双方完全可以根据实际情况各自独立行使解除权。例如，某企业可能发现随着自身产品的转型，原有的产品代言人形象已经不适合其产品的定位，或者原有肖像许可人的肖像出现重大变化，又如，整容、肖像的固有形象重新定位等，此时就可以由被许可方行使解除权，但是需要承担赔偿损失等责任。

（三）有固定期限肖像权许可使用合同的解除

《民法典》第 1022 条第 2 款规定："当事人对肖像许可使用期限有明确约定，肖像权人有正当理由的，可以解除肖像许可使用合同，但是应当在合理期限之前通知对方。因解除合同造成对方损失的，除不可归责于肖像权人的事由外，应当赔偿损失。"肖像权人基于正当理由行使的解除权，其实质是违约行为的一种，其特殊法定解除权的建立基础，无非是对肖像权人格利益的特殊保护，但是这对于非违约的合同相对方是显失公平的，因此对于这种使用期限明确约定的合同行使解除权需要严格限定其构成要件。

1. 正确判断"正当理由"所指范围，对其做限定性分析

要明确区分《民法典》第 563 条的法定解除权和肖像许可法定解除权的区别，应先看法定解除权的规定，即有下列情形之一的，当事人可以解除合同：

(1)因不可抗力致使不能实现合同目的;(2)在履行期限届满前,当事人一方明确表示或者以自己的行为表明不履行主要债务;(3)当事人一方迟延履行主要债务,经催告后在合理期限内仍未履行;(4)当事人一方迟延履行债务或者有其他违约行为致使不能实现合同目的;(5)法律规定的其他情形。有学者认为"正当理由"可以指"不可抗力致使不能实现合同的目的、预期违约、迟延履行后经催告后债务人仍然不履行债务、因迟延履行或者有其他违约行为不能实现合同目的。此外,肖像权人因行使不安抗辩权而中止履行合同,对方在合理期限内未恢复履行能力,也未提供适当担保的,肖像权人可以请求解除合同。"[①]

笔者认为上述理解存在偏差,《民法典》第1022条第2款所述的"正当理由"范围恰恰是指第563条之外的情形,如果是法定解除权的表现形式,就没必要特意强调赔偿损失了,因为法定解除所述恰恰是行使法定解除权人不需要向合同相对方赔偿损失的情形,甚至《民法典》第563条中第(3)、(4)和(5)项规定的是需要被行使法定解除权一方承担赔偿损失的情形。该条规定恰恰是法定解除权规定之外的特殊立法。之所以有这个特殊条款,主要就在于人格权权利许可和普通的许可使用不同,肖像的人身权属性决定了肖像许可使用的解除权行使起来范围更广,适用条件只要和人身属性相衔接,具有人文关怀的这种解除权就要作出特殊规定才能更好地保护权利主体。

本书认为此处的"正当理由"应该结合情事变更原则来限定其范围。《民法典》第533条规定:"合同成立后,合同的基础条件发生了当事人在订立合同时无法预见的、不属于商业风险的重大变化,继续履行合同对于当事人一方明显不公平的,受不利影响的当事人可以与对方重新协商;在合理期限内协商不成的,当事人可以请求人民法院或者仲裁机构变更或者解除合同。"可以结合情事变更原则来理解肖像权固定期限许可合同的解除权。情事变更原则中的基础条件发生重大变化可以指导我们来正确理解"正当理由"的产生背景,当然对于肖像权许可合同解除权的产生,笔者认为不见得非得发生重大变化,只要是发生了肖像权利人认为对自己的日常生活及工作产生了影响,而又基于肖像权具有人格利益这一法律属性,就应该说明肖像权使用合同的基础发生了变化,正

① 袁雪石:《民法典人格权编释论:条文缕析、法条关联与案例评议》,中国法制出版社2020年版,第711页。

是在合同履行过程中出现了“可能导致肖像权人格尊严受到贬损等与人格利益减损的客观事由，”[①]才导致对于肖像权人的法定解除权做出特别规定。例如：某著名影星突然皈依佛门，导致她的人生观、价值观发生重大变化而行使肖像许可合同解除权。或者肖像权利人发生生活上、情感上的重大变故，导致他的营销团队认为继续代言某产品、允许其使用肖像会对肖像权利人造成巨大伤害。例如曾经代言婴幼儿产品的某影星的孩子被绑架并撕票，当影星看到该婴幼儿产品包装上的自己，情感上无法忍受时，可以解除肖像权许可合同。

相比其他没有人格利益特征的权利许可合同，如专利权许可合同，其专利权仅具有财产属性，通过许可使用可以为专利权人赚取巨大的经济利益，其财产权属性决定了擅自违约会直接导致违约赔偿，此时许可方单方解除其授权是典型的违约行为，是不被法律所允许的，当然要承担违约责任。反观肖像权许可的合同解除权，在有“正当理由”的前提下，法律却明确规定了权利人具有合同解除权，这恰恰说明对人格权的人格利益进行了特殊保护，这和专利权许可截然不同。当然法律在认定肖像权人具有解除权之外，也要尊重合同相对人利益，因此肖像权人应承担合同解除所造成的损失赔偿责任。

2. 必须履行“合理期限”之前的通知义务

“合理期限之前通知对方。这里采取合理期限的模糊规定而并没有具体规定为 7 天、15 天或者 30 天，主要是考虑到不同的许可使用协议其使用期限、范围可能存在较大差别，因合同解除需要进行调整的时间无法统一。当然，提前通知的期限是否合理，可以在具体案件中，由司法机关根据客观事实具体裁量确定。”[②]笔者认为个案认定虽然比较灵活，但是由于缺乏统一的时间尺度，可能会造成非违约方即被解除方利益受损。肖像权许可使用集中针对产品形象代言及宣传海报和产品包装上使用肖像，如果不提前足够合理的时间让被许可方采取补救措施，必然会造成损失扩大。因此提前通知义务必须尽量考虑企业的经营特点及产品本身特点，要尽量减少对肖像使用方的损害，因此个案审理中对是否尽到合理通知义务要进行具体审查。

---

① 中国审判理论研究会民事审判理论专业委员会主编：《民法典人格权编条文理解与司法适用》法律出版社 2020 年版，第 213 页。

② 江必新主编：《民法典重点修改及新条文解读》（下册），中国法制出版社 2020 年版，第 118 页。

3. 赔偿损失的责任承担问题

对于赔偿损失的范围，应该根据肖像权许可合同是有偿还是无偿分别确定。如果是无偿合同，解除合同一方应该赔偿因违约给守约方造成的直接损失。如果是有偿合同，就应该赔偿两部分损失：一部分是直接损失，即合同相对方先期投入的计划利用肖像付出的成本，如产品包装上已经印刷有肖像的包装袋等已经印制的包装将直接作废，或者已经支付给印刷厂的包装加工费用，或者现有使用肖像产品从销售商处下架所造成的仓储费、转运费及包装重新更换造成的各项损失；另一部分是如果上述产品已经分销到各地，由于突然需要解除肖像使用合同，给合同相对方造成的间接利润等损失。

4. 不可归责于肖像权人的事由是行使肖像许可解除权的免责事由

如果是基于合同相对方的原因行使合同解除权，即便造成对方损失也不承担赔偿责任。例如根据《民法典》第 563 条法定解除的所列条件，出现不可抗力、不安抗辩权或者拒绝履行等可归则于肖像权使用人的原因而导致的合同解除，肖像权人不承担赔偿责任。

第二节　声音利益保护

一、自然人声音的概述

（一）自然人声音的概念

物理学意义上的声音是指由物体振动产生的声波，是通过介质（空气或固体、液体）传播并能被人或动物听觉器官所感知的波动现象。

从生理结构来看，人发出声音的过程亦是声带震动的过程，声音的产生是通过肺部呼出气流冲击并震动声带，并经过发声腔体的共鸣放大（如胸腔、鼻腔、喉腔）等而形成。并由于人们彼此之间声带的振动频率、发声腔体的共鸣空间大小等都各不相同，也就使每个自然人都拥有区别于他人的独特音色。自然人的声音具有独特性，对外可以展示其身份，声音也因此具有一定的人格属性。[1] 例如

① 参见韩强：《人格权确认与构造的法律依据》，载《中国法学》2015 年第 3 期。

《红楼梦》中“未见其人,先闻其声”的王熙凤。因此,自然人声音连同其肖像都具有辨认和识别其身份的意义。

随着现代社会信息技术的不断发展,语音开锁、声纹鉴定等技术的运用也更加普遍,机器识别人的声音要比自然人更加精确。在如今大数据信息越来越精确的时代背景中,自然人的声音、肖像都与身份有了更深层次的关联。同时,正如照相机的发展,促进了人们对肖像权利的保护,如今随着声音克隆、智能语音合成等技术的出现,声音侵权的方式变得更加多样化,自然人声音被侵害的风险正逐步增加,声音权益保护的必要性日渐凸显,也使法律对自然人声音的保护提出了更高的要求。

《民法典》第1023条首次对自然人声音保护作出了具体规定,填补了以往法律规范中对自然人声音保护的空白。该条文明确被保护的声音主体为自然人,非自然人产生的其他声音类型并不是民法所保护的对象。在这一基础之上,本书认为自然人声音的概念可界定为:自然人通过声带震动所发出的,能为他人所感知并具有标识自然人身份意义的声音信息。

(二)自然人声音的要件

1.由自然人声带震动产生

一般来说,自然人发出声音的过程离不开其声带的震动,自然人声音应为自然人经声带震动而产生的声音信息,而自然人所发出非经声带震动而由其产生其他类型的声音(如拍手、弹奏乐器、击打架子鼓等)应不属于《民法典》第1023条所表达的自然人声音。从立法目的的角度进行分析,《民法典》新增对自然人声音的保护规则,是基于自然人声音的可识别性,其目的是防止在未经权利人许可的前提下对其声音信息的滥用,实现对权利人身份信息的保护。而自然人非经声带震动产生的声音,当满足特定条件时(如经过特定的技能训练、使用相同的工具等),其他自然人均可发出的一致的声音信息。因此,由于这种声音信息并不具备当然的可识别自然人身份的特性,应并不属于《民法典》第1023条中所指代的“自然人声音”。例如,有人通过拍手的方式创作了一段动听的旋律。而对于这段声音信息而言,应当参考适用《著作权法》中有关“音乐作品”的相关规定予以保护,而不能适用《民法典》第1023条的法律规定将其界定为自然人声音。

此外,通过人工智能技术、计算机软件技术所创作出的虚拟声音等,由于该声音系通过信息技术手段合成而来,不属于自然人声音。因此不能适用《民法典》第1023条对其声音利益进行保护。

2. 具有人耳的可感知性

自然人声音应当具有人耳的可感知性,虽经自然人声带发出的,但不属于生理意义上人耳可接收到的声音信息亦不属于自然人声音的保护范围。一般来说,自然人可感知的声音信息的频率的范围约为20—20,000赫兹,频率低于20赫兹的声音称为次声波;高于20,000赫兹称为超声波,而无论超声波或是次声波都是目前人耳不可感知的频率范围,当人的声音处在这个频率区间时,即使在生理条件下声音可以通过自然人声带震动发出,但在一般情况下,这种声音信息是难以感知的,更不具有身份的可识别性,对这样的声音信息进行保护显然是不具有现实意义的。

二、声音利益的法律属性

(一)声音利益保护的法律沿革

随着现代社会科学技术的不断发展,声音权益保护的必要性日渐凸显。其主要体现在以下几点:第一,现代社会对在声音的利用方式发生了转变,过去人们对声音的使用主要是借助特定工具将声音固定在某种可以储存的介质上,如录制音乐唱片、发行唱片专辑等,由此产生的争议纠纷可以通过《著作权法》的相关法律规定予以解决。随着声音识别技术的推广应用,人们声音信息的使用方式已经发生明显的转变。如在智能家居的使用场景中,声音可以作为遥控指令来使用。例如,人们可以利用声音可以启动汽车、开启房门、开关电脑手机、开关电灯、进行远程监控等。此外,由于声纹鉴定技术的逐步完善,声纹和人的指纹、掌纹等身体特征一样,都具有唯一性、稳定性的特点[①]。正是基于声纹有类似于自然人的指纹、掌纹类的唯一的身份识别性,才使声纹也能替代行使指纹的身份验证功能而成为新型的财产保险密码。自然人声音一旦被仿冒,不仅可能侵犯当事人的人格权益,还有着侵犯其财产利益的风险。第二,人工智能与计算机软件技术的开发对自然人声音信息的保护也提出了严峻的挑战,在个人信息普遍得不到有效保护的现代社会,人工智能应用的开发者可以精准识别

① 参见杨立新、袁雪石:《论声音权的独立及其民法保护》,载《法商研究》2005年第4期。

并在云端存储大量未经授权的声音信息以供其分析利用。与此同时，借助于计算机软件技术的开发，非法对自然人声音进行复制、合成、仿冒的成本逐渐降低，侵害方式却变得越来越丰富。例如，通过对类似“人工智能换脸”的声音克隆技术的运用，可以对现有的真实声音进行声纹分析，仿制出与自然人声音极其相似的虚拟声音，并可以与其真实声音进行“声音嫁接”，这也使虚拟声音与自然人声音的辨别更加困难。例如，在2019年的央视3·15晚会上，曝光了数家“科技”公司出售其研制的人工智能技术以牟利的事件。此类公司生产的智能电话机器人可以用声音合成的方式模拟自然人声音进行语音通话，一天就可对不同用户投放数千个骚扰来电。由此可见，现代科技的进步对自然人声音的保护已经造成了不小的冲击。

（二）民法典颁行前对自然人“声音利益”的保护途径

1. 声音商标

在2013年《商标法》的第三次修订中，正式将声音确立为《商标法》中的法定商标要素。其具体内容体现在《商标法》第8条的规定中：“任何能够将自然人、法人或者其他组织的商品与他人的商品区别开的标志，包括文字、图形、字母、数字、三维标志、颜色组合和声音等，以及上述要素的组合，均可以作为商标申请注册。”

然而，通过将自然人声音注册成为声音商标，以此来保护自然人声音信息的保护方式在实务中却并不理想。首先，在《商标法》对声音商标的保护与传统商标的保护相比并无区别。根据《商标法》第56条的规定：“注册商标的专用权，以核准注册的商标和核定使用的商品为限。”因此，声音商标的侵权判定方式同样要求与商品和服务相关联。这也就意味着，侵权人单纯利用声音商标中的声音信息，而不与其所绑定的商品或服务产生关联的情况，并不属于商标侵权的表现形式，难以通过《商标法》获得救济。其次，声音商标的“显著性”认定缺乏统一的认定标准。我国《商标法》第9条第1款规定：“申请注册的商标，应当有显著特征，便于识别，并不得与他人在先取得的合法权利相冲突。”TRIPS第15条明确规定：“注册商标应当具有显著性。”由此可知，显著性是商标注册的基本属性，声音商标亦不例外。而对于显著性的取得我国《商标法》第11条也有规定指出：其他缺乏显著特征的，前款所列标志经过使用取得显著特征，并便于识别的，可以作为商标注册。但问题在于声音商标显著性的判断标准是模糊的。并且无论是通过使用取得显著性或是商标自身的固有显著性,目前来说都缺乏显著性的判断标准①。声音商标作为一种更加主观化的商标类型,相较于其他可注册成为商标的法定要素,往往给人的感受是更因人而异的,难以有一个统一确定的显著性标准可供使用,这也导致了声音商标的注册过程往往显得“困难重重”。例如,腾讯公司为将旗下应用“腾讯QQ”中“嘀嘀嘀”的提示音注册成为声音商标,付出了巨大的时间成本,在经过四年漫漫诉讼之旅后才得以实现。由此可见,自然人声音通过注册声音商标的方式来获得保护是并不现实的。

2. 著作权领域

在《民法典》颁行以前,也可借助《著作权法》中相应法律规范对自然人声音进行保护,例如,录音制作者对其制作的录音制品,享有许可他人复制、发行、出租、通过信息网络向公众传播并获得报酬的权利;表演者可以许可他人录音录像、保护表演形象不受歪曲等权利。然而,适用著作权领域保护自然人声音仍然有许多限制,主要体现在:第一,适用《著作权法》进行保护的前提要求是自然人声音属于作品,一般认为作品是指作者的创作活动产生的属于文学、艺术或科学领域内的具有独创性并能以一定形式表现的智力成果,而自然人声音并不当然地具有作品的属性。第二,《著作权法》保护的是作品的表现方式,而非保护声音的表现方式,更不是对声音本身的保护。例如,利用唱片等对声音进行复制属于著作权侵权行为,但并非属于声音侵权的表现形式,适用《著作权法》进行保护并不周延。另外,随着现代科学技术的发展,人们对声音的利用逐渐多样化,《著作权法》的保护范围也难以将此类情况一一囊括。综上所述,适用《著作权法》对自然人声音进行保护仍然具有很大的局限性。

3. 经济法领域

在《民法典》颁布声音利益保护规则前,对“名人名声”等进行恶意模仿,进行广告宣传等行为也可通过《反不正当竞争法》中的兜底条款进行规制。具体依据为《反不正当竞争法》中第6条第4项,即“其他足以引人误认为是他人商品或者与他人存在特定联系的混淆行为。”由于自然人声音具有显著的人身识别性,当使用“名人名声”代言商品广告时,消费者可能基于对其身份的信赖,选

① 参见岳晓羲:《论声音商标的显著性及其表达方式》,载《电子知识产权》2013年第10期。

择信任并购买相关产品，进而引起市场经济秩序的混乱。此时，虽然声音没有与姓名、肖像、作品、商标等相结合，其他经营者仍然能够尝试依据《反不正当竞争法》这一兜底保护制度来寻求保护。但是，适用《反不正当竞争法》实现对声音利益的保护仍然具有诸多局限性。

从保护自然人人格利益的角度来看，对"自然人声音"的保护本质上是对自然人的人格利益、声音商业利益的确认和保护。由此，其他人不得在未经权利人允许的情况下，对自然人声音进行恶意的利用。而《反不正当竞争法》背后的立法目的是通过阻止其他经营者恶意地进行商业假冒和欺诈，损害其他经营者和消费者的合法权益，以营造良好的社会主义市场竞争秩序，为与其他经营者之间的竞争建立一个公平的赛道。由此可见，基于不同的法理依据形成了不同的保护措施。然而，适用《反不正当竞争法》实现对声音的保护仍然具有较大的局限性，与上述声音商标侵权认定类似，认定不正当竞争行为的前提有以下两点：其一是侵权主体应当为经营者本身，而当侵权主体为除经营者以外的其他自然人时却并不能适用《反不正当竞争法》；其二是要求经营者利用未经授权的声音信息进行了不正当的商业使用，造成了市场秩序的混乱，否则就难以通过《反不正当竞争法》对此进行规制。

可以发现，虽然在《民法典》之前已经有知识产权法领域的《商标法》、《著作权法》以及经济法领域的《反不正当竞争法》对有关声音信息内容的保护作出了具体规定，但保护的方向主要还是用以规制不正当的商业用途，以保护权利人财产利益为主，而对于人格利益保护尚未有明确的法律规定，适用其他领域法律规范保护自然人声音具有诸多局限性。因此，为了弥补相关领域的空白，很多学者都从人格权的角度对自然人声音的保护提出了自己的观点。例如，有学者提出创设"声音权"这一新型人格权的方式来对自然人声音利益予以保护，如杨立新教授认为所谓声音权，是指自然人对其声音利益所享有的自主支配并排除他人干涉的权利①。他在此基础之上又提出了声音录制专有权、声音使用专有权、声音处分专有权等权利概念。杨立新教授认为，声音权区别于其他标表型人格权，起到独特的听觉标识作用，具有其独立的意义和价值。然而也有学者的观点与其相反，认为自然人声音虽然具有人格之特征，为人格之重要利

① 参见杨立新、袁雪石：《论声音权的独立及其民法保护》，载《法商研究》2005年第4期。

益,但并不典型,因而没有将其类型化为具体人格权的必要①。也有学者从自然人声音与其肖像都具有身份识别性的角度出发,认为为了便于对声音提供法律保护,我国立法可将肖像权与声音利益进行合并,从而创设了肖像声音利益这一概念②。王利明教授认为,声音与肖像都具有可识别性、都蕴藏着精神价值与财产价值,都是以精神价值的保护为主对财产利益附随保护,创设一项新的人格权利具有立法难度,因此对声音的保护可以借鉴适用肖像权的有关规定③。我国《民法典》最终采纳了这种观点,并未将自然人声音独立为一种新型人格权,而是承认其作为一种人格利益,以适用肖像权的保护方式进行保护。

(三)声音利益的特征

1.声音利益的主体为自然人,客体为声音本身

根据法律规定以及上述分析可知,声音利益的主体为自然人。其他主体如法人、非法人组织等不能成为声音利益的主体。而声音商标则不受此限,只要其体现的声音信息具有显著性,就可能被注册为声音商标。在《民法典》颁行后,声音利益被确认为人格利益的一种,受人格权法保护,任何人未经权利人许可恶意利用其声音信息时,应当属于侵犯其声音利益的侵权行为。因此,将自然人声音确立为一种人格利益,相较于上述其他领域对自然人声音保护方式来说,更具有积极意义。

声音利益的客体是声音本身,随着科技的发展,人们可以将声音通过各种载体复制和储存,并能随时随地进行播放,承载声音的载体可能是唱片、磁带、黑胶、电子产品等,这也为声音的积极利用创造了条件。而对各种声音载体的破坏,并不属于对声音利益的侵害。事实上,法律保护声音利益,并不是为了保护特定的声音载体,而是为了保护该载体中的个人声音④。此外,《民法典》对声音利益的保护也并不涉及声音的表现形式,如果对自然人声音进行录制后形成的"音乐作品",未经著作权人许可而对其进行"复制、发行、翻唱"等对作品表现形式的侵犯,则应通过《著作权法》中相应法律规范予以解决。

---

① 参见史尚宽:《债法总论》,中国政法大学出版社 2000 年版,第 157 页。

② 参见徐国栋:《绿色民法典草案》,社会科学文献出版社 2004 年版,第 151 页。

③ 参见王利明:《人格权法研究》,中国人民大学出版社 2005 年版,第 473 页。

④ 参见王利明、程啸:《中国民法典释评·人格权编》,中国人民大学出版社 2020 年版,第 462 页。

2. 声音利益具有财产价值

与肖像类似，声音利益同样具有财产价值，其突出表现在“名人名声”现象或者是在具有某些特定场景所应用特点的声音等。例如将演艺明星或知名艺人的声音信息进行采集并被具体使用到如地图导航、语音听书、文本阅读等软件中。又如在“舌尖上的中国”“风味人间”等著名美食纪录片的配音员的一些特定的声音节选，在涉及美食解说情景下也被广泛地进行大量使用和二次创作。上述声音信息主体或由于名人效应具有的流量属性，或因其声音信息具有某些场景应用的特点而具有一定的经济价值，一旦其声音信息片段被剪辑重组应用于相应的软件或应用场景中，就可能给声音主体的人身权益甚至财产权益造成损害。

另外，自然人声音也可被商业化利用。例如，自然人也可参照肖像许可合同的订立方式，与经营者订立声音许可使用合同，通过授权经营者在商业活动中使用自己的声音，以此来获得财产收益。

3. 声音利益具有专属性

声音利益的专属性主要体现在两个方面：其一，声音利益为自然人专属享有的一项重要人格利益。声音与肖像类似，具有天然的人格属性，是自然人的重要人格标识。声音利益不能脱离自然人而独立存在，法人、非法人组织不享有声音利益。其二，对声音利益的利用上为自然人专属享有，不能让与或者继承。传统学界观点认为人格权具有人身专属性、非财产性等特点，不能被积极使用，仅具有不被侵犯或者被侵犯时可以寻求救济的消极权利。但随着时代发展的变化，利用明星的形象和声音为其产品代言已经成为一种普遍现象。人格权的积极利用得到扩张，而在具体人格权中也只有标表型人格权是可商业化人格权中的主要类型①。标表型人格权主要包括姓名权、名称权、肖像权等。虽然我国《民法典》尚未规定“声音权”这一新型人格权利，但声音利益为声音权利的客观体现，应当参照一般标表型人格权的准用理念予以适用。此外，对人格权的商业化使用也并不会当然的导致自然人的人格利益的被剥夺，因为人格权的商业化利用，只是权利人许可他人使用其姓名、肖像、名称等，并非人格要素

① 参见最高人民法院民法典贯彻实施工作领导小组主编：《中华人民共和国民法典人格权编理解与适用》，人民法院出版社2020年版，第264页。

永久性地与权利主体相分离[①]。

(四)声音利益的具体权利体现

根据《民法典》第1018条第1款的规定,如同对肖像一样,自然人对其声音也同样享有依法制作、使用、公开和许可他人使用的权利。这是由声音所具有的人格属性决定的,自然人的声音具有人格尊严价值和财产价值。人格尊严价值决定了其不受他人非法侵害,财产价值决定了声音可以为权利人创造财富。因此,本书认为声音权利人依法享有以下权利。

1.声音的专有录制权

基于声音利益的专属性,对自然人声音的录制意味着对声音的再现或是制作,这项权利只能由权利人享有。

2.声音的使用权和许可他人使用权

基于声音利益的财产价值,自然人可以利用其声音中的商业价值,通过签订许可合同等方式,为使用人提供服务。使用人需按照合同约定,取得对声音的使用和处分权。而对于集体声音的使用和处分,为了避免其中一人对集体声音有不当使用,有学者提出集体声音的当事人对集体声音利益应当享有共同的支配权[②]。

3.声音利益保护请求权

声音权利人有权保护自己的声音不被恶意的歪曲、丑化。当他人未经许可录制或是使用自然人的声音时,权利主体就可以依法维护自己的权利。例如,权利人有权保护自己的声音不被未经其许可进行商业化利用、有权保护自身声音不被恶意模仿、有权请求侵权人停止恶意侵害行为等。

三、声音利益侵权与保护

(一)声音侵权的认定

结合目前《民法典》对肖像权利的保护进行分析,本书认为侵犯自然人声音利益的情况主要有以下几种。

---

① 参见李新天:《对人格权几个基本理论问题的认识》,载《法学评论》2009年第1期。

② 参见杨立新:《论人格利益准共有》,载《法学杂志》2004年第6期。

1. 侮辱、贬损、丑化自然人声音

侮辱、贬损、丑化自然人声音的行为，属于对自然人声音利益的侵犯。且由于自然人声音具有身份识别性，极有可能侵犯自然人精神利益，进而使自然人的社会评价降低，其个人名誉受到损害。本书认为，就侮辱、贬损、丑化自然人声音，使自然人名誉受损的情况分析，具体而言，侵犯自然人声音是侵权方式的具体体现，使自然人名誉受损是其侵权行为完成后产生的后果。因此，对于此种情况，权利人主张声音侵权或是名誉侵权可以并行不悖。

2. 恶意模仿他人声音进行商业化利用

声音通过肺部呼出气流冲击并震动声带而产生，基于这种发声方式的特点，在生理条件相似的前提下，在针对性地对他人声音的语气、习惯、音调等进行学习模仿也可以达到以假乱真的效果。这种情况在娱乐性质的综艺节目中也时常出现。那么在娱乐节目中的"模仿秀"行为是否会侵犯自然人声音利益？对此有学者认为，声音的特殊性在于可被他人模仿，大量的"模仿秀"节目可能对权利人，尤其是明星等公众人物人格利益造成损害，但这并不是说要一概禁止，因为如此过于限制了一般人之行为自由①。也有学者认为综艺节目中的"模仿秀"节目并不会当然的构成对自然人声音利益的侵害，对模仿的声音而言，其本质上是模仿者声带所发出的声音，并不当然构成对被模仿者声音利益的侵害②。本书同意上述观点，声音利益保护的客体为声音本身，单纯对声音的模仿并不构成侵权。对于这种娱乐性质的综艺节目，其表演过程是向大众明确公开的，社会公众对节目中声音的来源和模仿者身份的认知是清楚的，也不会出现因对自然人声音的模仿而导致社会公众对其身份误认混淆的情况。反之，如果未经权利人许可，为获得"名人名声"带来的流量收益，进而自然人声音进行模仿并将之用于商业用途的，一般并不会明确声音主体的身份，属于行为人恶意对自然人声音进行模仿，恶意造成身份混淆，应属于侵害自然人声音利益的行为。此时，权利人可以就其声音利益受损为由要求行为人停止侵害，其他经营者也可通过主张《反不正当竞争法》中第 6 条第 4 款，即"其他足以引人误认为是他人商品或者与他人存在特定联系的混淆行为"来寻求救济。

---

① 参见张红：《民法典之肖像权立法论》，载《学术研究》2019 年第 9 期。

② 参见王利明、程啸：《中国民法典释评 · 人格权编》，中国人民大学出版社 2020 年版，第 322 页。

3. 利用信息技术手段拼接自然人声音

现代科技的发展也使利用信息技术手段侵犯自然人声音的行为更加普遍，其主要体现在以下几种情况。第一，在视频剪辑过程中，对自然人声音进行拼接、替换，以达到扭曲自然人声音原意的效果。这种行为在某些二次创作的视频的制作过程中较为常见，视频制作者利用调音软件可以对自然人声音的音色、音调等进行任意调整，甚至可以将其改编为一首歌曲。第二，利用声音克隆技术合成虚拟声音。现如今声音克隆技术可以对自然人声音进行数据分析，并依据其声纹特征仿制出相似的虚拟声音，上述利用人工智能技术拨打骚扰电话即属此类。目前，虚拟歌姬、人工智能新闻播音员等已经出现。在未来，个人形象、声音更具真实感的虚拟人物形象的出现也可能成为现实。在上述情况下，未经权利人允许对其声音进行拼接、利用当然构成对自然人声音利益的侵犯。

4. 未经允许使用、公开自然人声音

声音利益具有专属性，自然人可以根据自身的意志任意使用、公开，并且不受他人干涉。未经许可私自将其声音进行使用、公开的行为构成对权利人声音利益的侵害。

（二）声音侵权的抗辩事由

1. 声音利益的合理使用

根据《民法典》第1020条中肖像权的合理使用制度，并结合我国目前的司法实践状况，本书认为对于声音的合理使用应当主要体现在以下几个方面。

第一，在个人学习、艺术欣赏、课堂教学或者科学研究中，在必要范围内使用他人声音的，例如在声乐教学中使用某人声音、艺术欣赏中公开某人声音等，不属于侵犯声音利益的行为。

第二，在实施新闻报道的过程中，不可避免地使用他人声音，也可以不经其允许将其声音予以公开。但在上述情况中，基于自然人声音的身份识别性，在必要的条件下应当对其声音进行失真处理。例如，在涉及敏感问题，个人隐私问题或者暴露被采访人声音可能使其人身安全财产安全受到损害的情况下，应当对被采访人声音进行模糊处理，使其丧失自然人声音的可辨识性。

第三，为维护自然人的合法权益而使用自然人声音的。例如，在自然人失踪、下落不明时公开其姓名、肖像、声音、个人信息等。

第四，为依法履行职责，国家机关在必要范围内制作、使用、公开自然人声音的。例如,在刑事诉讼程序中,公务人员在执行侦察活动时,秘密收集犯罪嫌疑人的声音信息;在民事诉讼程序中,为验证证据的真伪,公开他人录音等情况。

合理使用作为对权利主体设定的权利限制,限制了权利人对其声音的专属支配权,在上述一些特定情形中排除了声音利用人对声音使用的事先许可,行为人也无须为使用声音的行为支付相应报酬。由此,在上述情形中他人使用权利人的声音却未经许可、未支付相应报酬并不构成侵权,使用他人声音的人可以以合理使用为由对权利人进行抗辩。

2. 公众人物抗辩

《民法典》第 998 条对公众人物的人格权利加以一定的限制。公众人物主要指在社会中具有一定影响力的人,例如政界人士、公益大使、体育明星等。一般认为,公众人物的言行举止和其从事的相关活动常常关系到公共利益,理应受到社会舆论的监督[①]。因此,在社会公众投身于舆论监督的过程中,出于对国家利益、社会利益的保护,不可避免地会涉及对公众人物声音的重复利用,例如曝光一些明星的不良言论不应当被认定为侵犯自然人声音利益的行为。当然,认定其是否构成对公众人物声音利益的侵犯,也要结合行为人过错程度、行为动机、以此带来的行为后果来进行综合判断。

四、自然人声音保护模式探究

(一)我国《民法典》对自然人声音的保护模式

人格权独立成编是《民法典》重大的创新和亮点,体现了我国法律对人格权的高度重视,彰显了深厚的人文关怀精神,也标志着我国立法技术的进一步提升。《民法典》在第 990 条明确了自然人享有的各项具体人格权,以及基于人身尊严、人格自由拥有的其他人格权益;《民法典》第 1023 条第 2 款中也首次对自然人声音的保护作出具体规定,虽然声音未被承认为一种具体人格权,但《民法典》承认自然人声音为一种人格利益,并可适用肖像权的保护方式予以保护。此后,针对自然人声音被恶意使用的乱象将变得有法可依,对自然人声音的保

---

① 参见丁晓燕:《论对新闻名誉侵权案件中对公众人物的反向倾斜保护》,载《人民司法》2004 年第 4 期。

护具有积极意义。

此外，明确自然人声音可以适用肖像权的保护方式予以保护，也使死者的声音免受恶意使用。《民法典》第 994 条规定对死者的、姓名、荣誉、肖像等进行侵害，其近亲属有权请求行为人承担民事责任，当自然人声音适用肖像的保护方式以后，对死者声音进行恶意使用，其近亲属也以此为据可对其主张责任。

（二）声音利益适用肖像权保护的理论依据

本书认为，《民法典》将自然人声音利益的保护肖像权予以保护主要考量到如下几点：首先，自然人肖像、声音、姓名等都能成为标表自然人身份的人格标识。肖像与声音在利用方式上也具有相似性，如在商业广告中都会共同使用自然人姓名与肖像，而自然人姓名在不同主体之间却可能发生重复。因此，相比于自然人姓名所起到的身份标识作用，肖像与声音的身份标识性更强，其相互联系更为紧密。其次，自然人声音与肖像都具有财产价值，能为自然人带来财产收益，肖像与声音都能通过许可使用合同的方式许可他人进行商业化利用。最后，自然人声音与肖像具有被侵犯的一致性，在肖像权侵权行为中也往往随着对自然人声音利益的侵害。例如，未经他人许可擅自使用他人肖像与声音进行商业宣传；运用视频剪辑技术对自然人影像资料进行恶意剪辑，以达到侮辱、贬损、扭曲原意的效果，这都侵犯了自然人的声音利益与肖像权利。

鉴于声音与肖像在许可适用、利用方式、被侵害的角度上都具有高度的相似性，我国对自然人声音的保护最终选择了参照适用肖像权进行保护。

（三）《民法典》声音利益保护的局限性

本书认为，《民法典》对自然人声音利益的保护仍有进一步完善之处，目前对自然人声音利益的保护仅有《民法典》第 1023 条可为依据，且《民法典》也并没有明确自然人肖像权与声音利益的界限，自然人声音利益与肖像权利虽然颇有相似之处，但实际上二者有很大区别，自然人声音利益并不能简单被肖像权所涵盖。主要体现在以下几个方面。

1. 自然人声音未被确定为具体人格权

从现行法律规定的角度，根据《民法典》第 990 条的规定可知，肖像权已被确定为具体人格权的一种，而自然人声音并未被确定为一种具体人格权。

2. 声音具有无形性

在人对声音与肖像的感知方面，肖像是视觉类人格标识，而声音是听觉类人格标识。人们通过肖像与声音识别他人身份的过程是不同的，肖像的识别过程是通过观察其可表明身份的外部形象达成的，与声音相比，肖像具有现实性、有体性的特征。肖像借助视觉系统给人以更直观的感受，而声音的识别必须经过人体的听觉系统才能给人以明确的反馈。一般来说，通过视觉带来的感官体验更为客观准确，听觉带来的感受更加主观化。因此，自然人声音相比于肖像具有无形性的特征。也有学者指出肖像与声音的侵害方式有一定区别，具体体现在对肖像权的侵害可以表现为污损、恶意毁坏他人肖像；而对声音的侵害则很难通过污损、毁坏的方式进行①。这也是声音具有无形性的明确体现。

综上所述，自然人肖像权与自然人声音利益不能等同，肖像权保护的是自然人的肖像利益，相较于声音利益而言，其二者存在本质的区别。《民法典》将声音利益的保护置于肖像权的保护模式之下，更大程度上是鉴于两项权利在人格标识与使用方式上的相似性。而随着科学技术的逐步发展，对声音利用方式的开发也会更加多样化，将声音类比与肖像进行保护，随着时间的推移不免会有法律漏洞的出现。

（四）可改进的建议

《民法典》对于自然人的声音利益的保护除了参照肖像权进行保护的法律规定之外，几乎完全处在空白状态。对于自然人声音的法律属性，《民法典》并未承认声音权独立为新型具体人格权，仅将其视为一种新型人格利益，并且对声音利益的概念、具体内容、与肖像权的关系都没有做出具体规定。事实上，肖像、姓名、声音都属于标表型人格权的一种，都具有体现自然人人格标识的作用。既然自然人肖像权已经作为一种独立的人格权被《民法典》确立，随着现代科技对自然人声音信息的利用越发普遍，也应当尝试类比于肖像权的构建方式建立声音权，以加强对自然人声音信息的保护。纵然目前《民法典》刚刚颁行，试图增设新型人格权多有不便之处，但对于自然人声音利益与肖像权的关系，也可通过增设新的司法解释的方式对二者关系进行辨析，确立两种人格利益的边界，避免出现肖像与声音混同的情况。由上文分析可知，自然人声音利益与

---

① 参见王利明、程啸：《中国民法典释评 · 人格权编》，中国人民大学出版社 2020 年版，第 323 页。

肖像利益存在明显的区别,在未来如果仅仅通过扩大肖像权外延的方式来体现对自然人声音的保护,随着现代科技的不断发展必然会导致新的法律漏洞的出现,也并不利于促进人格权体系的完善。

第五章

名誉权和信用权

第一节　名　誉　权

一、名誉权的立法现状

（一）民商法部门的法律规范

《民法典》第 110 条规定："自然人享有生命权、身体权、健康权、姓名权、肖像权、名誉权、荣誉权、隐私权、婚姻自主权等权利法人、非法人组织享有名称权、名誉权、荣誉权等权利。"

《妇女权益保障法》第 42 条规定："妇女的名誉权、荣誉权、隐私权、肖像权等人格权受法律保护。禁止用侮辱、诽谤等方式损害妇女的人格尊严。禁止通过大众传播媒介或者其他方式贬低损害妇女人格。未经本人同意，不得以营利为目的，通过广告、商标、展览橱窗、报纸、期刊、图书、音像制品、电子出版物、网络等形式使用妇女肖像。"

（二）经济法部门的法律规范

《反不正当竞争法》第 11 条规定："经营者不得编造、传播虚假信息或者误导性信息，损害竞争对手的商业信誉、商品声誉。"

《最高人民法院关于适用〈中华人民共和国反不正当竞争法〉若干问题的解释》第 19 条规定：当事人主张经营者实施了反不正当竞争法第 11 条规定的商业诋毁行为的，应当举证证明其为该商业诋毁行为的特定损害对象。第 20 条规定：经营者传播他人编造的虚假信息或者误导性信息，损害竞争对手的商业信誉、商品声誉的，人民法院应当依照《反不正当竞争法》第11条予以认定。

二、名誉、名誉权的学理分析

（一）名誉的概念

名誉是指社会上人们对于民事主体的品德、情操、才干、声望、信誉和形象等方面的综合评价。[①] 名誉不应当是一个特定的人对另一个人的评价，也不是一个人的自我评价，而是社会公众对特定人的评价。[②]《民法典》第1024条第2款规定："名誉是对民事主体的品德、声望、才能、信用等的社会评价。"从上述法律规定中，对于名誉的核心界定就在于"对民事主体的评价"上，至于评价是否客观、真实则是无法控制的，这种名誉的评价仅仅是外部社会的一种公共评价的综合体现。社会评价的产生受当时的政治、经济、新闻等各种导向的影响巨大，同时也要看被评价主体的职业、品德、声望、才能、人设等多因素的影响，这种名誉的形成是一个长期阶段综合性的评价结果，尤其要注意不能仅仅靠某段时间的评价就一概而论。例如，王某宏作为一个公众知名影星和歌手，由于公众对其私生活的不了解，曾经一度认为其人设是健康向上的，但是随着社会中不断新闻的披露，这种社会评价就会出现变化，此时要正确理解名誉的概念需要注意下列问题。

1. 享有名誉的主体是自然人、法人及非法人组织

此时的自然人享有名誉是大家的共识和最直接体现，但是不要忽视法人及非法人组织一样享有名誉，此时的名誉还有一个同义词就是商誉。我国从《民法通则》（已失效）开始就规定法人享有名誉，吴汉东教授认为："应当将商誉从名誉中分离出来确立商誉权，对之单独加以保护。"[③]理由是认为商誉更多体现的是法人和非法人组织的外在形象，更能说明市场经营主体作为商事主体的财产属性特点。本书认为商誉和名誉的这种名称上的差异，并不会影响公众正确理解名誉主体的多样性。如果对于自然人和法人及非法人组织分别规定名誉和商誉的概念，反倒容易让公众产生理解上的混乱，这种叠床架屋的命名方式

---

① 参见陈汉章：《人身权》，法律出版社1986年版，第19页。

② 参见王利明：《人格权法研究》，中国人民大学出版社2018年版，第463～464页。

③ 吴汉东：《无形财产权基本问题研究》，中国人民大学出版社2013年版，第456页。

反倒徒增解释之累。

2. 名誉仅仅是综合评价，不等于良好的社会评价

这种综合评价，就包括了对同一个主体，由于每个人的所处立场和与被评价者的关系不同，而得出不同的评价结论这样一个现象，这在日常生活中非常常见。因此，这种综合评价就要求是对一个主体的综合各个方面的意见进行的一个全方位评价，而不能是片面的评价，这样的评价才是较为可观的名誉总结。

有些学者认为："名誉是一种积极的、良好的社会评价，而不是指对坏名声的评价。所以说，侵害名誉权必然导致个人社会评价的降低。……也正是因为名誉是个人良好的社会评价，所以，其有利于人们的对外交往，并使个人获取一定的利益。"[①]本书认为名誉是社会公众对特定主体的一个综合评价结果，这个综合评价结果并不必然代表客观真实，也不能说完全就代表都是好的正面的向上的评价。例如，一个村里的"村霸"，村民对他的综合评价必然不是正面的、向上的，甚至这种社会评价都容易导致案件的审理结果受到影响。曾经出现过一个父亲杀死了自己的儿子，但所在村镇集体向法官求情的事件，因为其子为恶乡里多年，受到所有邻居及村民的恶评，人人闻之被杀而后快，可以说这个自然人的名誉是负面的。同样一个臭名昭著的企业，其名誉非常有可能是负面的，这样的企业也非常容易破产，例如制造奶粉事件的三鹿企业。因此，"社会评价可能是积极的、正面的，也可能是消极的、负面的，但都不因此而导致一个人不存在名誉。也就是说，即便是罪大恶极之人，也有其名誉……也会造成其名誉受损，当然这种受损可能表现为使得其社会评价从很坏变得更坏。……因此，不能认为名誉权只是保护一个人的好名声，而不保护那些声名狼藉的人。"[②]

名誉的社会评价是一个综合的过程，评价者本身的主观意识就主导了评价的内容，同时社会中的评价者又是一个不确定的、人数众多的广泛群体，此时名誉产生的大背景其实受很多因素影响，例如被评价者的品德、声望、才能、信用，这些因素都对评价一个人有着巨大的影响。例如被评价者的思想品德主要表现在婚姻家庭、尊老爱幼、邻里关系等多个表现方面。声望主要包括生活中的

① 王利明、程啸：《中国民法典释评 · 人格权编》，中国人民大学出版社 2020 年版，第 326 页。

② 程啸：《人格权研究》，中国人民大学出版社 2022 年版，第 325 页。

群众影响力、工作中的工作能力、业务技能等;才能表现得更为多面化,生活中处理日常琐事的才能、遇到突发事件的处置才能、人际交往中的应变才能、工作中对于工作内容的管理完成才能等;信用主要是指财务信誉,在我国的征信体系日益完善的过程中,随着个人破产制度的未来逐步建立,信用也是未来需要加强的一个评价目标,最直接的就是某些法人或者自然人被宣告为失信被执行人,其信用降低的同时,其信誉自然就受到负面影响。当然这些因素之外,法条中还有一个"等"的弹性因素,例如被评价者的性格好坏、待人接物的礼貌程度、语言表达的情商、言行举止是否适当等因素,都对民事主体的名誉有间接影响。因此名誉的形成是一个综合过程。

3. 名誉具有时代性

不同的时间段、不同的时间点,人们对同样事物的评价可能是各异的。某一个时代可能对人权保护就格外重视,此时的立法就对人权比较尊重,因此对名誉权的保护就全面,历史上日耳曼法对罗马法的颠覆,就是历史的倒退,也是立法的倒退。因此不同的时代就决定了名誉的评价会对权利人产生巨大的影响。此时名誉的客观真实性也同样值得商榷,名誉的客观与否和时代特点紧密相连。

(二)名誉权的概念和特征

《民法典》第1024条第1款规定:"民事主体享有名誉权。任何组织或者个人不得以侮辱、诽谤等方式侵害他人的名誉权。"名誉权是指自然人和法人、非法人组织就其自身属性和价值所获得的社会评价享有的保有和维护的具体人格权。名誉权的主体包括自然人、法人和其他组织。名誉权的客体是名誉利益,名誉利益作为名誉权的客体,是自然人和法人就其自身属性和价值所获得的社会评价。[①] 名誉权是指"自然人、法人和非法人组织对其名誉所享有的不受他人侵害的权利。名誉权是个人的基本人权,也是个人人格尊严最直接的体现。"[②]名誉权是指民事主体所享有的保有和维持自己良好名誉的具体人格权。虽然前面提到名誉不全部都是正能量、向上的评价,但是作为任何一个享有名

① 参见杨立新主编:《中华人民共和国民法典释义与案例评注·人格权编》,中国法制出版社2020年版,第184页。

② 王利明、程啸:《中国民法典释评·人格权编》,中国人民大学出版社2020年版,第327页。

誉权的主体来说,都认为自己的名誉是良好的,不容任何人侵犯的,因此当自身的名誉受到侵犯的时候均会积极维权,因此名誉权是一个被动性的具体人格权。

名誉权的特点主要表现在以下三点:第一,名誉权的支配性差。名誉权不能像肖像权一样,通过许可获得直接的财产收益。虽然名誉权不能直接带来经济效益,但是法人名誉权降低会使其财产减少,此时获得损害赔偿必然涉及财产损害赔偿,自然人名誉权受损的精神损害赔偿也间接涉及财产权益赔偿问题。第二,名誉权和名誉感是外部和内部评价的分别界定。名誉权是外部对主体的评价,这种评价的好坏,被评价者只能被动接受,尽力保持名誉中的正面评价,防止负面评价滋生是名誉权持有主体积极奋斗的目标。名誉感是自然人所享有的内部自身评价,它和名誉权基本没有联系,法律只保护名誉权而不保护名誉感。第三,名誉权的权利范围具有渐变性。大部分名誉权主体均积极维护自身名誉权的正面性,并且名誉权可以通过不断地塑造和对外界施加影响而不断改变。

(三)名誉权与肖像权的关系

名誉权和肖像权均属具体人格权的一种,都是依附于人的一种权利的外在表现,但其范围存在差异。首先,名誉权的主体范围没有限制,但是肖像权的主体仅仅是自然人。其次,两种权利的利用方式上肖像权更为灵活,在人格权中属于开放性的权利,可以依法制作、允许第三方使用其肖像并谋取利益,而名誉权只能被动保护,不能通过主动的商业化使用谋取财产利益。最后,名誉权和肖像权的利益表现经常是紧密联系的,侵害肖像权往往就会导致权利人名誉权受损,但要注意侵害肖像权如果基于正当理由,该行为可能会免责,从而直接导致名誉权下降。例如,某报记者对某人的私生活进行跟踪报道,拍到他进出第三人寓所时的肖像,导致其名誉下降并造成不好的社会影响,此时肖像权和名誉权是相互联系的。反过来当权利人的名誉权下降后,权利人再对其肖像的财产性利用所产生的相应的财产性报酬也会受到巨大影响,最严重的就是遭到封杀,此时他肖像权的财产性利用就会失去意义。

(四)侵害名誉权的表现形式

侵害名誉权的主要表现包括侮辱、诽谤及其他方式。

1. 侮辱侵犯名誉权行为分析

侮辱的表现形式主要是行为和语言文字侮辱两种类型。行为侮辱主要是通过对权利人的身体造成侵害,进而对权利人的名誉造成损害的行为。语言文字侮辱主要是通过语言、文字等方式对权利人进行嘲笑、辱骂等行为,用肮脏污秽的语言攻击权利人,或者运用文字、语言通过发布漫画、网页等加以公开。例如,在公开场合对权利人进行丢鸡蛋、泼油漆等行为,严重的还有通过暴力手段剥光对方衣服,指使围观人群或者其他侵害人对其进行拍照曝光,同时在上述行为过程中经常伴随辱骂等语言侮辱行为。这里面判断侵权的一个关键情节是上述侮辱侵犯名誉权的行为需要在大庭广众之下进行,在第三人能够观看到的公开环境下,上述侮辱情节才会导致名誉权受损,如果是在一个相对密闭的空间,仅仅有侵权人和被侵权人两人在场,没有第三者目击的情境下,被侵权人名誉权并不受到降低。当然也有例外情况:如果侵权人把侵权侮辱情节摄录像为第三人所知或者多次在公开场所描述侮辱情节,也同样构成侵权。但如果没有第三人在场,那么只涉及伤害权利人的名誉感而不涉及侵犯名誉权。

2. 诽谤侵犯名誉权行为分析

诽谤行为是指故意或者过失的散布虚假事实已达到侵犯权利人名誉权的行为。在心理上,此处多以故意的主观心理态度为主,目的就是降低权利人名誉。在行为上,诽谤通常主要是以文字、语言等方式进行,通过网络或者报纸等媒体发布不实消息,这种行为现在在网络暴力盛行的情况下极为常见。诽谤行为侵犯名誉权实施起来更为简单,不像侮辱大部分都是直接攻击权利人人身,而诽谤只要坐在家里,运用互联网就可以让权利人名誉扫地。

诽谤行为的认定依据:第一,攻击权利人的事实属于捏造。行为人一般是故意,但过失也可能存在,例如,某网站未加核实就发布了一个新闻,此新闻导致某权利人名誉权受损。第二,一定要区别正常的新闻监督和诽谤。如果任意扩大范围,会让很多新闻单位忐忑不安,因为新闻采集的过程中想做到完全真实客观是非常困难的,此时如果涉及新闻的任何一个当事人都站出来起诉侵犯名誉权,这必然影响新闻事件的报道和新闻的传播,因此对于事实的陈述一般要求较为宽松,这里需要注意的是对事件的评论要求较为严格,带有主观色彩的新闻评论如果侵害了权利人的名誉,此时即便新闻事实是真实的,也可能会造成诽谤案件产生,《最高人民法院关于审理名誉权案件若干问题的解答》

(1993 年 8 月 7 日)(已失效)中第 8 问提道:“问:因撰写、发表批评文章引起的名誉权纠纷,应如何认定是否构成侵权? 答:因撰写、发表批评文章引起的名誉权纠纷,人民法院应根据不同情况处理:文章反映的问题基本真实,没有侮辱他人人格的内容的,不应认定为侵害他人名誉权。文章反映的问题虽基本属实,但有侮辱他人人格的内容,使他人名誉受到侵害的,应认定为侵害他人名誉权。”例如,国内某影星婚内出轨,此时新闻事件的报道可能是真的,但是如果评论员在评论时掺杂了过多的个人主观臆断,造成对某影星的人身攻击,此时诽谤侵权也可能产生。第三,诽谤必须广为传播并导致其名誉权进一步降低。如前文某影星婚内出轨的事件中,社会公众对于这一道德败坏行为的评价即便没有新闻评论的存在,一样会降低,只不过新闻评论起到了推波助澜的作用,此时要运用比例原则判定。另外如果评论虽然言辞偏颇,但并没有导致其社会名誉的降低,则并不构成诽谤侵权。

关于诽谤的认定是基于大众的普遍认知还是要根据权利人自身的职业、文化背景及社会地位等进行判断是必须要明确的关键环节。针对自己的职业、文化及社会地位等因素的考量,可能同样的一句话带来的每个人感受是不同的,有些公众人物可能备受瞩目,到哪里去都是众星捧月,格外受人关注,此时对其语言上的一点点不尊重,权利人就会放大到几倍的严重程度,反之可能某些人因其职业特点经常被人责备甚至谩骂、差评等已经麻木,此时的名誉权受损对权利人来说,其本人可能并没感到十分严重。因此判断名誉权受损的标准就非常关键,此时笔者认为以一般理性人的标准来判断名誉权是否受损较为妥当,即基于普通民众中没有偏见、感性影响的理性人标准,来判断作为一个普通社会民众是否会感受到该言辞、文字等会导致名誉受损较为客观。不应采取个案认定的形式,即不依据权利人的职业、社会地位等进行个案认定才会体现民法典的公平正义。

3. 其他侵害名誉权的行为

根据《最高人民法院关于审理名誉权案件若干问题的解释》(已失效),在特定的环境下,有些不典型的侵权行为也能构成对名誉权侵权。例如,在仅供领导部门内部参阅的刊物、资料等刊登来信或者文章引起的名誉权纠纷、新闻单位报道失实而拒绝更正报道,致使他人名誉受到损害的,应当认定为侵害他人名誉权。医疗卫生单位的工作人员擅自公开患者患有淋病、梅毒、麻风病、艾滋病等疾病,致使患者名誉受到损害的,应当认定为侵害患者名誉权。

总之,通过上述侵害名誉权行为的外在表现形式分析,在认定侵权行为的时候,一定要注意侵权行为和权利人对应性的问题,即侵权行为必须指向特定人。侮辱行为一般不涉及这个问题,因为侮辱一般都是直接针对特定人进行行为和语言上的攻击,因此指向性非常清晰。诽谤行为的指向性就需要个案分析,例如在他人捏造事实发表诽谤言论的时候,就需要看是否明确指向某人,这时即便曝光出姓名,也有可能并不满足指向特定人的要求。例如,侵权人发表微博或者撰写小说攻击诽谤李明,全国叫李明的有十几万人,如果不结合此处诽谤的李明的社会关系、相貌特征、工作特点、社会背景及地点,那么就无法做到迅速地形成一一对应关系,此时还要看权利人和侵权人在实际生活中是否存在特定联系,如果这些条件均不满足,那么此时李明的名誉可能不会受到任何下降的风险。而且这种一一对应关系必须是为第三人所清晰认知,如果没有人把侵权行为和权利人名誉相联系,此时也不构成名誉权侵权。

三、为公共利益实施新闻报道、舆论监督等行为的正当性分析

《宪法》第35条规定:"中华人民共和国公民有言论、出版、集会、结社、游行、示威的自由。"中华人民共和国成立之初就在宪法中明确了言论自由排在各项自由的首位,可见公民言论自由的重要地位。这种言论自由在新闻报道及舆论监督层面当然没有问题,但是其在民法中的表现形式不能受行业的限制,每个人均有权自由表达个人意志,可以在新闻链接的评论区、微博的留言板以及各种微信群中自由发表意见,不应该存在哪一类人是主导、哪一类人是占据统治控制地位的情况。当然这种言论自由也不是没有边界和界限,《宪法》第51条规定:"中华人民共和国公民在行使自由和权利的时候,不得损害国家的、社会的、集体的利益和其他公民的合法的自由和权利。""言论自由和人格尊严同属我国宪法所确认的人民的基本权利,从民法上表现为自由权和名誉权。"[①]这两种权利自然存在权利冲突,每个民事主体都应该注意不要让自己的言论侵犯他人的名誉权、隐私权等权利。本节所阐述的名誉权恰恰是新闻出版等自由和名誉权保护冲突最为激烈的地方,对言论自由保护的越多,对名誉权等侵害的

① 尹志强:《人格权及其救济制度研究》,中国政法大学出版社2019年版,第231页。

保护就越弱,现在的新闻报道及舆论监督是侵犯名誉权的重灾区,如何考虑做到两种权利的平衡就成为研究的重点,因此对于免责条件的分析就更为重要。

(一)公共利益的界定

"公共利益是一个社会和国家的整体利益,新闻最大的价值莫过于其所揭露的问题可以换来所有人的安康和幸福,媒体的责任就在于将那些危害公众利益的事件暴露出来。"①公共利益的界定是一个非常困难的工作,不同的学科对于公共利益的界定均不同,笔者查阅了很多资料发现最终能清晰界定公共利益的几乎没有,都是从自身研究的角度结合公共利益的表现形式进行专项研究,在中国知网上对新闻报道和公共利益被引用下载量最高的一篇文章:"新闻传播活动中的涉及公共利益的决定只能由公众作出。只有通过有理性的公众积极而有效地讨论新闻报道与国家安全之间、与司法公正之间、与个人隐私之间、与儿童权益之间等诸多利益冲突之间,何种利益最符合公共利益,才能得出最具正当性的结论。公众对公共利益的讨论必须得到合法而有效的公共论坛的支持,同时,公众在讨论涉及公共利益的议题时的知情权、参与权、听证权等基本权利也须得到保障。在这个意义上说,新闻传播活动既是公共利益讨论的内容,也是公共利益讨论的形式保障。"②在公共利益维护前提下的新闻报道和舆论监督,必然涉及具体人物姓名、肖像、隐私和名誉等多重利益,因此为了让广大民众的知情权更充分的体现,也为了体现表达自由对人权保护的尊重,必然会牺牲一部分肖像权人或者名誉权人的名誉来达到新闻表达自由与公共利益之间的平衡。此时公共利益就成为侵害名誉权的免责事由。

除了新闻报道,舆论监督最直接的体现就是每年"两会"期间全国代表们的发言及建议,这是最具有典型性的舆论监督形态,而且在我国立法中有明确规定。《宪法》第 75 条规定:"全国人民代表大会代表在全国人民代表大会各种会议上的发言和表决,不受法律追究。"这些新闻监督是非常受党和政府重视的舆论监督形式,当然还有很多自媒体的舆论发生源,例如,短视频平台的民间舆论监督力量,部分短视频博主甚至有几千万粉丝,这些民间舆论力量有时候也能推动很多焦点问题得到重视并得以解决,可以说我们国家正在向多元化国家治

① 陈煜儒:《向社会普及和提高公共意识——英伦巡礼之五》,载《财经》2005 年 7 月版。

② 罗以澄、刘兢:《论新闻传播中的公共利益原则》,载《当代传播》2006 年第 4 期。

理体系迈进。

(二)新闻报道和舆论监督的表现形式

《民法典》第1025条规定:行为人为公共利益实施新闻报道、舆论监督等行为,影响他人名誉的,不承担民事责任。该条"首次将新闻报道、舆论监督等行为的侵权抗辩事由正式写入法律,标志着我国名誉侵权诉讼步入了历史新阶段。该规定考虑到了新闻报道与舆论监督涉及的广泛社会利益与公众利益,保护了言论自由、知情权,为我国新闻事业的长足发展奠定了制度基础。"①注意此处的实施行为包括新闻报道、舆论监督以外的多种行为,立法中"等行为"就表明此时的行为类型是开放的,是能够随着经济社会及科技的进步而逐渐扩张和更新的。除了常见的报纸期刊等平面新闻报道之外常见的有以下几种:

第一,微信、微博、个人网页等传统网络平台所记载的各种新闻及个人观点评论等。

第二,抖音、快手等自媒体平台所阐述的各类新闻及个人观点评论等。

第三,在电子商务领域,消费者对某些产品或者消费平台的售后意见及批评观点。例如,平台产品的售后评价。只要是基于产品的正常功能进行评价,就不涉及侵害企业名誉权问题。但要注意的是要严格区分正常的评价和恶意的差评。《最高人民法院关于审理利用信息网络侵害人身权益民事纠纷案件适用法律若干问题的规定》第8条规定:"网络用户或者网络服务提供者采取诽谤、诋毁等手段,损害公众对经营主体的信赖,降低其产品或者服务的社会评价,经营主体请求网络用户或者网络服务提供者承担侵权责任的,人民法院应依法予以支持。"现实中确实存在这些违法行为,情节严重的可以按照敲诈勒索行为追究其法律责任。

对于舆论监督与事实真相是否存在不一致就必然涉及捏造歪曲侵权的问题,《最高人民法院关于审理名誉权案件若干问题的解答》(已失效)第8条规定:因撰写、发表批评文章引起的名誉权纠纷,人民法院应根据不同情况处理:文章反映的问题基本真实,没有侮辱他人人格的内容的,不应认定为侵害他人名誉权。文章反映的问题虽基本属实,但有侮辱他人人格的内容,使他人名誉受到侵害的,应认定为侵害他人名誉权。文章的基本内容失实,使他人名誉受

① 黄薇主编:《中华人民共和国民法典人格权编解读》,中国法制出版社2020年版,第167页。

到损害的，应认定为侵害他人名誉权。从上面的规定可以看出，区分是否侵权还是要看舆论监督或者新闻报道中所涉及的事实是否基本属实，如果不存在蓄意捏造或者故意歪曲，不存在侮辱等故意侵权事实，那么立法还是倾向保护舆论监督及新闻自由的，即便新闻报道阐述中过失性的有疏漏，也不构成侵权。

四、新闻报道、舆论监督行为中存在的侵权行为分析

《民法典》第 1025 条规定："行为人为公共利益实施新闻报道、舆论监督等行为，影响他人名誉的，不承担民事责任，但是有下列情形之一的除外：(一)捏造、歪曲事实；(二)对他人提供的严重失实内容未尽到合理核实义务；(三)使用侮辱性言辞等贬损他人名誉。"下面对新闻媒体、舆论监督中的侵权行为进行分析。

(一)捏造、歪曲事实侵害名誉权行为分析

捏造、歪曲的行为在新闻传播中非常多见，有些新闻纯属于子虚乌有，但是为了赢得点击量，媒体发布的往往是虚假的事实，或者把真实事件中的部分进行恶意加工，误导大众舆论，甚至有的严重侵害新闻事件中权利人的名誉。例如哈尔滨某个体洗车商贩被浇汽油烧伤致死的新闻受到了很多人的关注，其实警方公布的事实是商贩自浇汽油引燃，不存在他人伤害致死的事实。对事实真相的加工捏造可能会严重侵害权利人的名誉权。曾经有一幅照片，里面 6 个年轻人排成一排被受害者进行指认，但是由于新闻稿不够严谨，没有标明只有一个是犯罪嫌疑人，其他人都是民警或者热心群众假扮的事实，导致该新闻一曝光，好意协助警方的几名群众被误解，名誉权受到了严重侵害。

捏造更多意义上是从无到有，而歪曲更多表现为把事实中的情节故意修改，使情节完全违背事实真相，把见义勇为者歪曲成施暴者，把黑白颠倒达到产生权利人名誉权受到侵害的损害后果。当然这里的新闻记者就需要严格还原真实事件，现在大量的网络假新闻误导公众，让很多人通过网络的迅速传播形成一股网络暴力，这种网络暴力会对现实中的权利人造成巨大伤害，而权利人面对网络暴力侵权维权成本高昂，很多发帖人或者转发者无从考察，给维权造成了很大困难。

(二)对他人提供的严重失实内容未尽到合理核实义务[①](略)

(三)使用侮辱性言辞等贬损他人名誉

使用侮辱性言辞等攻击性、贬损性语言致权利人名誉权受损,此时行为人的主观恶性非常明显,这种侮辱性言辞和普通的批评是有重大区别的。在新闻报道及文学作品中如果直接使用侮辱性语言针对某一个特定人进行人身攻击,此时就脱离了新闻报道和舆论监督的初衷,新闻报道要求客观公正,此时言语的侮辱性攻击已经严重背离了新闻传播的初衷,也违反了《民法典》的公序良俗原则。同时这种侮辱性言辞需要结合整个新闻稿件的行文阐述而综合性判定,如果仅仅是针对某个罪大恶极的罪犯的个人情绪发泄,笔者认为也并不必然导致该罪犯名誉权降低。社会公众在针对某些社会阴暗面及罪犯表达极大愤慨的时候,有一些言辞过激的表达也是民众情绪的发泄,不能和名誉权授权完全联系起来,因此法官在判断类似新闻报道是否造成名誉权受损时还应该结合案件整体情况来进行判断,同时还要注意,如果仅仅有过激的言论,但并没有造成他人名誉受损的结果,也不构成名誉权侵权。

五、对他人提供的严重失实内容未尽到合理核实义务的侵害名誉权行为

(一)严重失实的判断标准

在新闻报道中对于既不是记者或者撰稿人亲自采集,也不是亲历事件当事人目睹而得到的新闻线索,其真实性具有非常的不确定性,那么这种所谓的"二手消息"的传播者有时候会出于自身的目的而对新闻进行加工,此时如果拿来作为新闻播出,会由于未尽到核实义务而导致侵权。此时要注意的是任何一个新闻工作者都不可能使事件全部都能恢复原貌,那么一定程度的失实是在所难免的,这里的失实只有达到"严重"的程度才能成为侵权事由而追责。严重的判断标准,应该达到失实部分的情节和描述已经能够影响大众对该事件的独立判断,进而得出错误的结论的程度,而且这种错误的结论是严重背离事实真相,即黑白颠倒的程度。如果新闻报道中确实存在一些不真实消息,但对于阅读者最后下结论不产生直接阻碍,不会颠覆结论或对涉及的事件当事人产生严重的名

① 详见第222页"五、对他人提供的严重失实内容未尽到合理核实义务的侵害名誉权行为"。

誉降低,此时的失实就在可以容忍的合理范围内。

(二)合理核实义务分析

《最高人民法院关于审理名誉权案件若干问题的解答》(已失效)第7问规定:因新闻报道严重失实,致他人名誉受到损害的,应按照侵害他人名誉权处理。新闻报道严重失实一直是新闻报道中非常容易导致法律纠纷产生的原因,30年前的司法解答就已经关注到了新闻报道侵权问题,如何判定新闻报道是否构成侵权,重点是看新闻刊发部门是否尽到“合理核实”的义务,根据《民法典》第1026条规定,认定行为人是否尽到合理核实义务,应当考虑下列因素。

1. 内容来源的可信度

新闻出版总署在《关于严防虚假新闻报道的若干规定》中强调:真实是新闻的生命、媒体公信力的基础,也是新闻工作者基本准则。为防范失实报道,杜绝虚假新闻,特发布此规定。新闻出版总署要求新闻记者从事新闻采访报道必须坚持真实、准确、全面、客观、公正的原则,深入新闻现场调查研究,充分了解事实真相,全面听取新闻当事人各方意见,客观反映事件各相关方的事实与陈述,避免只采用新闻当事人中某一方的陈述或者单一的事实证据。上面新闻出版总署的要求可以归纳为:新闻记者针对信息来源一定要采用多角度调查分析,避免因为从单一信息来源造成对新闻的误导性宣传。

《最高人民法院关于审理名誉权案件若干问题的解释》(已失效)第6问[①]规定:新闻单位根据国家机关依职权制作的公开的文书和实施的公开的职权行为所作的报道,其报道客观准确的,不应当认定为侵害他人名誉权;其报道失实,或者前述文书和职权行为已公开纠正而拒绝更正报道,致使他人名誉受到损害的,应当认定为侵害他人名誉权。《最高人民法院关于审理利用信息网络侵害人身权益民事纠纷案件适用法律若干问题的规定》第9条规定:网络用户或者网络服务提供者,根据国家机关依职权制作的文书和公开实施的职权行为等信息来源所发布的信息,有下列情形之一,侵害他人人身权益,被侵权人请求侵权人承担侵权责任的,人民法院应予支持:(1)网络用户或者网络服务提供者

① 根据《最高人民法院关于废止部分司法解释及相关规范性文件的决定》(法释〔2020〕16号),《最高人民法院关于审理名誉权案件若干问题的解释》(法释〔1998〕26号)自2021年1月1日起废止。虽然该解释废止,但其中涉及的侵犯名誉权的各种表现形态及处理规则依然值得参考借鉴。

发布的信息与前述信息来源内容不符;(2)网络用户或者网络服务提供者以添加侮辱性内容、诽谤性信息、不当标题或者通过增删信息、调整结构、改变顺序等方式致人误解;(3)前述信息来源已被公开更正,但网络用户拒绝更正或者网络服务提供者不予更正;(4)前述信息来源已被公开更正,网络用户或者网络服务提供者仍然发布更正之前的信息。从上述司法解释中可以判断出,较为可靠的信息来源是国家机关依职权制作的文书和公开实施的职权行为等,这些信息一般都经过国家各级政府的审查,均是行政管理行为调查核实过的信息,其真实性较为可靠。但就是上述信息,司法解释也同时规定了使用上述信息时有及时更正的义务。

2. 对明显可能引发争议的内容是否进行了必要的调查

明显可能引发争议的界定需要深入分析,不是所有的新闻内容均会引发争议,只有和普通民众利益或者和个人名誉紧密相关的社会性新闻报道引发的关注最多,实际生活中,民生节目的收视率也一直是排在前列,至于国际政治经济局势类新闻,很多受众由于知识背景所限,其关注度及争议性要相较差很多。越是和大家切身利益相关的新闻,其争议性越大,越是涉及个人隐私的、涉及性道德及婚姻家庭等公序良俗的新闻热点类节目,越受到大家的关注,此时新闻素材的敏感度就要求必须对上述新闻内容进行第一手资料的掌握,仅掌握道听途说的二手资料,或者是对新闻线索提供者进行简单采访就匆忙播出的新闻节目恐怕会更容易受到大众质疑并引发纠纷的产生。此时承担责任的主体往往是调查核实工作不充分的新闻媒体而不是信息提供者。《最高人民法院关于审理名誉权案件若干问题的解释》(已失效)第7问规定:因提供新闻材料引起的名誉权纠纷……因被动采访而提供新闻材料,且未经提供者同意公开,新闻单位擅自发表,致使他人名誉受到损害的,对提供者一般不应当认定为侵害名誉权;虽系被动提供新闻材料,但发表时得到提供者同意或者默许,致使他人名誉受到损害的,应当认定为侵害名誉权。

3. 内容的时限性

新闻报道中要区分新闻内容的时间紧迫性,越是涉及公众切身利益的、公众急需及时披露满足知情需求的新闻事件,其核实义务的标准越要降低,例如事关防疫工作的新闻事件,此时社会公众对这类事件广泛关注,尤其是疫情的发展、病历数量及政府的疫情管控措施,这类新闻的核实时间非常有限,此时核实的标准就要降低。当然也不能完全听之任之,而是要在新闻核实工作中尽量新闻真实性和实效性做到平衡。

反之如果报道的是过去已经发生的新闻事件,因该事件产生已久,此时事件真实性就非常重要。我们有好多新闻评论类节目,这些节目针对以往过去发生事件进行报道,进行总结评论进而引导社会风气进一步改善,此类新闻评论类节目的新闻时效性已经不强。例如,进行全民普法的《今日说法》栏目,属于法制宣传节目,引用的案件已经发生,完全有充裕的时间阐述案件事实并把法院的判决公之于众,此时如果报道的新闻事件出现差错,就应该承担侵权责任。

4. 内容与公序良俗的关联性

公序良俗是公共秩序和善良风俗的简称,其实质就是道德在法律中的间接体现,只有通过法律的社会控制,才能培养社会主义核心价值观和道德水平。通过新闻报道和新闻监督能够进一步促进倡导民主、文明、和谐,倡导自由、平等、公正、法治,倡导爱国、敬业、诚信、友善,积极培育和践行社会主义核心价值观。公序良俗原则中必然会涉及社会生活的最普通表现形态即婚姻家庭及两性交往等社会焦点问题,因此新闻事件与公序良俗联系越紧密,对于培养和形成社会良好风气就越重要,当然新闻的内容与家庭、隐私及两性交往的联系越密切,受关注度就越强,此时保护名誉权的紧迫性必要性就越强。如果还涉及公众人物的隐私权和名誉权,这样的新闻热点更需要记者充分核实后进行传播。当然基于新闻媒体的职业担当不能畏难不前,应更充分地发挥新闻舆论监督的作用。

5. 受害人名誉受贬损的可能性

新闻曝光的事件越颠覆受众认知,新闻中使用的言辞越激烈,对人的名誉权、隐私权和肖像权曝光的频次越多,受害人名誉受贬损的可能性越大,受害人的职业、社会地位等越敏感,也就是受害人越属于公众人物,那么他的新闻核实工作就越需要谨慎细致,因为新闻的社会影响面就会越巨大。因此新闻媒体对于一些一旦刊登就会让全国哗然的头条事件,更要履行严格的审查核实义务,具体细节一定要记者亲力亲为,如果感觉侵害贬损的可能性较大,建议对涉事人物进行面部马赛克处理,在对事件的报道上仅叙事,而不进行使个人名誉进行可能受损的评价。

六、英雄烈士名誉权的特殊保护

(一)立法概述

《民法典》第185条规定:侵害英雄烈士等的姓名、肖像、名誉、荣誉,损害社会公共利益的,应当承担民事责任。第994条规定:死者的姓名、肖像、名誉、荣誉、隐私、遗体等受到侵害的,其配偶、子女、父母有权依法请求行为人承担民事责任;死者没有配偶、子女且父母已经死亡的,其他近亲属有权依法请求行为人承担民事责任。

2018年《英雄烈士保护法》第25条规定:对侵害英雄烈士的姓名、肖像、名誉、荣誉的行为,英雄烈士的近亲属可以依法向人民法院提起诉讼。英雄烈士没有近亲属或者近亲属不提起诉讼的,检察机关依法对侵害英雄烈士的姓名、肖像、名誉、荣誉,损害社会公共利益的行为向人民法院提起诉讼。负责英雄烈士保护工作的部门和其他有关部门在履行职责过程中发现第1款规定的行为,需要检察机关提起诉讼的,应当向检察机关报告。英雄烈士近亲属依照第1款规定提起诉讼的,法律援助机构应当依法提供法律援助服务。

《民法典》第1027条第1款在《最高人民法院关于审理名誉权案件若干问题的解答》的基础上规定:行为人发表的文学、艺术作品以真人真事或者特定人为描述对象,含有侮辱、诽谤内容,侵害他人名誉权的,受害人有权依法请求该行为人承担民事责任。出于维护死者利益,亦为自身之权利着想,遗属于此得向法律主张维持死者享有的客观社会评价。[①]

(二)英雄烈士的范围

英雄和烈士的概念外延上是不同的。英雄的外延比烈士要广,王利明教授认为:"只要是作出了显著成绩和特殊贡献的,都可以称为英雄,并不要求牺牲。而烈士是指那些在革命斗争、保家卫国、社会主义现代化建设事业中及为争取大多数人的合法正当利益而壮烈牺牲的人员,因此在概念上,英雄的范围要大于烈士。"[②]张新宝教授认为:"英雄不要求牺牲,只要是作出了显著成绩和特殊

---

① 参见[德]卡尔·拉伦茨:《德国民法通论》(上册),王晓晔等译,法律出版社2013年版,第173页。

② 王利明主编:《〈中华人民共和国民法总则〉条文释义》,中国人民大学出版社2017年版,第400~403页。

贡献的，都可以称为英雄，但本条中的英雄应理解为形容词，用以修饰烈士，即本条原则上是指的是已经牺牲的英雄烈士等。”①《英雄烈士保护法》第2条规定：“国家和人民永远尊崇、铭记英雄烈士为国家、人民和民族作出的牺牲和贡献。近代以来，为了争取民族独立和人民解放，实现国家富强和人民幸福，促进世界和平和人类进步而毕生奋斗、英勇献身的英雄烈士，功勋彪炳史册，精神永垂不朽。”从法条的语义表达分析，我们立法中的“英雄”和“烈士”均指已经为了民族独立和人民解放而牺牲的杰出人物。

对于烈士范围的确定我们应根据《军人抚恤优待条例》第8条的规定：现役军人死亡，符合下列情形之一的，批准为烈士：(1)对敌作战死亡，或者对敌作战负伤在医疗终结前因伤死亡的；(2)因执行任务遭敌人或者犯罪分子杀害，或者被俘、被捕后不屈遭敌人杀害或者被折磨致死的；(3)为抢救和保护国家财产、人民生命财产或者执行反恐怖任务和处置突发事件死亡的；(4)因执行军事演习、战备航行飞行、空降和导弹发射训练、试航试飞任务以及参加武器装备科研试验死亡的；(5)在执行外交任务或者国家派遣的对外援助、维持国际和平任务中牺牲的；(6)其他死难情节特别突出，堪为楷模的。现役军人在执行对敌作战、边海防执勤或者抢险救灾任务中失踪，经法定程序宣告死亡的，按照烈士对待。批准烈士，属于因战死亡的，由军队团级以上单位政治机关批准；属于非因战死亡的，由军队军级以上单位政治机关批准；属于本条第1款第6项规定情形的，由中国人民解放军总政治部批准。

(三)英雄烈士的名誉权保护

上述立法条文中表达的要点是，侵害英雄烈士的名誉等人格利益，是否必须以损害社会公共利益为前提。本书认为侵害英雄烈士的名誉和侵害社会公共利益居于同等地位，这不是两个需要具备的条件，而是一个条件的不同表达，英雄烈士名誉受损已经不仅仅是个人名誉权益受侵害的问题，大部分的英雄烈士代表的是民族正气，代表的是社会精神风貌，此时英雄烈士的名誉已经代表了社会公共利益，英雄烈士的精神已经演变成社会公共气节和公共社会的道德最基本水平，是对全体人民道德文化意识的指引，这种英雄烈士已经变成了国家利益、民族利益等集体利益的代表。因此侵害英雄烈士的名誉等人格利益，

---

① 张新宝：《〈中华人民共和国民法总则〉释义》，中国人民大学出版社2017年版，第400页。

就等于侵害了公共利益。

“英雄”的含义更为广泛,可与“等”字共同涵摄为社会利益、国家利益作出无私贡献甚至英勇牺牲之人。法院审理侵害英烈名誉、荣誉的案件,除保障个人合法权益外,还要保护社会公共利益。因此,对于英雄烈士名誉侵害类案件,当死者没有亲属或亲属不愿提起诉讼时,有关机关有权有责公益诉讼。[①] 侵害发生后维权主体的范围第一层次是配偶、父母、子女;第二层次是其他近亲属,主要是祖父母、外祖父母、兄弟姐妹、孙子女、外孙子女;第三层次是检察机关。

七、侵害名誉权的责任承担

《民法典》第 995 条规定:人格权受到侵害的,受害人有权依照本法和其他法律的规定请求行为人承担民事责任。受害人的停止侵害、排除妨碍、消除危险、消除影响、恢复名誉、赔礼道歉请求权,不适用诉讼时效的规定。这里就涉及前面阐述过的侵权损害赔偿请求权和人格权请求权具体如何适用的问题。“人格权受到妨害(或持续的侵害)或者可能受到妨害时,应当适用人格权请求权;而人格权受到侵害并且造成了损害时,就应当适用侵权损害赔偿请求权。”[②] 从上面的阐述结合《民法典》的规定,对于名誉权案件来说,受害人如果运用停止侵害、排除妨碍、消除危险、消除影响、恢复名誉、赔礼道歉的各项请求权就能使自己的名誉恢复到圆满的状态,同时对权利人造成的损害较小的情况下,例如仅象征性的要求一元损害赔偿的情况,运用人格权请求权就能够解决问题。但如果对权利人的名誉造成较大损害,那么可选择用侵权损害赔偿请求权要求精神损害赔偿。

(一)停止侵害

侵害的发生,从时间点上区分为两种:一种是已经发生的侵害;另一种就是即将发生还没有发生的侵害;这两种侵害的保护对于人格权来说都尤为重要,这也是为什么《民法典》把停止侵害列在所有请求权的第一位的原因。让尚未发生的侵害名誉权行为消灭于萌芽,要比事后进行救济从维权效果来说更为有利。当侵权损害赔偿请求权适用时,其实等于名誉受损已经发生,如果能够提

---

① 参见张红:《民法典之名誉权立法论》,载《东方法学》2020 年第 1 期。

② 王利明、程啸:《中国民法典释评·人格权编》,中国人民大学出版社 2020 年版,第 91 页。

前预防侵权行为的产生,或者尽量降低正在发生的侵权行为的影响范围才是名誉权维权的第一要务。此时停止侵害在诉讼中可以采取诉前保全措施进行司法救济。例如,印刷厂明知道自己印刷的小说会侵犯他人的名誉权,但是为了销量牟利仍然进行印刷,此时权利人如果知道该印刷厂的侵权行为,恐怕首先想到的就是立即停止侵权,暂停印刷并暂停发行,此时如果还按部就班地进行诉讼,而不立即采取保全措施,那么这种侵权行为就会在诉讼过程中造成扩大化的侵犯名誉权后果。

(二)消除影响

在日常名誉权维权中,停止侵害和消除影响在维权诉求中经常是并用,主张停止侵害诉求的效果也有消除负面影响的作用,停止侵害是为了让侵害停止的同时尽量消除对权利人的不利影响。而消除影响的诉求是在负面影响已经产生的前提下,尽量让这种负面影响的危害迅速停止侵害,进而再继续采取措施极力挽救、消除已经发生的不良影响和名誉下降的可能。结合上面停止侵害的分析,大家会发现这两种请求行为人承担责任的方式其实是相辅相成的。例如,互联网大数据背景下名誉权被侵权的现象频发,名誉权保护是当下最常用的消除影响方式,此种方式就是根据避风港原则断开、删除侵权网页或者链接,通过网页搜索进而获取侵权新闻的网页或者作品平台无法显示上述侵权内容,从而达到停止对权利人名誉权侵害的目的。网络平台接到权利人的侵权通知并断开链接的行为,其实就是停止侵害和消除影响的最直接表现形式,也是避免网络平台承担帮助侵权责任的最常见方式。

《民法典》第 1028 条规定:“民事主体有证据证明报刊、网络等媒体报道的内容失实,侵害其名誉权的,有权请求该媒体及时采取更正或者删除等必要措施。”第 1195 条规定:“网络用户利用网络服务实施侵权行为的,权利人有权通知网络服务提供者采取删除、屏蔽、断开链接等必要措施。通知应当包括构成侵权的初步证据及权利人的真实身份信息。网络服务提供者接到通知后,应当及时将该通知转送相关网络用户,并根据构成侵权的初步证据和服务类型采取必要措施;未及时采取必要措施的,对损害的扩大部分与该网络用户承担连带责任。权利人因错误通知造成网络用户或者网络服务提供者损害的,应当承担侵权责任。法律另有规定的,依照其规定。”该条其实就是避风港原则在名誉权保护中的体现。第 1197 条规定:“网络服务提供者知道或者应当知道网络用户利用其网络服务侵害他人民事权益,未采取必要措施的,与该网络用户承担连带责任。”由此可以看出,如果网络服务商违反“通知删除义务”,不及时删除、屏蔽或者断开链接,会被认定是帮助侵权,会与侵权人承担连带责任。

（三）恢复名誉和赔礼道歉

恢复名誉和赔礼道歉是名誉权案件最为常见的承担责任方式。消除影响虽然也能达到消除名誉权受损的不利影响的目的,但它采取的方式是除恢复名誉和赔礼道歉之外的其他减少负面影响的方式合集,例如前面的断开链接措施。消除影响所采取的手段范围外延较广,采取的方式也因个案而异,如果能达到名誉挽回的效果足以进行权利救济当然就可以适可而止,《民法典》第1000条也规定了“应当与行为的具体方式和造成的影响范围相当”这一标准。但消除影响的救济效果相比较而言较为间接,名誉权受损中最为直接的权利救济和责任承担方式是恢复名誉和赔礼道歉。如果造成的名誉权侵权非常严重,人民法院针对名誉权案件造成的严重后果,经常会判决让侵权人在省级或国家级报纸上为权利人恢复名誉和赔礼道歉,并要求被告刊登的文本需要经法院审核后才能刊登,杜绝侵权人名为道歉,实为通过这种文本的刊登实现进一步加重损害结果或者进行自我责任变相辩解的目的。如果侵权人拒不执行,人民法院可以采取在报刊、网络等媒体上发布公告或者公布生效裁判文书等方式执行,产生的费用由行为人负担。甚至有些个案中,权利人会要求侵权人当面赔礼道歉,法院会视案件情节予以裁量,如果权利人是公众人物,这种当面的赔礼道歉还有可能会被现场新闻直播并录音录像。

（四）财产损害赔偿和非财产损害赔偿

《最高人民法院关于适用〈中华人民共和国反不正当竞争法〉若干问题的解释》第19条规定,当事人主张经营者实施了《反不正当竞争法》第11条规定的商业诋毁行为的,应当举证证明其为该商业诋毁行为的特定损害对象。经营者传播他人编造的虚假信息或者误导性信息,损害竞争对手的商业信誉、商品声誉的,都是典型的侵害法人商誉权行为。名誉权侵权的财产损害赔偿多发生在法人名誉权被侵害的场景,法人的名誉权还有一个名称即商誉权,如果竞争对手通过造谣诽谤等造成法人商业信誉直线下降,那么会导致法人原有的市场占有率及利润同比下滑严重,此时对于前后诽谤事件过程中企业丧失的经济效益进行损害赔偿就尤为重要。非财产损害主要发生在自然人名誉权受损中，由自然人向侵权人主张权利救济，死者名誉受到损害的，其配偶、子女、父母有权依法请求行为人承担民事责任，死者没有配偶、子女且父母已经死亡的，其他近亲属有权依法请求行为人承担民事责任。

第二节　信　用　权

一、信用权的概念及特征

（一）信用的概念

"信用"一词常有遵守承诺、践行前约之意，在道德意义上被诠释为一种良好的道德风尚，拥有良好信用的人往往会受到人们的尊重与爱戴。古往今来，人们一直保持着对信用的追求和渴望。《论语·为政》曾言："人而不信不知其可也"；荀子亦道："言无常信，行无常贞，惟利所在，无所不倾，若是则可谓小人矣。"信用一直被古人视作"立人之本"而加以强调，诚实守信也一直被认为是中华民族的传统美德，是民法中的一项基本原则，也是构建现代法治社会的必然要求。

随着近代以来商品经济的迅速发展，"信用"一词的含义相比于以往有了新的意义。在商品经济时代，商品交易多发生于互不相识的陌生人之间，进而使经营活动凸显出风险与利益并存的特性。自然人的"信用"逐渐成为衡量经营风险的重要参考因素，它使买卖双方对交易结果有了可预见性，发挥着降低交易成本、促进交易安全的作用。久而久之，"信用"除了被解释为以往道德意义上的一种诚实友好的态度，还体现出公众对其偿债意愿与能力上的评价，意味着社会大众对其经济能力的信赖程度，进而使信用具有了一定的财产属性。因此，信用利益已逐渐从传统的人格利益转化为商品经济时代的财产利益。在现代社会中，信用虽不被视为一种有形财产，却可作为一项重要的资信利益独立存在，并可以被信用评价机构评估、量化，影响着人们在经营活动中获取收益的能力。例如《公司法》第146条明确：个人所负数额较大的债务到期未清偿的，不能担任公司的董事、监事和高级管理人员。从这一角度，有学者对信用的概念做出了界定,认为信用是指民事主体就其所具有的综合经济能力在社会上获得的相应信赖与评价。[①] 而当信用的经济价值被法律发现和认可,便就此上升成为一种实质上的权利,信用权的观念就由此产生。

我国《民法典》在第1029条和第1030条均规定了信用权制度。第1029条明确了民事主体可以查阅自身信用评价,并在对自身信用评价有异议时有请求更正、删除的权利,信用评价机构对此需有积极配合的义务。第1030条为准用性规范,明确对信用信息的处理,可以适用有关个人信息保护的规定和其他法律、行政法规的有关规定。

(二)信用权的概念

对于信用权的概念,我国学者从各个角度对信用权的概念做出界定,尚未形成统一的观点。学者们的观点主要有以下几种。

1. 从信誉的角度界定信用权

如有学者认为,信用权者,以在社会上应受经济的评价之利益为内容之权利,即就其给付能力及给付意思所享有之经济信誉权。[②] 我国台湾地区学者王泽鉴先生认为:信用权指以经济活动上的可靠性及支付能力为内容的权利,又称为经济上信誉权。[③] 此种界定方法虽然明确了信用权所体现的经济价值,但是有混淆信用与信誉的嫌疑。"誉"在字义上有称扬、赞美之意,"信誉"一词即意为良好的信用。但是信用权的客体应为信用而非信誉,本书认为在信用权的概念中使用"信誉"一词易发生词义上的曲解。

2. 从信用的偿债功能上界定信用权

有学者认为,信用权是民事主体对其所享有的偿债能力在社会上获得的相应信赖与评价而享有的利用、保有和维护的权利。[④] 该定义明确了信用权人可以积极行使权利,以防止自身信用受到不当评价。但是将信用的功能仅诠释为"偿债能力"未免有些狭窄,偿债能力为信用功能的主要体现,但却并非全部。在现代社会中,信用发挥着更加多元的作用。例如,民事主体可以凭借自身信用为他人担保,或者将其支配以获得财产收益等。

---

① 参见杨立新:《人身权法论》,人民法院出版社2002年版,第695页。

② 参见史尚宽:《债法总论》,中国政法大学出版社2000年版,第153页。

③ 参见王泽鉴:《侵权行为法》,中国政法大学出版社2001年版,第124~125页。

④ 参见吴汉东:《论信用权》,载《法学》2001年第1期。

3. 信用权属于人格权

在《民法典》颁行之前，学界对信用权是一项人格权或是财产权尚存争议，有学者将信用权界定为一种财产权，认为信用权实质上是一种缺乏物质形态的无形财产权，信用并非一种人格利益，而是一种以汇票、信用证、资信文件等为载体的财产利益。[①] 本书不同意这种观点，在现代社会中，虽然信用权的财产价值越发凸显，但究其本质并非一种财产权而是人格权，其所附带的财产价值的表现更多意义上是主体通过行使信用权，利用其信用利益进行交易，从而获得或创造财产。[②] 这种财产利益的获取显然是间接性的。此外，虽然信用可以被客观评价，甚至被认定为一种无形财产，但信用与其主体不可分离，在不同民事主体之间并不能发生移转和继承，这其实是人格权专属性的体现。一般来说，人格权作为主体具备法律上独立人格的必备要素，其看重的是权利与权利主体之间密不可分的特性，而不苛求此种关系是精神的、道德的，还是经济性的。[③] 因此，信用权的评价内容虽然为对民事主体经济能力上的评价，究其本质却仍为人格权的一种，而并非属于财产权的范畴。

4. 从人格权的角度界定信用权

王利明教授认为，所谓信用权，是指民事主体享受并支配其信用及其利益的人格权，或者说是自然人、法人或者非法人组织对其所具有的经济活动及其能力的良好评价所享有的权利。[④] 杨立新教授的观点与其类似，认为信用权是民事主体就其所具有的经济能力在社会上获得的相应信赖与评价所享有的保有和维护的人格权。[⑤] 本书赞同此种观点，理由如下：首先，在权利主体上，该概念明确了信用权的主体为民事主体，即所有的自然人、法人和非法人组织。其次，在权利功能上，该概念明确信用权属于对民事主体在经济活动中的评价，其具体权能体现在对自身信用的保有及维护。最后，在法律属性上，该概念明确信用权是一种人格权而非其他的权利类型。本书认为从人格权角度对信用权

---

① 参见吴汉东：《论信用权》，载《法学》2001 年第 1 期。

② 参见陈宾：《论信用权的性质及其保护路径》，载《河南财经政法大学学报》2019 年第 1 期。

③ 参见李新天、朱琼娟：《论“个人信用权”——兼谈我国个人信用法制的构建》，载《中国法学》2003 年第 5 期。

④ 参见王利明：《人格权法研究》，中国人民大学出版社 2005 年版，第 540 页。

⑤ 参见杨立新：《人身权法论》，人民法院出版社 2002 年版，第 698 页。

进行概念界定最为准确,故无须在其他角度上对信用权的概念进行讨论。

(三)信用权的特征

1. 信用权具有一定的支配性

信用权具有一定的支配性,民事主体有权对自身信用评价合理支配以获得财产收益。但民事主体对其可支配的程度是受限的,原因在于信用权在法律属性上属于人格权,与民事主体不可分离,也不能对外转让或继承。信用权虽为人格权的一种,但却不能类比于标表型人格权,通过行使转让合同的方式将自身信用转让给其他民事主体。而当民事主体死亡或注销时,自身信用也将归于消灭。

2. 信用权具有人格与财产的双重属性

信用权虽为人格权,但在权利功能上实为对民事主体经济能力的评价,而信用评价又影响着民事主体在经济活动中获取利益的能力。因此,信用利益主要包括两部分,一部分是传统人格权所涵盖的精神利益,另一部分是财产利益,但这种财产利益并非直接的财产利益,而是包含于信用利益之中,在具体的经济活动中能够转化为财产利益。[①] 对民事主体信用权的侵害不仅会损害权利人的精神利益,也会使影响民事主体的经营状态,进而使其财产利益受到损失。

二、信用权与其他人格权的区别

(一)信用权与名誉权的区别

信用权是否为一种独立的人格权?学者们对此有两种不同的观点,一方认为信用权在性质上属于独立的人格权,另一方认为信用权应在名誉权的范围之内进行保护。支持信用权独立说的学者主要有王利明、杨立新等,认为信用权不同于其他人格权,难以被其他人格权所涵盖,二者的权利客体也不相同,从而导致了信用权与名誉权两者的区别。[②] 反对信用权独立说的学者认为:就信用权与名誉权两者的评价内容而言,名誉权是对特定的人各方面的综合评价,其当然包括对个人经济可信赖度的评价,而信用应属于名誉评价中的组成部分,

① 参见杨立新:《人身权法论》,人民法院出版社 2002 年版,第 699 页。

② 参见王利明:《人格权重大疑难问题研究》,法律出版社 2019 年版,第 590 页。

二者是包含关系。[①] 在《民法典》出台前，支持信用权独立说的学者稍多。

从法律规范的角度分析，《民法典》第 110 条以及第 990 条均未将信用权确立为独立的人格权。《民法典》第 1024 条明确民事主体享有名誉权，并在该条第 2 款中指出："名誉是对民事主体的品德、声望、才能、信用等的社会评价。"这表明我国《民法典》最终支持了后者的观点，将民事主体的信用权纳入名誉权的范围之内进行保护。但《民法典》在第 1029 条和第 1030 条之中也对信用权单独做出了规定，为信用权的独立留下了一定空间。

信用权与名誉权的关系十分密切，就其权利特点而言，两者都属于外界对于民事主体的社会性评价，二者在权利属性上同属于人格权，有时是相互影响的。虽然《民法典》将民事主体的信用利益归为名誉权的范围，但是结合二者权利的客体内容、侵权方式、侵害后果、救济途径等综合分析，本书认为信用权与名誉权仍存在明显区别，详述如下。

1. 权利评价的内容和主体不同

在评价内容上，虽然信用权与名誉权都为对民事主体的社会性评价，但是信用权是社会公众对民事主体经济能力上的评价，而名誉权为社会公众对民事主体道德观念上的评价。信用的基本内容是关于经济能力的社会评价，而名誉权的客体则是关于主体人格的综合评价。[②] 因此，名誉相比于信用而言，其包含的内容更加宽泛，民事主体的言行、品德、能力、价值观念等都能成为名誉评价的重要参考因素。且一般社会公众对名誉的评价标准更加主观，同样的事件由于各地之间的风俗习惯、社会风气的不同往往可能呈现差异化的评价结果。相比名誉权体现的广阔的评价范围，信用权的评价仅针对民事主体的经济能力，在评价内容上具有单一性。且随着我国征信制度的逐步成熟，信用评价往往基于一定的规则，有着客观、具体的可操作性标准，其评价结果相比于名誉权而言更加客观。

在评价主体上，名誉评价需要被不特定第三方所知，其评价主体为广泛的社会公众，但是信用评价的主体则不同，法律以及行政法规对信用评价主体做

---

① 参见尹志强：《人格权及其救济制度研究》，中国政法大学出版社 2019 年版，第 85 页。

② 参见杨立新主编：《中华人民共和国民法典释义与案例评注 · 人格权编》，中国法制出版社 2020 年版，第 210 页。

出了专门规定,《民法典》第 1029 条中所称的“信用评价人”应解释为《征信业管理条例》第 5 条中的“征信机构”,即依法设立主要经营征信义务的机构。目前,我国最主要的信用评价机构为中国人民银行征信中心。由此可知,信用权的评价主体一般为专业的征信机构,而普通的社会公众并不能成为信用评价的参与者。相比于名誉评价而言,信用评价有着更为封闭的评价环境。例如,在“周某诉中国银行股份有限公司上海市分行名誉权纠纷案”中,[①]法院认定,被告在审核信用卡申请信息中确实存在一定的过错导致原告的信用报告存在不真实的记载。但是,被告所报送的欠款信息是源于原告名下信用卡的真实欠款记录,并非捏造,故不构成侵害原告名誉权的行为。同时,名誉权受损害的损害后果应当是造成原告的社会评价降低,但是,中国人民银行的征信系统是一个相对封闭的系统,原告的信用记录并未在不特定的人群中传播,不会造成其社会评价的降低。有学者认为在此案中,原告的名誉并未受到影响,但其信用权确实受到了侵害。[②] 这其实也是名誉评价与信用评价的差异性所导致的。

2. 权利利用不同

在权利的利用上,二者存在明显差异。一般来说,名誉权作为一种精神性人格权,其设定的意义在于排斥他人对自身名誉进行恶意地贬损,在权利特征上具有明显的消极性、防御性的特征。因此,民事主体不能支配和利用自身名誉以获取财产上的收益。信用权与之相反,民事主体可以积极地利用和支配自身信用的优势,来获取财产上的收益。

3. 在侵害方式、侵害结果、救济途径上不同

在侵害方式上,侵害名誉权的方式主要为对他人恶意的诽谤和侮辱,使他人的社会评价降低。而侵犯信用权主要为信用评价主体对权利人的信用做出了错误的评价,这种错误可能表现为评价行为上的错误,也可能表现为评价方法上的错误。前者如错误地记载了权利人不真实的信用数据、遗漏重要信息等;后者如信用评价主体的系统规则算法出现问题,进而导致权利人的信用被误判的情况。

---

① 参见周某诉中国银行股份有限公司上海市分行名誉权纠纷案,载《最高人民法院公报》2012 年第 9 期。

② 参见王利明:《人格权重大疑难问题研究》,法律出版社 2019 年版,第 592 页。

在侵害结果上,侵害名誉权使权利人的社会评价降低,其精神利益受到侵害,而侵害信用权则表现相反,由于信用利益是重要的资信利益,侵犯信用权对精神利益的侵犯尚在其次,更多意义上是对财产利益的损害,使民事主体的信用评价降低,进而使其相关经营活动受到影响。如个人的信贷业务不能正常办理、企业的贷款的优惠政策消失等。

在救济途径上,救济名誉权的方式主要通过赔礼道歉、消除影响的方式恢复权利人的名誉,权利人还可请求精神损害赔偿。救济信用权的方式主要为通过更正、删除不当信用的评价的方式使权利人的信用评价变更为正常状态。

(二)信用权与个人信息保护的区别

信用权实质上是民事主体对其信用评价所享有的权利,民事主体可以查询自身的信用评价,也可以通过提出异议、请求更正及删除的方式修复不当的信用评价以维护其信用权。信用评价为信用评价机构依据民事主体的信用信息而做出的关于经济能力上的评价。因此,信用评价并非一成不变的,而是随着民事主体信用信息的变化而随之变化。

信用评价的基础为民事主体的信用信息,信用信息一般指与民事主体信用评价有关联的客观信息,在性质上属于个人信息的范畴,信用信息与一般个人信息别无二致。《民法典》在第 1029 条和第 1030 条中也区分规定了信用评价与信用信息不同的处理办法,明确在法律适用上,有关信用信息的争议应当适用有关个人信息保护领域的相关规定。因此,在权利保护上民事主体信用权的维护与其个人信息保护实际上是两个维度的问题,信用权是针对民事主体信用评价所享有的权利,具体体现为对信用评价的查询、异议、更正及删除,而不直接作用于信用信息。而仅仅涉及个人信用信息的不当使用,应参照个人信息保护的法律规定来解决纠纷,与民事主体的信用权并无直接关系。

三、信用权的表现形式

一般认为,信用权的具体内容分为信用保有权、信用维护权以及信用支配权,信用维护权即指信用权人有权维护自身的信用信息客观、完整、真实。①《民法典》第 1029 条规定了民事主体可以依法查询自己的信用评价;发现信用评价

① 参见王利明:《人格权重大疑难问题研究》,法律出版社 2019 年版,第 595 页。

不当的,有权提出异议并请求采取更正、删除等必要措施。实际上该条是对信用维护权中维护措施的具体表达,明确了权利人对自身信用信息积极维护的过程之中具体享有查询权、异议权以及更正、删除的权利,具体如下。

(一)信用查询权

信用查询是权利人行使信用维护的前提,当民事主体依法查询自身的信用信息时,相关信用评价机构应当予以配合。如《个人信用信息基础数据库管理暂行办法》第15条第1款规定:"征信服务中心可以根据个人申请有偿提供其本人信用报告。"该办法虽然明确个人能以申请的方式查询本人信用报告,但却将信用查询方式限定为有偿查询模式,在很大程度上阻碍了权利人实施信用维护的效率。因而《征信业管理条例》第17条对此项进行了更改,明确个人信息主体有权每年两次免费获取本人的信用报告,对防止民事主体信用权受到不法侵害起到了很好的预防作用,对此值得鼓励和肯定。

(二)信用异议权

信用权人在依法查询自身信用评价后,如认为自身信用信息存在错误、遗漏的,权利人有权对此提出异议。具体内容为《征信业管理条例》第25条第1款:信息主体认为征信机构采集、保存、提供的信息存在错误、遗漏的,有权向征信机构或者信息提供者提出异议,要求更正。该条第2款也明确了征信机构的具体处理办法:"征信机构或者信息提供者收到异议,应当按照国务院征信业监督管理部门的规定对相关信息作出存在异议的标注,自收到异议之日起20日内进行核查和处理,并将结果书面答复异议人。"

(三)信用更正、删除权

信用评价的更正、删除意在使权利人的信用变更为正常状态。民事主体对信用评价的更正和删除的原因主要体现在以下两个方面:其一为信用评价机构搜集信息的过程不全面、不准确,进而导致其信用评价不当的情况,此时应民事主体对信用评价的变更、删除请求,信用评价机构应当在核实无误后进行更正、删除;其二为依据法律、行政法规的规定应当删除民事主体的信用信息但未予删除。根据《征信业管理条例》第16条第1款的规定:"征信机构对个人不良信息的保存期限,自不良行为或者事件终止之日起为5年;超过5年的,应当予以删除。"对于逾期5年仍不删除不良行为或者事件影响的信用评价信息,致使民事主体的经营活动受到影响的,则属于对其信用权的侵犯。

四、民事主体与信用信息处理者权利义务关系

前文已述,信用信息不同于信用评价,信用信息在性质上属于个人信息的范畴,在权利保护上应当适用个人信息保护的规定和其他法律、行政法规的有关规定。除《民法典》对个人信息的规定以外,具体涉及的法律法规主要有《征信业管理条例》《网络安全法》等。对于个人信息领域的详细讨论,请参见本书"个人信息保护"的对应章节。本节仅对民事主体与信用信息处理者权利义务关系略做梳理,具体如下。

(一)民事主体享有的权利

1.知情权

网络不是法外空间,对于网络平台中运营者擅自收集个人信用信息的行为,《网络安全法》对个人信息的保护做出了规定,明确收集、使用个人信息的行为,应当经权利人同意,且在信息的使用上,还应当在双方约定的范围内进行使用。具体参见《网络安全法》第41条的规定:网络运营者收集、使用个人信息,应当遵循合法、正当、必要的原则,公开收集、使用规则,明示收集、使用信息的目的、方式和范围,并经被收集者同意。网络运营者不得收集与其提供的服务无关的个人信息,不得违反法律、行政法规的规定和双方的约定收集、使用个人信息,并应当依照法律、行政法规的规定和与用户的约定,处理其保存的个人信息。

《民法典》中同样规定了权利人的知情权,并明确了处理个人信息的一般原则,即《民法典》第1035条的规定,处理个人信息的,应当遵循合法、正当、必要原则,不得过度处理,且需征得该自然人或者其监护人同意。同时,为避免权利滥用,明确法律、行政法规另有规定的不受此限。①

2.维护其信用信息内容正确性的权利

根据《民法典》第1037条的规定,民事主体享有维护其信用信息正确性的

① 根据《民法典》第1035条第1款规定,处理个人信息的,应当遵循合法、正当、必要原则,不得过度处理,并符合下列条件:(1)征得该自然人或者其监护人同意,但是法律、行政法规另有规定的除外;(2)公开处理信息的规则;(3)明示处理信息的目的、方式和范围;(4)不违反法律、行政法规的规定和双方的约定。

权利。具体体现为:对信用信息的查询、复制权;发现信用信息记载有错误的,享有异议、更正权;发现信用信息处理者有违反法律、行政法规的规定或者双方的约定处理其个人信息的,享有信息的删除权。上述权利与民事主体维护其信用评价的权利在权利类型与作用上具有相似性,故此处不再赘述。

(二)信用信息处理者需遵循的义务

1. 禁止收集个人隐私信息

个人隐私信息与信用信息无关,更不能以此为基础形成信用评价。根据《征信业管理条例》第 14 条的规定:禁止征信机构采集个人的宗教信仰、基因、指纹、血型、疾病和病史信息以及法律、行政法规规定禁止采集的其他个人信息。

2. 不良信息通知义务

为避免民事主体陷入信任危机而不自知,《征信业管理条例》明确了信用信息提供者有不良信息通知义务。根据《征信业管理条例》第 15 条的规定,信息提供者向征信机构提供个人不良信息,应当事先告知信息主体本人。但是,依照法律、行政法规规定公开的不良信息除外。

3. 不良信用信息删除义务

根据《征信业管理条例》第 16 条的规定,征信机构对个人不良信息的保存期限,自不良行为或者事件终止之日起为 5 年;超过 5 年的,应当予以删除。民事主体不良信用信息记录最多持续 5 年,信用信息处理者逾期不删除不良信息,进而导致民事主体受到不良信用评价的将构成对民事主体信用权的侵犯。

第六章

荣 誉 权

第一节　荣誉权的法律属性分析

一、荣誉和荣誉权的概念及法理分析

（一）荣誉的概念和特征

1. 荣誉的概念

“荣誉是特定民事主体在社会生产、社会活动中有突出表现或突出贡献，政府、单位团体或其他组织所给予的积极的正式评价。”①荣誉只是名誉的特殊表现形式，一个获得荣誉的自然人、法人、非法人组织，当然会因为此荣誉而提升自己的名誉。荣誉和名誉都在体现一种社会对权利人的评价。

2. 荣誉的特点

第一，荣誉是社会评价中很小比例特定人所享有的正能量、肯定性评价。

名誉或荣誉有着相近的法律内涵，通常都是指民事主体获得的他人评价；但荣誉和名誉是有区别的，广义上的名誉是每个民事主体都享有的，所有民事主体生活在社会大环境下，在和每个人的交往中，必然会受到其他大众对其的评价，而且这种评价不一定必然是正面的，名誉扫地的个例是真实存在的。而荣誉则不是，荣誉是对海量民事主体中工作业绩突出或者道德品行突出才会被给予的褒奖，这种荣誉必然是正面的，不同之处仅在于前者是指一般民事主体

---

① 杨立新：《人身权法论》，人民法院出版社 2002 年版，第 876 页。

获得的社会评价,后者是指特定民事主体因特定行为被特定组织授予的积极的正式评价。[①] 这种荣誉的获得必然是很小比例的存在,可能很多人一生都不见得获得过荣誉,而很多杰出人物一生荣誉等身。因此,名誉人人享有,而荣誉则只针对个别优秀人才。

第二,荣誉的获得由特定授权机关依据特定程序完成。

这种社会评价不是普通大众对权利人的评价,而是依据一定程序由相应组织颁发授予的。与名誉不同的是,"荣誉这种社会评价是社会组织给予的正面评价、积极评价、正式评价。其取得和剥夺都需要经过一定的程序。同时,荣誉也不同于信用是对民事主体的经济能力或偿债能力的评价,在这个意义上来讲,荣誉并不能为同类的评价性人格要素所包含,因此,荣誉具有独立的存在价值"[②]。这里的授权机关可以是行政机关、行业协会以及某些自发形成的组织或者某些网络调研所获得的调研结果,"根据评价主体授予荣誉的权力是否属于公权力可以将荣誉区分为公主体授予的荣誉和私主体授予的荣誉。前者一般以行政授权为成立的基础,后者则是由社会机构团体自主作出"[③]。因此荣誉的获得对授予主体和授予程序均有要求,但是法律对这些程序并没有明确的法律规定。

第三,荣誉的获得必然需要一定的外在表现形式予以证明。例如,奖杯、奖牌、荣誉证书和称号等,且上述中的奖杯、奖牌等荣誉的外在证明应当与所获荣誉相符,体现为对民事主体的积极、正面、正式的社会评价。而对民事主体接收的消极、负面的否定性评价,即使该负面评价同样存在奖杯、奖牌等纪念性物品,如中国电影奖项中的"金扫帚奖",就不能被视为荣誉的外在证明。

(二)荣誉权的概念和特征

1.荣誉权的概念

"荣誉权是对于自己的荣誉称号获得利益而不受他人非法剥夺的一种民事

---

① 参见杨波:《荣誉权独立性检讨——以荣誉权立法漏洞为考察进路》,载《西部法学评论》2012年第5期。

② 马特、袁雪石:《人格权法教程》,中国人民大学出版社2007年版,第273页。

③ 姚明斌:《褪去民法权利的外衣——"荣誉权"三思》,载《中国政法大学学报》2009年第6期。

权利。”[①]“荣誉权为获得荣誉的主体保持、支配荣誉的权利。”[②]荣誉权的概念集中于两个点：一是民事主体均享有获得荣誉权的资格；二是该荣誉权不得非法剥夺或者诋毁贬损。

2. 荣誉权的特点

荣誉权和荣誉感也是有区别的，荣誉感和名誉感具有相同的内在法理基础，“荣誉感不同于荣誉。荣誉感本身是一种完全内在的、主观的东西，因而其内容和程度是因人而异、变动不居的。如果法律将这种荣誉感需求作为人格利益加以保护，就会使荣誉权成为一种缺乏客观标准的权利。”[③]

荣誉权具有如下特点：

第一，主体是一般民事主体，国内有些文献中把自然人作为荣誉权的主体进行陈述是不妥的。

第二，荣誉是一个正面评价的最典型代表，这种荣誉的获得一般会经过颁发荣誉的组织和机构经过一定的程序精选出来，该荣誉一经颁发不得轻易撤回。例如，全国三八红旗手、全国教学名师等荣誉称号。

第三，荣誉的获得必然是获得荣誉的主体在某一方面的工作取得了良好的社会效果或者受到当地政府或者相关组织的重点肯定，此时荣誉的获得是其卓越表现的一种高度评价并予以的奖励，国内对名誉权的性质界定中分为评价说或者奖励说的理论分析，其实评价和奖励是相互联系密不可分的，只有对其进行高度评价后，才能进行奖励，奖励只不过是评价后的最终评价行为落脚点而已，否则评价活动完成了，没有奖励行为作为结果也是一个法律行为没有完成的表现。

二、荣誉权的性质

荣誉权的性质在国内是一个争议性较大的问题，集中在荣誉权上面主要有两个争议焦点：一个是荣誉权是否应为一项独立的人身权，另一个是如果荣誉权是一个独立的人身权，到底应该是人格权还是身份权。

---

① 佟柔主编：《中国民法》，法律出版社 1990 年版，第 489 页。

② 王歌雅：《荣誉权的价值阐释与规制思考》，载《环球法律评论》2013 年第 3 期。

③ 满洪杰：《荣誉权作为独立人格利益之质疑——基于案例的实证分析》，载《法商研究》2012 年第 5 期。

(一)荣誉权是不是独立的人身权之争

针对荣誉权是否应是一项独立人身权的问题,肯定说认为荣誉与名誉虽然对权利人造成的影响极为相似,但是"荣誉实质上是被授予的光荣的名誉。在此意义上,荣誉也是一种名誉。因此,它也体现了一种人格价值因素,进而成为人格权的客体。但绝不能以此认为荣誉权是一种名誉权,因为荣誉权和名誉权毕竟是不同的。"①王利明教授认为:《蒙古国民法典》《意大利刑法典》《加拿大魁北克省人权与自由宪章》《西班牙对荣誉权、私生活权及个人肖像权的民事保护法》等国外法律都对荣誉权专门作出了规定。"在比较法中,荣誉权已经成为一项独立的人格权。"②

持否定观点的学者的理由主要包括:从利益属性上看,"'荣誉权'在本质上不具有人格利益的属性",是"经过一定方式认可的对某人的一种社会评价,在这个意义上,它与其他的没有经过一定方式认可的一般名誉没有任何本质的区别。"③在民法中没有必要专门规定荣誉和荣誉权,用名誉权的规定应完全可以保护部分人的荣誉权。④ "在现代社会,荣誉这种差异性的人格利益已经让位于建立在人格平等基础上的名誉和人格尊严。原《民法通则》第 102 条关于荣誉权的规定是建立在对 1961 年《苏联民事立法纲要》第 7 条的误读之上,而且从比较法的角度看,属于一个立法上的孤例。"⑤"司法实践中被归于'荣誉权纠纷'项下的案件是多种不同法律关系的混合体,原《民法通则》确立荣誉权导致了司法实践的混乱和高昂的制度成本,荣誉这种'评价性利益'并不具有独立存在的价值。"⑥

本书认为,既然我们的《民法典》明确规定了荣誉权,再去讨论是不是一种单独的权利已经意义不大。荣誉权是有别于名誉权的一个独立的权利类型,虽

---

① 马俊驹:《人格和人格权理论讲稿》,法律出版社 2009 年版,第 263 页。

② 王利明、程啸:《中国民法典释评·人格权编》,中国人民大学出版社 2020 年版,第 379 页。

③ 张新宝:《人格权法的内部体系》,载《法学论坛》2003 年第 6 期;张新宝:《侵权责任法原理》,中国人民大学出版社 2005 年版,第 190 页;唐启光:《荣誉权质疑》,载《华东政法学院学报》2004 年第 2 期;欧世龙、尹琴容:《荣誉权之否定》,载《社科纵横》2004 年第 6 期;姚明斌:《褪去民事权利的外衣——"荣誉权"三思》,载《中国政法大学学报》2009 年第 6 期。

④ 参见张新宝:《名誉权的法律保护》,中国政法大学出版社 1997 年版,第 45 页。

⑤ 满洪杰:《荣誉权,一个巴别塔式的谬误?》,载《法律科学(西北政法大学学报)》2012 年第 4 期。

⑥ 满洪杰:《荣誉权作为独立人格利益之质疑——基于案例的实证分析》,载《法商研究》2012 年第 5 期。

然荣誉权可以作为名誉权的权利延伸加以保护,但是单独立法明确对于权利主体更好的精准维权也是有好处的,如果据此就完全取消荣誉权制度,又不免在一定程度上降低了对公民获取社会荣誉的激励,可能会弱化民法典所拥有的彰显社会正义、宣传并引导践行核心价值观的功能。另外最开始的《民法通则》(已失效)就明确了荣誉权作为一个独立权利类型存在,无论是出于误读也好,还是正确理解也罢,在司法实践中人们已经习惯了把荣誉权作为一个独立的人身权来保护,且这种立法传统对于民事主体各个权利的保护现有布局没有任何影响,且法官在保护荣誉权操作上已经驾轻就熟,没有废止荣誉权的必要。

(二)荣誉权是人格权还是身份权之争

认为荣誉权是人格权的学者以张俊浩教授为代表,他认为"荣誉权与名誉权、贞操权、精神纯正权和信用权均与自然人的尊严密切相关,当归类为尊严型精神人格权。"①同时荣誉权还具有一定的专有性,自然人所享有的荣誉是无法转让的,荣誉只能授予特定的民事主体,一旦荣誉被授予后,即具有人格权的专属性,此时就和自然人的尊严及名誉密切相关,从这个角度,荣誉权具有人格权属性,不得随意剥夺其称号,不得随意贬低。我国《民法典》在人格权编专门规定了荣誉权,显然认为荣誉权性质上为人格权。因为人格权具有对世性的特点,身份权总是基于婚姻家庭伦理关系而产生,除亲权外,经常由于婚姻家庭的解散导致其身份权解除,具有相对性。而荣誉权一旦被授予,只要不是基于特定颁发机关的合理收回外,其终生都享有这种荣誉,具有绝对性、固有性的特点,"固有性作为人格生而有之的题中之义,实乃人格权得以成立的基础,不具备这一特征,难谓具备人格权之实质。"②荣誉权的固有性特点也决定了不纳入身份权范围有其合理性。

支持荣誉权是身份权的学者主张:人格权都是民事主体基于民事主体固有利益而产生的权利,最为典型的是生命权、健康权等人格权,而反观荣誉不是每个民事主体天生享有的,而且也不是所有民事主体必然享有的人格利益。享有"荣誉权是具体主体作为具体主体而专享的权利,属身份权,非人格权;其形式

① 张俊浩主编:《民法学原理》(第 3 版),中国政法大学出版社 2000 年版,第 152 ~ 154 页。

② 姚明斌:《褪去民法权利的外衣——"荣誉权"三思》,载《中国政法大学学报》2009 年第 6 期。

客体是荣誉权人之身份,实质客体是荣誉,未获荣誉之人不享有荣誉权。”①“荣誉是独立的权利客体,即荣誉权的权利客体;荣誉权是独立的人身权,也即独立的身份权。”②杨立新教授亦认为,荣誉权不像隐私权、健康权等权利,是权利主体出生即享有的,从这个角度又可以认定荣誉权具有“非固有性,表明它缺少人格权的基本属性,而正与身份权的非固有性相合,所以是身份权而非人格权”③。

双重属性说主张:荣誉权是兼有身份权和人格权两种属性的权利,其中身份权是其基本性质,只是在某种意义上反映社会对某一民事主体的评价,具有人格方面的因素。④ 有学者认为原《民法通则》第102条中说明荣誉权是人格权,后半句说明荣誉权是身份权,进而认为荣誉权具有人格权和身份权的双重属性。⑤

从上面的分析可知,荣誉权的理论分析争议较大,本书认为,《民法典》人格权编把荣誉权纳入其中,是看到了荣誉权不同于名誉权的权利特殊性,因此单独设立荣誉权可以对民事主体的人格权利进行更全面的保护。

第二节 侵害荣誉权的表现形式及救济特点分析

一、侵害荣誉权的表现形式

(一)非法剥夺他人的荣誉称号

1.侵权行为的两种表现形式

侵权主体主要是依照评审程序及评审标准已经作出授予权利人荣誉称号的公示后,又违反评审程序和标准,在没有法定事由的情况下,不授予该荣誉称号或者授予该荣誉称号后又公示剥夺其荣誉称号的侵权行为。此处存在两个侵权行为:一个是荣誉权授予过程出现瑕疵,荣誉称号的评审程序结束后,在结

① 李锡鹤:《民法原理论稿》,法律出版社2009年版,第325页。

② 王歌雅:《荣誉权的价值阐释与规制思考》,载《环球法律评论》2013年第3期。

③ 杨立新:《人身权法论》,人民法院出版社2002年版,第881页。

④ 参见马原主编:《中国民法教程》,人民法院出版社1989年版,第497页;杨立新:《人身权法论》,人民法院出版社2002年版,第880页。

⑤ 参见江平主编:《民法学》,中国政法大学出版社2000年版,第300页。

果已经公示后，向其他荣誉称号获得者已经颁发了荣誉证书或者奖杯等荣誉权标志物，而对特定权利主体没有颁发或者不予以承认其评选结果。另一个是颁发荣誉证书或者奖杯等荣誉权标志物后，又强行收回或者公示剥夺权利人的荣誉。

2. 上述两种侵权行为的免责事由

如果上述两种剥夺他人荣誉称号的行为有法定理由，即剥夺荣誉称号合法，不构成侵权行为：

一是确有证据证明获得荣誉称号的权利人在获得荣誉称号过程中，存在虚假瞒报相关申报材料的行为，属于弄虚作假获得上述荣誉。

二是获得荣誉称号的权利人在获得荣誉称号后，发现严重的违法犯罪行为，该犯罪行为与获得称号的评审标准严重相背离，此时荣誉的授予机关或相关组织可能会重新提起收回该荣誉称号的评定程序。例如：全国人大代表这一资格，性质上就是荣誉权的一种，如果该人大代表触犯刑法，其人大代表资格就会被剥夺。

（二）诋毁、贬损他人的荣誉

诋毁贬损一般都经常和捏造歪曲事实有关，主观上表现为故意或者过失，这类侵权行为最终侵害的既有权利人依法获得的荣誉，侵害他人荣誉的同时也侵害了权利人的名誉，此时要注意的是，针对的仅能是权利人的名誉或者荣誉这种精神利益，如果侵害的是荣誉权的外在证明（奖杯、证书、奖牌），此时侵权人的目的是盗取上述奖牌等卖钱，此时就和名誉权、荣誉权无关，这是典型的侵害物权行为，因为侵权人的目标不是精神利益，而是特定物的物质利益，但也有例外，如果侵权人盗取上述荣誉权外在证明，目的是让荣誉权获得者无法举示自己的荣誉权凭证，进而侵犯其荣誉，则依然要承担侵犯荣誉权的责任。“消除影响、恢复名誉”是专为救济受侵害的名誉权规定的民事责任。而同样作为对于某种评价享有的权利——荣誉权，最直接的损害后果首先是荣誉受到毁损，其遭受侵害后最直接的救济方式当然应为“恢复荣誉”，但立法却并未确立“恢复荣誉”为民事责任承担方式。[①] 因此可以参考名誉权的救济方式，可以要求赔礼道歉、精神损害赔偿等。

① 参见杨波：《荣誉权独立性检讨》，载《西部法学评论》2012 年第 5 期。

（三）侵害荣誉称号的记载更正权

获得的荣誉称号应当记载而没有记载的，民事主体可以请求记载；获得的荣誉称号记载错误的，民事主体可以请求更正。这种记载更正权，从性质上就看，更倾向于一种程序方面的荣誉权保护措施。这种程序方面的记载瑕疵会严重影响荣誉权的公示，严重的会造成第三人误以为权利人的荣誉是虚假的，进而造成对名誉权和荣誉权的双重侵害。

二、荣誉权救济手段多样性分析

荣誉权的法律属性之所以存在争议，很重要的一个原因是司法实践中，基于荣誉权受到侵害的不同，其救济途径也完全不同。这种保护手段是多样化的，甚至是横跨不同部门法的，有学者对于相应的法院判例进行了统计分析，发现荣誉权的保护经常采取公私法并重的策略来进行案件的立案和审理，从而体现了荣誉权与传统民事权利体系的不兼容。“对荣誉利益的保护应当由行政法、个人信息保护或由名誉权规范来分别承担。”①上述学者的分析也进一步证明荣誉权的法律属性其实还是具有很大争议的。

（一）非法剥夺他人荣誉称号的侵权救济手段分析

由于荣誉是由特定主体授予的，授予主体之外的其他人无法撤销或者剥夺荣誉，即使实施了意欲剥夺他人荣誉的行为，也无法达到剥夺荣誉的效果。对于荣誉授予主体撤销或者剥夺荣誉的案例，则与授予荣誉案件一样，均非民法所调整的范围。荣誉获得者认为撤销或者剥夺荣誉不适当的，应当根据荣誉的不同性质，按照不同的程序如行政诉讼、人事争议仲裁、劳动争议仲裁寻求救济，而不能依据享有的荣誉权获得民法上的救济。②

能够剥夺他人荣誉称号的侵权主体必然是此前授予权利人荣誉的机关及相应组织，否则他人无权对荣誉称号进行剥夺。对于此等荣誉的可能“侵害”，可区分为来自授予者的和来自非授予者的两种类型。授予者的“侵害”主要是所谓的不法剥夺。对此，荣誉享有者应依行政或准行政程序寻求救济，主要的

---

① 姚辉、叶翔：《荣誉权的前世今生及其未来——兼评民法典各分编（草案）中的相关规定》，载《浙江社会科学》2020年第3期。

② 参见满洪杰：《荣誉权作为独立人格利益之质疑——基于案例的实证分析》，载《法商研究》2012年第5期。

评判标准也是授予者的剥夺行为是否有正当基础,是否符合授予荣誉所依据的规范文件的规定。另一类可能的“侵害”是所谓应授予而未授予,其救济途径和评判标准同上,也非民事案件。授予者与被授予者之间并非民事法律关系,相应的救济途径也非民事程序。[①] 荣誉授予者应授予而未授予、不应剥夺而剥夺荣誉的,涉及的是行政或准行政法律关系,不存在民事侵权的可能,此时提起法律救济的方式常见采用行政诉讼方式,由享有荣誉权的权利人对于剥夺机关或者组织提起诉讼,法院重点审查剥夺荣誉称号的标准及程序是否具有瑕疵,是否有确凿证据证明剥夺荣誉称号的行为合法。如果在行政诉讼中,基本的行政审核程序均存在瑕疵,例如没有充分证据、没有给被剥夺人答辩的机会等,都可能因剥夺他人荣誉称号的程序违法而被判决败诉。行政诉讼中对于荣誉称号的评定标准基本不予以审查,因为这是行政机关行使职权的体现,行政诉讼中更多关注的是剥夺程序是否合法的问题。

(二)诋毁、贬损他人的荣誉

“非法剥夺公民、法人的荣誉称号”的行为,非授予者无权实施也无法实施。此时所谓的无权剥夺荣誉权的相关侵权主体对权利人荣誉称号的剥夺是典型意义上的非法剥夺,根本没有合法剥夺的可能性,此时不会真正产生权利人荣誉称号被剥夺的法律效果,而声称荣誉享有者不配获得相应的荣誉或采取不当手段获取荣誉者,则可能涉及人格的贬损等侵害名誉权行为。因此这种非法剥夺就是民事侵权纠纷中荣誉权被侵害的受案范围,是直接对权利人荣誉权的侵害。

至于对荣誉证书、奖杯、奖章等荣誉标示物的侵占或毁坏,侵害的是相应物品的所有权,与荣誉的“侵害”无关。[②] 例如,某行政机关把职工获得的奖杯奖章因保管不善丢失,这属于保管不力的物权纠纷,没有侵害荣誉权。小偷把奥运冠军的奖杯、奖牌盗走,也属于此类案件。

(三)侵害荣誉称号的记载更正权

因为享有记载更正权的多为行政机关及相关组织,因此对于荣誉称号的记载事项如果发生错误,此时可能是由颁发荣誉证书的机关更正,或者也可能是

① 参见叶金强:《〈民法总则〉“民事权利章”的得与失》,载《中外法学》2017 年第 3 期。
② 参见叶金强:《〈民法总则〉“民事权利章”的得与失》,载《中外法学》2017 年第 3 期。

由某些行政机关统一登记备案,类似于企业的工商登记,无论哪种情况,该项权利与被颁发荣誉的权利人及其他自然人民事主体均无关,因此如果要想维护自身权利,多数条件下会采取行政诉讼作为维权手段。

第七章

隐私权

第一节　隐私权概述

一、隐私的概念和内容

（一）隐私的概念

一般认为，隐私观念起源于远古时期人类有别于动物的羞耻心理。在一定程度和意义上，人类在蒙昧时期，自懂得用树叶遮蔽躯体的时候，隐私的观念就已经在人类社会中萌生了①。远古时期，隐私是早期人类近乎本能的原始隐私观念，但更多的是偏重身体的“阴私”意味，它所维护的首先是一种身体隐私②。在封建时期，我国最早将“隐私”写作为“阴私”，例如，据《后汉书江允传》记载，“太子疑齐以己阴私告王，与齐忤，使吏逐捕齐，不得”。而现代意义上隐私、隐私权的观念由美国学者沃伦（Warren）和布兰代斯（Brandeis）提出，他们于1890年在哈佛大学《法学评论》（*Harvard Law Review*）上发表的《论隐私权》（*the right to privacy*）一文中讨论了隐私的含义③。文中指出：最新的科技发明和商业手段唤起了对人身权更进一步的保护，应被承认的隐私权乃在保护个人生活不受干扰、独处的权利（right to alone），即个人具有不可侵害的人格，对其思想、

---

① 参见杨立新：《关于隐私权及其法律保护的几个问题》，载《人民检察》2000年第1期。

② 参见罗胜华：《基因隐私权的法律保护》，科学出版社2010年版，第34页。

③ Samuel D. Warren& Louis D. , *Brandeis*, *The Right to Privacy*, 4Harv. L. Rev. , 1890.

情绪和感受等自身事务的公开、揭露具有决定的权利[①]。此后,随着社会形态的演进与人权意识的逐步兴起,在资产阶级革命之后,隐私权渐渐被视为一项事关人格尊严的重要权利。尊重、承认并保护公民的隐私权已成为现代文明的重要标志。

现代社会以来,科技的发展促使隐私危机频发,传统隐私权中的一些理念如“隐私止于屋门之前”已经不再适用于信息传播速度高度发达的现代社会。一方面,在如今大数据信息技术越发成熟的时代背景下,分析、收集、利用信息数据的能力达到了顶峰。而大数据最核心的技术特征就是超强的收集、存储、及时、精确地处理数据的能力以及精准的预测能力,这些特征对个人隐私存在天然的侵袭性[②]。而大数据软件对个人信息数据的批量处理也使“批量破解”“批量入侵”成为信息时代隐私侵权的主要特征[③]。另一方面,在公共场所或在私人空间内安装针孔摄像机、微型窃听装置等非法放置监控设备事件的频发也使个人私密活动无处遁形。此时,一旦个人隐私泄露并借助于互联网飞速传播,造成的损害后果往往是难以估量的。因此,有学者认为当下隐私权保护与传统隐私权应当有所区别,现代隐私权的保护应不以形成封闭的私人空间为目标,而是在保障主体自由使用网络数据资源的同时,防范隐私泄露风险的威胁[④]。相较于传统隐私权理论,在现代社会中权利人为降低科技提升带来被侵扰与窥探的风险,不断扩张个人隐私的边界。如今,隐私一般指自然人免于外界公开和干扰的私人秘密和私生活安宁的状态[⑤]。

在这样的时代背景下,隐私的保护是一个亟待解决的问题,这就需要探讨隐私的含义、内容与边界,以健全隐私保护的机制。我国《民法典》第1032条中详细规定了隐私与隐私权,其中明确隐私权的主体为自然人,并在第2款中将私人生活安宁作为隐私的一部分加以保护。且在法律规范中明确了隐私的含义与内容,即自然人的私人生活安宁、和不愿为他人知晓的私密空间、私密活

① 尹志强:《人格权及其救济制度研究》,中国政法大学出版社2019年版,第89页。

② 徐明:《大数据时代的隐私危机及其侵权法应对》,载《中国法学》2017年第1期。

③ 邓超:《如何破解批量公民个人信息真实性证明困境》,载《检察日报》2019年7月14日,第3版。

④ 任颖:《数字时代隐私权保护的法理构造与规则重塑》,载《东方法学》2022年第2期。

⑤ 参见王利明:《人格权重大疑难问题研究》,法律出版社2019年版,第599页。

动、私密信息，为自然人隐私利益的保护提供了有力的制度支持。

（二）隐私的具体内容

根据《民法典》第1032条第2款规定，隐私的具体内容主要包括自然人的私人生活安宁、私密空间、私密活动、私密信息。

1. 私人生活安宁

私人生活安宁一般指是指自然人享有的维持安稳宁静的私生活状态，并排除不法侵扰的权利[①]。长期以来，生活安宁一直被视为一种理想的生活状态。随着时代的发展，我国人口大量从乡村涌入城市，社会形态逐渐从传统的“男耕女织”发展小农经济的农业社会向现代工业社会转变，相较于乡村，城市内的人口更为密集，居住环境更为恶劣。因此，在现代社会中，社会公众对于生活安宁诉求就越发凸显。如今，生活安宁已经是人们美好生活的重要组成部分，是维护国家社会稳定、人民安居乐业的重要精神需求。此次在《民法典》对于私人生活安宁的规定，实为在传统隐私权的法理基础之上，顺应时代需求，进一步扩大了隐私权的保护范围。《民法典》首次将私人生活安宁置于隐私权的体系之中，也成为《民法典 · 人格权编》的闪光之处。

《民法典》颁行之前，对于生活安宁与隐私权之间的关系，学界有两种不同的观点，有学者认为生活安宁权是一种特殊的隐私权，本质上是隐私权的组成部分，其与私人信息、私人空间、私人活动等一样，都是隐私权的内容[②]。也有学者持反对意见，认为生活安宁权是自然人享有的、维护安宁有序的私人生活状态并排斥他人侵扰的权利，它是一项具体人格权，该权利保护的内容并非隐私的范围[③]。在《民法典》编纂过程之中，亦有学者提出意见，认为应当将私人生活安宁与隐私权进行区分，鉴于扰乱生活安宁的民事纠纷越来越多，应当增添保障生活安宁的条款[④]。最终《民法典》支持了前者的观点，选择将私人生活安宁纳入隐私权内进行保护，本书认为其原因主要包括以下几点：

第一，从侵害方式上分析，侵害隐私权的方式主要为窥视、窃听、刺探等方式，而侵害私人生活安宁主要通过恶意骚扰等方式实现，二者在侵害方式上虽

① 参见刘保玉、周玉辉：《论安宁生活权》，载《当代法学》2013年第2期。

② 参见王利明：《生活安宁权：一种特殊的隐私权》，载《中州学刊》2019年第7期。

③ 参见刘保玉、周玉辉：《论安宁生活权》，载《当代法学》2013年第2期。

④ 参见张红：《民法典人格权编立法论》，法律出版社2020年版，第179页。

存在显著差异，但在司法实务中二者很可能是竞合的，在侵犯隐私权的过程中往往随着对权利人生活安宁的侵犯。在如今这个信息高速传播的社会，侵犯隐私权所获得的私密信息往往借助于网络平台广为传播，并对权利人的生活安宁造成极大的影响。

第二，从两者私密属性上分析，私人生活安宁与传统意义上的隐私权都具有私密性，二者与公共事务、公共利益等无关，私人生活安宁意在追求一种免受他人打扰的生活状态，而隐私权的价值在于个人自由和尊严的本质，体现于个人自主，不受他人的操纵和支配①。二者在私密性上是相同的，都在权利人私人生活的范围内。

第三，从立法技术的层面分析，若承认私人生活安宁是一种新型的人格权，那么其内涵以及外延就需要重新界定。从词义上分析，安宁一般是指心情、环境、气氛安定平静的状态，是一种主观性很明显的精神体验，不同的人对安宁的判断是明显不同的。这也使生活安宁利益的范围涵盖较广且难以具体化。因此，一些学者不赞成规定私生活安宁权，认为其范围太含糊，是不确定概念，无法界定其内涵和外延；将私人生活安宁权单独规定出来，在权利边界的划定上可能存在问题，可能导致私人生活安宁保护的泛化②。而若将生活安宁置于隐私权制度体系下，就可对其外延的范围进行合理限缩，进而避免权利地滥用。况且在《民法典》之前，我国法律规范之中对于私人生活安宁并没有明确的规定。因此，创设生活安宁人格权具有较高的立法难度。而在比较法上，很多国家已经将私人生活安宁明确列为隐私权的内容，在立法上已有较多先例可供借鉴，可以较好地规避法律漏洞的产生。因此，基于上述分析我国《民法典》最终选择将私人生活安宁置于隐私权下进行保护。

前文已述，私人生活安宁所涵盖的范围较为抽象，但在隐私权的体系内一般可将其拆分为两个部分，即物理空间上的生活安宁以及精神空间上的生活安宁。

物理空间上的生活安宁一为住宅安宁，住宅安宁不能为他人所侵扰主要体现为，权利人有权制止他人非法侵入其住宅、有权制止其对私人住宅的骚扰行

① 参见尹志强：《人格权及其救济制度研究》，中国政法大学出版社 2019 年版，第 89 页。

② 参见王利明：《生活安宁权：一种特殊的隐私权》，载《中州学刊》2019 年第 7 期。

为,例如恶意敲门、深夜制造异常声音、震动扰人睡眠等。二为日常生活安宁,权利人有权制止他人的非法跟踪、骚扰等影响其日常生活安宁的行为。

精神空间上的安宁一般指通信安宁,通信安宁即为权利人在日常通信中不受到他人的恶意侵扰。侵犯他人通信安宁主要通过拨打骚扰电话、短信以及频繁发送垃圾邮件的方式进行。《民法典》第 1033 条也明确指出,除法律另有规定或者权利人明确同意外,任何组织或者个人不得以电话、短信、即时通讯工具、电子邮件、传单等方式侵扰他人的私人生活安宁。虽然私人生活安宁是首次被纳入《民法典》中,但在《民法典》颁行之前,司法实践中已有维护通信安宁的先例,例如在"司某某诉中国移动通信集团河南有限公司许昌市襄城分公司侵权责任纠纷案"[①]中,被告在未经原告允许的情况下,向原告连续发送四百余条骚扰信息,而其中绝大多数为"10086"发送的广告信息,最终法院认定,被告未经原告同意擅自向其发送与本人无关的手机短信的行为,影响了原告的生活安宁,同时也会造成原告手机的磨损,侵犯了原告的正当利益。此即为侵犯他人通信安宁的典型案例,可见即使在当时私人生活安宁尚未被法律规范所确定的背景下,通信安宁不应受他人非法侵犯的理念也是深入人心的。而在大数据信息更为发达的今天,通过拨打骚扰电话,发送推销短信、电子邮件、利用手机程序投放弹窗广告等进行商业营销的行为变得更为普遍,这使个人的生活安宁面临严重威胁。因此有学者建议应当加强对个人通信安宁的保护措施,对于以电子信息方式发送广告等商业信息的,除规定通信安宁条款以外,法律还应当明确民事主体的拒绝权利,此时若民事主体明确表示拒绝的,则不得向其发送商业信息;对于弹出式广告,应当设置明显的关闭标志,此外对于已经安装在电脑或手机中的程序或软件弹出广告的,应当在此应用程序中允许用户自行设置禁止弹出信息,否则会对用户造成不必要的干扰,属于对用户隐私权的侵害[②]。

2. 私密空间

私密空间又称为私人空间、私人领域等。一般指自然人基于私生活所享有的,可供其自身使用与支配的空间范围。但隐私权中的私密空间除了包含物理

---

① 一审法院为河南省襄城县人民法院,案号:(2012)襄民初字第 466 号;二审法院为河南省许昌市中级人民法院,案号:(2012)许民三终第 347 号。

② 参见王利明:《人格权重大疑难问题研究》,法律出版社 2019 年版,第 623 页。

学意义上由长、宽、高构成的三维区域以外(如个人住宅空间),还包括抽象意义上的空间(如网络空间、个人的私密日记、旅客的行李等)。因此,私密空间一般包括以下几种。

(1)住宅空间

在私密空间里,最具代表意义的即为个人的住宅空间。西方有一句著名的法谚:"一个人的家就是他的城堡。"(A man's home is his castle.)家是一个人幸福的港湾,住宅空间不容他人任意侵入,我国《宪法》第39条明确指出公民的住宅不受侵犯,禁止非法搜查或者非法侵入公民的住宅。

住宅空间不仅受到《民法典》隐私权制度的保护,对于非法恶意侵入他人住宅的行为,情节严重的会受到《治安管理处罚法》的规制甚至上升到刑罚的制裁。例如,《治安管理处罚法》第40条规定:对"非法侵入他人住宅"的行为将处10日以上15日以下拘留,并处500元以上1000元以下罚款;情节较轻的,处5日以上10日以下拘留,并处200元以上500元以下罚款。《刑法》第245条规定,非法搜查他人身体、住宅,或者非法侵入他人住宅的,处3年以下有期徒刑或者拘役;司法工作人员滥用职权构成此罪的从重处罚。

(2)身体私密部位

"知羞耻、掩外阴"的理念自古有之,遮掩身体私密部位的行为作为人类隐私观念发展的萌芽,当然受到隐私权保护。根据《民法典》第1033条第2款的规定,除法律另有规定或者权利人明确同意外,任何组织或者个人不得拍摄、窥视他人身体的私密部位,否则就会侵犯他人隐私权。一般来说,人身上的私密部位主要包括生殖器官和性感部位,对于性感部位如女性乳房,一般认为是身体隐私,但在非洲的某些地方,则不认为是身体隐私,可公开裸露①。

(3)网络虚拟空间

从隐私权的发展过程来看,个人隐私的内涵是不断发生变化的,这种变化的原因是科技提升与社会进步引起的对个人隐私的新型需求。传统隐私权理论中的私密空间主要为住宅空间,但随着现代互联网行业的兴起,个人隐私的边界也逐渐由传统的实体空间向现代虚拟空间演进。因此,基于网络社交需求而出现的虚拟空间同样受到隐私权的保护。

---

① 参见杨立新:《人身权法论》,人民法院出版社2002年版,第673页。

(4)公共场所内的私人空间

随着隐私内涵的不断扩张,公共场所亦有隐私权的观念逐步得到学界承认。传统观点认为,“隐私止于屋门”,隐私所代表的私人领域使个人与公共场所隔绝开来,在私人空间之外,隐私权难以受到法律保护。但在现代社会,住宅已经不是隐私的防火墙,传统的“隐私止于屋门”原则已被突破,即便是在公共场所,也存在受法律保护的隐私[①]。例如在个人临时使用的公用场所,如公共卫生间、商场内的试衣间等,上述空间虽为公用,但由于其功能上的特殊,他人临时使用时当然具有一定的私密性。因此在此情境下,偷窥、偷录、偷拍必然构成对他人隐私权的侵犯。

但是,除了上述几种比较清晰的情况之外,公共场所内如何界定隐私权的边界,《民法典》中并未有明确规定,在司法实践中亦未有具体统一的参考标准。这也导致了在此类案件中,认定隐私权是否被侵犯很大程度上依赖于法官的自由裁量。例如,在“徐某诉沈某隐私权纠纷案”中,原告、被告双方两户房屋相邻,徐某房屋位于沈某房屋西侧,沈某在其房屋西侧、东侧都安装了监控设备,意在保护其车辆不受恶意破坏,但其西侧摄像头却正对着徐某房屋前的公共区域以及其进出房屋的走道。因此,徐某认为由于监控所覆盖范围是徐某进入住所的必经之处,故自己及其家人进出住所的时间、次数、活动规律、家中是否有人等情况均被沈某所掌握,故以隐私权受到侵犯为由向法院提起诉讼。一审法院认为徐某在小区公共道路的行走系暴露于公众视野中的行为,非属个人隐私范畴,沈某通过监控录像对自家财产安全进行监控的同时即使附带录入徐某在小区公共场所中的行动,亦属其在保护自家财产安全时所不可避免的结果,并不构成对其隐私权的侵犯。而二审法院则认为安装摄像设备涉及公共利益以及他人的隐私等合法权益,因此当事人在安装前,应当谨慎安装,并在必要时获得许可或者申请有关单位进行安装,最终认定应当拆除相关监控设备[②]。此案即为公共场所隐私权亦受保护的经典案例。但在司法实践中也有些法院坚持“公共场所无隐私的”裁判案例[③]。因此,有学者建议称为避免司法实践中出现

① 参见王利明:《人格权法的新发展与我国民法典人格权编的完善》,载《浙江工商大学学报》2019年第6期。

② 参见上海市第一中级人民法院民事判决书,(2015)沪一中民一(民)终字第2620号。

③ 参见北京市第二中级人民法院民事判决书,(2018)京02民终2622号。

"同案异判"的情形,应当增加公共场所隐私权条款①。本书认为,对于公共空间内中私人空间的界定,应当依据了具体的使用场景、安放监控设备行为的目的等综合判断,如对于公共卫生间、商场内的试衣间等公共空间,在他人临时使用时,由于其具体应用场景的私密性,应当认定为公共场所内的私密空间。上述裁判案例中由于摄像头监视范围实为私人空间与公共空间的重合部分,因而法院认定拆除监控设备亦无不当之处。但如在工作场景中,为避免出现操作失误、财产丢失等情况,安装监控设备的行为,应不宜认定为侵犯员工的隐私权。

3. 私密活动

私密活动即指自然人在日常生活中,遭遇或经历的与公共利益无关的私人事务。例如,社会活动、日常生活、恋爱活动、婚姻家庭活动、男女之间隐秘的性生活等。自然人的私密活动可能是不光彩、不道德的,在道德层面上可以予以批评谴责,但行为人却不能任意将其隐私公开,否则即为侵犯他人隐私权。自然人的私密活动受到法律保护,根据《民法典》第 1033 条第 2 项的规定,除法律另有规定或者权利人明确同意外,任何组织或者个人不得拍摄、窥视、窃听、公开他人的私密活动。而受到客观环境的变化、时间的推移等各方因素的综合影响,也有学者认为,自然人的私密活动是一种动态隐私,具有一个产生发展和变化的过程,有的私密活动随着时间的推移可能会变成非隐私,有的非隐私活动也有可能随着时间的推移成为私密活动②。

4. 私密信息

根据《民法典》第 1034 条第 3 款的规定,个人信息中的私密信息,适用有关隐私权的规定;没有规定的,适用有关个人信息保护的规定。对于私密信息与个人信息的关系,有学者认为,私密信息属于个人信息的内容。自然人对其个人信息既享有隐私人格权利,也享有信息自决权益③。因此,如何界定个人信息中的私密信息就成为一个值得探讨与研究的问题。对于该问题的探讨,请详见于本书个人信息保护章节,在此不再赘述。

---

① 参见张红:《民法典人格权编立法论》,法律出版社 2020 年版,第 212 页。

② 参见黄薇主编:《中华人民共和国民法典人格权释义》,法律出版社 2020 年版,第 180 页。

③ 参见程啸:《论我国民法典中个人信息权益的性质》,载《政治与法律》2020 年第 8 期。

二、隐私权的概念和特征

(一)隐私权的概念与发展

一般认为,隐私权是指自然人享有的私生活安宁与私人信息依法受到保护,不被他人非法侵扰、知悉、收集、利用和公开的一种人格权①。在等级制度森严封建社会中,隐私权是统治阶级专属的权利。例如,《唐律·禁卫》规定,“诸阑入宫门,徒二年”;《宋刑统》中规定,登高临宫中者,徒一年。在民间,虽然儒家思想有“亲亲得相容隐”的伦理规则,但其侧重点在于强调维护亲情伦理关系,而不在于强调保护个人隐私,在法律上也没有形成一套保护个人隐私的规则②。反而,封建王朝中往往鼓励民众主动揭发男女私情,民众的个人隐私往往得不到法律的保护。受传统观念的制约,我国20世纪50年代立法中最早出现的概念既不是隐私,也不是个人信息,而是民间与历史传统中使用得更多的“阴私”概念,而直到20世纪80年代,尤其是90年代中期,由于改革开放所带来的观念上的进步,无论是政府文件、立法还是民间,普遍以“隐私”概念代替了习惯的“阴私”概念③。例如,1982年《民事诉讼法(试行)》(已失效)第58条规定,对于涉及个人隐私的证据应当保密,需要向当事人出示的,不得在公开开庭时进行。这也是第一次将“隐私”表述在正式的法律规范中。而对于“阴私”一词的解读,根据1981年《最高人民法院关于依法公开审判的初步意见》(已失效)的规定,“有关个人阴私的案件,一般是指涉及性行为和有关侮辱妇女的犯罪案件。”1989年版的《辞海》更是将阴私案件定义为涉及男女私生活、奸情或其他淫秽内容的案件。可以看出,“阴私”相较于如今的“隐私”含义相差很大,在当时法治观念不成熟的社会环境下,“阴私”一词被简单地看作与男女私情、不正当性行为相关,在词义解读中带有明显的主观贬低色彩。而法律规范中从“阴私”到“隐私”的变化,也意味着我国隐私观念的发展与变革。

总体来说,隐私权的确立是一个漫长而曲折的过程。在法律规范中明确隐私的观念以后,我国隐私权的确立经历了类推保护模式——人格利益保护模

① 参见王利明:《人格权重大疑难问题研究》,法律出版社2019年版,第599页。
② 参见王利明:《人格权重大疑难问题研究》,法律出版社2019年版,第609页。
③ 参见周汉华:《个人信息保护的法律定位》,载《法商研究》2020年第3期。

式——侵权责任法保护模式到如今独立人格权模式的转变[①]。2017 年颁行的《民法总则》第 110 条第 1 款明确肯定了自然人享有隐私权。而在《民法典·人格权编》中对隐私权的范围、内容、侵权方式以及个人信息与隐私信息的区分都做出了明确的规定,对于强化自然人隐私信息保护、提高社会公众的隐私意识、规制频发的隐私侵权行为等具有重要意义。

(二)隐私权的特征

1. 隐私权主体的特定性

根据我国《民法典》第 1032 条规定,自然人享有隐私权。《民法典》第 110 条第 2 款规定:法人、非法人组织享有名称权、名誉权和荣誉权。且在该条款后并无"等"字,因此,我国《民法典》在对法人、非法人组织的权利保护上,采用了封闭保护的方式。这说明隐私权的主体只能是自然人,其他民事主体如法人、非法人组织等不享有隐私权。而对于其他民事主体维护其隐私的需要,可以通过设置商业秘密以《反不正当竞争法》进行保护,但法人、非法人组织的商业秘密不同于自然人的隐私权。理由如下:第一,以企业法人为例,公司企业的商业秘密不具有隐私所具有的公共利益、群体利益无关的本质属性;若将商业秘密认定为隐私权的客体,则企业法人易于借助隐私权的理由而掩盖其产品质量低劣、服务水平低下等情况,不利于保护消费者的利益[②]。第二,从权利属性上分析,商业秘密维护的是企业法人的财产利益,究其本质是一种财产性权利,但隐私权是一种精神性的人格权。具体而言,隐私是和个人的精神利益联系在一起的一个概念。[③] 因此,商业秘密与隐私权无论在保护方式上还是在权力属性上均有本质上的区别,二者不能等同。

2. 隐私权具有一定的支配性

隐私权具有支配性,体现在权利人享有对其隐私的利用以及公开的积极权能[④]。权利人有权决定在不违反法律和公序良俗的情况下,以正当的方式披露自己的隐私,从而对自身的隐私利益予以放弃[⑤]。例如权利人有权对自身隐私

① 王利明:《人格权重大疑难问题研究》,法律出版社 2019 年版,第 609 ~613 页。

② 杨立新:《民法典释义与案例评注·人格权编》,中国法制出版社 2020 年版,第 230 页。

③ 参见张新宝:《隐私权的法律保护》,群众出版社 2004 年版,第 1 页。

④ 参见王利明、程啸:《中国民法典释评·人格权编》,中国人民大学出版社 2020 年版,第 399 页。

⑤ 参见张新宝:《隐私权的法律保护》,群众出版社 2004 年版,第 17 页。

进行积极利用，如权利人有权自身的私密活动经文学艺术创作形成文字作品、摄影作品等，以满足自身的创作需求，获得财产收益。权利人也可选择是否将自身隐私公开或是否授权他人公开自身隐私。隐私的支配是有限度的，虽然随着时代的变迁，如今人格权的积极利用得到扩张，人格权商业化的现象越来越普遍，但保护人格利益维护人之尊严与自由仍是人格权的主要价值与功能，隐私权作为自由性人格权，虽不应因商业化而使其丧失自由价值，然而其是否能被商业化利用，在理论上是有争议的①。一般认为，权利人在实施隐私权的积极利用时，仍要以法律以及社会公序良俗为限，而不能对个人隐私任意支配。例如，权利人不能以积极利用自身隐私为由，拍摄其隐私部位以制作淫秽色情物品、公开披露自身不道德的性经历、性伴侣等。

3. 隐私权具有对世性

隐私权始于传媒行业对人们日渐产生避免其私生活遭受公开的权利诉求，以对抗大众传媒、公众评论、大众窥私欲对私人生活领域的侵入，要满足个人自由和有尊严地生存和生活的需求，就必须认可对个人私生活秘密和私生活安宁的法律保护②。因此，隐私权自形成之初就是一种绝对权。即使在现代社会中，人格权商业化利用的发展使隐私权也具有了一定的积极权能，但根据《民法典》第 1032 条第 1 款后半部分，任何组织或者个人不得以刺探、侵扰、泄露、公开等方式侵害他人的隐私权，显然《民法典》仍肯定了隐私权的对世性特征。

4. 隐私权的保护受到公共利益的制约

隐私权产生与其内涵的发展使公众拥有了社会与国家必须尊重的权利，隐私权的发展规制了大众与媒体的窥私欲，使人的尊严与情感、自由得到尊重与保护，尊重公众的隐私权成为现代文明的标志，但是任何权利与自由都有它的边界，隐私权亦不例外，不能因保护个人隐私置公众利益于不顾。隐私权就其实质而言，就是要界定个人事务和社会公共利益之间的关系，法律基于维护个人尊严和个人自由等方面考虑，需要保护个人隐私。但是，法律出于维护社会公共利益等方面考虑，就需要对个人隐私做出必要的限制，这种必要的限制也

---

① 参见最高人民法院民法典贯彻实施工作领导小组主编：《中华人民共和国民法典人格权编理解与适用》，人民法院出版社 2020 年版，第 263 页。

② 参见张新宝：《从隐私到个人信息：利益再衡量的理论与制度安排》，载《中国法学》2015 年第 3 期。

被学者称为隐私的可克减性[①]。例如,为调查财产犯罪中的涉案金额、资金往来,犯罪嫌疑人的个人财产交易信息就必须接受调查;在征兵过程中,应征入伍者的身体私密部位也要接受强制检查等。此时,上述私密信息的保护因与公共利益相冲突,应以公共利益为先,隐私权的保护受到限制。

第二节　侵害隐私权的行为类型及免责条件

一、侵害隐私权的行为类型

在《民法典》第1032条中,以正面确权的方式明确了隐私权的主体为自然人,并对隐私权的内容进行界定。《民法典》第1033条又依次列举了侵犯隐私权的具体类型以及免责事由。通过正面确权与反面禁止结合的方式强化了个人隐私的保护。根据《民法典》第1033条,行为人实施的侵犯隐私权的行为有以下几种。

(一)以电话、短信、即时通讯工具、电子邮件、传单等方式侵扰他人的私人生活安宁

此条规定主要规制借助现代通讯工具侵害权利人私人生活安宁的行为,例如未经权利人允许向其拨打骚扰电话、发送垃圾短信邮件等,使权利人的生活安宁受到损害。骚扰电话、垃圾短信对生活安宁造成的困扰由来已久,2012年《全国人民代表大会常务委员会关于加强网络信息保护的决定》就明确指出,任何组织或个人未经电子信息接收者同意或者请求,或者电子信息接收者明确表示拒绝的,不得向其固定电话、移动电话或者个人电子邮箱发送商业性电子信息。但苦于没有立法的支撑,对相应行为的遏制十分有限。此次《民法典》将私人生活安宁写入立法,亦是对骚扰电话、垃圾短信等侵权行为的有力回应。且《民法典》在条文中的表述除了上述侵权方式外,还采用了"等方式"的开放性规定,这也使日后如有出现相似性质的侵犯生活安宁的其他方式,仍能对其进行规制。

① 参见张新宝:《隐私权的法律保护》,群众出版社2004年版,第16页。

（二）进入、拍摄、窥视他人的住宅、宾馆房间等私密空间

住宅、宾馆房间等私密空间是自然人隐私的核心部分，实践中，进入、拍摄、窥视他人的住宅、宾馆房间等私密空间是三种最为典型的侵犯隐私的行为[①]。此处的私密空间仍为开放式规定。因此，对他人汽车的后备厢、私密的办公室、浴室，乃至于公共场所中的私密空间等，均受到法律保护。

（三）拍摄、窥视、窃听、公开他人的私密活动

在司法实务中，行为人未经权利人允许在酒店、宾馆等私密空间安装各种针孔摄像头窥视他人隐私，并以此牟利的行为层出不穷，甚至形成了一条灰色产业链。此类针孔摄像头不仅可以由人员实行远程监控，监控设备还可自行识别屋内是否有人员，并决定开启、关闭其录制行为。上述行为当然侵犯权利人的隐私权，但对于在公共场所安装的监控设备，若无意拍摄到情侣之间的亲密行为，本书认为应当不宜认定为侵权行为。对隐私侵权的认定，还应当考虑到行为的过错、行为目的、行为空间等要素[②]。因此，设置公共监控设备是保护公共财产不受侵犯，如监控设备经过合法方式安装，即使拍摄到他人的私密活动，亦属无心之举，不应认定为侵权行为。

（四）拍摄、窥视他人身体的私密部位

自然人身体的私密部位属于权利人具体的私密空间，未经许可任何人不得拍摄、窥视[③]。

在司法实践中，除了常见偷拍、窥视他人身体隐私的行为外，侵犯其身体隐私的案件也常常发生在医患关系中，患者的隐秘部位可能因诊断、治疗的需要而展露于医生面前，而为了诊治、教学的需要，将患者的隐秘部位拍摄成像，因患者并无义务配合医生的教学任务，此时若有实习医生对患者隐私部位观摩、见习等行为，则是严重的侵害隐私权的行为[④]。亦有学者主张

---

① 参见黄薇主编：《中华人民共和国民法典人格权释义》，法律出版社 2020 年版，第 183 页。

② 参见刘史丹：《隐私权的新发展——私人摄像头侵犯隐私权案件的审理思路和判断要素初探》，载《法律适用（司法案例）》2017 年第 12 期。

③ 参见杨立新主编：《中华人民共和国民法典释义与案例评注 · 人格权编》，中国法制出版社 2020 年版，第 229 页。

④ 参见孙振栋：《论医院见习教学中患者隐私权之保护——兼谈我国隐私权之立法》，载《法学》2001 年第 2 期。

将一般的身体隐私进行扩大解释,从而将基因隐私纳入身体隐私中,认为基因隐私关乎个人生命的秘密,权利人有权支配自身的基因隐私,以决定是否告知他人或公开①。

(五)处理他人的私密信息

《民法典》并未详细规定处理私密信息的具体行为类型,仅表述为"处理"一词。本书认为,该条款中的"处理"应当泛指一切如获取、刺探、泄露、传输、公开、买卖等对个人私密信息的不当处理行为。而对于隐私权于个人信息的关系,一般认为,私密信息属于个人信息的内容。自然人对其个人信息既享有隐私人格权利,也享有信息自决权益②。但在私密信息的保护上,根据《民法典》第1034条第3款的规定,自然人私密信息应当优先适用隐私权保护规则,只有隐私权保护规则未予规定的,才能适用个人信息的保护规则。

(六)以其他方式侵害他人的隐私权

前五项中所列情形均为司法实务中常见侵犯隐私权的类型,但在现实生活中,随着科技的不断进步,仍有可能出现新型侵犯隐私权的方式。例如,通过使用某些热成像设备、高精度设备等扫描、窥视他人身体隐私部位,侵犯权利人身体隐私;又如借助某些工具,可以他人位置信息进行详细定位,非法跟踪、监听他人的行为等。因此,为避免在具体情形上出现疏漏,保持隐私权保护的稳定适用,《民法典》规定了隐私保护的兜底性条款。

二、免责事由

侵犯隐私权的免责事由,即为保证公共利益不受损害和避免隐私权利的滥用而设置的特殊情形。在此情形下,即使实施了侵犯他人隐私权的行为,亦不承担民事责任。根据《民法典》第1033条的规定,侵犯隐私权的免责事由共有两种,即除法律另有规定或者权利人明确同意。

(一)法律另有规定

此处的应用场景主要为公权力机关在实施维护社会利益的活动时。例

① 参见王康:《基因权的私法规范》,中国法制出版社2014年版,第230页。

② 参见程啸:《论我国民法典中个人信息权益的性质》,载《政治与法律》2020年第8期。

如,公安机关的侦查人员对犯罪嫌疑人实施的侵犯隐私的行为不承担民事责任。根据《刑事诉讼法》第 136 条的规定,为了收集犯罪证据、查获犯罪人,侦查人员可以对犯罪嫌疑人以及可能隐藏罪犯或者犯罪证据的人的身体、物品、住处和其他有关的地方进行搜查。此处的搜查行为,并不视为对犯罪嫌疑人隐私权的侵犯;又如根据《传染病防治法》的规定,医疗机关收集权利人私密的健康信息的,亦不构成对其隐私权的侵犯。

(二)权利人明确同意

本书认为,免责事由中“权利人明确同意”应当具有以下要件:第一,权利人同意的意思表示应当足够明确。应遵循《民法典》第 1035 条第 1 项对个人信息处理的规定,即征得该自然人或者其监护人同意,但是法律、行政法规另有规定的除外。《民法典》在此处仅规定自然人“同意”而非此处的“明确同意”。本书认为,此处的“明确同意”中权利人的意思表示,应当为明示的意思表示,且意思表示应当足够明确、清晰。例如权利人可以用合同、录音录像等方式施以“明确同意”的意思表示。原因在于,对于非私密性个人信息的收集与处理,在实务中既存在明示同意,也存在默示同意的现象。因此,处理他人隐私的要求当然要比非私密性的个人信息更为严格,至少应当为明示同意。第二,行为人利用他人隐私,应当在权利人允许利用、公开的范围内以合理正当的方式进行,行为人任意扩大隐私的公开范围,或不合理利用他人隐私的,都将构成对权利人隐私权的侵犯。

第八章

个人信息保护

第一节　个人信息保护概述

一、隐私权和个人信息保护的立法背景分析

《民法典》第四编第六章名称为“隐私权和个人信息保护”，把隐私权和个人信息并列成为一章，可见隐私权和个人信息必然存在内在联系，有着可以并列保护的内在法理基础。通过人格权制度来保护个人信息，这一立法选择绝非偶然，因为人格权制度与个人信息保护之间存在密切的逻辑联系：从近代民法到现代民法，人的自由和尊严获得了更加充分的保障，弱势群体也得到了更多的关注[①]。两大法系比较普遍接受的观念是，隐私通常体现的是一种人格尊严，隐私权被立法承认的时间早于个人信息，甚至隐私权在早期代行着个人信息保护的职能，与此同时，民法中的人文主义价值的不断彰显也逐渐使个人信息保护逐渐和隐私权保护相分离。但个人信息体现的是个人对自己信息的自决权。所以个人信息的各项规则都是建立在“信息自决”这四个字的基础上的，彰显的是私法自治的价值。因此，隐私和个人信息，一个体现了人格尊严，另一个体现的是私法自治的问题。但在人格权编里面，如果私法自治和人格尊严发生冲突时，优先保护的还是人格尊严。这也是为什么要优先适用隐私权[②]。个人信息由于其与特定主体的身份相关，属于人格要素；基于人格尊严和人格自由发

① 参见王利明：《民法的人文关怀》，载《中国社会科学》2011 年第 4 期。

② 参见王利明：《〈民法典〉人格权编的立法亮点、特色与适用》，载《法律适用》2020 年第 17 期。

展，个人对其身份信息享有决定权，有权控制其信息的收集、使用和分享。这也是我国《民法典》在其第四编人格权编规定个人信息保护制度的根本原因所在①。

20世纪80年代德国信息自决权理论面对个人信息构建了类似隐私权的个人绝对控制权，强调收集处理的唯一合法基础是当事人同意。但该模式随着网络信息时代的到来已经日益捉襟见肘，原因在于很多个人信息不仅只体现个人利益，还同时负载了重大社会公共利益和经济价值，前者比如为了新冠肺炎疫情防控收集利用病患相关个人信息，后者比如个人信息是征信业和数字经济发展的重要资源，信息科技的运用使个人信息上的多元利益日益凸显。一味强调个人绝对控制，会阻碍个人信息的正常利用和共享，不仅社会价值易被忽视，大数据等信息产业也难以发展②。既然已有的人格权类型难以实现对个人信息的充分保护，立法就应当将个人信息权作为一种新类型的具体人格权③。

在美国法上，由于隐私权的保护范围非常广泛，我国的隐私权和美国法上的隐私权完全不是一个层次上的概念，后者既包括侵权法上的隐私权又包括宪法上的隐私权，等同于大陆法系国家的人格权概念，更重要的是因为隐私权根本无法涵盖对全部个人信息的保护④。此时我国单纯地利用隐私权来保护个人信息的保护模式已经不适应现在互联网下个人信息经常被滥用的现状。

二、个人信息的法律属性分析

我国每年举办的"3·15晚会"多次对个人信息泄露而导致的电信诈骗、电话营销及垃圾短信对广大民众的危害进行报道，事件发酵到最后因"徐某某电信骗取学费死亡案"和"清华大学教师被诈骗1700万元案"达到社会关注的顶峰。个人信息泄露后，不法之徒给受害人造成的重大财产损失，《民法典》第111条规定：自然人的个人信息受法律保护。任何组织和个人需要获取他人个

① 参见石佳友：《个人信息保护的私法维度——兼论〈民法典〉与〈个人信息保护法〉的关系》，载《比较法研究》2021年第5期。

② 参见刘金瑞：《关于〈民法典（草案）〉个人信息保护条款的完善建议》，载《中国信息安全》2020年第4期。

③ 参见王成：《个人信息民法保护的模式选择》，载《中国社会科学》2019年第6期。

④ 参见程啸：《我国〈民法典〉个人信息保护制度的创新与发展》，载《财经法学》2020年第4期。

人信息的，应当依法取得并确保信息安全，不得非法收集、使用、加工、传输他人个人信息，不得非法买卖、提供或者公开他人个人信息。这也算是对个人信息立法保护呼声的反馈。2013 年《消费者权益保护法》修订时，在第 14 条中新增了消费者“享有个人信息依法得到保护的权利”的规定，这是我国法律首次从民事权利的角度对个人信息作出的规定。

（一）个人信息的界定

《网络安全法》第 76 条规定：个人信息，是指以电子或者其他方式记录的能够单独或者与其他信息结合识别自然人个人身份的各种信息，包括但不限于自然人的姓名、出生日期、身份证件号码、个人生物识别信息、住址、电话号码等。《民法典》第 1034 条第 1、2 款规定：自然人的个人信息受法律保护。个人信息是以电子或者其他方式记录的能够单独或者与其他信息结合识别特定自然人的各种信息，包括自然人的姓名、出生日期、身份证件号码、生物识别信息、住址、电话号码、电子邮箱、健康信息、行踪信息等。《民法典》在对个人信息的单独列举中增加了电子邮箱、健康信息、行踪信息三个新的信息种类，这也是基于现在电子商务及互联网迅猛发展的需要。电子邮箱是和个人信息传递紧密联系的工具，电子邮箱已经成为日常个人生活交往的必备工具之一。随着全球新冠肺炎疫情的日益严重，健康码和行程码已经成为大家日常出行的必备，这些健康信息、行踪信息都和每个人的疫情防控紧密相关。健康信息和行踪信息虽然属于个人信息，但是在疫情防控这一公共利益至上的情况下，每个人都必须进行积极的信息申报，此时个人利益要服从公共利益的防控大局。当然防控的早期阶段中也出现了严重泄露个人行踪信息等敏感信息的问题，在披露个人行踪信息，让广大民众警惕自己和行为人是否有时空交集的过程中，详细陈述行为人的姓名、手机号码、家庭住址及和哪些人就餐购物等具体信息就是对个人行踪信息的一种过度披露。随着疫情防控中逐渐受到重视，现在的行踪信息披露就对上述信息予以删除，也表明我们的疫情防控越来越重视个人信息的保护。

《个人信息保护法》第 4 条规定：个人信息是以电子或者其他方式记录的与已识别或者可识别的自然人有关的各种信息，不包括匿名化处理后的信息。和《民法典》的定义相比较，《个人信息保护法》采用的“关联说”，将个人信息定义为“以识别或者可识别的自然人有关的各种信息”。[①]《个人信息保护法》并没有采用具体列举的方法对具体各种个人信息进行界定。《民法典》采用的“能够单独或者与其他信息结合识别特定自然人”即采用“识别说”。但仔细阅读两个法对个人信息的定义,《个人信息保护法》采用的“关联说”的定义里面也是指的可识别的关联信息。其实个人信息的界定中的“识别”和“关联”并没有那么巨大的区别,最终通过把可识别的相关信息和具体特定权利人产生关联,才能真正把个人信息的保护落到实处。因此本书认为个人信息在界定中“识别”和“关联”两个要素都是为了和权利人建立联系而确立的一个辨识标准,最终都将统一到保护特定权利人个人信息上面。

（二）个人信息与个人信息权的保护模式分析

1. 对个人信息进行赋权保护分析

持民事权利说的学者普遍认为个人信息权作为具体人格权加以保护,能够更好地对个人信息进行全面保护,有利于人格权保护体现得更加全面。

杨立新教授认为,原《民法总则》第111条[②]确立了自然人对个人信息享有的是民事权利,即个人信息权。在实践上作为一个权利保护没有障碍,在比较法上没有对个人信息作为法益保护的立法例,因此,应当认定原《民法总则》第111条规定的个人信息,就是规定的自然人享有的具体人格权之一,即个人信息权。该条是对自然人享有的个人信息权,以及义务人负有不得侵害个人信息权义务的规定。[③]

王成教授认为,从立法论的角度,我国民法应当确立独立的个人信息权。我国个人信息保护立法重公法规范、轻私法规范,民事基本法规范支撑缺失。[④]

朱庆育教授认为,从民事权利与利益的关系来看,权利化更有利于对个人

---

① 参见江必新、郭峰:《〈中华人民共和国个人信息保护法〉条文理解与适用》,人民法院出版社2021年版,第39页。

② 原《民法总则》第110条规定:自然人享有生命权、身体权、健康权、姓名权、肖像权、名誉权、荣誉权、隐私权、婚姻自主权等权利。法人、非法人组织享有名称权、名誉权、荣誉权等权利。第111条规定:自然人的个人信息受法律保护。任何组织和个人需要获取他人个人信息的,应当依法取得并确保信息安全,不得非法收集、使用、加工、传输他人个人信息,不得非法买卖、提供或者公开他人个人信息。

③ 参见杨立新:《个人信息:法益抑或民事权利——对〈民法总则〉第111条规定的“个人信息”之解读》,载《法学论坛》2018年第1期。

④ 参见王成:《个人信息民法保护的模式选择》,载《中国社会科学》2019年第6期。

信息的保护。不同于纯粹的法益,民事权利具备明确的正当化基础和清晰的外延,在法律上也可以获得更加切实的保障。[①]

王利明教授早期认为,个人信息权又可以称为信息自决权。个人信息权是一种独立的民事权利。将个人信息权确认为一项具体人格权有利于对其提供有效的法律保护。应当承认,个人信息具有财产性和人格性的双重属性个人信息权就其主要内容和特征而言,在民事权利体系中,应当属于人格权的范畴。个人信息权应当作为一项独立的权利来对待,此种权利常常被称为"信息自决权"。[②]

国内学者认为真正实现对个人信息的完善保护,就必须把原《民法总则》第111条规定的个人信息解读为个人信息权。从法律所保护的客体即个人身份信息的独立性、社会实践保护个人身份信息的必要性,以及从比较法的基础上进行分析,对于个人身份信息的保护,一是不能用法益保护方式,因为其显然不如用权利保护为佳;[③]从上面的观点论述可知,如果在民法领域赋予个人信息权作为独立的具体人格权有一定道理,但是随着《个人信息保护法》的出台,个人信息保护需要涉及的领域恐怕不止民法,个人信息的保护是一个公私法兼顾的保护模式可能更为合理,如果片面在民法中对个人信息进行具体人格权保护,反而可能会限制个人信息保护的进一步发展。基于《民法典》颁布时《个人信息保护法》还没有出台,因此在最终的《民法典》条文中就没有采用个人信息权的具体人格权立法模式。

2. 对个人信息民事利益保护分析

对于个人信息是否具有独立的个人信息权的问题,在原《民法总则》第110条、第111条的出台后就引起了学界的争议。在《民法典》中第四编第六章名称为隐私权和个人信息保护,隐私是一项独立的人格权,而个人信息不是一项独立的人格权,而是一项人格权益,《民法典》中隐私后面加了"权"字,说明隐私权是一项独立的人格权,而个人信息后面没有"权"字,说明个人信息只是一项

---

① 参见朱庆育:《民法总论》,北京大学出版社2013年版,第501页。

② 参见王利明:《论个人信息权在人格权法中的地位》,载《苏州大学学报》2012年第6期。

③ 参见段卫利:《论被遗忘权的司法救济——以国内"被遗忘权第一案"的判决书为切入点》,载《法律适用(司法案例)》2017年第16期。

人格权益,不是一项独立的权利。显然,对权利的保护程度应该高于权益。[1] 立法者没有对个人信息权进行定义,应该也是看到了个人信息保护的复杂性,因此还是对个人信息采取了利益保护模式。

首先,根据法律的文义和体系解释,个人信息应当属于法益。

原《民法总则》第 110 条规定的各种民事权利,不仅在表述上都冠有“权”字,在条文结尾处还写明“等权利”作为后缀,而原《民法总则》第 111 条对“个人信息”单独加以规定,其后也没有“权”字。可见,第 111 条的规定是对个人信息利益作出的保护性规定,宣示了个人信息法律保护的基本立场,其不属于确权规范,没有确立具备绝对权特征的“个人信息权”。[2] 有学者认为,从作为个人信息主体的自然人这一方来说,其主要的利益是一种防御性利益,即自然人针对个人信息享有的防止因个人信息被非法处理而致人身财产权益遭受侵害,甚至人格尊严与人格自由受到侵害或损害的利益。[3]

王利明教授认为:“本条只是规定了个人信息应当受到法律保护,而没有使用个人信息权这一表述,表明民法总则并没有将个人信息作为一项具体人格权利,但本条为自然人的个人信息保护提供了法律依据。”[4]

其次,个人信息与其他权利客体难以区分,不足以独立为具体的人格权。

在具体人格权的生成中,应当避免与其他权利重合或交叉。个人信息非常普遍地包括姓名、肖像、隐私以及其他与人格相关的信息,势必与既有的姓名权、肖像权、隐私权等存在广泛的重合。而个人信息的范围无法准确划定,其功能又与一般人格权发生部分重合。因此,个人信息权利最多算是在信息自动化处理环境中对姓名、肖像、隐私等人格利益的特别保护,不能构成一种新的具体人格权。我国的一些学者之所以反对个人信息的私法保护,主要是因为他们认为,承认个人信息的民法保护就等于在民法上将自然人对个人信息的权利界定为绝对权和支配权,而这会产生很大的弊端,会造成信息无法自由地流动,将每个人变成一座孤岛而无法进行正常的社会交往[5],因而无法实现个人信息上承

① 参见王利明:《〈民法典〉人格权编的立法亮点、特色与适用》,载《法律适用》2020 年第 17 期。
② 参见陈甦主编:《民法总则评注》(下册),法律出版社 2017 年版,第 787 页。
③ 参见程啸:《论大数据时代的个人数据权利》,载《中国社会科学》2018 年第 3 期。
④ 参见王利明主编:《中华人民共和国民法总则详解》,中国法制出版社 2017 年版,第 465 页。
⑤ 参见丁晓东:《个人信息私法保护的困境与出路》,载《法学研究》2018 年第 6 期。

载的不同价值和利益的平衡。[①]

最后,基于个人信息所涉及的范围及调整方式的多样性及复杂性,不确立个人信息权也有其合理性。

个人信息利益的多重性与场景性特征决定了个人信息并不适宜定位为具有支配和排他效力的具体人格权,而应作为一般人格权框架下的法益侵权救济[②]。原《民法总则》第111条将个人信息利益确定为受法律保护的法益,适用的是行为规制规范,而非权利化模式。[③] 个人信息虽受法律保护,但并不是享受绝对权的保护强度。[④] 个人信息权利无法成为一项独立性的基本权利。[⑤] 考虑到个人信息的复杂性,也没有简单以单纯民事权利特别是一种人格权的形式加以规定,而是笼统规定个人信息受法律保护,为未来个人信息如何在利益上兼顾财产化,以及与数据经济的发展的关系配合预留了一定的解释空间。[⑥]

综合上述分析,自然人对其个人信息享有的民事权益究竟是称为"个人信息权"抑或"个人信息权益"并非关键,重要的是,法律上赋予自然人对个人信息享有哪些具体的权利内容以及在这种权益受到侵害时享有何种救济。[⑦] 正是由于个人信息管理和调整的手段不是仅局限于民事权利方面,因此救济手段的多样性也决定了私法中的利益保护模式仅仅是保护模式的一部分。

(三)个人信息的权能

个人信息权中的知情同意权、更正权、删除权(被遗忘权)等是权能,而非权利[⑧]。在我国,隐私权和承包经营权是另外两个典型的从权能/利益成功晋级为权利的范例。晋级失败的例子包括接吻权、悼念权、户外广告发布权、知情同意权、更正权、删除权等,它们要么是信息主体捍卫个人信息权的基本防御手段,要么是实现个人信息权的基本前提和方式,它们是个人信息权的固有内容和自

① 参见刘金瑞:《个人信息与权利配置——个人信息自决权的反思和出路》,法律出版社2017年版,第2页。

② 参见金耀:《个人信息私法规制路径的反思与转进》,载《华东政法大学学报》2020年第5期。

③ 参见叶金强:《〈民法总则〉"民事权利章"的得与失》,载《中外法学》2017年第3期。

④ 参见程啸:《论大数据时代的个人数据权利》,载《中国社会科学》2018年第3期。

⑤ 参见丁晓东:《个人信息的双重属性与行为规制》,载《法学家》2020年第1期。

⑥ 参见龙卫球、刘宝玉:《中华人民共和国民法总则释义与适用指导》,中国法制出版社2017年版,第404页。

⑦ 程啸:《我国〈民法典〉个人信息保护制度的创新与发展》,载《财经法学》2020年第4期。

⑧ 叶名怡:《论个人信息权的基本范畴》,载《清华法学》2018年第5期。

然延伸，与个人信息权本身有着强烈的依附关系，本身并未成为一种有着独立自洽性的重要利益①。

个人信息权的积极权能以知情同意权为基础个人信息权有如下五项积极权能：知情权、同意权、访问权、可携带权、利用收益权②。

个人信息权的消极权能表现为信息主体排除侵害的可能性，仅在个人信息的完整性、准确性、私密性遭破坏时才体现出来。它包括更正权、限制权、反对权以及删除权（被遗忘权）③。

三、个人信息立法保护概述

（一）我国对个人信息保护的法律规范

《民法典》第111条规定："自然人的个人信息受法律保护。任何组织或者个人需要获取他人个人信息的，应当依法取得并确保信息安全，不得非法收集、使用、加工、传输他人个人信息，不得非法买卖、提供或者公开他人个人信息。"

《个人信息保护法》第1条规定："为了保护个人信息权益，规范个人信息处理活动，促进个人信息合理利用，根据宪法，制定本法。"第2条规定："自然人的个人信息受法律保护，任何组织、个人不得侵害自然人的个人信息权益。"第10条规定："任何组织、个人不得非法收集、使用、加工、传输他人个人信息，不得非法买卖、提供或者公开他人个人信息；不得从事危害国家安全、公共利益的个人信息处理活动。"

2021年11月1日起施行的《个人信息保护法》是对我国以往个人信息保护条文的立法总结。当然该法不仅仅从私法上保护个人信息，同时又在公法上对个人信息的处理进行了系统的规定。在当代越来越多地出现公私法交错的现象，这正是治理体系现代化的重要表征，为应对现代社会越来越复杂的社会问题，需要公法与私法有效协同和结合起来共同进行规制。《个人信息保护法》所体现的公法与私法的协同规制，正是为了有效对公民的个人信息进行保护，这

① 叶名怡：《论个人信息权的基本范畴》，载《清华法学》2018年第5期。
② 叶名怡：《论个人信息权的基本范畴》，载《清华法学》2018年第5期。
③ 叶名怡：《论个人信息权的基本范畴》，载《清华法学》2018年第5期。

是我国网络治理体系现代化的重要表征。①

《网络安全法》第41条规定:“网络运营者收集、使用个人信息,应当遵循合法、正当、必要的原则,公开收集、使用规则,明示收集、使用信息的目的、方式和范围,并经被收集者同意。网络运营者不得收集与其提供的服务无关的个人信息,不得违反法律、行政法规的规定和双方的约定收集、使用个人信息,并应当依照法律、行政法规的规定和与用户的约定,处理其保存的个人信息。”第43条规定:“个人发现网络运营者违反法律、行政法规的规定或者双方的约定收集、使用其个人信息的,有权要求网络运营者删除其个人信息;发现网络运营者收集、存储的其个人信息有错误的,有权要求网络运营者予以更正。网络运营者应当采取措施予以删除或者更正。”

《刑法修正案(七)》增设了《刑法》第253条之一,规定了出售、非法提供公民个人信息罪和非法获取公民个人信息罪。

《刑法修正案(九)》对《刑法》第253条之一作出修改完善,一是扩大犯罪主体的范围,规定任何单位和个人违反国家有关规定,获取、出售或者提供公民个人信息,情节严重的,都构成犯罪;二是明确规定将在履行职责或者提供服务过程中获得的公民个人信息,出售或者提供给他人的,从重处罚;三是提升法定刑配置水平,增加规定“处三年以上七年以下有期徒刑,并处罚金”。修改后,出售、非法提供公民个人信息罪和非法获取公民个人信息罪被整合为侵犯公民个人信息罪。

《最高人民法院、最高人民检察院关于办理侵犯公民个人信息刑事案件适用法律若干问题的解释》第1条规定:“刑法第二百五十三条之一规定的‘公民个人信息’,是指以电子或者其他方式记录的能够单独或者与其他信息结合识别特定自然人身份或者反映特定自然人活动情况的各种信息,包括姓名、身份证件号码、通信通讯联系方式、住址、账号密码、财产状况、行踪轨迹等。”

《最高人民法院关于审理利用信息网络侵害人身权益民事纠纷案件适用法律若干问题的规定》(2020年修订)第4条规定:“人民法院适用民法典第一千一百九十五条第二款的规定,认定网络服务提供者采取的删除、屏蔽、断开链接

① 参见石佳友:《个人信息保护的私法维度——兼论〈民法典〉与〈个人信息保护法〉的关系》,载《比较法研究》2021年第5期。

等必要措施是否及时，应当根据网络服务的类型和性质、有效通知的形式和准确程度、网络信息侵害权益的类型和程度等因素综合判断。”第6条规定：“人民法院依据民法典第一千一百九十七条认定网络服务提供者是否‘知道或者应当知道’，应当综合考虑下列因素：（一）网络服务提供者是否以人工或者自动方式对侵权网络信息以推荐、排名、选择、编辑、整理、修改等方式作出处理；（二）网络服务提供者应当具备的管理信息的能力，以及所提供服务的性质、方式及其引发侵权的可能性大小；（三）该网络信息侵害人身权益的类型及明显程度；（四）该网络信息的社会影响程度或者一定时间内的浏览量；（五）网络服务提供者采取预防侵权措施的技术可能性及其是否采取了相应的合理措施；（六）网络服务提供者是否针对同一网络用户的重复侵权行为或者同一侵权信息采取了相应的合理措施；（七）与本案相关的其他因素。”第7条规定：“人民法院认定网络用户或者网络服务提供者转载网络信息行为的过错及其程度，应当综合以下因素：（一）转载主体所承担的与其性质、影响范围相适应的注意义务；（二）所转载信息侵害他人人身权益的明显程度；（三）对所转载信息是否作出实质性修改，是否添加或者修改文章标题，导致其与内容严重不符以及误导公众的可能性。”

（二）《个人信息保护法》和《民法典》的关系

《民法典》和《个人信息保护法》两部法律的关系，也是一个值得探讨的话题。

第一种观点：《民法典》独立成编的人格权部分对个人信息的6个条文的规定让个人信息保护上了一个新的阶段，而《个人信息保护法》容易被误解为是民法领域内对个人信息进行保护的专门性法规，因此就容易得出两者是上位法和下位法的关系。这种《民法典》之下对个人信息的更深入具体的专门性立法的定位，在《个人信息保护法》没有出台之前，确实有些学者提出过这种观点，但是随着《个人信息保护法》的出台，其中的调整内容和调整手段，已经大大超出了《民法典》所能调整的范围，此时上位法和下位法的立法位阶已经被打破。

第二观点认为：《个人信息保护法》和《民法典》是立法位阶相同的基本法。

《个人信息保护法》明确规定“根据宪法，制定本法”，这是我国现行网络法律中唯一一部直接表明“根据宪法”制定的法律。这表明，该法不仅是个人信息保护领域的基本法，也是整个网络信息法律体系的基本法，同时也是与刑法、民法等基本法具有并存地位的基本法。[①]《个人信息保护法》放弃了作为《民法典》下位单行法的定位,通过直接标示"根据宪法,制定本法",将自身设定为与刑法、民法基本法具有同等地位的个人信息保护领域的基本法。由此,《个人信息保护法》和刑民基本法形成一种并存交叉关系,而非隶属关系。《个人信息保护法》与刑民基本法之间的相互关系,不能通过一般法和特殊法的模式来处理,而应通过相互的转介条款来进行指引或衔接。该种观点应该是看到了个人信息保护不仅仅是民法领域的问题,也是行政法审批监管机关的重要职责,因此公私法兼顾的立法定位导致想把个人信息的立法保护提到和民法一样的定位,初衷是好的,但是个人信息毕竟权利根源于《民法典·人格权编》,只不过在信息处理上加入了更多的行政监管义务,此种观点和第一种观点恰好成了对《个人信息保护法》立法定位的两个极端。

第三种观点认为:《个人信息保护法》和《民法典》属于特别法与一般法的关系。

如法律规范发生竞合,应根据特别法优于一般法的规范竞合处理规则,优先适用《个人信息保护法》。[②]《民法典》与《个人信息保护法》中的私法规范构成普通法与特别法的关系;而《个人信息保护法》中公法规范,则可以视为是行政基本法典的特别法。民法与个人信息保护法的关系类似于民法与消费者保护法的关系。[③] 众所周知,我国2007年《物权法》(已失效)写入"根据宪法,制定本法"的表述,其目的主要是回应当时的合宪性质疑;这一表述并不能改变其为民法的部门法之一的法律地位与属性。总之,立法中明确宣告"根据宪法,制定本法"确实具有重要意义,但不能据此就推断出这部立法必然具有基本法律的性质。在法律部门划分的意义上,作为专门规范个人信息保护事项的单行法,《个人信息保护法》本身并不构成一个独立的法律部门,而属于民法与行政法的交叉型法律。[④]《民法典》的总则编和人格权编虽然对个人信息进行了规

---

① 参见龙卫球:《〈个人信息保护法〉的基本法定位与保护功能》,载《现代法学》2021年第5期。

② 参见江必新、郭峰:《〈中华人民共和国个人信息保护法〉条文理解与适用》,人民法院出版社2021年版,第314页。

③ 参见石佳友:《个人信息保护的私法维度——兼论〈民法典〉与〈个人信息保护法〉的关系》,载《比较法研究》2021年第5期。

④ 参见石佳友:《个人信息保护的私法维度——兼论〈民法典〉与〈个人信息保护法〉的关系》,载《比较法研究》2021年第5期。

定，但是《个人信息保护法》在公私法两个制度层面的规定更为全面，例如建立了告知同意规则、个人信息处理规则、个人信息跨境规则、个人信息处理者的义务及个人信息保护职责部门义务及行政处罚的法律责任等新的制度和规则。例如《个人信息保护法》第49条就把死者个人信息保护的规定进行了细化：首先，规定可以通过事先的特别约定来排除死者近亲属对死者某些个人信息的处理。其次，细化死者近亲属对死者个人信息的处理方式是具有查阅、复制、更正、删除等权利。这种对《民法典》个人信息保护的特别规则应当优先适用，这也是《个人信息保护法》的价值所在。

四、个人信息的分类

（一）个人信息和数据

个人信息指的是和自然人相关的各种信息，例如，家庭地址、个人行程轨迹信息等。数据规定在《民法典》第127条，法律对数据、网络虚拟财产的保护有规定的，依照其规定。个人信息以人格权作为归属，而个人数据则与虚拟财产共同作为财产权的重点保护对象。

根据2021年9月1日起施行的《数据安全法》第3条的规定，“本法所称数据，是指任何以电子或者其他方式对信息的记录。数据既包括电子记录的个人信息”，也包括国家机关等各个部门及法人及非法人组织所形成的海量数据信息，因此数据的范围要远大于个人信息，关系国家安全、国民经济命脉、重要民生、重大公共利益等数据属于国家核心数据，实行更加严格的管理制度。因此数据分类审查等制度均上升到了国家安全的立法层面。作为数据的利用及管理恐怕不是民法一个部门法的事情，而是公私法均需要进行调整的客体。而个人信息的保护虽然也涉及公法的调整，但是个人信息和数据在公法上所占比重是相差很多的，对后者的调整几乎都已经达到国家数据安全的高度，在调整手段及责任承担等问题上，恐怕是个人信息无法比拟的。个人信息基本都在民事权利的人身权中加以规定，而数据前面没有“个人”的限定，因此其范围要比个人信息大很多。

（二）私密信息和非私密信息

《民法典》扩大了个人信息的范围，新增了生物识别信息、健康信息和行踪信息。《民法典》在具体列举的个人信息里，增加了生物识别信息、健康信息、行踪信息这几种类型，可见《民法典》中个人信息的概念是比较宽泛的，而且还用了一个“等”字，表明个人信息的范围是开放的。[①]

对个人信息采用列举的方式进行了界定，包括自然人的姓名、出生日期、身份证件号码、生物识别信息、住址、电话号码、电子邮箱、健康信息、行踪信息等。个人信息中的私密信息，适用有关隐私权的规定；没有规定的，适用有关个人信息保护的规定。《民法典》并没有对上述个人信息中哪些属于私密信息进行进一步界定，确实是这次立法中的一个遗憾。本书认为：姓名、性别、出生日期、身份证件号码、电话号码等信息应该属于非私密信息，因为这些信息在日常民事活动中经常会有所涉及，例如在进出某些特定机关时，需要登记你的身份信息，这些都是个人信息中最常见的。门卫需要进行访客登记，常常需要填写姓名、电话号码、身份证号码等信息，但是家庭地址、电子邮箱、婚姻信息、健康信息、行踪信息、性取向性活动信息等完全不愿公开的信息，都应该纳入私密信息受到隐私权保护。违背民法基本的公序良俗原则的很多行为均属于私密信息范畴，例如：代孕、婚外情、卖淫嫖娼记录等信息。

对于这些私密信息的利用，《民法典》也规定了相对严格的要求。《民法典》第 1033 条规定：除法律另有规定或者权利人明确同意外，任何组织或者个人不得处理他人的私密信息。处理他人私密信息是有“明确同意”的限定。反观对普通非私密信息的处理，《民法典》第 1035 条规定：处理个人信息的，应当遵循合法、正当、必要原则，不得过度处理，并征得该自然人或者其监护人同意，但是法律、行政法规另有规定的除外。从立法条文看，处理他人的私密信息要么是取得隐私权人的“明确同意”，要么是依据法律的规定，否则，任何组织或者个人实施的处理他人私密信息的行为都构成侵害隐私权的行为。然而，对于处理非私密信息的个人信息，依据《民法典》第 1035 条，要么是依据法律、行政法规的规定，要么是得到该自然人或者其监护的“同意”。是否有“明确”的限定，在处理私密信息和非私密信息上具有明确的区别。明确同意意味着权利人的私密信息在被使用前，必须由权利人作出清晰、明确的意思表示来表达同意，并且该同意必须是自由意愿的单独意思表示。非私密信息权利人表达的“同意”

---

① 参见王利明：《〈民法典〉人格权编的立法亮点、特色与适用》，载《法律适用》2020 年第 17 期。

不要求必须是单独明确的同意,可以是概括性的同意。例如在整体许可合同中概括的许可权利人信息的使用。

(三)敏感个人信息和非敏感个人信息

《民法典》没有规定敏感的和非敏感的个人信息,但这并不意味着该分类就不重要。《民法典》主要规定的是个人信息保护中的重大的基本的问题,且区分敏感的和非敏感的个人信息主要是体现在对个人信息的处理规则上,故此可以由《个人信息保护法》作出规定。[①]《个人信息保护法》第28条规定,敏感个人信息是一旦泄露或者非法使用,容易导致自然人的人格尊严受到侵害或者人身、财产安全受到危害的个人信息,包括生物识别、宗教信仰、特定身份、医疗健康、金融账户、行踪轨迹等信息,以及不满14周岁未成年人的个人信息。只有在具有特定的目的和充分的必要性,并采取严格保护措施的情形下,个人信息处理者方可处理敏感个人信息。

敏感个人信息的本质特征是,一旦泄露或者非法使用,容易导致自然人的人格尊严受到侵害或者人身、财产安全受到危害。[②]对敏感个人信息清晰界定后,非敏感信息就是除了上述信息以外的信息,例如,个人的姓名、教育文化水平、职业信息等。我国《信息安全技术公共及商用服务信息系统个人信息保护指南》中将"敏感信息"界定为"一旦遭到泄露或修改,会对标识的个人信息主体造成不良影响的个人信息"。[③]

在《个人信息保护法》制定过程中,国内学者对于个人敏感信息作出了很多研究,有学者认为,以下个人信息应当归入敏感的个人信息:(1)种族或民族信息;(2)宗教信仰信息;(3)政治主张信息;(4)生物识别信息;(5)基因信息;(6)医疗健康信息;(7)性生活与性取向信息;(8)储蓄、证券等金融账户信息。[④]按敏感程度划分可将个人信息分为敏感信息和一般信息。敏感信息是指构成个人隐私的信息,又划分为三个等级:最敏感的是轨迹信息,次敏感的是通信内

---

① 程啸:《我国〈民法典〉个人信息保护制度的创新与发展》,载《财经法学》2020年第4期。

② 参见江必新、郭峰:《〈中华人民共和国个人信息保护法〉条文理解与适用》,人民法院出版社2021年版,第266页。

③ 参见国家质量监督检验检疫总局、国家标准化管理委员会:《信息安全技术公共及商用服务信息系统个人信息保护指南》第3条、第7条。

④ 参见程啸:《我国〈民法典〉个人信息保护制度的创新与发展》,载《财经法学》2020年第4期。

容、征信信息、财产信息，一般敏感的是住宿信息、通信记录、健康生理信息、交易信息。一般信息是指通常状态下不构成隐私的信息。这种分类是比较法上的通例。如《欧盟通用数据保护条例》第9条、《德国联邦数据保护法》第3条和第9条等。此种类型学在法律上最为重要，其意义在于，敏感信息一旦泄露将会给主体带来更大伤害，故法律保护力度更强①。《民法典》仅仅是把个人信息的保护纳入其中，但是《个人信息保护法》却对信息的处理作出了更为全面细致的工作。程啸教授认为："即便是个人信息的处理者在符合法律规定的前提下，可以处理敏感的个人信息，其在处理中负有的注意义务和法律上的要求也更高，否则，如果因为处理者的安全防护措施不足，而造成敏感的个人信息泄露，则对自然人会造成很大的损害或风险。"②因此，敏感信息在信息处理上如何更加规范科学仍是需要继续深入研究的一个课题。

（四）敏感个人信息和私密信息的区分

《个人信息保护法》中的敏感信息和《民法典》的私密信息两个概念之间到底是什么关系，现有的法律及司法解释均没有明确规定，从立法的调整对象专门性来说，《个人信息保护法》通过第二节对敏感个人信息的处理规则进行了详细的规定，因此对敏感信息的调整范围界定相对更为清晰，私密信息界定最大的意义就是厘清了个人信息和隐私权调整范围。但在《个人信息保护法》对个人信息的全方位综合性立法面前，《民法典》的私密信息更多的是着眼于民事权利层面，而《个人信息保护法》中对敏感信息的界定及后续的信息处理等方面的调整措施和保护部门的选择上，均大大优于《民法典》。

私密信息是不愿意为他人知晓的信息，而每个权利人不想让别人知晓的信息范围是非常难以界定的，这个私密信息范围界定的不确定性为后续的私密信息的保护制造了困难。而相对应的敏感信息的保护范围在《个人信息保护法》中列得非常清晰，而且立法保护的重点放在了信息处理上，这样就不需要过多纠结哪些是可以为人知晓的信息、哪些属于不愿意让人知晓的信息，眼光放在防止非法利用上，就把敏感信息的利用扎上了法律的项圈来进行约束，笔者认为比宣示性地对个人信息的保护立法要更具有可操作性。

---

① 参见叶名怡：《论个人信息权的基本范畴》，载《清华法学》2018年第5期。

② 程啸：《我国〈民法典〉个人信息保护制度的创新与发展》，载《财经法学》2020年第4期。

第二节　个人信息保护方式分析

面对风险社会中的科技创新和挑战对自然人的个体权利的冲击，如何及时有效地用法律手段加以回应是每个民法学家都应该思考的问题。民法中的人的主体地位在新兴商业科技手段中的权利保护总是要面临众多新的问题。例如，互联网时代中电子商务对个人数据的大数据分析和有针对性市场营销都会对个人数据的保护造成重大威胁，而这些都和科技进步和商业手段不断创新紧密联系，试想30年前的互联网经济还停留在门户网站阶段，雅虎、搜狐等门户网站仅仅在邮箱账户上涉及个人信息的收集侵权问题，可是现在的互联网经济早都把那些门户网站的盈利模式淘汰了，电子商务及大数据分析已经深入到每个人的个体生活中，每个人的手机都成了重要的生活采购及支付工具，社会交往模式也从纸质邮件发展到了微信、快递等多渠道方式。

面对风险社会的到来，《民法典》就是一部"以人为本"的法典，人的终极关怀和权利保障是民法赖以存在的法理基础及权利源泉，人格权是一项传统的民事权利，而个人信息在《民法典》中仅保护其权益而没有对其赋权，给后续的个人信息保护立法提出了新的课题。随着《个人信息保护法》的出台，个人信息权脱离了民法领域，有学者认为其更像是一个新型公法权利，此时个人信息保护方式到底是私法保护优先，还是公法保护模式更科学，抑或是公私法保护相结合的治理模式更为科学，就成为一个需要研讨分析的问题。

一、公法保护在个人信息保护中的作用

有些学者认为：作为公法权利，国家有义务建立有效的事前事中政府监管与行政执法制度，有效预防损害的发生，保护公民所享有的权利。至于民事救济机制，在公法权利框架之下同样也可以发挥应有的作用。个人信息应当被视为公共物品而无须设立私权，应当采取风险规制等公法治理手段。① 公法保护在我国个人信息保护中确实起着重要作用，与市场机制相比，法律还是风险治

① 参见吴伟光：《大数据技术下个人数据信息私权保护论批判》，载《政治与法律》2016年第7期。

理的重要手段，可以发挥对科技无序发展和滥用的管控功能。① 目前，我国个人信息保护的具体规则散落于不同层级的主体制定的法律规范中，涵盖了电信、网络、旅游、邮政快递、电子商务、征信、金融和消费者保护等多个领域。这些规定集中于公法领域，在保障网络安全、打击犯罪和维护社会公共利益等方面具有重要意义。②

随着我国《个人信息保护法》的出台，全国性的个人信息保护工作全部由国家网信部门统筹监管，这让我国的个人信息保护上了一个新台阶。《个人信息保护法》第60条规定：国家网信部门负责统筹协调个人信息保护工作和相关监督管理工作。国务院有关部门依照本法和有关法律、行政法规的规定，在各自职责范围内负责个人信息保护和监督管理工作。县级以上地方人民政府有关部门的个人信息保护和监督管理职责，按照国家有关规定确定。前两款规定的部门统称为履行个人信息保护职责的部门。

个人信息在私法保护中会面临维权成本高，整体维权中侵权主体多集中于网络电商买卖个人信息、行政机关泄露个人信息侵权等案件，但这类案件在民事主体维权中存在侵权人即信息收集处理人难以用证据来固定、侵权主体具体经营场所难以确定等一系列问题。例如，电子商务领域中个人购买信息被非法出卖，消费者收到了大量的促销电话或者诈骗电话，但是如果采取诉讼方式解决纠纷，被告的确定就很麻烦，毕竟被告在外地，而且经常是个人开的淘宝店铺，这时候对被告的各项信息基本都是未知的，即便起诉，法律文书的送达甚至执行都成问题。很多自然人开的店铺背后的注册信息都是他人的或者虚假的，由此带来的维权成本相对高昂，几乎很少有人会采取法院诉讼解决类似问题。很多行政机关信息泄露的案件更为棘手，对于如何证明被告就是信息的泄露源头，除非碰巧遇到公安机关在刑事案件侦查中确定了买卖个人信息的事实，否则单纯自然人起诉某行政机关即信息收集处理者承担责任恐怕在举证上就遇到了无法逾越的障碍。在大数据搜索及信息高度网络化的今天，想要找到侵权人恐怕都是一件非常困难的事情，“从经济效率上说，让势单力薄的个人对大量收集、存储和利用个人信息的公司或政府以提起民事诉讼的方式来实现保护个

① 参见陈铭详等：《科技与法律》，台北，元照出版有限公司2010年版，第45～53页。

② 参见王成：《个人信息民法保护的模式选择》，载《中国社会科学》2019年第6期。

人信息的目的,也很不现实。正因如此,个人信息保护的立法才从公法开始,即一方面,对收集、存储、分析、使用个人信息的行为予以详细严格地管理,通过管制性规范确定各种法定的个人信息保护义务,甚至使之以技术手段内嵌入各种收集个人信息的软件程序中,以有效地预防个人信息被侵害,从源头上遏制违法收集、使用个人信息的行为,消除自然人因个人信息被侵害而遭受各种现实或潜在的危险"①。

每年"3·15晚会"多次曝光的个人信息泄露案件中,在对上述维权案件进行深入报道并对个人信息进行保护的基本都是各级行政机关,其中最典型的就是市场监管机关,很少能够看到个人维权成功案例背后的原因所在。因此有人就得出结论,个人信息保护更多要依据政府公权力的保驾护航才能完成。正因为有上面的这些分析,当代各国普遍将个人信息权界定为新型公法权利,为数据控制者规定广泛的法律义务,并通过设立专门、独立、权威的个人信息保护执法机构来提供有效的保护。

在《个人信息保护法》出台前,对于个人信息的保护,公法规范虽然多,但是立法层级都较低,多散见于各级行政机关的部门规章之中。由于目前我国个人信息保护领域存在"九龙治水"的局面,相关部门对于各自领域的个人信息都负有保护和管理职责,如网络、金融、医疗卫生、教育、工信、消费者保护、不动产登记等都涉及对相应的个人信息进行管理和保护的职责,是否有必要设立一个独立的个人信息保护机构来专门负责个人信息的保护与执法工作,对于个人信息保护机构作出专门的规定,也是值得关注的问题。如果把重点放在公法保护而恰恰容易忽略个体权利来确保绝对的信息自由流通。不顾及个人信息对信息主体的意义,仅仅为了全社会的信息安全而进行公法调整容易舍弃个体权利造成舍本逐末。而且由于行政监管职权范围不同,各级行政部门对于个人信息的监管都是根据自己的行政职权而来,例如,旅游行政机关只针对旅游者个人信息泄露导致的侵权案件做出行政处罚,市场监管部门只针对市场经营主体的信息收集处理问题进行调整。各个部门规章在制定时,各个行政监管主体之间并不相互交流,各自的处罚机制也完全是自说自话,这样就容易产生处罚尺度及处罚程序上的不协调,极大地降低了行政监管的效率和监管效果。而且这种公

① 程啸:《〈民法典〉编纂视野下的个人信息保护》,载《中国法学》2019年第4期。

法至上的管理模式，由于缺少个人权利主体的积极参与，无法保证良好的监督管理效果，而信息保护的案件多存在于民事案件中，刑事案件和行政案件比例较小，如果没有受侵害人的积极参与，仅靠公法调整无法满足全社会对个人信息保护的需求。

二、私法保护在个人信息保护中的作用

根据个人信息所依托民事权利的不同，对个人信息的保护模式分为三种：一是通过“一般人格权”来对个人信息进行保护的德国模式；二是通过“隐私权”来统合个人信息保护的美国模式；三是个人信息保护没有特定具体权利基础的中国模式。[①] 从对个人信息的零散立法到《民法典》对个人信息的保护进行阶段性总结，可见我国的个人信息权是一个独立的权利形态，具有中国特色，属于前文说的第三种保护模式，但没有在《民法典》中确立个人信息权是一大遗憾。直到《个人信息保护法》的出台，我国才对个人信息进行了全面的立法总结。在个人信息民法定位模糊的情况下，刑法、行政法等公法规范对个人信息的保护势必成为无源之水、无本之木。“通过对个人信息进行民法保护，科学合理地承认自然人对个人信息应有的民事权益，不仅不会损害公共利益和公共秩序，反而可以在更坚实的正当性基础上建立相应的规则和制度，更好地实现维护公共利益和公共秩序的目标。现代法律中几乎没有完全不受公共利益和公共秩序限制的民事权益，我国民法也不例外。因此，通过民法对自然人就其个人信息的赋权性规范，可以为法律上细化有权机关针对大规模侵害个人信息的行为提起公益诉讼奠定基础，从而更好地维护公共秩序和公共利益。”[②]

从上面的分析可知，个人信息保护中个人信息属于人格权调整的人格利益的一种，依然是权利个体自身权益的一个重要表现形式，即便《个人信息保护法》出台后，也并没有单纯依靠私法保护手段进行个人信息的保护。但是个人信息利益依然是权利主体在民法领域需要不断加强保护的重要人格利益。因此，不能因为公法保护在保护效率和保护成本上能够做到提前预防而忽视私法保护的重要性，不要忘记公法保护需要私法权利主体的不断举报来获取线索，

① 参见王成：《个人信息民法保护的模式选择》，载《中国社会科学》2019 年第 6 期。

② 程啸：《民法典编纂视野下的个人信息保护》，载《中国法学》2019 年第 4 期。

而且公法保护最终的保护目的也是保护民法领域权利个体的最终利益。

三、个人信息保护应追求公私法结合项下的治理模式

大数据时代的个人信息保护，绝不仅仅是制定个人信息保护法那么简单。各国实践已经证明，即使立法技术科学，权利体系设计严密，仅仅依靠个人同意权等传统隐私权保护机制，也无法应对大数据快速发展背景下的个人信息保护问题。① 真正的挑战在于，如何通过科学的立法与制度设计，理顺立法要求与信息控制者内在激励之间的关系，使个人信息保护成为信息控制者的内在需要。这是个人信息保护法制度设计的目标和最终评价标准。②

在对个人信息进行保护的法律适用上，经过前面的分析，我们可以得出结论，明确《民法典》是私法、一般法、旧法，《个人信息保护法》是公法、特别法、新法。个人信息保护法本身并非单纯的民事特别法，而是一部运用民事、行政、刑事等综合性手段对于个人信息加以保护，对于自然人个人信息权益、信息自由、公共利益等多重利益关系加以协调的法律。如果将《个人信息保护法》纳入《民法典》的下位法来界定两者的关系就会“在民事立法中出现定位困难和逻辑混乱，深层次根源在于权利定性错位，将一项新型公法权利简单归入传统民事权利范畴，忽略了个人信息保护与人格权两项权利的本质差别。现代法律对个人信息的保护应当采取公法与私法并重的综合性保护方法，二者不可偏废”③。单纯依靠自上而下的管理命令和禁止规定，难免会导致对信息主体合法权益的忽视，排斥私权主体对信息社会治理的参与，使个人信息保护的“权利法”沦为行政色彩浓重的“管理法”，无法从根本上保障人的合法权利。只有“管理法”和“权利法”并重，正视个人信息的私法属性，通过界定民事权益的方式赋予自然人对其个人信息的前提性权利，才能使信息主体充分参与信息社会治理，增加技术和商业主体发展的规则确定性，逐渐形成个人信息保护与利用的制度性激

---

① 参见周汉华：《探索激励相容的个人数据治理之道——中国个人信息保护法的立法方向》，载《法学研究》2018 年第 2 期。

② 参见周汉华：《探索激励相容的个人数据治理之道——中国个人信息保护法的立法方向》，载《法学研究》2018 年第 2 期。

③ 程啸：《民法典编纂视野下的个人信息保护》，载《中国法学》2019 年第 4 期。

励,实现多方合作治理的新格局。[①] 因此对于公法和私法两种调整保护手段不能得出孰轻孰重的结论,也不存在公法和私法哪一种保护模式更好的结论,对于个人信息保护,宜优先适用《个人信息保护法》,《个人信息保护法》没有规定的,再适用《民法典》。

"与高度复杂性和高度不确定性的时代相适应的社会治理模式应当是一种合作行动模式,只有多元社会治理主体在合作的意愿下共同开展社会治理活动,才能解决已出现的各种各样的社会问题,才能在社会治理方面取得优异的业绩。"[②]因此,法律规则除了命令、禁止以外,还可以发挥引导作用,调动被管理者的守法诱因。如何设计这种激励相容机制,是规范实施的成败关键。理论研究与国内外实践发展均表明,政策或者立法如果不相容,会形成"管理型"立法,而不是"治理型"立法。这样制定出来的政策或者法律,在实践中难以得到执行,还可能产生执行成本高、规制对象抵触、执行效果差、执行权威受损、运动式执法、选择性执法甚至执行部门造假等连锁问题。[③]

第三节　个人信息处理的限制

一、个人信息处理概述

(一)国内立法规范

《民法典》之前的法律规范没有出现过"个人信息处理"一词,常见的词汇是《网络安全法》和《电子商务法》中使用的"个人信息的收集、使用"。《民法典(草案)》开始使用"收集、处理"一词。在最终颁布的《民法典》中,直接用个人信息处理概括个人信息的各项利用活动。《民法典》第 1035 条第 2 款规定:个人信息的处理包括个人信息的收集、存储、使用、加工、传输、提供、公开等。

《全国人民代表大会常务委员会关于加强网络信息保护的决定》第 2 条规

① 参见王成:《个人信息民法保护的模式选择》,载《中国社会科学》2019 年第 6 期。

② 张康之:《论主体多元化条件下的社会治理》,载《中国人民大学学报》2014 年第 2 期。

③ 参见周汉华:《探索激励相容的个人数据治理之道——中国个人信息保护法的立法方向》,载《法学研究》2018 年第 2 期。

定:“网络服务提供者和其他企业事业单位在业务活动中收集、使用公民个人电子信息,应当遵循合法、正当、必要的原则,明示收集、使用信息的目的、方式和范围,并经被收集者同意,不得违反法律、法规的规定和双方的约定收集、使用信息。网络服务提供者和其他企业事业单位收集、使用公民个人电子信息,应当公开其收集、使用规则。”

《网络安全法》第 41 条规定:“网络运营者收集、使用个人信息,应当遵循合法、正当、必要的原则,公开收集、使用规则,明示收集、使用信息的目的、方式和范围,并经被收集者同意。网络运营者不得收集与其提供的服务无关的个人信息,不得违反法律、行政法规的规定和双方的约定收集、使用个人信息,并应当依照法律、行政法规的规定和与用户的约定,处理其保存的个人信息。”

《个人信息保护法》第 4 条规定:“个人信息是以电子或者其他方式记录的与已识别或者可识别的自然人有关的各种信息,不包括匿名化处理后的信息。个人信息的处理包括个人信息的收集、存储、使用、加工、传输、提供、公开、删除等。”《个人信息保护法》增加了“删除”这一处理行为。之所以规定删除的权利,主要是受到了其他国家“被遗忘权”的立法影响。

《个人信息保护法》第 5 条规定:“处理个人信息应当遵循合法、正当、必要和诚信原则,不得通过误导、欺诈、胁迫等方式处理个人信息。”此条比《民法典》增加了诚信原则。

《个人信息保护法》第 6 条规定:“处理个人信息应当具有明确、合理的目的,并应当与处理目的直接相关,采取对个人权益影响最小的方式。收集个人信息,应当限于实现处理目的的最小范围,不得过度收集个人信息。”第 7 条规定:“处理个人信息应当遵循公开、透明原则,公开个人信息处理规则,明示处理的目的、方式和范围。”

《最高人民法院、最高人民检察院关于办理侵犯公民个人信息刑事案件适用法律若干问题的解释》第 1 条规定:“刑法第二百五十三条之一规定的‘公民个人信息’,是指以电子或者其他方式记录的能够单独或者与其他信息结合识别特定自然人身份或者反映特定自然人活动情况的各种信息,包括姓名、身份证件号码、通信通讯联系方式、住址、账号密码、财产状况、行踪轨迹等。”第 5 条规定:“……(三)非法获取、出售或者提供行踪轨迹信息、通信内容、征信信息、财产信息五十条以上的;(四)非法获取、出售或者提供住宿信息、通信记录、健康生理信息、交易信息等其他可能影响人身、财产安全的公民个人信息五百条以上的;(五)非法获取、出售或者提供第三项、第四项规定以外的公民个人信息(作者注姓名、身份证件号码、通信通讯联系方式、住址)五千条以上的……"

(二)个人信息处理者的定义

《个人信息保护法》第73条规定,个人信息处理者,是指在个人信息处理活动中自主决定处理目的、处理方式的组织、个人。个人信息处理的主体种类繁多,既有国家机关以及行使公共职能的各类组织,也有各个电子商务平台的数据收集个体,由于各个国家进行经营的主体各异,企业出于营销策划的需要,经常会使用个人信息。根据《网络安全法》第76条第3项的规定:网络运营者,是指网络的所有者、管理者和网络服务提供者。网络运营者也是信息处理者的一类,《消费者权益保护法》中的经营者与《电子商务法》的"电子商务平台经营者"都是个人信息处理主体的表现形式之一。

网络服务商及网络服务者均是个人信息处理的最典型代表。甚至在《个人信息保护法》中对于跨境信息保护也作出了规定。1980年《经济合作与发展组织关于隐私保护和个人数据跨境流动的指导原则》及《欧盟通用数据保护条例》对于数据的收集处理均作出了详细规定。我国《民法典》中对于个人信息处理的规定并没有限定在自动化方面还是人工处理方面,但依据其立法本意,更多意义上还是指收集信息的自动化和信息处理的人工控制上,人工编制的程序如果能够达到自动化处理信息的功能也应包括在信息处理工作中,至于个人之间的信息收集和处理不应被包括在内。《民法典》中个人之间的信息处理完全可以对应侵犯隐私权、名誉权等其他具体人格权加以保护。此处所述的信息处理主要是指批量化信息收集处理工作中的权利保护。

二、个人信息处理的基本原则

《民法典》第1035条规定:处理个人信息的,应当遵循合法、正当、必要原则,不得过度处理。这是《民法典》对于个人信息处理的特有规则,《民法典》已经对民法基本原则进行了规定,本条对个人信息处理的原则阐述,目的是在遵守民法基本原则基础上,针对保障人权和网络数字经济的现实社会发展,专门作出了有针对性的特定规则。这些特定规则在后续的《个人信息保护法》第4条至第7条中进行了深入阐释,结合两部法律的规定,我们总结出来下列个人信息处理的基本原则，以指导未来个人信息处理活动。

（一）合法原则

《民法典》第1035条规定：在处理个人信息的过程中，不违反法律、行政法规的规定和双方的约定。《个人信息保护法》第5条规定，处理个人信息应当遵循合法原则，不得通过误导、欺诈、胁迫等方式处理个人信息。由于个人信息的处理涉及广大民众的切身利益，因此《民法典》第111条规定，任何组织、个人不得非法收集、使用、加工、传输他人个人信息，不得非法买卖、提供或者公开他人个人信息；不得从事危害国家安全、公共利益的个人信息处理活动。

《民法典》中规定处理个人信息需要遵守的是法律和行政法规的相关法律规定，那么部门规章、地方性法规及地方政府规章等就被排除在外，这也是为了防止某些地方为了给所属企业及地方所属行政机关地方保护而给其他地方机关及企业的信息处理设置障碍而特意做的法律位阶适用上的限制。另外，同时规定双方可以通过约定设置例外的适用条件也是尊重权利个体"信息自决权"的一种立法体现。信息处理主体上也要合法，这里信息处理主体应该是法律授权的行政机关或者组织等有关部门，这些机构应该在行政职权范围内进行信息处理。另外，就是处理个人信息的程序及手段上要遵守《民法典》和《个人信息保护法》的相关规定，全面贯彻知情同意规则，处理信息要公开透明，否则违反法定程序的信息处理也是不合法的。当然不得非法买卖个人信息，也不得从事危害国家安全的信息收集处理活动。

（二）正当、必要原则

本书把正当原则和必要原则合并进行分析，该原则要求信息处理者在处理个人信息时的目的和手段都是处理者正常经营行为或者行政管理行为正当行使时必须收集和处理的信息。收集信息的范围必然和行政职能及经营行为有正当联系，并且在范围上也是非常必要的，如果没有这些信息则经营行为或者行政管理行为无法进行。因此正当原则和必要原则都和信息处理机构的日常工作和职责有正当和必然联系。例如，团购网站必须要了解消费者的手机号码、家庭住址才能送货到门，如果此时团购网站要消费者填写家庭成员信息就属于不正当也不必要，这种信息收集和履行工作任务毫无关联。这种正当性在医疗卫生部门体现得更为明显，例如在性病门诊中收集整理患者既往的性生活信息就是正当的履行诊疗职责,可是如果在泌尿科去详细询问上述信息恐怕就会受到正当性原则的审查。这种收集处理信息过程中,也要注意很多软件在安装中就违反了正当必要原则,其过分搜集个人信息,甚至利用积分奖励等方式诱骗、激励用户提供个人信息都是违法的,首先这些信息对于手机玩家来说,并不是安装游戏的必要程序,而且与游戏商家的经营行为距离甚远,违背了正当性。因此正当必要原则就是为了防止无限制地收集处理个人信息而设置的一个限制原则。2021 年 8 月 1 日起施行的《最高人民法院关于审理使用人脸识别技术处理个人信息相关民事案件适用法律若干问题的规定》第 4 条规定:有下列情形之一,信息处理者以已征得自然人或者其监护人同意为由抗辩的,人民法院不予支持:信息处理者以与其他授权捆绑等方式要求自然人同意处理其人脸信息的;强迫或者变相强迫自然人同意处理其人脸信息的其他情形。最高人民法院发布该司法解释就是看到了很多人脸识别收集者存在违反必要性和正当性原则的经营行为,从而需要从法律上进一步全面加以规制。

(三)诚信原则

诚信原则一直被《民法典》视为“帝王条款”,要求民事主体从事民事活动要秉持诚实守信、恪守承诺。这就要求民事主体在处理个人信息时也要坚持这一原则。《个人信息保护法》中特意增加诚信原则就是对信息处理者在收集使用信息时要恪守民法的诚信原则的再一次强调。在日常信息收集处理者的范围上要较《民法典》的民事主体范围要广,但是依然要遵守诚信原则。在我国的《电子商务法》和《反不正当竞争法》中都规定经营者要遵守法律和商业道德,公平参与竞争。《消费者权益保护法》也规定经营者在和消费者经营过程中也要遵循诚实信用原则。在我们电子商务平台越发繁荣,平台经营者会大量收集消费者个人信息的今天,经营者更要秉持诚信原则对个人信息进行处理,一旦这些个人数据泄露,轻则个人行动轨迹等信息被拿来进行有偿买卖,重则会危及社会安全和国家安全,例如,某打车平台谋求国外上市,就可能会涉及信息数据的外泄,此时信息处理者的义务就更需要诚实信用。

诚实信用原则的另一层含义就是处理者在个人信息处理过程中不得通过欺诈、误导、胁迫等方式处理个人信息,在取得个人同意或者符合法律的情况下收集处理信息。例如,通过大数据杀熟进行市场营销就是属于典型的违法利用收集到的信息进行不诚信经营的案例。

(四)告知同意规则

告知同意规则,也称“知情同意规则”,是指任何组织或个人在处理个人信息时都应当告知信息主体即个人信息被处理的自然人,并在取得同意后,方可从事相应的个人信息处理活动,否则该等处理行为即属违法,除非法律行政法规另有规定。①

1. 国内相关立法概况

世界各国对于个人信息保护立法中,普遍认定告知同意规则为基石原则,是个人信息保护制度中最为重要的一项规则。《全国人民代表大会常务委员会关于加强网络信息保护的决定》第2条规定:网络服务提供者和其他企业事业单位在业务活动中收集、使用公民个人电子信息,应当遵循合法、正当、必要的原则,明示收集、使用信息的目的、方式和范围,并经被收集者同意,不得违反法律、法规的规定和双方的约定收集、使用信息。十年前我们的信息保护立法就建立了告知同意规则。随着近年立法逐渐对于个人信息保护日益重视,《网络安全法》第41条规定:网络运营者收集、使用个人信息,应当遵循合法、正当、必要的原则,公开收集、使用规则,明示收集、使用信息的目的、方式和范围,并经被收集者同意。《民法典》第1035条规定:征得该自然人或者其监护人同意,但是法律、行政法规另有规定的除外。《民法典》从民法层面对于个人信息的处理需要告知和同意两项内容进行了规定。之所以在个人信息保护制度中要以告知同意规则作为基本规则,原因就在于自然人对其个人信息享有受到法律保护的民事权益,没有得到自然人的同意而处理其个人信息就是对个人信息权益的侵害行为,具有非法性。② 告知同意规则也成为《个人信息保护法》中的核心制度。《个人信息保护法》第13条明确规定:只有取得个人的同意,个人信息处理者方可处理个人信息,并且利用数个条文对该制度加以细化。

---

① 参见王利明、程啸、朱虎:《中华人民共和国民法典人格权编释义》,中国法制出版社2020年版,第419页。

② 参见万方:《隐私政策中的告知同意原则及其异化》,载《法律科学(西北政法大学学报)》2019年第2期。

2. 告知同意规则的含义

告知同意规则在内容上分为告知规则和同意规则两部分，两者是先后关系，密切相关不可分割。

首先，告知规则主要是给信息处理者附加的义务，要求信息处理时必须先向权利人告知真实情况，只有履行告知规则并希望被告知者做出同意的意思表示，后续的信息处理行为才涉及是否合法问题，当然这里的告知也需要符合《个人信息保护法》第17条的规定，个人信息处理者在处理个人信息前，应当以显著方式、清晰易懂的语言真实、准确、完整地向个人告知个人信息处理者的名称或者姓名和联系方式、个人信息的处理目的、处理方式，处理的个人信息种类、保存期限；个人行使本法规定权利的方式和程序；法律、行政法规规定应当告知的其他事项。如果上述事项发生变更的，应当将变更部分告知个人。《个人信息保护法》第18条规定，个人信息处理者处理个人信息，有法律、行政法规规定应当保密或者不需要告知的情形的，可以不向个人告知前条第1款规定的事项。紧急情况下为保护自然人的生命健康和财产安全无法及时向个人告知的，个人信息处理者应当在紧急情况消除后及时告知。这是对告知规则的例外规定。

现在无论是电脑程序软件还是手机各种应用软件，在需要获得个人信息或者通讯录、所在地址等信息时，都会发出弹窗通知，由消费者选择是否接受并同意，甚至金融类、保险类涉及个人财产的转移支付等软件还要求客户在通知对话框中点击确认并复制粘贴上述条款，以表示上述告知已经送达被通知方，通过上述操作来达到信息处理者免责的目的。

其次，接到告知并表示同意是信息处理者在程序上最典型的违法阻却事由。《欧盟通用数据保护条例》第4条第11款将自然人对个人信息处理的同意界定为：数据主体通过声明或者明确肯定方式，依照其意愿自愿作出的任何具体的、知情的及明确的意思表示，意味着数据主体同意其个人数据被处理。① 对于现在电子商务平台等网络服务商日益主导大家的日常生活，有些人对于大量存在的预选框画钩表示同意提出了质疑，为了获得商家提供的商品和服务，消费者除了同意之外别无选择。“通知—同意”模式将大大增加商家和消费者的

① 参见王利明、程啸：《中国民法典释评·人格权编》，中国人民大学出版社2020年版，第457页。

成本，也难以实现个人利益与商业利益、社会公共利益之间的平衡。所以，这种信息控制模式在实践中陷入了困境。① 告知同意机制完全可能流于形式，在实践中信息主体只能选择同意。正因如此，才有欧盟、美国对激励相容机制的共同探索。② 本书认为，为了防止流于形式，个人信息保护绝不能单单存在于民法领域，更应该采取行政监管、行业规范及行政处罚多层级的个人信息保护措施，才能更好地阻断大型信息收集处理平台对自然人日常生活的掌控，这也是《个人信息保护法》不同于《民法典》之处。

对于同意规则的形式要件，《民法典》对于涉及隐私权和个人信息权益的保护时是有区别的。如《民法典》第 1033 条在规定侵害隐私权的免责事由时，要求处理他人私密信息必须经过“权利人明确同意”；但在第 1038 条关于个人信息的处理免责事由里，则规定须经自然人或者其监护人“同意”，没有“明确”两个字。这不是立法疏漏，而是经过反复讨论的结果。说明对个人信息的收集，不一定必须取得权利人同意，也不一定必须是明示的同意，默示的也可以。但是对隐私信息的收集必须是明示的，不能采用默示同意的方法。③

最后，告知同意规则在《个人信息保护法》中也有以下细化规定：

第 14 条：基于个人同意处理个人信息的，该同意应当由个人在充分知情的前提下自愿、明确作出。法律、行政法规规定处理个人信息应当取得个人单独同意或者书面同意的，从其规定。个人信息的处理目的、处理方式和处理的个人信息种类发生变更的，应当重新取得个人同意。

第 29 条：处理敏感个人信息应当取得个人的单独同意；法律、行政法规规定处理敏感个人信息应当取得书面同意的，从其规定。

第 31 条：个人信息处理者处理不满十四周岁未成年人个人信息的，应当取得未成年人的父母或者其他监护人的同意。

通过上述法条的细化，告知同意应作如下界定：第一，充分知情为前提；第二，同意源于没有胁迫欺诈的真实意愿；第三，同意的形式要件是单独或者书面；第四，信息变更及时更正；第五，敏感个人信息需个人单独同意；第六，未成

---

① 参见高富平：《个人信息保护：从个人控制到社会控制》，载《法学研究》2018 年第 3 期。

② 参见范为：《大数据时代个人信息保护的路径重构》，载《环球法律评论》2016 年第 5 期。

③ 参见王利明：《〈民法典〉人格权编的立法亮点、特色与适用》，载《法律适用》2020 年第 17 期。

年人需由父母或其他监护人同意。

3. 告知同意规则的例外情形

根据《个人信息保护法》第13条的规定，处理个人信息应当取得个人同意，但是有下列规定情形的，不需取得个人同意。

第一，为订立、履行个人作为一方当事人的合同所必需，或者按照依法制定的劳动规章制度和依法签订的集体合同实施人力资源管理所必需。如果签订合同的一方当事人是个人，那么在签订合同中必然会涉及填写个人信息，例如：姓名、身份证号码及联系方式等，这些都是双方后续履行合同的基础，在合同的履行中协助义务自然就包括提供合同一方当事人信息的义务，《民法典》第509条规定：当事人应当遵循诚信原则，根据合同的性质、目的和交易习惯履行通知、协助、保密等义务。一方当事人得到合同一方当事人信息也要尽到保密义务，这都是合同签订必然要经过的环节，在很多合同履行中，如果缺少了个人信息，合同就无法履行。例如，快递服务合同中，发件人和收件人的信息就是完成快递服务合同必须提供的，其中地址和电话这种敏感信息又是快递服务合同所必需的。类似的电子商务合同中，地址和电话也是合同所必需的。另一种情况就是按照劳动规章制度，企业在日常经营中为了保证员工身份的真实可靠性，同时为了给员工缴纳社保等的实际需要，需要掌握员工的必要信息，当然也以必要为限，有些企业对于员工的婚恋状况、生育情况也要掌握显然就超出了正常人力资源管理的范畴。

第二，为履行法定职责或者法定义务所必需；特定行政机关为了履行法定职责而收集处理自然人信息属于例外情况。我国公安机关在案件侦查过程中必然会掌握个人信息中的所有敏感信息，例如，指纹信息、基因信息以及个人健康信息、财务信息及政治背景信息等，检察机关和法院为了审理案件的需要必然会拥有犯罪嫌疑人的个人信息。保险公司中的人保公司必然会收集被保险人的医疗信息，财产保险公司必然会收集所有车辆的详细信息，这些都属于不需要额外取得同意，并且个人需要主动提供的信息。

第三，为应对突发公共卫生事件，或者紧急情况下为保护自然人的生命健康和财产安全所必需。突发公共卫生事件是最为典型的紧急情况，在新冠肺炎疫情防控的大背景下，掌握个人的行程轨迹也是为了公共利益需要。《民法典》第1036条就规定："处理个人信息，为维护公共利益或者该自然人合法权益，合理实施的其他行为,行为人不承担民事责任。”

第四,为公共利益实施新闻报道、舆论监督等行为,在合理的范围内处理个人信息。此处的新闻报道和舆论监督有前提,那就是为了公共利益,如果仅仅是单纯的事实消息或者娱乐新闻,和公共利益无关的新闻报道如果过度泄露个人信息也要承担责任,当然也要注意公众人物的个人信息保护尺度和普通自然人有着根本的区别。

第五,依照法律规定在合理的范围内处理个人自行公开或者其他已经合法公开的个人信息。

个人自行公开就表示个人对自身信息的公开是同意的,个人在微信朋友圈、微博等网络环境下公开了自己家庭的合影、活动轨迹和活动内容,微信晒出了自己的就餐环境或者购物娱乐信息,子女的高考成绩及录取院校等信息都是合法公开。这也等于在一定范围允许他人查阅、了解其信息。

(五)目的限制原则

目的限制原则是指收集个人信息,应当限于实现处理目的的最小范围,不得过度收集个人信息,力争信息处理者对个人权益造成的影响降到最低。我国对于收集使用数据不得权利滥用的规定在几部法律中均有体现。《数据安全法》第 32 条第 2 款规定,法律、行政法规对收集、使用数据的目的、范围有规定的,应当在法律、行政法规规定的目的和范围内收集、使用数据。《民法典》第 1035 条规定,处理个人信息的,应当遵循合法、正当、必要原则,不得过度处理,并明示处理信息的目的、方式和范围。《个人信息保护法》第 6 条规定,处理个人信息应当具有明确、合理的目的,并应当与处理目的直接相关,采取对个人权益影响最小的方式。

目的限制原则要求信息处理者对信息收集的范围、目的要向个人公开明示,收集的范围应该是清晰的,不能用总括性语言表达收集的范围;目的限制中心思想就是“不得过度”,只要能够完成信息处理行为即可,不能明显违背目的性随意收集个人信息。例如,在处理电子商务平台交易时,允许平台探测收集消费者所在位置是必要的,因为很多商品只针对特定地区销售,可能物流服务不接收,如果不允许平台软件探测使用者位置,会给电子商务交易增添巨大的交易成本。但是如果交易平台要求访问手机内的通讯录和照片,就是一种过度收集个人信息的行为。现实中很多手机软件均存在过度收集手机使用者照片及通讯录内信息的行为,这是对目的限制原则严重违反。

(六)公开透明原则

公开透明原则要求信息处理者在处理个人信息时应该做到向个人明示,此处的公开并不是针对不特定人的公开,仅指对信息被收集者而言。对信息收集的范围、规则都要公开透明,目的是让权利人的知情权得到实现,不受欺诈并自由作出决定。《网络安全法》第41条要求公开收集、使用规则,明示收集、使用信息的目的、方式和范围。《民法典》第1035条第1款第2项要求公开处理信息的规则。最终《个人信息保护法》做了总结,其第7条规定,处理个人信息应当遵循公开、透明原则,公开个人信息处理规则,明示处理的目的、方式和范围。这里同意信息收集的指令可以随意撤回,并且信息收集者要公开知情同意的撤回程序并明确告知给信息收集者。

三、个人信息处理的行为类型

《民法典》第1035条第2款规定:个人信息的处理包括个人信息的收集、存储、使用、加工、传输、提供、公开等。《个人信息保护法》第4条第2款规定,个人信息的处理包括个人信息的收集、存储、使用、加工、传输、提供、公开、删除等。

(一)收集

个人信息收集主要包括纸质填表收集和电子数据收集两种方式。在互联网发达的今天,个人的大部分数据都在安装各种软件中被访问,此时个人用户名称、密码、地址、电子邮箱、浏览网页记录等信息都可能被收集,日常生活中所填写的表格中的各项信息,例如,学习经历、是否收到过奖惩、家庭成员等信息是经常被收集的项目。甚至现在很多智能电器都能记录居住环境的各项数据,又如,监控录像信息、电子门锁的开关记录及往来人员的时间均能被清晰记录,更不用说公安机关的天网工程更能够使个人的行踪被详细记录。

(二)存储

信息的存储现在主要是纸质档案信息的存储和电子数据信息的存储两部分。电子数据存储现在基本都是储存在计算机硬盘或者云存储网络空间中,无论哪种存储都应该建立安全防御机制,防止个人信息被他人盗用。

(三)使用

个人信息的使用是信息收集的目的之一,信息处理者如果是行政机关,使用个人信息的目标主要是完成行政管理行为,例如,不动产交易中心会利用个人信息进行不动产买卖变更登记等。很多商家收集个人信息后会进行定点营销促销活动,又如,大数据杀熟行为。因此对数据使用进行规范是重点法律调整范围。

(四)加工

个人信息进行筛选、分类并根据个人信息进行加工整理,这对于电子商务平台尤为重要,企业经营中对于消费者信息的精准掌控是企业经营的关键。但这也变相给个人信息泄露带来了威胁。

(五)传输

个人信息的传输过程中由于管理不当,导致信息外泄的情况非常常见,例如为了疫情防控,行政机关的电子数据库一旦被黑客攻破,那么大量的小区感染人员信息、感染者的行动轨迹等敏感信息就全都被非法获得,因此现在的个人信息传输需要建立全面的安全保障制度。相较于没有互联网的时代,纸质档案信息的运输可控性就大很多。

(六)提供

不同个人信息处理者在提供个人信息给其他方使用时,必须严格秉持知情同意规则,这种提供可以是《个人信息保护法》中提到的境内和境外跨境两种,无论哪一种,都需要另行取得个人信息所有者同意。

(七)公开

《个人信息保护法》第55条规定,委托处理个人信息、向其他个人信息处理者提供个人信息、公开个人信息,个人信息处理者应当事前进行个人信息保护影响评估,并对处理情况进行记录。个人信息的公开是对个人信息保护最为敏感和侵权情节最严重的一个行为,《最高人民法院利用信息网络侵害人身权司法解释》第12条规定,网络用户或者网络服务提供者利用网络公开自然人基因信息、病历资料、健康检查资料、犯罪记录、家庭住址、私人活动等个人隐私和其他个人信息,造成他人损害,被侵权人请求其承担侵权责任的,人民法院应予支持。尤其是把个人信息公布到网上——网络人肉搜索等暴力行为的源头更需要遭到打击。

(八)删除

《民法典》第1037条第2款规定,自然人发现信息处理者违反法律、行政法规的规定或者双方的约定处理其个人信息的,有权请求信息处理者及时删除。删除行为是《个人信息保护法》对《民法典》的补充,其第47条规定,有下列情形之一的,个人信息处理者应当主动删除个人信息;个人信息处理者未删除的,个人有权请求删除:(1)处理目的已实现、无法实现或者为实现处理目的不再必要;(2)个人信息处理者停止提供产品或者服务,或者保存期限已届满;(3)个人撤回同意;(4)个人信息处理者违反法律、行政法规或者违反约定处理个人信息;(5)法律、行政法规规定的其他情形。被遗忘权是最近法学界研讨的新型权利之一,在俄罗斯已经被立法确认,个人信息的删除,其最终效果也会达到被遗忘权的目标,但由于被遗忘权这个新型权利是否存在内在合理性尚值得研究,因此我们的删除权更多意义上是要求信息处理者在完成处理行为后及时删除的义务,主要体现的是静态信息安全的保护。

第四节　个人信息权与信息处理者关系

一、个人信息权内容

(一)查阅复制权

《民法典》第1037条第1款规定,自然人可以依法向信息处理者查阅或者复制其个人信息。查阅复制权的权利主体是个人即自然人。查阅复制权是信息被收集之后续权利,信息收集者经过个人的知情同意后对个人信息进行了收集,自然人对于信息被收集的范围及是否正确必须具有权利去核查,此时查阅复制权应运而生,我国《民法典》第1029条规定"民事主体可以依法查询自己的信用评价"就是个人信息查阅的一个立法体现。《个人信息保护法》第45条前两款规定:个人有权向个人信息处理者查阅、复制其个人信息;个人请求查阅、复制其个人信息的,个人信息处理者应当及时提供。

《个人信息保护法》第50条规定,个人信息处理者应当建立便捷的个人行使权利的申请受理和处理机制。拒绝个人行使权利的请求的,应当说明理由。个人信息处理者拒绝个人行使权利的请求的,个人可以依法向人民法院提起诉讼。《个人信息保护法》对于查阅复制权的权利保障不仅从实体上加以肯定,而且在救济程序上也明确信息处理者要建立便捷的查询处理机制,如果拒绝需要向个人释明理由,违反上述规定可以诉讼解决。

(二)异议更正权

异议更正权是个人信息权救济权利的体现,《民法典》第1029条规定,发现信用评价不当的,有权提出异议并请求采取更正、删除等必要措施。首先信息收集者收集信息的质量在《个人信息保护法》中有明确规定,其第8条规定:处理个人信息应当保证个人信息的质量,避免因个人信息不准确、不完整对个人权益造成不利影响。《民法典》第1037条第1款规定,发现信息有错误的,有权提出异议并请求及时采取更正等必要措施。《个人信息保护法》第46条规定,个人发现其个人信息不准确或者不完整的,有权请求个人信息处理者更正、补充。个人请求更正、补充其个人信息的,个人信息处理者应当对其个人信息予以核实,并及时更正、补充。个人在查询过程中如果发现登记信息存在错误、缺失等情况,必须及时要求登记机关进行改正,某些个人信息不及时改正更新会影响个人的财产权、名誉权和荣誉权等多项权利。例如学习经历信息中学历的变化对于个人任职及工资待遇都有显著影响。

(三)删除权

《民法典》第1037条第2款规定,自然人发现信息处理者违反法律、行政法规的规定或者双方的约定处理其个人信息的,有权请求信息处理者及时删除。[①]

(四)转移携带权

《个人信息保护法》第45条第3款规定,个人请求将个人信息转移至其指定的个人信息处理者,符合国家网信部门规定条件的,个人信息处理者应当提供转移的途径。该权利的重点在转移权利上,复制权其实就有携带的内容,但是转移个人信息是自然人拥有个人信息权利的一种合法的体现。随着网络市场主体的增多,很多个人信息存储在某一个信息收集者手里,一旦信息被收集

① 本部分内容在上一节已经阐述。

后如果不允许转移就会演变成信息垄断，既然物质财产可以转移，信息权利自然也可以转移占有，最后行使结果就是信息数据的在原有储存机构被删除，转而复制到新的存储主体中。

二、信息处理者负有保密义务

《公共图书馆法》第43条规定，公共图书馆应当妥善保护读者的个人信息、借阅信息以及其他可能涉及读者隐私的信息，不得出售或者以其他方式非法向他人提供。

《网络安全法》第42条规定，网络运营者不得泄露、篡改、毁损其收集的个人信息；未经被收集者同意，不得向他人提供个人信息。但是，经过处理无法识别特定个人且不能复原的除外。

网络运营者应当采取技术措施和其他必要措施，确保其收集的个人信息安全，防止信息泄露、毁损、丢失。在发生或者可能发生个人信息泄露、毁损、丢失的情况时，应当立即采取补救措施，按照规定及时告知用户并向有关主管部门报告。

《民法典》第1038条规定，信息处理者不得泄露或者篡改其收集、存储的个人信息；未经自然人同意，不得向他人非法提供其个人信息，但是经过加工无法识别特定个人且不能复原的除外。信息处理者应当采取技术措施和其他必要措施，确保其收集、存储的个人信息安全，防止信息泄露、篡改、丢失；发生或者可能发生个人信息泄露、篡改、丢失的，应当及时采取补救措施，按照规定告知自然人并向有关主管部门报告。

《民法典》第1039条规定，国家机关、承担行政职能的法定机构及其工作人员对于履行职责过程中知悉的自然人的隐私和个人信息，应当予以保密，不得泄露或者向他人非法提供。

上述法律均对能够收集控制个人信息的信息处理主体规定了不得随意泄露、篡改个人信息的保密义务。《民法典》根据以往立法条文，特意增加了可以行使行政职能的非国家机关工作人员也作为保密义务主体的规定. 由于我国信息处理者包含的主体范围非常广泛，在我国的行政管理过程中，很多管理工作是由一些行业协会或者事业单位人员代行行政职权，因此对于信息收集后的保密义务主体就应做扩张性解释。

个人信息处理者为了确保个人信息不被泄露，应该在内部合理确定信息处理的权限,并定期对从业人员进行安全教育和培训,让收集信息的从业者具有法律意识,防止个人信息转卖牟利事件的发生。为了更好地保护个人信息,《个人信息保护法》第60条规定,国家网信部门负责统筹协调个人信息保护工作和相关监督管理工作。国务院有关部门依照本法和有关法律、行政法规的规定,在各自职责范围内负责个人信息保护和监督管理工作。这表明国家对于个人信息的管理日益重视,未来针对《个人信息保护法》还需要进一步制定详细的实施细则加以完善。

参考文献

著作

[1]中共中央文献研究室编:《习近平关于全面依法治国论述摘编》,中央文献出版社2015年版。

[2]中共中央党史和文献研究院编:《十九大以来重要文献选编》(中),中央文献出版社2021年版。

[3]张文显:《二十世纪西方法哲学思潮研究》,法律出版社1996年版。

[4]王利明:《人格权法》(第3版),中国人民大学出版社2021年版。

[5]王利明主编:《民法典·人格权法重大疑难问题研究》,中国法制出版社2006年版。

[6]王利明主编:《民法》(第9版),中国人民大学出版社2022年版。

[7]王利明:《人格权重大疑难问题研究》,法律出版社2019年版。

[8]王利明、程啸:《中国民法典释评·人格权编》,中国人民大学出版社2020年版。

[9]王利明:《人格权法研究》,中国人民大学出版社2018年版。

[10]王利明主编:《人格权法新论》,吉林人民出版社1994年版。

[11]王利明主编:《中国〈民法典〉草案建议稿及说明》,中国法制出版社2004年版。

[12]王利明主编:《中华人民共和国民法总则详解》,中国法制出版社2017年版。

[13]张新宝:《侵权责任法原理》,中国人民大学出版社2005年版。

[14]张新宝:《名誉权的法律保护》,中国政法大学出版社1997年版。

[15]张新宝:《隐私权的法律保护》,群众出版社 2004 年版。

[16]王泽鉴:《民法总则》,中国政法大学出版社 2001 年版。

[17]王泽鉴:《人格权法:法释义学、比较法、案例研究》,北京大学出版社 2013 年版。

[18]王泽鉴:《侵权行为法》,中国政法大学出版社 2001 年版。

[19]江平主编:《民法学》,中国政法大学出版社 2000 年版。

[20]梁慧星:《民法总则讲义》,法律出版社 2018 年版。

[21]梁慧星主编:《为权利而斗争》,中国法制出版社 2000 年版。

[22]佟柔主编:《中国民法》,法律出版社 1990 年版。

[23]佟柔主编:《中国民法学·民法总则》,中国人民公安大学出版社 1990 年版。

[24]魏振瀛主编:《民法》(第 8 版),北京大学出版社、高等教育出版社 2021 年版。

[25]杨立新:《人身权法论》,人民法院出版社 2002 年版。

[26]杨立新主编:《中华人民共和国民法总则要义与案例解读》,中国法制出版社 2017 年版。

[27]杨立新编著:《民法案例分析教程》(第 5 版),中国人民大学出版社 2021 年版。

[28]杨立新:《民法总则:条文背后的故事与难题》,法律出版社 2017 年版。

[29]杨立新:《人格权法》,法律出版社 2020 年版。

[30]杨立新、李怡雯:《中国民法典新规则要点》,法律出版社 2020 年版。

[31]程啸:《侵权责任法》,法律出版社 2015 年版。

[32]程啸:《人格权研究》,中国人民大学出版社 2022 年版。

[33]梅仲协:《民法要义》,中国政法大学出版社 1998 年版。

[34]张俊浩主编:《民法学原理》,中国政法大学出版社 1997 年版。

[35]张俊浩主编:《民法学原理》(修订第 3 版),中国政法大学出版社 2000 年版。

[36]尹田:《民法总论》,北京师范大学出版社 2010 年版。

[37]史尚宽:《债法总论》,中国政法大学出版社 2000 年版。

[38]房绍坤:《民法》(第 6 版),中国人民大学出版社 2021 年版。

[39]江必新主编:《民法典重点修改及新条文解读(下册)》,中国法制出版社2020年版。

[40]徐国栋:《绿色民法典草案》,社会科学文献出版社2004年版。

[41]徐国栋编:《中国民法典起草思路论战》,中国政法大学出版社2001年版。

[42]吴合振主编:《最高人民法院公报案例评析》,中国民主法制出版社2004年版。

[43]尹志强:《人格权及其救济制度研究》,中国政法大学出版社2019年版。

[44]周枏:《罗马法原论》(上),商务印书馆1994年版。

[45]周枏:《罗马法原论》(下),商务印书馆2017年版。

[46]陈仲庚等:《人格心理学》,辽宁人民出版社1986年版。

[47]马俊驹:《人格和人格权理论讲稿》,法律出版社2009年版。

[48]江山:《人际同构的法哲学》,中国政法大学出版社2002年版。

[49]曲炜:《人格之谜》,中国人民大学出版社1991年版。

[50]宋希仁主编:《西方伦理思想史》,中国人民大学出版社2004年版。

[51]彭万林:《民法学》,中国政法大学出版社1994年版。

[52]俞江:《近代中国民法学中的私权理论》,北京大学出版社2003年版。

[53]程合红:《商事人格权论》,中国人民大学出版社2002年版。

[54]汪习根:《法律理念》,武汉大学出版社2006年版。

[55]黄薇:《中华人民共和国民法典解读:人格权编》,中国法制出版社2020年版。

[56]李锡鹤:《民法原理论稿》,法律出版社2009年版。

[57]马原主编:《中国民法教程》,人民法院出版社1989年版。

[58]张红:《民法典人格权编立法论》,法律出版社2020年版。

[59]马特、袁雪石:《人格权法教程》,中国人民大学出版社2007年版。

[60]袁雪石:《民法典人格权编释论:条文缕析、法条关联与案例评议》,中国法制出版社2020年版。

[61]陈汉章:《人身权》,法律出版社1986年版。

[62]吴汉东:《无形财产权基本问题研究》,中国人民大学出版社2013

年版。

[63]罗胜华:《基因隐私权的法律保护》,科学出版社 2010 年版。

[64]高晚欣、郑淑芬主编:《中国传统文化概论》,哈尔滨工程大学出版社 2002 年版。

[65]王康:《基因权的私法规范》,中国法制出版社 2014 年版。

[66]朱庆育:《民法总论》,北京大学出版社 2013 年版。

[67]陈甦主编:《民法总则评注》(下册),法律出版社 2017 年版。

[68]刘春田主编:《知识产权法》,高等教育出版社 2015 年版。

[69]姚辉:《人格权法论》,中国人民大学出版社 2011 年版。

[70]刘金瑞:《个人信息与权利配置——个人信息自决权的反思和出路》,法律出版社 2017 年版。

[71][意]彼德罗·彭梵得:《罗马法教科书》,黄风译,中国政法大学出版社 1992 年版。

[72][美]Jerry M. Burger:《人格心理学》(第 8 版),陈会昌译,中国轻工业出版社 2014 年版。

[73][美]E. 博登海默:《法理学——法律哲学与法律方法》,邓正来译,中国政法大学出版社 1999 年版。

[74][德]卡尔·拉伦茨:《德国民法通论》,王晓晔等译,法律出版社 2003 年版。

[75][德]梅迪库斯:《德国民法总论》,邵建东译,法律出版社 2001 年版。

[76][德]沃尔夫:《物权法》,吴越、李大薛译,法律出版社 2004 年版。

[77][德]卡尔·拉伦茨:《德国民法通论》(上册),王晓晔等译,法律出版社 2013 年版。

[78][英]爱德华·B. 泰勒:《人类学——人及其文化研究》,连树声译,广西师范大学出版社 2004 年版。

[79][法]雅克·盖斯旦、吉勒·古博:《法国民法总论》,陈鹏等译,法律出版社 2004 年版。

释义书

[1]中国审判理论研究会民事审判理论专业委员会编著:《民法典人格权编

条文理解与司法适用》,法律出版社 2020 年版。

[2]最高人民法院民法典贯彻实施工作领导小组主编:《中华人民共和国民法典人格权编理解与适用》,人民法院出版社 2020 年版。

[3]杨立新主编:《中华人民共和国民法典释义与案例评注·人格权编》,中国法制出版社 2020 年版。

[4]王利明主编:《〈中华人民共和国民法总则〉条文释义》,中国人民大学出版社 2017 年版。

[5]王利明、程啸、朱虎:《中华人民共和国民法典人格权编释义》,中国法制出版社 2020 年版。

[6]张新宝:《〈中华人民共和国民法总则〉释义》,中国人民大学出版社 2017 年版。

[7]黄薇主编:《中华人民共和国民法典人格权释义》,法律出版社 2020 年版。

[8]江必新、郭峰:《〈中华人民共和国个人信息保护法〉条文理解与适用》,人民法院出版社 2021 年版。

[9]龙卫球、刘宝玉主编:《中华人民共和国民法总则释义与适用指导》,中国法制出版社 2017 年版。

[10]李适时主编:《中华人民共和国民法总则释义》,法律出版社 2017 年版。

期刊论文

[1]王歌雅:《子女姓名权:内涵检审与制度建构》,载《求是学刊》2016 年第 4 期。

[2]王歌雅:《荣誉权的价值阐释与规制思考》,载《环球法律评论》2013 年第 3 期。

[3]杨震、孙毅:《我国民法典的时代价值》,载《求是学刊》2021 年第 5 期。

[4]王利明:《人格权法的新发展与我国民法典人格权编的完善》,载《浙江工商大学学报》2019 年第 6 期。

[5]王利明:《论侵害人格权的诉前禁令制度》,载《财经法学》2019 年第 4 期。

[6]王利明:《民法典人格权编中动态系统论的采纳与运用》,载《法学家》2020 年第 4 期。

[7]王利明、易军:《改革开放以来的中国民法》,载《中国社会科学》2008 年第 6 期。

[8]王利明:《我国未来民法典中人格权编的完善——2002 年〈民法典草案〉第四编评述》,载《中国政法大学学报》2013 年第 1 期。

[9]王利明:《民法典的体系化功能及其实现》,载《法商研究》2021 年第 4 期。

[10]王利明:《加强人格权立法　保障人民美好生活》,载《四川大学学报(哲学社会科学版)》2018 年第 3 期。

[11]王利明:《正确适用民法典应处理好三种关系》,载《现代法学》2020 年第 6 期。

[12]王利明:《我国民法典中的人格权制度的构建》,载《法学家》2003 年第 4 期。

[13]王利明:《民法的人文关怀》,载《中国社会科学》2011 年第 4 期。

[14]王利明:《〈民法典〉人格权编的立法亮点、特色与适用》,载《法律适用》2020 年第 17 期。

[15]王利明:《生活安宁权:一种特殊的隐私权》,载《中州学刊》2019 年第 7 期。

[16]王利明:《论个人信息权在人格权法中的地位》,载《苏州大学学报(哲学社会科学版)》2012 年第 6 期。

[17]梁慧星:《中国人身权制度》,载《中国法学》1989 年第 5 期。

[18]梁慧星:《中国民法典中不能设置人格权编》,载《中州学刊》2016 年第 2 期。

[19]杨立新:《我国民法典人格权编对人格权立法的创新发展》,载《法商研究》2020 年第 4 期。

[20]杨立新、林旭霞:《论人格标识商品化权及其民法保护》,载《福建师范大学学报(哲学社会科学版)》2006 年第 1 期。

[21]杨立新、袁雪石:《论人格权请求权》,载《法学研究》2003 年第 6 期。

[22]杨立新:《死者人格利益受法律保护》,载《法律与生活》2016 年第

19 期。

[23]杨立新:《人身自由与人格尊严:从公权力到私权利的转变》,载《现代法学》2018 年第 3 期。

[24]杨立新:《人格权编草案二审稿的最新进展及存在的问题》,载《河南社会科学》2019 年第 7 期。

[25]杨立新、袁雪石:《论声音权的独立及其民法保护》,载《法商研究》2005 年第 4 期。

[26]杨立新:《论人格利益准共有》,载《法学杂志》2004 年第 6 期。

[27]杨立新:《关于隐私权及其法律保护的几个问题》,载《人民检察》2000 年第 1 期。

[28]杨立新:《个人信息:法益抑或民事权利——对〈民法总则〉第 111 条规定的"个人信息"之解读》,载《法学论坛》2018 年第 1 期。

[29]张新宝、高燕竹:《性骚扰法律规制的主要问题》,载《法学家》2006 年第 4 期。

[30]张新宝:《人格权法的内部体系》,载《法学论坛》2003 年第 6 期。

[31]张新宝:《从隐私到个人信息:利益再衡量的理论与制度安排》,载《中国法学》2015 年第 3 期。

[32]王泽鉴:《人格权保护的课题与展望——人格权的性质及构造·精神利益与财产利益的保护》,载《人大法律评论》2009 年第 1 期。

[33]张翔:《民法人格权规范的宪法意涵》,载《法制与社会发展》2020 年第 4 期。

[34]马俊驹、张翔:《人格权的理论基础及其立法体例》,载《法学研究》2004 年第 6 期。

[35]马俊驹:《从身份人格到伦理人格——论个人法律人格基础的历史演变》,载《湖南社会科学》2005 年第 6 期。

[36]尹田:《论法人人格权》,载《法学研究》2004 年第 4 期。

[37]尹田:《无财产即无人格——法国民法上广义财产理论的启示》,载《法学家》2004 年第 2 期。

[38]徐国栋:《寻找丢失的人格——从罗马、德国、拉丁法族国家、前苏联、俄罗斯到中国》,载《法律科学》2004 年第 6 期。

[39]张红:《〈民法典(人格权编)〉一般规定的体系构建》,载《武汉大学学报(哲学社会科学版)》2020 年第 5 期。

[40]张红:《混淆姓名之侵权责任》,载《财经法学》2015 年第 4 期。

[41]张红:《民法典之姓名权立法论》,载《河北法学》2019 年第 10 期。

[42]张红:《"以营利为目的"与肖像权侵权责任认定——以案例为基础的实证研究》,载《比较法研究》2012 年第 3 期。

[43]张红:《肖像权保护中的利益平衡》,载《中国法学》2014 年第 1 期。

[44]张红:《民法典之肖像权立法论》,载《学术研究》2019 年第 9 期。

[45]张红:《民法典之名誉权立法论》,载《东方法学》2020 年第 1 期。

[46]周汉华:《探索激励相容的个人数据治理之道——中国个人信息保护法的立法方向》,载《法学研究》2018 年第 2 期。

[47]周汉华:《个人信息保护的法律定位》,载《法商研究》2020 年第 3 期。

[48]程啸:《论我国民法典中个人信息权益的性质》,载《政治与法律》2020 年第 8 期。

[49]程啸:《民法典编纂视野下的个人信息保护》,载《中国法学》2019 年第 4 期。

[50]程啸:《我国〈民法典〉个人信息保护制度的创新与发展》,载《财经法学》2020 年第 4 期。

[51]程啸:《论大数据时代的个人数据权利》,载《中国社会科学》2018 年第 3 期。

[52]丁晓东:《个人信息私法保护的困境与出路》,载《法学研究》2018 年第 6 期。

[53]丁晓东:《个人信息的双重属性与行为规制》,载《法学家》2020 年第 1 期。

[54]丁晓燕:《论对新闻名誉侵权案件中对公众人物的反向倾斜保护——由范志毅名誉权引发的法律思考》,载《人民司法》2004 年第 4 期。

[55]王叶刚:《民法典人格权编的亮点与创见》,载《中国人民大学学报》2020 年第 4 期。

[56]王叶刚:《论肖像的可识别性及其判断》,载《四川大学学报(哲学社会科学版)》2018 年第 3 期。

[57]张冬阳:《健康权的权利体系和限制——兼评〈基本医疗卫生与健康促进法(草案)〉》,载《人权》2019 年第 5 期。

[58]姜新东、朱孝彦:《论法律上人格的伦理性》,载《山东科技大学学报(社会科学版)》2010 年第 5 期。

[59]陈鑫:《〈汉穆拉比法典〉展现的古巴比伦社会等级制度》,载《科教文汇》2018 年第 2 期。

[60]韩强:《人格权确认与构造的法律依据》,载《中国法学》2015 年第 3 期。

[61]郭明瑞:《人格、身份与人格权、人身权之关系——兼论人身权的发展》,载《法学论坛》2014 年第 1 期。

[62]郭明瑞、张玉东:《肖像权三题》,载《浙江工商大学学报》2014 年第 1 期。

[63]梅夏鹰:《民事权利能力、人格与人格权》,载《法律科学(西北政法学院学报)》1999 年第 1 期。

[64]薛军:《法人人格权的基本理论问题探析》,载《法律科学(西北政法学院学报)》2004 年第 1 期。

[65]申政武:《论人格权及人格损害的赔偿》,载《中国社会科学》1990 年第 2 期。

[66]李岩:《一般人格权的类型化分析》,载《法学》2014 年第 4 期。

[67]陈娜:《一般人格权在德国的承认——对"读者来信案"的背景及其争论的分析》,载《武汉理工大学学报(社会科学版)》2013 年第 6 期。

[68]范小华:《论一般人格权的民法表达——以〈中华人民共和国民法典〉为视角》,载《行政管理改革》2020 年第 11 期。

[69]叶金强:《〈民法总则〉"民事权利章"的得与失》,载《中外法学》2017 年第 3 期。

[70]朱晓峰:《人身自由作为一般人格权价值基础的规范内涵》,载《浙江大学学报(人文社会科学版)》2021 年第 2 期。

[71]朱晓峰:《论一般人格权条款与具体人格权条款的规范适用关系》,载《法学》2021 年第 3 期。

[72]刘娟、刘俊敏:《〈民法典〉中的一般人格权条款探赜》,载《河北法学》

2021 年第 12 期。

[73]程合红:《商事人格权刍议》,载《中国法学》2000 年第 5 期。

[74]温世扬:《析“人格权商品化”与“人格商品化权”》,载《法学论坛》2013 年第 5 期。

[75]温世扬:《民法典人格权编草案评议》,载《政治与法律》2019 年第 3 期。

[76]龙卫球:《人格权立法面面观——走出理念主义与实证主义之争》,载《比较法研究》2011 年第 6 期。

[77]龙卫球:《〈个人信息保护法〉的基本法定位与保护功能——基于新法体系形成及其展开的分析》,载《现代法学》2021 年第 5 期。

[78]孙振栋:《论医院见习教学中患者隐私权之保护——兼谈我国隐私权之立法》,载《法学》2001 年第 2 期。

[79]刘史丹:《隐私权的新发展——私人摄像头侵犯隐私权案件的审理思路和判断要素初探》,载《法律适用(司法案例)》2017 年第 12 期。

[80]吴伟光:《大数据技术下个人数据信息私权保护论批判》,载《政治与法律》2016 年第 7 期。

[81]石佳友:《个人信息保护的私法维度——兼论〈民法典〉与〈个人信息保护法〉的关系》,载《比较法研究》2021 年第 5 期。

[82]石佳友:《人格权立法的历史演进及其趋势》,载《中国政法大学学报》2018 年第 4 期。

[83]余能斌、涂文:《论人体器官移植的现代民法理论基础》,载《中国法学》2003 年第 6 期。

[84]谢怀栻:《大陆法国家民法典研究》,载《外国法译评》1994 年第 3 期。

[85]张平华:《〈民法典〉的制度传承、宏观模式与重要创新》,载《山东大学学报(哲学社会科学版)》2020 年第 5 期。

[86]刘云生:《民法典的民族性表达与死者的人格权益保护——〈民法典〉第 994 条的文化解释》,载《法商研究》2021 年第 2 期。

[87]王子今:《中国古代惩治盗墓行为的礼俗传统和法律制度》,载《重庆师范大学学报(社会科学版)》2009 年第 3 期。

[88]周晓晨:《过失相抵制度的重构——动态系统论的研究路径》,载《清

华法学》2016 年第 4 期。

[89]王锴:《论宪法上的一般人格权及其对民法的影响》,载《中国法学》2017 年第 3 期。

[90]汪习根:《论民法典的人权精神:以人格权编为重点》,载《法学家》2021 年第 2 期。

[91]韩大元:《生命权与其他权利的冲突及其平衡》,载《人权》2020 年第 3 期。

[92]柳春光:《身体权概念的再界定》,载《辽宁大学学报(哲学社会科学版)》2014 年第 6 期。

[93]刘春梅:《论身体权的保护》,载《暨南学报(哲学社会科学版)》2011 年第 2 期。

[94]刘召成:《身体权的现代变革及其法典化设计》,载《当代法学》2020 年第 2 期。

[95]李新天:《对人格权几个基本理论问题的认识》,载《法学评论》2009 年第 1 期。

[96]李新天、朱琼娟:《论"个人信用权"——兼谈我国个人信用法制的构建》,载《中国法学》2003 年第 5 期。

[97]罗以澄、刘兢:《论新闻传播中的公共利益原则》,载《当代传播》2006 年第 4 期。

[98]杨士林:《"公众人物"的名誉权与言论自由的冲突及解决机制》,载《法学论坛》2003 年第 6 期。

[99]吴汉东:《论信用权》,载《法学》2001 年第 1 期。

[100]张康之:《论主体多元化条件下的社会治理》,载《中国人民大学学报》2014 年第 2 期。

[101]陈宾:《论信用权的性质及其保护路径》,载《河南财经政法大学学报》2019 年第 1 期。

[102]姚明斌:《褪去民法权利的外衣——"荣誉权"三思》,载《中国政法大学学报》2009 年第 6 期。

[103]杨波:《荣誉权独立性检讨——以荣誉权立法漏洞为考察进路》,载《西部法学评论》2012 年第 5 期。

[104]满洪杰:《关于受试者知情同意权的立法建议》,载《四川大学学报(哲学社会科学版)》2018 年第 3 期。

[105]满洪杰:《荣誉权作为独立人格利益之质疑——基于案例的实证分析》,载《法商研究》2012 年第 5 期。

[106]满洪杰:《荣誉权,一个巴别塔式的谬误?》,载《法律科学(西北政法大学学报)》2012 年第 4 期。

[107]唐启光:《荣誉权质疑》,载《华东政法学院学报》2004 年第 2 期。

[108]姚辉、叶翔:《荣誉权的前世今生及其未来——兼评民法典各分编(草案)中的相关规定》,载《浙江社会科学》2020 年第 3 期。

[109]欧世龙、尹琴容:《荣誉权之否定》,载《社科纵横》2004 年第 6 期。

[110]徐明:《大数据时代的隐私危机及其侵权法应对》,载《中国法学》2017 年第 1 期。

[111]任颖:《数字时代隐私权保护的法理构造与规则重塑》,载《东方法学》2022 年第 2 期。

[112]刘保玉、周玉辉:《论安宁生活权》,载《当代法学》2013 年第 2 期。

[113]刘金瑞:《关于〈民法典(草案)〉个人信息保护条款的完善建议》,载《中国信息安全》2020 年第 4 期。

[114]王成:《个人信息民法保护的模式选择》,载《中国社会科学》2019 年第 6 期。

[115]段卫利:《论被遗忘权的司法救济——以国内“被遗忘权第一案”的判决书为切入点》,载《法律适用》2017 年第 16 期。

[116]金耀:《个人信息私法规制路径的反思与转进》,载《华东政法大学学报》2020 年第 5 期。

[117]叶名怡:《论个人信息权的基本范畴》,载《清华法学》2018 年第 5 期。

[118]万方:《隐私政策中的告知同意原则及其异化》,载《法律科学(西北政法大学学报)》2019 年第 2 期。

[119]岳晓羲:《论声音商标的显著性及其表达方式》,载《电子知识产权》2013 年第 10 期。

[120]隋彭生:《论肖像权的客体》,载《中国法学》2005 年第 1 期。

[121]李永军、项斌斌:《民法典编纂背景下姓名权与其他“人格权”的区

分——兼及我国民法典人格权编的立法建议》，载《浙江工商大学学报》2019 年第 2 期。

[122]段威：《企业名称规范论：制度价值与规制路径》，载《中国政法大学学报》2022 年第 1 期。

[123]高富平：《个人信息保护：从个人控制到社会控制》，载《法学研究》2018 年第 3 期。

[124]石冠彬：《民法典姓名权制度的解释论》，载《东方法学》2020 年第 6 期。

[125]任江、张小余：《子女姓名决定、变更权的实证分析与启示——实证主义路径下的我国首部民法立法解释评析》，载《河北法学》2015 年第 11 期。

[126]王春梅：《论自然人姓名权的行政克减》，载《学术交流》2020 年第 2 期。

[127]郑丽清：《对危难救助义务功能的考察与反对立法理论的回应》，载《福建师范大学学报(哲学社会科学版)》2012 年第 6 期。

[128]李广德：《公民健康权实证化的困境与出路》，载《云南社会科学》2019 年第 6 期。

[129]朱姝尧、杨芳：《〈民法典〉"人格权编"对身体权保护的立法回应——兼谈完善〈民法典〉身体权条款的若干建议》，载《医学与法学》2021 年第 2 期。

[130]刘晴辉：《正当程序视野下的诉前禁令制度》，载《清华法学》2008 年第 4 期。

[131]朱晓平：《违约责任中的精神损害赔偿问题研究》，载《法律适用》2017 年第 11 期。

[132]范为：《大数据时代个人信息保护的路径重构》，载《环球法律评论》2016 年第 5 期。

[133]刘国庆、唐萨娌：《对商品化权保护问题研究》，载《社会科学战线》2011 年第 6 期。

[134]李运达：《〈民法典〉人格标识"许可使用"的规范解释——以第 993 条适用范围为重点》，载《浙江工商大学学报》2021 年第 5 期。

[135]孔祥俊：《姓名权与姓名的商品化权益及其保护——兼评"乔丹商标案"和相关司法解释》，载《法学》2018 年第 3 期。

[136]马一德:《商标权行使与姓名权保护的冲突与规制》,载《中国法学》2018 年第 4 期。

[137]苏金:《民法总则中个人信息的“可识别性”特征及其规范路径》,载《大连理工大学学报(社会科学版)》2020 年第 1 期。

[138][日]萩萩原・有里:《日本法律对商业形象权的保护》,载《知识产权》2003 年第 5 期。

后　记

《中华人民共和国民法典释论》系列丛书，是国家社科基金重大研究专项："社会主义核心价值观融入民法典的理解与适用研究"(20VHJ011)的阶段性研究成果。该系列丛书的出版，既是社会主义核心价值观融入《民法典》的理解与适用的理论探索，也是社会主义核心价值观引领《民法典》的编纂与施行的实践展示。

《中华人民共和国民法典释论》系列丛书在编写过程中，力图深刻领会《民法典》的核心要义与价值主旨、全面展现《民法典》的精神气质与实践追求、系统阐释《民法典》的制度体系与规范逻辑、客观描述《民法典》的编纂进路与司法期待。因为《民法典》在中国特色社会主义法律体系中，既是一部固根本、稳预期、利长远的基础性法律，也是全面依法治国的重要制度载体。习近平总书记指出："民法典实施得好，人民群众权益就会得到法律保障，人与人之间的交往活动就会更加有序，社会就会更加和谐。"①

《中华人民共和国民法典释论》系列丛书的顺利编写，导源于黑龙江大学民法典编纂课题组组长杨震教授的统辖规划与引领推进，厚植于黑龙江大学民法典编纂课题组的智慧付出与成果积淀，得益于黑龙江大学法学院、黑龙江大学民商法学研究中心的云集响应与踊跃输将，仰赖于黑龙江大学民法同道的细心求索和潜力深耕。在此，致敬所有为《中华人民共和国民法典释论》系列丛书倾心助力、孜孜以求的同人！

砥砺奋进，笃行致远。遥望2012年3月那些春风劲拂、桃花缤纷的夜晚，回望2012年5月那些微风低吟、丁香盛开的日子，为起草《中华人民共和国继承法》

① 中共中央党史和文献研究院编：《十九大以来重要文献选编》(中)，中央文献出版社2021年版，第584页。

（专家建议稿），黑龙江大学民法典编纂课题组在研讨论证、集思广益、思路整合、字斟句酌……杨震、王歌雅、孙毅、申建平、李宏弢、杨振宏、司丹、任江……那些舒展的笑容、生动的面庞、犀利的言语、碰撞的观点、凝练的表达，清晰如昨。

博采众长，匠心独运。2015 年 4 月，又是桃花绽放、丁香四溢的昼夜。为起草《民法典·总则编》（专家建议稿）中民事法律行为和代理两章，为优化民事法律行为和代理的规范表述、制度设计，黑龙江大学民法典编纂课题组在遍阅法典、中西审夺、激扬论辩、唇枪舌剑……杨震、王歌雅、孙毅、申建平、陈彦晶、杨振宏、王睿、王立兵、严诚、杨健、李宏弢、任江、霍原、项定宜、胡东、龚兵、李憣、赵亮、司丹、马千里……那些勤奋的思考、亢奋的表情、严肃的争论、反复的推敲、飞扬的思维，依稀可见。

精诚合作，携手与共。2017 年 6 月至 7 月，在柳絮飞扬、梨花绽放的夏日，为起草《中华人民共和国人格权法》（专家建议稿），黑龙江大学民法典编纂课题组在研讨体例、设计方案、规划日程、逐条审议、精雕细琢、优化表述……杨震、王歌雅、孙毅、申建平、张铁薇、李丹丹、王立兵、杨振宏、李憣、朴顺善、项定宜、龚兵、马千里……那些温煦的表情、和谐的话语、清晰的流程、经典的表述、智慧的启迪，犹在眼前。

在《中华人民共和国民法典释论》系列丛书付梓之际，尤要感谢法律出版社徐菲编辑给予的鼎力支持与真诚鼓励！无论是丛书的策划、设计，还是丛书的编校、审核，均凝聚着徐菲编辑的热忱与付出；不论是反复的沟通、磋商，还是合同的草拟、签订，均体现出徐菲编辑的素养与敬业。

特别感谢黑龙江省教育厅对黑龙江大学民法典编纂课题组的鼎力支持！

感谢所有为《中华人民共和国民法典释论》系列丛书付出心血与热望的人！

感谢所有为黑龙江大学民法典编纂课题组提供支持与帮助的人！

三千星夜兼程，韶华晨露归处！

十年磨一剑，悠韵砺得香！

功崇惟志，业广惟勤！

黑龙江大学民法典编纂课题组

2022 年 5 月 4 日